高等学校教材

预测决策的理论与方法

郭秀英　编

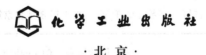

化学工业出版社

·北京·

本书是作者吸收预测、决策理论的新发展，结合长期的教学实践而总结编写的。本书系统地讲述了预测决策的基本理论、方法、技术和模型，主要内容包括预测概述、定性预测方法、回归分析预测法、时间序列分析预测法、趋势外推预测法、马尔科夫预测法、灰色预测、决策概述、非确定型单目标决策、多目标决策、模糊决策和灰色决策。本书力求概念和思路清晰，深入浅出，简明扼要，通俗易懂，理论联系实际，方便读者自学。

　　本书可作为高等院校经济管理类和理工类专业高年级本科生、研究生的教材，也适合于作为政府、企事业管理干部，工程技术人员等自学现代预测和决策理论与方法的参考书。

图书在版编目（CIP）数据

预测决策的理论与方法/郭秀英编 . —北京：化学
工业出版社，2010.9（2024.8 重印）
ISBN 978-7-122-09283-0

Ⅰ. 预…　Ⅱ. ①郭…　Ⅲ. 决策预测-基本知识
Ⅳ. C934

中国版本图书馆 CIP 数据核字（2010）第 149421 号

责任编辑：杨　菁　金　杰　　　　　　文字编辑：贺婷婷
责任校对：陶燕华　　　　　　　　　　装帧设计：韩　飞

出版发行：化学工业出版社（北京市东城区青年湖南街 13 号　邮政编码 100011）
印　　装：北京建宏印刷有限公司
787mm×1092mm　1/16　印张 15½　字数 403 千字　2024 年 8 月北京第 1 版第 7 次印刷

购书咨询：010-64518888　　　　　　售后服务：010-64518899
网　　址：http://www.cip.com.cn
凡购买本书，如有缺损质量问题，本社销售中心负责调换。

定　　价：49.00 元

前　言

决策是人们生产和生活中普遍存在的一种活动，贯穿于每个人工作、学习和生活过程的始终，贯穿于企业生产运营过程的始终。决策的好坏，小则关系到预期目的能否实现，大则决定企业成败，关系到部门、地区乃至全国经济的盛衰。由此可见，决策在人们生产、生活中的地位和作用。

在竞争日益激烈的环境条件下，一个企业要立于不败之地，就要求企业时时根据环境情况的变化作出准确的科学决策。掌握企业面临的环境情况，就需要对企业面临的市场及相关事物未来的发展进行分析和研究，从而对其市场及相关事物的未来作出准确的估计和推测。因此，预测是决策的基础，是进行科学决策的前提条件。正确的决策离不开科学的预测。所以，预测与决策在人们的实践活动中是难以分割的。目前为止，很多高等院校的经管类专业的研究生和高年级本科生均开设了预测与决策课程。正因为如此，本书将预测与决策两门学科的内容编写在一起，以便读者学习与参考。

本书是在作者多年讲授预测与决策分析课程及从事相关研究的基础上为高等院校经管类专业的研究生和高年级本科生编写的教材。本书编写吸收了国内外学者的相关研究成果，较全面系统地介绍了预测与决策分析的基本原理、方法和技术及其应用。本书撰写力求概念和思路清晰，理论联系实际，深入浅出，简明扼要，通俗易懂，方便读者自学。因此，它也是一本适宜于政府、企事业管理干部、工程技术人员和理工科学生学习现代预测与决策方法、技术的自学参考书。全书共 12 章，包括：预测概述、定性预测方法、回归分析预测法、时间序列分析预测法、趋势外推预测法、马尔科夫预测法、灰色预测、决策概述、非确定型单目标决策、多目标决策、模糊决策和灰色决策。总课内学时 80 学时，其中预测部分和决策部分各 40 学时。用本书作相关专业高年级本科生的教材时，学时可压缩到 40 学时，其中，第六章、第七章、第十一章和第十二章可不讲，第十章的多指标决策技术只讲最常用的。为提高学生运用预测与决策的理论与方法解决实际问题的能力，可以让学生自由选择应用对象，综合利用预测与决策方法与技术，进行预测与决策的课程设计或大作业，并组织交流与总结，可获得更明显的效果。

本书由西南石油大学经济管理学院管理工程教研室郭秀英编写。编写过程中，西南石油大学经济管理学院管理工程教研室的全体教师给予了大力支持，在此向他们表示衷心的感谢。

由于时间仓促和作者水平有限，书中缺点和错误在所难免，敬请各位专家和广大读者批评指正。

编者
2010 年 5 月于成都

目 录

第一章 预测概述

第一节 预测的概念及作用

预测是随着社会化大生产和科学技术的进步而发展起来的一门研究事物客观发展过程及其变动规律的科学。它综合哲学、社会学、经济学、统计学、数学及工程技术等方面的理论与方法，对客观事物的变动趋势作出客观描述。

预测是指对研究对象的未来状态进行估计和推测，它同求神卜卦、测字算命等封建迷信有着本质的区别。它是根据事物发展过程的历史和现状，综合各方面的信息，运用定性和定量的科学分析方法，揭示出客观事物发展过程中的客观规律，并对事物的各种客观现象之间的联系及作用机制作出科学分析，指出各客观现象发展过程的未来发展可能途径及结果。预测理论既可以用于研究自然现象，又可以用于研究社会现象，将其与不同的实际问题相结合，就产生了不同的预测分支，如社会预测、人口预测、经济预测、市场预测、政治预测、科技预测、军事预测、气象预测等。

预测的历史由来已久，公元前 7～前 6 世纪，古希腊哲学家塞利斯（Thales）已能通过研究气象气候预测农业收成。当他预测到油橄榄将要获得大丰收后，就预先购买和控制了米利都和开奥斯两个城市的榨油机，等到橄榄收获后，通过出租榨油机获得巨额利润。我国公元前 4 世纪，祖先们就能利用自然界的运行规律，进行自然灾害的预测。如东汉袁康著的《越绝书·计倪内经》中记载："太阳三岁处金则穰，三岁处水则毁，三岁处木则康，三岁处火则旱。故散有时积，敛有时领。则决万物不过三岁而发矣。以智论之，以决断之，以道佐之，断长继短。一岁再倍，其次一倍，其次而反。水则资车，旱则资舟，物之理也。天下六岁一穰，六岁一康，凡十二岁一饥，是以民相离也。故圣人早知天地之反，为之预备。"意思是："太阳的位置三年在西方会有大丰收，三年在北方会歉收，三年在东方会富足，三年在南方会发生旱灾。因此，不仅要适时囤积粮食，还要注意将囤积的粮食适时出手，存粮不必超过三年。应理智地考虑问题，适时决断，依靠自然规律的帮助，以富余弥补不足。第一年可按两倍的需要存粮，第二年只存一倍即可，第三年则应考虑适时出手。水灾时应准备好车子，旱灾时要准备好船只。天下每六年有一次大丰收，每十二年有一次大灾荒，人民流离失所。所以圣人要预见自然界的变化，对未来的灾害要提前做准备。"

预测在生产经营中的应用，早在小生产者的经济活动中就已出现，但是由于生产规模的狭小和交换活动的有限性，这种预测只是一种直观的、经验的简单预见。随着社会化大生产的出现，商品交换的规模和范围的扩大，这种简单预测不能适应复杂经济活动的需要。同时随着经济统计资料的收集和统计方法的进步，各种预测未来经济发展状态的科学方法应运而生，由此促进了预测理论和方法体系的研究，使预测成为一门重要的应用学科。

当然，预测并非一定都是正确的。前已述及，正确的预测必须建立在对客观事物的过去、现状进行深入研究和科学分析的基础之上。然而，在实际预测中，由于预测者自身知识、经验等素质的限制，对预测环境状况了解的局限性以及预测对象未来状况的可变性，致使预测者对预测对象未来状况的推断出现偏差。如现代电气化的鼻祖爱迪生，曾断定威斯汀·豪斯的交流电系统不会成功。但现在，交流电系统早已被世界上大多数国家所采用。之所以产生如此大的预测误差，是因为他的预测主要是根据个人的专业知识和狭义经验。又如1937年美国曾组织过一次大规模的研究，预测未来技术的发展，最后提出一份叫《技术趋势和国家政策》的研究报告。报告中所预测的项目有60％后来得到证实，但它却未预见到喷气机、核能、尼龙、青霉素等重大科技成就。

对事物进行科学的正确预测，必须遵循事物的发展演变规律。因此，对事物进行科学的正确预测应遵循以下三个基本原则。

(1) 连贯性原则　事物的过去和现在的发展演变规律在未发生质变的情况下，可以延续到未来。未来是今天的延续和发展，过去和现在已有的某些规律将在未来一段时期内继续存在，而过去和现在作出的决策，也会或多或少地影响到将来。具体地说，连贯性包含两方面的含义。一是时间上的连贯性，即如果系统停止执行过去一直沿用的政策或措施，并不能立即消除因此而产生的影响，它仍要按原有惯性运行一段时间。因此一项政策的出台要考虑其连续性和过渡性，否则会引发副作用。二是系统结构的连贯性，即系统的结构在短期内可认为是不变的，具有相对的稳定性。如一个国家的经济体制应具有相对的稳定性，不能说变就变。

(2) 类推性原则　事物的结构或规律具有相似性，有些事件可能是另一事件发生的先兆，因而可由已知事物的发展规律类推预测对象的未来。如股票的价格暴跌，可能预示着经济危机将要爆发；反之，则可能预示着经济正在复苏。

(3) 相关性原则　任何事物都不是孤立存在的，必将和周围事物发生联系，且在与其他事物的相互影响下发展。如将企业作为一个系统来看，其在社会上并非孤立存在，它要与政府、供应商、银行、医院、教育等众多机构发生业务往来，并互相制约。深入分析预测对象与相关事物之间的依存关系和影响程度，是揭示其变化特征和规律的有效途径，并可用以预测其未来状态。

事物的发展变化具有连贯性、相似相关性。因此事物的未来发展状况是可以预测。对预测对象进行科学预测一般有以下三种途径。

(1) 因果分析　通过研究事物的形成原因来预测事物未来发展变化的必然结果。

(2) 类比分析　把正在发展的事物同历史上已发生的事物相类比来预测事物的未来发展状况。如以黑白电视机的销售状况预测彩色电视机的销售状况等。

(3) 统计分析　运用一系列数学方法，通过对事物过去和现在的历史资料数据进行分析，找出历史数据背后的规律性，从而明确事物的未来发展趋势。

对预测对象的发展演变规律进行预测的目的是为决策服务。因此，预测的作用归纳起来有以下三个。

(1) 为决策者提供了科学预见　决策者虽然都具有较丰富的知识和经验，但在复杂的决策面前往往会感到个人有限的知识和经验是不够的。而预测可为决策者提供事物的发展趋势，扩大决策者的视野，为决策者作出科学判断和决策提供有力的支持。

(2) 为科学的决策提供可靠的依据。预测是基于分析研究事物由过去、现状到未来的发展动态趋势（其中包括事物发展的规模、量和质的变化、时间和空间的变化、影响后果等），从而获得未来发展的信息，从而为决策者决策提供可靠的依据。

(3) 为决策提供多种方案　科学决策的关键就是选择最佳方案。预测不仅能预测事物发展的各种状况，而且能根据各种可能出现的情况，提出不同的对策，形成不同的方案，并针对各种方案进行预测，为决策提供多种可供选择的方案。由此可见，预测是决策的基础和前提，决策是预测的服务对象和实践机会，没有科学的预测就没有科学的决策，二者相辅相成,不可偏废。

第二节 预测的分类

现实中,常常听到各种各样的预测,那就是根据预测的目的、任务不同,预测领域不同,预测者所处的立场地位不同,预测的范围不同,预测所用方法不同等,对预测所做的划分。目前为止,预测学界对预测类型的划分还没有一个统一的划分标准。下面介绍几种常用的分类。

一、按预测所涉及领域的不同分类

1. 气象预测

根据已有气象资料的变化规律预测今后气象的走势。俗话说,做任何事都离不开"天时、地利、人和"。所谓天时,其实就是气候、气象条件。许多时令商品,如时装、空调、电风扇、饮料等,其销路与"天时"有着密切的关系。精明而有科学头脑的决策者往往能抓住"天时",果断决策,从而在激烈的市场竞争中立于不败之地。

2. 科学预测

指对科学体制与结构的变化、科研的发展方向、科研成果的推广、科技发明和科学进步以及对社会、经济的影响等方面的预测。科学史上曾出现过许多成功的科学预见实例,如1870年,门捷列夫第一次预言了一种新元素准铝,后来在镓的位置上确实找到了所预言的准铝,他同时指出镓的密度不可能是布瓦博德朗测定的 $4.7g/cm^3$,而应为 $5.9\sim6.0g/cm^3$,结果证明,纯镓的密度为 $5.907g/cm^3$。

3. 技术预测

指对技术的发展趋势、应用效果及发展前景,及其对经济、社会产生的影响等的预测。随着科学发展和技术更新的日新月异,技术预测已成为世界各国及企业及时把握未来技术走势,保持技术领先的重要战略之一。

4. 经济预测

指对未来经济发展前景所作的预测。它是在有关经济理论的指导下,根据可靠的实际数据资料和信息,对经济研究对象进行全面的定性与定量分析,从而对未来经济发展走势做出的科学推测。宏观上看,可根据过去和现在的经济发展状况,对国家或地区今后一段时间的经济发展趋势作出预测;微观上看,可对企业未来的生产和销售等作出预测。

5. 社会预测

指对有关社会发展问题的预测。如社会的发展模式、社会制度、社会人口的构成和就业、社会生活方式、社会教育和文化生活、社会福利和公益事业、社会生态环境的发展与变化等方面的预测。新技术革命的兴起和发展已经并正在对当代经济和社会产生深刻的影响。特别是近十几年来,人类已经获得了空前巨大的改造社会的实践能力,但这种能力的使用和发挥,对未来社会既可能造就一个更加适合于人类本性的自然和社会环境,为人类造福,也可能恶化乃至断送人类赖以生存的自然和社会环境,导致人类社会的毁灭。因此,如果没有必要的预测、没有建立在预测基础上的科学决策和规划,将会造成严重的后果。目前,有关社会预测的研究已成为一件涉及人类生存的大事。

6. 军事预测

指以国防和战争作为研究对象的预测,包括研究战争爆发的可能性、武器的发展方向、军事力量的可能变化、战争(包括核战争)的后果以及军事技术对经济发展的作用等。

二、按预测范围或层次不同分类

1. 宏观预测

指对国家或部门、地区的社会经济活动进行的各种预测。它以整个社会经济发展状况作为考察对象，研究社会经济发展中各项指标之间的联系和发展变化。如对全国和地区社会再生产各环节的发展速度、规模和结构的预测；对社会商品总供给、总需求的规模、结构、发展速度和平衡关系的预测等。宏观经济预测是政府制定方针政策，编制和检查计划，调整经济结构的重要依据。

2. 微观预测

指对基层单位的各项活动进行的各种预测。它以企业生产经营发展的前景作为考察对象，研究微观经济中各项指标间的联系和发展变化。如对商业企业的商品购、销、存的规模及构成变动的预测；对工业企业所生产的具体商品的产量、需求量和市场占有率的预测等。微观经济预测是企业制定生产经营决策，编制计划的依据。

宏观预测与微观预测相辅相成，宏观预测以微观预测为参考，微观预测以宏观预测为指导。

三、按预测的时间长短不同分类

1. 长期预测

指对 5 年以上发展前景的预测。长期经济预测是制定国民经济和企业生产经营发展的 10 年计划、远景计划，提出经济长期发展目标和任务的依据。

2. 中期预测

指对 1 年以上 5 年以下发展前景的预测。中期经济预测是制订国民经济和企业生产经营发展的 5 年计划，提出经济 5 年发展目标和任务的依据。

3. 短期预测

指对 3 个月以上 1 年以下发展前景的预测。短期经济预测是政府部门或企事业单位制订年度计划、季度计划，明确规定短期发展具体任务的依据。

4. 近期预测

指对 3 个月以下社会经济发展或企业生产经营状况的预测。近期经济预测是政府部门或企事业单位制订月、旬发展计划，明确规定近期活动具体任务的依据。

也有人将短期预测和近期预测相合并，凡是 1 年以下的预测，统称为短期预测。事实上，不同的领域，划分的标准也不一样，如气象部门，不超过 3 天的预测为近期预测，1 周以上的预测为中期预测，超过 1 个月就是长期预测了。

四、按预测方法性质不同分类

1. 定性预测

指预测者通过调查分析，了解实际情况，凭自己的理论知识和实践经验，对事物发展趋势作出判断的预测，也称为判断预测或调研预测。预测的目的主要是判断事物未来发展的性质和方向，也可以是在定性分析的基础上提出粗略的数量估计。定性预测的准确程度主要取决于预测者的经验、理论知识、业务水平及掌握的实际情况和分析判断能力。这种预测综合性强，需要的数据少，能考虑无法定量的因素。本书第二章将重点介绍一些常用的定性预测方法。在数据资料不多或者没有数据资料的情况下，常采用定性预测。

2. 定量预测

指根据准确、及时、全面、系统的历史统计资料数据，运用统计方法和数学模型，对事物未来的发展趋势作出量的推断的预测。常用的定量预测方法有回归分析预测、时间序列预测、趋势外推预测和灰色系统预测等。本书将主要介绍一些常用的定量预测方法。

定性预测比较简单易行,主要利用有关人员的丰富经验、专业知识及掌握的实际情况,综合考虑定性因素的影响,进行比较切合实际的预测。但定性预测受预测者的主观因素影响较多。由于预测者的知识、经验、阅历不一样,对同一问题不同的预测者会作出不同的判断,得出不同的结论。定量预测以历史统计资料和数据为依据,根据事物历史发展变化的规律性和因果关系,建立数学模型,对事物未来发展前景进行科学的定量分析与推断。但定量预测不能充分考虑定性因素的影响,且要求外界环境和各种主要影响因素相对稳定,当外界环境或某些主要因素发生突变时,定量预测结果可能会出现较大误差。

为了使预测结果比较切合实际,提高预测质量,为决策提供可靠的依据,通常是将两种预测方法结合使用,将定性预测结果与定量预测结果比较,分析其差异的原因,进行综合分析判断,利用定性分析对定量预测结果进行必要的修正和调整,以提高预测结果的可靠程度。

五、按预测时是否考虑时间因素分类

1. 静态预测

预测不包含时间变动因素,即根据事物在同一时期的因果关系进行的推断预测。

2. 动态预测

预测包含时间变动因素,即根据事物发展的历史和现状,对其未来发展前景作出推断的预测。

本书主要介绍动态预测方法。类推法、回归分析预测法,既可用于静态预测又可用于动态预测,其余各种预测方法均为动态预测方法。

六、按预测的前提条件不同分类

1. 有条件预测

指在对有关预测因素作出某种假设的条件而作出的预测。如在作宏观经济预测时,假定政府的经济政策不变。在预测产品因原材料涨价,其销售价最低应增加多少时,常假定影响该产品销售价的其他因素不变等。一般来说,大多数预测都是有条件预测。

2. 无条件预测

指在进行预测时,没有任何事先的假设和任何附加的先决条件。

第三节 预测的程序

为保证预测工作的顺利进行,必须按一定的预测程序或步骤加强组织工作,协调各工作环节,从而取得应有的成效。实际预测中,因预测的内容、项目、目的、时间等不同,所用的预测方法就不同,从而预测程序或步骤就不尽相同。但从总体上看,预测工作的程序大致分以下几个步骤进行。

一、明确预测任务,制订预测计划

明确预测任务,制订预测计划,是开展预测工作的第一步。就是通过对预测对象及相关因素的分析,确定预测内容、预测期限、预测所需的资料、准备选用的预测方法、预测进程和完成时间、预测经费的预算、预测人员的组织和预测工作的组织实施等。有了明确的目的,工作才有方向,才有可能达到预期的目的;反之,如果没有明确的目的,就等于失去工作方向,就会事倍功半,或成效甚微。

二、搜集、审核和整理资料

进行预测需要有大量的准确无误的历史统计资料、数据和信息，这就要求预测人员要掌握与预测目的、预测内容有关的各种历史资料和影响其未来发展的现实资料，并且收集和占有的数据资料应尽可能全面、系统。

预测所需的资料，按其来源不同可分为内部资料和外部资料。内部资料，对公司和企业来说，是反映本单位历年经济活动情况的统计资料、记录、凭证、本单位编撰的行情动态、工作情报、工作总结、市场调查资料和分析研究资料等。外部资料，对公司和企业来说，是从本单位外部收集到的统计资料和经济信息，包括政府统计部门公开发表和未公开发表的统计资料、同行业同系统单位之间定期交换的经济活动资料、报纸杂志上发表的资料、科研人员的调查研究报告及国外有关的经济信息和市场商情资料等。实际预测时，从这些资料中筛选出与预测项目密切相关的资料。其筛选标准一般有三个：直接有关的；可靠的；最新的。把符合这三个标准的资料进行认真分析研究，考察其是否系统、完整，必要时再收集其他有关资料。

为保证收集资料的准确性，需要对资料进行必要的审核和整理。资料的审核，主要是审核资料来源是否可靠、准确和齐备；资料是否具有可比性，即资料在时间间隔、内容范围、计算方法、计量单位和计算价格上是否保持前后一致。如有不同，应进行调整。资料的整理，主要是对不准确的资料进行查证核实或删除；对不可比的资料调整为可比；对短缺的资料进行估计；对总体的资料进行必要的分组分类。

对于重大的预测项目，应建立资料档案和数据库，系统地积累资料，以便连续地研究事物的发展过程和发展动向。

只有根据预测的任务和要求，从多方面收集必要的资料，经过审核、整理和分析，了解和掌握事物发展的历史和现状变化的规律性，才能准确地进行预测，使预测结论可靠和可信。

三、选择预测方法和建立数学模型

预测目的、内容和期限不同，预测方法就不同。目前预测方法已有大约 300 多种，其中多数是在预测实践中的演变型和改进型，经常使用的基本的预测方法大约有十几种。但目前还没有一种公认的较好的通用的预测方法，实际预测中，应根据预测目的的要求选择恰当的预测方法。

选择适当的预测方法，建立数学模型，是决定预测结论准确与否的关键步骤。因此，预测方法的选择在整个预测过程中至关重要。要获得准确的预测结果，预测方法的选择应遵循一定的原则。其中最主要的是应符合统计资料的特征和变动规律。

当掌握资料不够完备、准确程度较低时，可采用定性预测方法。例如，对新的投资项目、新产品的发展进行预测时，由于缺乏历史统计资料和经济信息，一般采用定性预测方法，凭掌握的情况和预测者的经验进行判断预测。当掌握的资料比较齐全、准确程度较高时，可采用定量预测方法，运用一定的数学模型进行定量分析研究。定量预测根据统计资料数据即样本数据的变动规律选取预测方法，建立预测模型。具体地，先画出样本数据的散点图，观察散点的变动趋势，然后根据其变动趋势进行直观判断，有时还需进一步对样本数据进行数量统计分析，如进行一阶、二阶差分分析等，找出样本数据的变动规律，以此为依据选择合适的预测方法，建立预测模型。

进行定量预测，是选择时间序列预测法还是因果预测法，除根据掌握资料的情况而定外，还要根据分析要求而定。当只掌握与预测对象有关的某种经济统计指标的时间序列数据资料，并只要求进行简单的动态分析时，可采用时间序列预测法。当掌握与预测对象有关的多种相互联系的经济统计指标数据资料，并要求进行较为复杂的依存关系分析时，可采用因果预测法。

每一种预测方法都是针对一定预测对象、预测环境而提出的，有一定的适用范围。实际预测中，不可能有完全相同的预测问题，因此预测难免会有误差，为避免预测出现较大误差，常常对同一预测问题选用不同的预测方法进行预测，得出几种预测结果，再进行比较、鉴别得出较为精确的预测结果。

四、检验模型，进行预测

模型建立之后必须经过检验才能用于预测。模型检验主要包括考察模型是否能很好地拟合实际；模型参数的估计值在理论上是否有意义；统计显著性是否符合要求等。当然，不同类型的模型，检验的方法、标准也不同。一般来说，评价模型优劣的基本原则有以下几条。

（1）理论上合理　模型参数估计值的符号、大小应与有关的经济理论相一致；所建立的模型应能很好地反映预测对象。

（2）统计可靠性高　模型及其参数估计值应通过必要的统计检验，以保证其有效性和可靠性。

（3）预测能力强　预测效果好坏是鉴别模型优劣的根本标准。为保证模型的预测能力，一般要求参数估计值有较高的稳定性，模型外推检验精度较高。

（4）简单适用　一个模型只要能够正确地描述系统的变化规律，其数学形式越简单，计算过程越简便，模型就越好。

（5）模型自身适应能力强　模型应能在预测要求和条件变化的情况下适时调整和修改，并能在不同情况下进行连续预测。

模型通过检验，即可用于预测，按一定要求进行点估计预测和区间估计预测。

五、分析预测误差，评价预测结果

分析预测误差即指分析预测值偏离实际值的程度及其产生的原因。如果预测误差未超出允许的范围，即认为预测模型符合要求，能用于预测；否则，就需要查找原因，对预测模型进行修正和调整。分析预测误差只能以样本数据的历史模拟误差或已知数据的事后预测误差进行分析。因为进行预测时，预测对象的未来实际值不知道，预测误差也不知道，所以对预测结果进行评价还要聘请有关领域的专家结合预测过程的科学性进行综合考察。

六、向决策者提交预测报告

将预测结果以预测报告的形式提交决策者。预测报告应主要包括预测研究的主要活动过程，预测目标、预测对象及有关因素的分析结论，主要数据、资料，预测方法和模型，以及模型预测值的评价和修正等内容。

第四节　预测的精度

一、预测精度的主要影响因素

预测精度是指预测结果与实际情况的符合程度。它是由多方面因素决定的，概括起来，影响预测精度高低的主要因素有以下四个方面。

1. 资料的准确性与完备性

预测是根据所掌握的资料推断未来，预测者所掌握资料的准确、全面和及时与否，是影响预测结果精度的重要条件之一。如果掌握的资料不完整、不准确、不及时，预测结果就会与客观实际有很大误差。因此，在进行预测前，要根据预测目的的要求，利用各种方法，从各种途径取得全面可靠的资料数据。

2. 预测方法的适用性

前已述及，可供选用的预测方法很多，每种方法都有一定的适用范围。对同一预测对象、同一资料，采用不同的预测方法，会得到不同的预测结果。一旦预测方法选择失误，就会造成较大的预测误差，致使预测精度较低。因此，选择合适的预测方法是提高预测精度的重要条件之一。

3. 预测模型的正确性

预测模型是对预测对象的简化描述，它忽略了某些影响因素，因此一般情况下，都存在一定的误差。但如果所建模型是符合预测要求的，则以此预测可以取得较高的预测精度。

4. 预测者的素质

预测的准确性在很大程度上取决于预测者对预测理论、方法的掌握程度；对统计资料的统计处理能力；计算机的应用能力；分析判断能力；逻辑推理能力。

二、预测精度的度量指标

预测精度与预测误差紧密联系，预测误差越大，预测精度越低；反之，预测精度越高。因此，常用预测误差指标来反映预测精度。预测误差指标常用的有以下几个。

设 x——预测指标的实际值；$\hat{x}$——预测指标的预测值；x_i——预测指标在第 i 个预测点的实际值；$\hat{x}_i$——预测指标在第 i 个预测点的预测值；e_i——预测指标在第 i 个预测点的预测误差。

1. 预测误差 e

$$e = x - \hat{x}$$

$e>0$ 表示预测值低于实际值；$e<0$ 表示预测值高于实际值；$e=0$ 表示预测准确。

2. 相对误差 ε

$$\varepsilon = \frac{e}{x} = \frac{x - \hat{x}}{x} \times 100\%$$

通常称 $1-\varepsilon$ 为预测精度。

3. 平均误差 $\bar{e}$

n 个预测点的预测误差的平均值，称为平均误差。即

$$\bar{e} = \frac{1}{n} \sum_{i=1}^{n} e_i = \frac{1}{n} \sum_{i=1}^{n} (x_i - \hat{x}_i)$$

$\bar{e}$ 无法真正反映预测误差的大小，因为每个预测点的预测误差 e_i 可正可负，它们的代数和将有一部分相互抵消。但 $\bar{e}$ 能反映预测值的总体偏差情况，可作为预测值修正的依据。$\bar{e}$ 为正，说明预测值平均来说比实际值低；反之，说明预测值平均来说比实际值高。若用某一种方法求得的预测值为 $\hat{x}_{n+1}$，则修正的预测值 $\hat{x}'_{n+1} = \hat{x}_{n+1} + \bar{e}$。

4. 平均绝对误差 $|\bar{e}|$

n 个预测点的预测误差绝对值的平均值，称为平均绝对误差。即

$$|\bar{e}| = \frac{1}{n} \sum_{i=1}^{n} |e_i| = \frac{1}{n} \sum_{i=1}^{n} |x_i - \hat{x}_i|$$

$|\bar{e}|$ 表示预测误差的绝对大小。

5. 平均相对误差

n 个预测点的预测相对误差绝对值的平均值，称为平均相对误差。即

$$|\bar{\varepsilon}| = \frac{1}{n}\sum_{i=1}^{n}\left|\frac{e_i}{x_i}\right| \times 100\% = \frac{1}{n}\sum_{i=1}^{n}\left|\frac{x_i - \hat{x}_i}{x_i}\right| \times 100\%$$

6. 方差 S^2

n 个预测点的预测误差平方和的平均值，称为方差。

$$S^2 = \frac{1}{n}\sum_{i=1}^{n}e_i^2 = \frac{1}{n}\sum_{i=1}^{n}(x_i - \hat{x}_i)^2$$

7. 标准离差 S

$$S = \sqrt{\frac{1}{n}\sum_{i=1}^{n}e_i^2} = \sqrt{\frac{1}{n}\sum_{i=1}^{n}(x_i - \hat{x}_i)^2}$$

S^2 和 S 值越大，预测准确度越低。

习　题

1. 什么是预测？请说明预测的作用和意义。

2. 预测应遵循哪些基本原则？为什么说事物的发展变化趋势是可以预测的？

3. 什么是宏观预测？什么是微观预测？举例说明。

4. 什么是定性预测？什么是定量预测？举例说明。

5. 进行预测时，如何恰当地选择预测方法？

6. 简述预测的基本程序。

7. 什么是预测误差？为什么说预测并非一定正确？

第二章　定性预测方法

定性预测是指预测者凭借自己的直觉和知识经验，对事物发展的未来状况作出判断的方法，也称判断预测。其特点是简单易行，所需数据少，能考虑无法定量的因素。

预测实践中，统计资料数据常常不完善、不准确，加之预测环境的变化，所以，简单地完全依赖于观察值或历史统计资料数据去推测事物未来发展变化规律，并不能解决所有实际问题，常常要借助于人的经验和主观判断进行定性分析预测；另外，对于重大问题或缺乏原始数据的预测问题，只有依据人的经验判断进行定性预测才能解决。如新建企业生产经营的发展前景预测；新产品的销售预测等。所以定性预测是预测中重要的、不可或缺的一类预测。常用的定性预测方法主要有：市场调查预测法、集合意见预测法、专家预测法、类推法、扩散指数法等。

第一节　市场调查预测法

市场调查预测法是以实地市场调查获得的资料信息为基础，根据预测者的实际经验和理论专业知识，进行综合分析、归纳和判断，推测市场未来销售量（或需求量）预测值的方法。市场调查方式、方法、途径很多，因此市场调查预测方法也很多。目前常用的市场调查预测法有以下几种。

一、经营管理人员意见调查预测法

该方法是由企业经理召开熟悉市场情况的各业务部门主管座谈会，由与会人员根据其掌握的市场情况进行预测，提出各自的预测意见，然后由企业经理将各与会人员对市场情况的预测意见加以归纳、分析和判断，制定出企业的预测方案。其基本程序是：首先，由企业经理根据经营管理决策的需要，向各业务部门主管提出预测目的和预测期限的要求；其次，由各业务主管部门根据其掌握的情况提出各自的预测意见；最后，由企业经理召开座谈会，对各种预测意见进行综合分析判断，得出反映客观实际的预测结果。

这种预测方法上下结合进行预测，有利于调动企业经理和各业务部门管理人员开展市场预测的积极性，发挥集体智慧，从而使预测结果比较准确可靠，因为各业务部门管理人员处于生产与经营管理第一线，熟悉市场情况的动向，他们的判断也更接近市场变化的实际；另外，预测不需要经过复杂的计算，预测费用较少，比较迅速和经济，即使市场情况发生很大变化，也可以及时对预测结果进行调整。但是，这种预测主要靠预测人员的经验判断，受主观因素影响较大，只能作出粗略的数量估计。

二、销售人员意见调查预测法

该方法是向销售人员进行调查，咨询他们对产销情况、市场走势的看法，以及他们对各自负责的销售区、商店、柜台未来销售量的估计，然后加以汇总整理，对市场销售前景作出综合判断。这种预测主要依靠销售人员掌握的市场情况、经验、水平和分析判断能力，结合企业管理部门提供的必要调查统计资料和市场信息进行预测。该方法适用于短近期预测，其程序如下。

① 由公司、企业向本单位所属的各销售区、商店提供本公司、企业的经销策略、措施和有关产供销的统计资料及市场信息，作为销售人员预测的参考。

② 各销售区、商店的销售人员根据本身所经营的商品种类、顾客类别和经营情况，估计下季度、下年度的销售量或销售额。

③ 各销售区、商店经销负责人对本销售区销售人员的预测结果进行审核、修正、整理和汇总，按规定日期上报公司、企业。

④ 公司、企业的各业务主管部门对下面报上来的预测值作进一步的审核、修正、汇总和综合平衡得到总预测值。

用这种预测方法预测所得预测结果较为准确，接近实际，因为销售人员在市场前沿，最接近顾客，熟悉市场情况，并且预测值是经过多次审核、修正而得出的。但是，使用这种方法预测所得预测值容易偏于保守，因为销售人员为了超额完成销售计划，获得奖金，预测估计易偏于保守；另外，预测人员因工作岗位所限，对经济发展和市场变化全局了解不够，所判断预测的结果可能有一定局限性。

三、商品展销、订货会调查预测法

这种方法是通过商品展销、订货会直接向与会者进行调查，以发放调查表的形式，征询与会者的购买意向，了解与会者对商品的性能、品种、质量、价格的意见和需求量，了解与会者特征，如职业、年龄、性别、收入等。会后将与会者的意见加以汇总整理，综合判断出商品销售的发展前景，做出预测。如某市的某公司曾在该市的郊区进行电器产品的展销，通过实际销售的电风扇、电视机、空调量，结合当年该市郊区的男、女劳动力的平均收入和该市郊区的总户数进行推测，预测出该市居民每百户需电风扇 20 台，电视机 15 台，空调 10 台，由此，可推测出该市整个郊区居民对这 3 种电器商品的需求量预测值。

四、试销调查预测法

选择具有代表性的市场进行某种产品的试销，通过该产品在试销市场上的销售状况，综合分析推测该产品在整个市场上的销售潜力。这种预测方法主要适用于新产品的销售预测。该方法具体实施的基本步骤：首先，选定试销市场，即选定试销对象、时间和地点；其次，制定试销方案；再次，调查试销市场购买力情况，如试销对象的消费者构成、收入和户数等；最后，综合试销市场的购买力水平，推测试销产品的销售量预测值。如 20 世纪 90 年代，某市进口了一批液晶彩电。由于消费者对这批产品的质量、性能都不了解，而且价格又偏高，销路不畅。在这种情况下，该市的某公司为了开拓市场，加速资金周转，减少库存，采用分期付款的试销方案，选定该市某大学作试销市场，在该校工会的协助下，组织教职工试看，并在教职工中敞开销售，效果很好，一次成交 262 台，选购者占全体教职工的 6％。由此推测出当年国庆期间，该市居民对该电视机的需求量为 9 万台，实际销售了 9.5 万台。

第二节 集合意见预测法

集合意见预测法是指以不同权重集合各预测人员的预测意见，从而获得预测对象预测结果的一种预测方法。下面以实例予以详细介绍。

【例 2-1】 某大型电视机生产企业欲对下一年度首季度电视机产品的销售额进行预测，其预测工作主要由市场营销部和投资计划部完成。市场营销部三位预测人员甲、乙、丙根据其对市场掌握的情况并结合自身经验各自提出预测意见，如表 2-1 所示。三位预测人员分管业务不一样，因此，三位预测人员给出的预测意见的重要程度也不一样，其重要程度权重系数分别为 0.3、0.5、0.2。投资计划部两位预测人员丁、戊根据其经验提出预测意见如表 2-2 所示，两位预测人员的经历阅历不一样，其提出预测意见的重要程度也不一样，其重要程度权重系数分别为 0.6、0.4。市场营销部和投资计划部分管业务不一样，其对市场掌握程度也不一样，因此，他们提出预测意见的重要程度也不一样，综合营销部与投资计划部的重要程度权重系数分别为 0.7、0.3。请根据以上信息预测下一年度首季度该企业电视机产品的销售额预测值。

表 2-1　市场营销部的预测人员估计值　　　　　　单位：万元

预测人员	估　计　值					
	最高销售额	最高销售额的主观概率	最可能销售额	最可能销售额的主观概率	最低销售额	最低销售额的主观概率
甲	1100	0.2	900	0.5	700	0.3
乙	1000	0.2	800	0.6	600	0.2
丙	900	0.3	700	0.4	500	0.3

表 2-2　投资计划部的预测人员估计值　　　　　　单位：万元

预测人员	估　计　值					
	最高销售额	最高销售额的主观概率	最可能销售额	最可能销售额的主观概率	最低销售额	最低销售额的主观概率
丁	1200	0.3	1000	0.4	800	0.3
戊	800	0.2	700	0.6	600	0.2

解：（1）根据各预测人员的预测值及其主观概率，计算各预测人员的期望预测值。

营销部预测人员的期望预测值为

甲的期望预测值＝1100×0.2＋900×0.5＋700×0.3＝880（万元）

乙的期望预测值＝1000×0.2＋800×0.6＋600×0.2＝800（万元）

丙的期望预测值＝900×0.3＋700×0.4＋500×0.3＝700（万元）

投资计划部预测人员的期望预测值为

丁的期望预测值＝1200×0.3＋1000×0.4＋800×0.3＝1000（万元）

戊的期望预测值＝800×0.2＋700×0.6＋600×0.2＝700（万元）

（2）根据各部门预测人员的预测期望值，综合得出销售预测值的各部门预测结果。

营销部预测值＝880×0.3＋800×0.5＋700×0.2＝804（万元）

投资计划部预测值＝1000×0.6＋700×0.4＝880（万元）

（3）综合营销部、投资计划部的预测结果，得出该企业下一年度首季度电视机销售额预测值。

电视机销售预测值＝804×0.7＋880×0.3＝826.8（万元）

显然，该综合预测值约高于营销部预测值，低于投资计划部预测值，基本符合实际，因此该电视机生产企业下年度首季度的电视机销售额预测为 826.8 万元。

第三节　专家预测法

专家预测法就是根据预测的目的和要求，向有关专家提供有关背景统计资料，并请他们结合自己的知识、经验和阅历进行预测的一类定性预测方法。这种方法一般适用于没有历史资料；或历史资料不完备，难以进行量的分析；或需要进行质的分析的预测问题的预测。专家预测法是国内外广泛应用的一种预测方法，其常用的形式有两种：头脑风暴法和德尔菲法。

一、头脑风暴法

1. 头脑风暴法的基本原理

头脑风暴法又叫专家会议法或智暴法（Brain Storming Method），是由奥斯邦（A. F. Osborn）于1957年提出的，提出后很快就得到了广泛应用。

头脑风暴法就是邀请有关方面的专家，由训练有素的主持人组织召开专家座谈会，就有关预测问题共同讨论，即兴发言，进行信息交流和互相启发，从而诱发专家们发挥其创造性思维，促进他们产生"思维共鸣"，以达到相互补充，并形成对预测问题的结论性意见。使用这种方法进行预测，既可以获取要预测事件的未来信息，也可以弄清问题，形成方案，搞清影响，特别是一些交叉事件的相互影响。

头脑风暴法在实际应用中有两种形式：直接头脑风暴法和质疑头脑风暴法。直接头脑风暴法是组织专家对所要解决的问题，开会讨论，专家们各持己见地、自由地发表意见，集思广益，提出所要解决问题的具体方案。质疑头脑风暴法是对已制订的某种计划、方案或工作文件，召开专家会议，由专家提出质疑，去掉不合理或不科学的部分，补充不具体或不全面的部分，使报告或计划趋于完善。如美国国防部邀请50名专家，就美国制定长远军事科技规划的工作文件，举行了两周的头脑风暴会议，由专家提出非议，进行质疑，最后通过讨论形成结论一致的报告。该报告只保留了原报告的25%，而修改了其中的75%。

2. 实施头脑风暴法应遵循的原则

① 严格规定对所讨论问题提出设想时所用的术语，限制所讨论问题的范围，以使参加者把注意力集中于所讨论的问题。

② 与会者不能对别人的意见提出怀疑，不能放弃和终止讨论任何一个设想，不管这种设想是否可行或适当。

③ 鼓励与会者对已提出的设想进行改进和综合，为准备修改自己设想的人提供优先发言的机会。

④ 支持和鼓励与会者解除思想顾虑，创造一种自由的气氛，激发与会者发言的积极性。

⑤ 与会者发言要精练，不需要详细论述，因为展开发言，延长时间，并有碍于创造性思维效果的产生。

⑥ 不允许参与者宣读事先准备好的建议一览表，否则将失去头脑风暴法本身的意义。

3. 头脑风暴法预测的步骤

（1）会议前的准备工作

① 确定会议主题，设计详细的讨论提纲。会议主题应简明、集中，这样，专家们才能围绕主题讨论；讨论提纲要注意话题次序，一般地，简单问题在前，复杂问题在后；一般问题在前，特定问题在后。

② 确定会议主持人。主持人是会议成功与否的关键。会议主持人应有较强的组织能力和应变能力，丰富的调查经验和与讨论问题相关的知识。会议期间主持人不发表可能影响会议倾向性的观点，只是广泛听取意见。合格的主持人应具有和蔼、宽容、灵活与鼓动他人参与的素质。

③ 选择与会专家。专家是指与预测问题有密切关系的人员，即指预测问题所涉及专业中有较高理论水平或实践经验的人，如教授、工程师、工人、农民等。具体选择哪方面的专家与所预测问题的性质有关，如要预测某商品的市场行情，则有经验的老推销员就是专家，该商品的消费者也是专家；要预测某项科学技术的未来走势，则企业内技术工程师就是专家

等。专家的人数视预测问题的复杂程度、规模的大小而定。一般来讲，人数太少，会降低预测结论的代表性；人数太多，预测工作难以组织，对预测结果的处理也比较复杂。经验表明，预测结论的有效性往往会随人数的增加而提高，但当人数达到某一数额时，如再增加专家人数，对预测有效性的提高就不明显了。一般而言，专家人数在 10～50 人为宜。然而对于一些重大问题的预测，专家人数也可扩大到 100 人以上。如果要选择相互认识的专家，应从同一职位（职称或级别）的人员中选取，领导不应参加，否则，对下属人员将产生一定压力；如果要选择互不认识的专家，应从不同职位（职称或级别）的人员中选取。另外，选择的专家要能善于表达自己的意见，因为专家意见是预测结论的关键。

④ 确定会议场所和时间。会议场所对大多数与会专家来说应该是舒适和方便的，会议场所的环境应安静，会议场所的布置要营造轻松、非正式的气氛，要能鼓励大家自由、充分地发表意见；会议持续时间以专家意见表达充分、不走题且产生"思维共鸣"，形成较一致意见为标准。另外，会议持续时间不宜过长，否则专家难以坚持。一般而言，会议持续时间 20～60 分钟为宜。

⑤ 准备好会议所需的演示和记录工具，如录音、录像设备等。

（2）组织和控制会议

① 把握会议主题。为避免会议的讨论离题太远，主持人应善于把与会者的注意力引向会议主题，或围绕主题提出新的问题，使会议始终围绕主题进行。

② 主持人提出题目，要求大家充分发表意见，提出各种各样的看法。主持人不谈自己的设想、看法或方案，以免影响与会专家的思维。主持人对专家提出的意见，不应持否定态度，而应表示欢迎。主持人要强调会上不批评别人的意见，大家畅所欲言，敞开思路，各抒己见，方案多多益善。

③ 做好会议记录。如实记录专家意见；可借助录音、录像等方式进行记录。

（3）做好会议后的工作　及时整理、分析会议记录。检查记录的正确性、完整性以及是否有遗漏。分析专家所发表意见、观点是否具有代表性，对预测结果作出评价，及时发现疑点和问题。对会上反映的一些重要数据和关键事实作进一步的查证核实，对没有出席会议的专家或在会上没有发言的专家，应进行补充记录。

4. 头脑风暴法的优缺点

（1）头脑风暴法的优点

① 有助于集思广益，相互启发，能在短期内形成有创造性的建议和想法。

② 使用此法获取的信息量大，考虑的预测因素多，提供的预测意见比较全面和广泛。

（2）头脑风暴法的缺点

① 专家会议，易受权威的影响，不利于充分发表意见。

② 预测结果易受专家表达能力的影响。有些专家的意见和建议很高明而且有创造性，但表达能力欠佳，从而影响预测效果。

③ 易受专家心理因素的影响。有的专家爱垄断会议或听不进不同意见，有的甚至明知自己有错，也不公开修改自己的意见。

④ 专家们容易随大流。

二、德尔菲法（Delphi Method）

为克服头脑风暴法的不足，预测专家、学者们提出了目前广泛应用的德尔菲法。德尔菲法又称专家小组法。德尔菲法是在专家会议预测法的基础上发展起来的，它是 20 世纪 40 年代由美国兰德公司（Rand Corporation）首创并在内部使用，效果很好，于 1964 年由兰德公司的达尔基（N. Dalkey）和赫尔默（O. Helmer）正式提出，并首先用于技术预测，其效果引起了世界各国的关注，现已广泛用于经济、社会、科技、军事等各个领域的预测。德尔菲是古希腊传说中的一座城市，城市中有座阿波罗神殿，相传阿波罗有很高的预测能力，众神们每年都要来德尔菲聚会，德尔菲便成为预测未来的神谕之地，德尔菲因此而闻名。兰德公司就把它发明的这种可以广为适用的方法命名为德尔菲法。

1. 传统的德尔菲法

（1）德尔菲法的基本原理　德尔菲法在一定程度上克服了头脑风暴法的缺点，它是将所要预测的问题以信函的方式寄给专家，专家们互不见面，将回函的意见综合、整理，又匿名反馈给专家征求意见，如此反复多次，最后得出预测结果。其实质是以匿名方式通过几轮咨询征集专家们的意见而得出预测结果。

目前，德尔菲法是一种广为适用的直观判断分析预测方法。它既可用于市场预测，也可用于科技、社会以及其他预测；既可用于中期预测，也可用于长期预测。特别是当有关预测对象的历史统计资料不很全面时，优点更为突出。有的学者认为德尔菲法在缺乏历史资料或事物发展出现突变情况下的预测是最可靠的预测方法。在制定长期规划的工作中，德尔菲法享有很高的声誉，并逐渐成为一种重要的规划决策工具，因此在国内外得到了广泛应用。

（2）德尔菲法的基本特点　德尔菲法的中心内容是将预测的问题和背景材料编制成一种调查表，用信函的方式寄送给专家，利用专家的经验和知识作出判断、预测，经过多次综合、归纳和反馈，逐步形成一致意见，从而预测事物未来的发展变化。可见，德尔菲法具有如下特点。

① 匿名性。由于德尔菲法采用匿名函询征求意见，因此应邀参加预测的专家互不相见，可消除心理因素的影响，每位专家可参照前一轮综合预测结果修改自己的意见，而无需对自己的意见做公开说明。

② 反馈性。德尔菲法一般要经过四轮反馈。预测领导小组将每一轮各位专家的预测结果与不同意见的理由归纳、整理、汇总，作为反馈材料寄发给每一位专家，供下一轮预测或咨询时参考。由于每一轮预测之间的反馈和信息沟通，便于比较分析，因而能相互启发，提高预测的有效性。

③ 预测结果的可统计性。德尔菲法采用统计方法对每一轮预测结果进行定量处理，科学地综合专家们的预测意见。一般采用统计指标如中位数、四分点、平均得分率、主观概率值等对预测或咨询结果进行统计处理。

德尔菲法是传统定性分析的一个飞跃，它突破了单纯的定性或定量分析的界限，为科学合理的决策开阔了思路。由于它能对事物未来发展可能出现的前景作出概率描述，因而为决策者提供了多方案选择的可能性。

（3）德尔菲法的基本步骤　应用德尔菲法进行预测，主要包括 4 个阶段：建立预测领导小组，编制预测计划；选择专家；轮间反馈；编写预测报告。由于预测结果的准确性在很大程度上依赖于专家的知识广度、深度和经验以及咨询调查表的设计，因此如何选择专家、设计咨询调查表是很重要的。

运用德尔菲法进行预测的基本程序如图 2-1 所示。

为充分发挥德尔菲法的长处，在实施预测时，必须注意如下几个方面的问题。

① 设置预测机构。它的基本任务是对预测工作进行组织和领导，控制预测进程，拟定咨询调查表，汇总整理各轮专家意见，统计处理预测结果和编写预测报告。

② 选择专家。德尔菲法的有效性，主要取决于专家的选择。这里所说的专家，与通常意义的专家有明显的区别，它特指与预测问题有密切关系的人员。具体包括对预测问题有丰富实践经验、专门知识和特长的人员，也包括对预测问题有直接关系的有关人员，如商品销

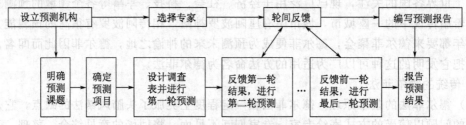

图 2-1　德尔菲法的预测程序

售预测中，商品的消费者，就是预测专家。因此，在选择专家时，不仅要注意选择所预测专业领域的理论知识型专家和实践经验型专家，同时还应注意选择与之密切相关的人员以及相关领域和边缘学科方面的专家。另外，所选择的专家要能乐于承担任务，坚持始终。

在组织专家集体进行预测时，专家人数应视实际需要而定。一般来讲，人数太少，会降低预测结论的代表性；人数太多，预测工作难以组织，对预测结果的处理也比较复杂。经验表明，预测结论的有效性往往会随人数的增加而提高，但当人数达到某一数额时，如再增加专家人数，对预测有效性的提高就不明显了。通常，预测小组的专家人数以 10～50 人为宜，对于一些重大问题的预测，专家人数也可扩大到 100 人以上。一般问题的预测，专家人数以 10～20 人为宜。

③ 充分调动专家的积极性。专家参与轮间咨询的积极性，在很大程度上决定了预测的质量，因此，必须充分调动专家的积极性，让他们乐意为咨询工作服务。在国外 20 世纪 60 年代开展的德尔菲法预测，绝大部分没有给专家应有的报酬，影响了应邀专家的积极性。一般来讲，应注意给予应邀专家适当的物质或者荣誉作为报酬。

④ 对德尔菲法作必要的说明。由于德尔菲法并非所有人都知道，因此，领导小组应就德尔菲法的实质、特点以及轮间反馈的作用作扼要的说明。另外，为使专家能全面了解情况，函询调查表应有前言，用以说明预测的目的和任务，并示范说明如何回答表中的项目。

⑤ 精心设计咨询表。咨询要服从预测目的和任务的需要，使各个调查项目构成一个有机的整体。咨询项目应按等级排队，在同类项目中，先简单后复杂，由浅入深地进行排列，以引起专家的兴趣，便于思考和分析。调查表应简练、明确、清晰。调查表提出的问题不要太多，一般认为问题数量在 25 个以下为宜。用词要确切，避免使用"普及"、"普遍"、"广泛"和"正常"之类的含混用语。如"到哪一年可以普及彩电？"这个问题中的"普及"二字意义就不明确，如改成"到哪一年能实现 90％的家庭有彩电？"就显得清楚明确了。调查表的回答应采用简练的方式，如填上数字、日期、同意、不同意等。调查表上可留有适当余地，以便专家阐明有关看法和意见。根据预测内容的不同，咨询调查表有三种询问方式：要求对问题发展作出定量估计和描述；要求对几个事件或指标作出选择和说明；要求进行论述、分析和说明。另外，函询调查问题或项目应接近专家熟悉的领域，设计函询调查表时应提供较为详细的背景资料。

（4）专家意见的统计处理　数据处理的重要理论依据是专家意见服从或接近服从正态分布。20 世纪 60 年代末，美国曾进行了几次试验，证实了专家意见的概率分布可用正态分布描述。通常对专家意见的统计处理方法和表达形式，视答案的类型和预测的要求不同而不同。

① 数量预测答案的处理。当预测结果需要用数量或时间表示时，专家们的回答将是一系列可比较大小的数据或有前后顺序排列的时间。这时，常用中位数和上、下四分点的方法处理专家们的意见，求出预测的期望值和区间。这种方法亦称四分点法。其基本处理步骤

如下。

第一步，将专家们的回答按从小到大的顺序排列。设有 m 个专家对某一事件的预测值按从小到大的顺序排列如下。

$$x_1 \leqslant x_2 \leqslant \cdots \leqslant x_{m-1} \leqslant x_m$$

第二步，分别求出中位数 $x_中$，上四分点（又叫上四分位数）$x_上$，下四分点（又叫下四分位数）$x_下$。

$$x_中 = \begin{cases} x_{k+1} & m=2k+1 \\ \dfrac{x_k + x_{k+1}}{2} & m=2k \end{cases} \tag{2-1}$$

其中，k 为正整数。

$$x_下 = \begin{cases} x_{\frac{k+1}{2}} & m=2k+1 & k \text{ 为奇数} \\ \dfrac{x_{\frac{k}{2}} + x_{\frac{k}{2}+1}}{2} & m=2k+1 & k \text{ 为偶数} \\ x_{\frac{k+1}{2}} & m=2k & k \text{ 为奇数} \\ \dfrac{x_{\frac{k}{2}} + x_{\frac{k}{2}+1}}{2} & m=2k & k \text{ 为偶数} \end{cases} \tag{2-2}$$

$$x_上 = \begin{cases} x_{\frac{3k+3}{2}} & m=2k+1 & k \text{ 为奇数} \\ \dfrac{x_{\frac{3k}{2}+1} + x_{\frac{3k}{2}+2}}{2} & m=2k+1 & k \text{ 为偶数} \\ x_{\frac{3k+1}{2}} & m=2k & k \text{ 为奇数} \\ \dfrac{x_{\frac{3k}{2}} + x_{\frac{3k}{2}+1}}{2} & m=2k & k \text{ 为偶数} \end{cases} \tag{2-3}$$

第三步，表述预测结果。中位数表示专家对事物预测的期望值。上、下四分点之间构成预测区间 $(x_下, x_上)$。由正态分布理论可知，有 50% 以上的专家预测值落在预测区间 $(x_下, x_上)$ 之内。此外，上、下四分点的极差 $R = x_上 - x_下$，常用于表示专家预测值的分散程度。

【例 2-2】 某部门曾采用专家小组预测法预测我国 1994 年的石油产量，经过多次轮间反馈，16 位专家在最后一轮的预测值分别为 1.38，1.35，1.40，1.60，1.50，1.50，1.47，1.65，1.50，1.45，1.60，1.50，1.53，1.55，1.40，1.40（单位：亿吨）。试用四分点法对专家预测意见进行统计处理。

解： 根据前面介绍的基本步骤，首先将专家的预测值从小到大排序：1.35，1.38，1.40，1.40，1.40，1.45，1.47，1.50，1.50，1.50，1.50，1.53，1.55，1.60，1.60，1.65。

其次，求中位数。这里 $m=16$ 是偶数，而 $k=\dfrac{m}{2}=8$ 是偶数，故中位数为

$$x_中 = \frac{x_8 + x_9}{2} = \frac{1.50 + 1.50}{2} = 1.50 \text{（亿吨）}$$

按式（2-2）中的第 4 式可求得下四分点为

$$x_下 = \frac{x_{\frac{k}{2}} + x_{\frac{k}{2}+1}}{2} = \frac{x_4 + x_5}{2} = \frac{1.40 + 1.40}{2} = 1.40 \text{（亿吨）}$$

按式（2-3）中的第 4 式可求得上四分点为

$$x_上 = \frac{x_{\frac{3k}{2}} + x_{\frac{3k}{2}+1}}{2} = \frac{x_{12} + x_{13}}{2} = \frac{1.53 + 1.55}{2} = 1.54 \text{（亿吨）}$$

最后，表述预测结果。根据上述计算，本例的预测结果为：预测 1994 年我国石油产量

约为 1.50 亿吨,有 50% 以上的专家认为在 1.40 亿~1.54 亿吨。

【例 2-3】 现欲预测某一市场的空调普及时间(90% 以上的家庭有空调)。利用专家小组预测法聘请 13 位具有丰富业内经验的专家进行预测,其最后一轮的预测结果为 1998 年,1999 年,1999 年,2006 年,2001 年,2005 年,2005 年,2001 年,2002 年,2003 年,2004 年,2007 年,2000 年。试用四分点法对专家预测意见进行统计处理。

解: 首先,将专家预测结果从小到大排列:1998 年,1999 年,1999 年,2000 年,2001 年,2001 年,2002 年,2003 年,2004 年,2005 年,2005 年,2006 年,2007 年。

其次,求中位数。这里 $m=13$ 是奇数,而 $k=\dfrac{m-1}{2}=6$ 是偶数,故中位数为

$$x_{中}=x_{k+1}=x_7=2002 \text{(年)}$$

按式(2-2)中的第 2 式可求得下四分点为

$$x_{下}=\frac{x_{\frac{k}{2}}+x_{\frac{k}{2}+1}}{2}=\frac{x_3+x_4}{2}=\frac{1999+2000}{2}=1999.5 \text{(年)}$$

按式(2-3)中的第 2 式可求得下四分点为

$$x_{上}=\frac{x_{\frac{3k}{2}+1}+x_{\frac{3k}{2}+2}}{2}=\frac{x_{10}+x_{11}}{2}=\frac{2005+2005}{2}=2005 \text{(年)}$$

最后,表述预测结果:该市场的空调普及时间约为 2002 年,有 50% 以上的专家认为空调普及时间在 1999 年的 6 月份至 2005 年之间。

② 定性预测结果的统计处理。德尔菲法预测中,一般依据某预测项目可能出现的事件的多少(假设 n 个),要求对所评定的第一名给 n 分,第二名给 $n-1$ 分,然后依次递减,最后一名得 1 分,现要根据 m 个专家的评分,确认预测项目各可能事件的等级次序。具体工作程序如下。

第一步,计算预测项目各可能事件得分总值。假设第 i 个专家对第 j 个事件的等级评分为 C_{ij},则第 j 个事件的得分总值为

$$S_j=\sum_{i=1}^{m}C_{ij} \qquad (j=1,2,\cdots,n) \tag{2-4}$$

第二步,计算所有事件评估总分。根据 m 个专家对各事件的评分值,则所有事件的总评分值为

$$S=\sum_{j=1}^{n}S_j=\sum_{j=1}^{n}\sum_{i=1}^{m}C_{ij} \tag{2-5}$$

第三步,计算各事件的重要程度权系数。第 j 事件的重要程度权系数为

$$k_j=\frac{S_j}{S} \qquad (j=1,2,\cdots,n) \tag{2-6}$$

k_j 值越大,表明某预测项目在预测期出现第 j 事件的可能性越大。

【例 2-4】 聘请 5 位专家对某种新产品销路进行预测,而该种新产品的将来销路可能出现如下四种情况:销路好(年销量在 1000 万元以上);销路比较好(年销量在 600 万~1000 万元);销路一般(年销量在 100 万~600 万元);销路差(年销量在 100 万元以下)。用德尔菲法聘请 5 位专家进行评价,某一轮的评价结果如表 2-3 所示。

试统计分析专家这一轮对该新产品销路的预测结果。

解:(1)该新产品各种销路状况得分总值

该新产品销路好(年销售量在 1000 万元以上)的得分总值为

$$S_1=\sum_{i=1}^{5}C_{i1}=2+2+2+3+4=13$$

表 2-3　专家对某新产品销路的评价意见

C_{ij}　事件 专家	销路好 （1000 万元以上）	销路比较好 （600 万～1000 万元间）	销路一般 （100 万～600 万元间）	销路差 （100 万元以下）
1	2	4	1	1
2	2	3	3	1
3	2	4	1	2
4	3	3	4	1
5	4	3	2	1

该新产品销路比较好（年销售量在 600 万～1000 万元）的得分总值为

$$S_2 = \sum_{i=1}^{5} C_{i2} = 4+3+4+3+3 = 17$$

该新产品销路一般（年销售量在 100 万～600 万元）的得分总值为

$$S_3 = \sum_{i=1}^{5} C_{i3} = 1+3+1+4+2 = 11$$

该新产品销路差（年销售量在 100 万元以下）的得分总值为

$$S_4 = \sum_{i=1}^{5} C_{i4} = 1+1+2+1+1 = 6$$

（2）专家对该新产品销路状况的评分总值

$$S = \sum_{j=1}^{5} S_j = 13+17+11+6 = 47$$

（3）该新产品各种销路状况重要程度系数

销路好　$k_1 = \dfrac{S_1}{S} = \dfrac{13}{47} = 0.277$

销路比较好　$k_2 = \dfrac{S_2}{S} = \dfrac{17}{47} = 0.362$

销路一般　$k_3 = \dfrac{S_3}{S} = \dfrac{11}{47} = 0.234$

销路差　$k_4 = \dfrac{S_4}{S} = \dfrac{6}{47} = 0.128$

因此，该新产品很可能销路比较好。其销路可能情况为

销路比较好＞销路好＞销路一般＞销路差

总之，对专家预测意见进行最终的分析和处理，以确认一个统一的预测结论，是德尔菲法最重要的阶段之一，采用什么样的处理方式、方法，应取决于预测问题的具体类型和该项预测的具体要求。

2. 改进的德尔菲法

人们在应用传统德尔菲法的实践中，对它不断地加以改进，得到了许多种形式的改进德尔菲法。下面介绍两种具有代表性的改进德尔菲法。

（1）改变德尔菲法基本特点的改进方法　这种方法主要是在"匿名性"和"反馈性"两个方面作了修改。

① 部分取消"匿名性"。先采用"不记名询问"，然后公布结果，并进行口头辩论，以

便相互启发，集思广益，最后再进行匿名咨询。

②部分取消"反馈性"。轮间反馈时，只向专家反馈前一轮预测值的上下四分点，不提供中位数。这有助于防止有些专家只是简单地向中位数靠近，有意回避提出新的预测意见的倾向。

(2) 保持原有三个基本特点的改进方法

①向专家提供背景材料。在很多情况下，预测对象的发展变化在很大程度上取决于经济、政策和技术条件。参加预测的成员一般是某一专业领域内的专家，他们可能对经济、技术、政策情况了解较少。预测活动中，许多专家可能是掌握科技文化知识不多的商品用户或管理人员，也可能是某一科技领域里的专家。因此，有必要将政治和经济背景资料及发展趋势的预测，作为第一轮的信息提供给专家，使他们有一个共同的起点。对于工业发展、市场需要量等的预测，提供背景资料尤为重要。

②减少应答次数。传统德尔菲法，一般要经过四轮，有时甚至五轮的函询。但若能采用其他方法提供某些信息，通过两轮函询和反馈后，意见已相当协调，这时应答次数可减少至三次，甚至两次。就现有经验来看，一般采用三轮较为适宜。

③对预测结果进行自我评价。由于预测项目的复杂性，不可能要求每个应答专家对所有预测项目都相当熟悉和精通。因此，各位专家所作判断的权威程度便有所区别，如将他们的回答同等看待，往往会造成偏差；如针对各个专家的权威程度赋予相应的权数，以此对他们的回答进行处理，可能会使预测结果更为准确。有关专家的权威程度的确定一般以自我评价而定。也就是在征询专家意见的同时，要求应答专家填写对预测项目的熟悉和了解程度表，如表2-4所示。

表 2-4 专家预测权威程度评价

预测项目	1	2	3	4	……
很有研究(1.0)					
有研究(0.95)					
较熟悉(0.90)					
基本了解(0.85)					
初步了解(0.80)					
未作评定(0.70)					

将此表的调查结果，在统计处理各位专家意见时，以权数形式考虑进去，从而求得更可信的预测结果。

3. 对德尔菲法的评价

德尔菲法的实质，是利用专家的主观判断，通过信息沟通和轮间反馈，使预测意见趋向一致，逼近实际值。

德尔菲法自应用以来，在大多数情况下，专家的意见趋向一致，预测结果的收敛性是比较明显和普遍的。但也出现过无法取得一致意见的情况。然而这通常并不意味着德尔菲法的失败。因为借此常可发现预测意见按不同的学派、观点而相互对立，使预测者的不同见解明朗化，有利于对问题的深入研究。

德尔菲法作为一种预测工具，其价值在于它的预测结论的有效性。就其预测的准确性来讲，虽然由于它多用于长期预测，一般难以对它进行全面的统计和检验，但德尔菲法给出的许多预测信息是受到重视的，有大量的事例证实了其预测结论的准确性。德尔菲法不受地区和人员的限制，用途广泛，费用一般较低，而且能引导思维，提供了一种系统的预测方法。

在缺乏足够资料的预测中，有时只能使用这种预测方法。当然，德尔菲法也存在一些不足，主要表现在以下几个方面。

（1）预测结果受主观认识的制约　德尔菲法的实质就是广泛利用专家的主观判断，将专家意见进行统计处理，产生有用的预测结果。因此，运用德尔菲法所得到的预测结果受主观认识的制约，预测的准确度主要取决于专家的学识、经验、心理状态和对预测对象的兴趣程度。

（2）专家思维的局限性会影响预测的效果　现代科学技术分门别类，知识量十分庞大而复杂，任何专家都不可能对所有问题有深入的研究。事实上，专家只是从事某个专门领域的工作，对其他领域的成就与进展，往往了解较少，可能仅在有限的框框内思维。

（3）德尔菲法在技术上还有待改进　德尔菲法本身也还存在许多有待于进一步完善的地方。例如，专家的概念没有完善的客观的衡量标准，因而在选择专家时容易出现偏差。意见咨询调查表的设计原则难以掌握，有时比较粗糙。

第四节　类　推　法

一、基本原理

类推法就是利用某一先导事件的发展演变规律，来预测与其有联系的相似的迟发事件的发展演变趋势。先导事件就是发生在前或已发生过的事件，迟发事件就是发生在后或正在发生的事件。类推预测原理可用图 2-2 表示。

从图 2-2 中可见，类推预测实际上就是寻找两个相隔一定历史时期的相似时间序列，然后通过先导事件的时间序列推测迟发事件的时间序列。

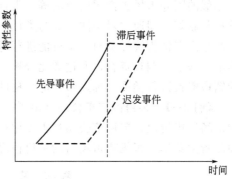

图 2-2　类推预测原理示意

类推预测法，最关键的一步就是确定与预测对象有关的先导事件。先导事件的选定又依赖于对迟发事件的深入分析，抓住迟发事件的本质特征，要善于从大量的历史事件中找到与迟发事件相类似且有某种特殊关系的先导事件。一旦先导事件被确定，就可以描绘出先导事件的特性参数随时间变化的图形（先导事件的时间序列曲线）或变化规律，并将其与迟发事件的时间序列曲线变化进行比较，以观察这两个事件的时间序列曲线变化规律是否有相类似的趋势，是否有一个固定的时间迟后量。如果这些条件得以满足，便可使用所选定的先导事件进行类推预测。因此，类推法的具体预测步骤如下。

首先，选择先导事件。要求先导事件与迟发事件具有相同或近似的发展变化规律，发展规律已知并领先于迟发事件。

其次，找出先导事件的发展规律、特性参数，并依据时间序列统计数据绘制其演变趋势曲线图。

最后，根据先导事件的发展规律，类推迟发事件的未来情形，从而进行预测。

采用类推预测，要特别注意以下几个方面的问题。

首先，要注意区分两个事件是本质上的相似，还是偶然相似，要全面地比较两个事件的重要特性，正确判断它们之间的相似和差别。任何两件事物总是有差别的，如果存在明显的本质差别，就不要勉强将其选作先导事件；在存在差别的情况下，应当特别注意其预测的范围和时间；只有各主要特征上充分相似的两个事件，其类推预测的结论才有一定的可靠性。

其次，需要注意的是，即使是可以进行类推的两个事件，甚至在一段时期内其预测结论也被证明是正确的，但也不能保证其预测结论仍然对未来完全适用。因为随着时间的推移，预测环境甚至预测对象本身可能发生质的变化，两个相似事件的迟后时间可能会改变（缩短或延长），因此，若仍使用原先的类推模型，就可能得出有较大偏差的预测结果。

再次，由于类推预测较多地涉及人的主观判断，当他们意识到某一类推结果时，可能会变更初衷，故意采取别的行动以企图类推出主观所希望的结论，这有可能会严重干扰类推预测的客观性，致使类推预测失效。

另外，要依靠专家的咨询和指导。类推预测并不像一些定量预测方法有固定的模式，有现成的数学公式，它在很大程度上要依靠人的实际知识和实践经验，要依靠人的聪明才智去观察和分析事件的本质属性以及相互间的类似，一般的预测工作者很可能不具备关于预测对象的专业知识，对有些相关学科领域也可能不甚了解，这就更有必要聘请专家学者，向他们说明预测的目的和任务以及类推预测的要领，合作完成预测任务。

总之，要正确应用类推预测法，必须满足类推方法的基本条件，在此基础上才有可能类推出比较可靠的预测结论。

二、类推法的应用

类推预测法应用形式很多，如由点推算面，由局部类推整体，由类似产品类推新产品，由相似的国外市场类推国内市场等。类推法一般用于开拓新市场、新产品的潜在购买力、需求量预测等，即通过对预测产品与类似产品的对比分析，来判断预测产品的市场销售状况。新产品没有销售统计资料，不可能进行量的分析，那么就可以运用类似产品的历史资料和现实市场需求的调查资料，通过类比分析，确定新产品的销售预测值。例如，根据黑白电视机的销售资料进行类推，确定彩色电视机的销售预测值，就可采用类推预测法。

【例 2-5】　某跨国汽车公司推出了一种新型豪华家用轿车，为了预测这种新型豪华轿车的市场销售情况，曾用该公司过去家用轿车的实际销售资料如表 2-5 所示。公司采用类推法预测新型豪华轿车投放市场后的销售情况。

表 2-5　某公司老型家用轿车销售量统计

时间	销售量/万辆	时间	销售量/万辆
1975 年	1.90	1983 年	10.25
1976 年	1.10	1984 年	10.75
1977 年	1.60	1985 年	17.05
1978 年	3.05	1986 年	19.25
1979 年	5.35	1987 年	25.60
1980 年	4.25	1988 年	30.55
1981 年	4.10	1989 年	39.10
1982 年	10.7	1990 年	44.30

根据表 2-5 所提供的数据资料，我们可以绘制出公司老型家用轿车销售量的时间序列曲线如图 2-3 所示。

根据图 2-3，可以作出以下的判断：从绝对值上看；老型家用轿车销售量，除 1980 年、1981 年和 1983 年有所下降以外，其余年份基本上呈增长趋势，而且 1978 年和 1982 年的增长幅度较大。从增长幅度来看，可以分为三个阶段：投放市场的最初几年（1975～1978 年）是稳步增长的，每年增长幅度约为 20%～50%；中间的几年（1979～1985 年），由于货源和质量等原因起伏较大，有的年份（1980 年、1981 年、1983 年）下降了 3%～4%，有的年份则增长 1 倍左右（如 1979 年增长 90％，1982 年增长 161％）；而 1986～1990 年间销售量比较稳定增长，每年以 10％～20％的幅度增长，个别年份（如 1987 年和 1989 年）增长 30％左右。这样，就可以以这一判断为基础来推测新型豪华轿车未来的销售趋势。

由于新型豪华轿车的价格是老型家用轿车价格的近三倍，所以最初几年购买新型豪华轿车的一般是平均收入较高的消费者；并且由于刚投放市场，其销售量一般是稳定增长的。几年后随着平均收入较高的消费者基本满足后，其销售情况将会因价格调整而可能有起伏。当消费收入水平和新型豪华轿车的价格水平适合于豪华轿车普及

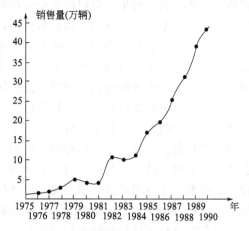

图 2-3 老型家用轿车销售量曲线图

时，其销售量又会稳步增长。这只是类比判断的大致趋势。问题是如何确定新型豪华轿车的最初销售预测值。公司 1975 年老型家用轿车的实际销售量为 0.90 万辆，如果具有购买新型豪华轿车经济能力的消费者为具有购买老型家用轿车经济能力的消费者的 1/3，那么按类推判断，可以按老型家用轿车销售量的 1/3 左右确定新型豪华轿车投入市场后第一年的销售预测值，即 3000 辆左右。类似地可以推测投放市场后各年的销售量。

必须指出，这个预测值仅仅是类推判断数字，它是否符合实际，还要分析其他条件，如新型豪华轿车的质量、外形设计、价格水平，售后服务措施、交通条件等，对预测结果值作必要的调整，最后确定出切实可行的预测方案。

第五节　扩散指数法

扩散指数法，是一种预测市场景气（或经济景气）的方法。扩散指数法是以扩散指数为依据来判断市场（或经济）未来是否景气的，而扩散指数是根据一批领先经济指标的升降变化计算出来的。这里的"扩散"，是指不局限于运用某些或某几项经济指标，而是一批经济指标，即运用一批经济指标的变化来预测市场（或经济）未来的发展趋势。

市场的变化与经济指标的变化紧密联系在一起的。市场是国民经济的综合反映，国民经济发展中许多经济指标的变化，都会先后影响市场需求趋势的变化。按照经济发展指标同市场变化的先后时间顺序来划分，可以分为以下三类。

第一类是领先指标，也叫先行指标。在时间上，经济指标的变动先于市场的变化，即经济指标先变动，经过一段时间后，市场才发生变化。如经济建设计划中基础建设（简称"基建"）投资的增加，企业挖潜、革新、改造费用的安排，建筑投资的增加，都是经济指标变化在先，市场变化在后。在基建过程中固然会引起对建筑材料和个人消费品等市场需求量的增加，但更重要的是要预见到，经过基建过程，项目一旦投产，企业技术改造和产品换代实现后，将为市场提供新的商品资源，可能引起市场商品供应量的增加。同时，住宅竣工交付使用后，又会引起家具及其他有关商品需求量的迅速上升。再如消费者支出水平的变化、人口变动趋势等，都属领先经济指标。通过调查，掌握并分析、判断领先指标的变动及其方向，是对市场景气预测的重要内容。

第二类是一致指标，也叫同步指标。在时间上，经济指标的变动与市场的变化几乎同时发生。如从价格指数的变动同市场变化之间的关系来说，尽管当年农副业生产已成定局，但

调高农副产品收购价格，会促使农业生产部门改变对农副产品自给部分与商品部分的分配比例，从而使当年市场的农副产品商品资源量有较大增加；又如，降低关税会使国内同类商品的销售量下降；再如，许多商品批发价格变动，会立即波及零售价格，以致影响市场需求量的变化。从这些例子可以看出，许多经济指标的变化与市场因素的变化，几乎是同时发生的。在分析商品市场的变化规律时，这些同时变化的经济指标显然是不容忽视的。

第三类是落后指标，也叫迟行指标、滞后指标。在时间上，这类经济指标的变动落后于市场经济活动的变化。例如，以分期付款方式销售家用电器等价值较高的耐用消费品，消费者为支付到期贷款而动用银行存款，使银行储蓄额减少；又如，农副产品收购价格的变化，会使当年农副产品收购数量变化，也会使下一年度农副产品的投资结构和生产规模发生变化。这些都属于市场经济活动在先，经济指标的变化在后的情况，即经济指标的变化落后于市场经济活动的变化。这些迟后变化的经济指标又将反过来影响市场因素的变化，因此，它们也是我们进行市场预测时必须给予高度重视的参考资料。

分析各项经济指标在时间上同市场变化之间的规律性，并通过市场调查深入了解各项经济指标的发展变化，有助于我们预测市场未来的变化及其发展前景，特别是对于把握市场总体发展变化规律有很重要的价值。

扩散指数法就是利用领先经济指标来推断、把握未来的市场景气状况，为战略决策提供依据。采用扩散指数法，必须预先选择一批领先经济指标，如农田基本建设投资、住宅建设规模、市政建设规模、技改基金、银行信贷、劳动就业人数、工资总额、消费者支出水平等。然后根据其中呈现上升趋势的指标计算扩散指数值。设 A 为呈上升变动的领先指标数；N 为领先指标总数。那么扩散指数 D 的计算公式为

$$D = \frac{A}{N} \times 100\%$$

【例 2-6】 现欲对我国某一经济发展阶段市场状况进行预测，根据前一阶段的经济发展状况，选择了 20 项领先经济指标来进行判断预测。这 20 项领先经济指标中有 12 项指标呈上升趋势，8 项指标呈下降趋势。那么，可计算出扩散指数为

$$D = \frac{A}{N} \times 100\% = \frac{12}{20} \times 100\% = 60\%$$

根据实践经验，当扩散指数大于 50% 时，市场表现为上升状态，即市场未来会出现乐观的景象；当扩散指数为 50% 时，便认为市场已到达到转折点，即市场未来的发展或由上升而下降，或由下降而上升。当扩散指数小于 50% 时，则预示着市场未来会出现下降局面。

因此，扩散指数就是通过分析各项领先经济指标的变化来判断、预测经济景气、市场未来的发展趋势。

值得指出的是，利用经济指标进行预测，在不同的国家、不同的经济发展阶段，所采用的指标不尽相同。不同的国家由于经济制度不同，经济指标的内涵也会有所不同。在不同的经济发展阶段，经济指标与市场关系的表现也是不同的：在某一经济发展阶段，市场变化可能与某一些经济指标的变化联系比较直接，关系比较紧密；在另一经济发展阶段，市场变化则与另一些经济指标的变化关系比较直接。因此，利用经济指标进行经济趋势、市场趋势判断预测时，必须经过长期的分析和观察，找出合理的经济指标。

习　题

1. 什么是头脑风暴法？实施头脑风暴法应遵循哪些基本原则？

2. 实施头脑风暴法如何挑选专家?

3. 头脑风暴法有哪些优点和缺点?

4. 什么是德尔菲法? 德尔菲法有哪些特点?

5. 德尔菲法预测中,每一轮专家意见综合处理的常用方法有哪些?

6. 简述实施德尔菲法预测的基本程序。

7. 德尔菲法预测精度主要取决于什么?

8. 什么是类推法? 实施类推法预测的关键是什么?

9. 实施类推法预测应注意什么?

10. 已知某百货公司 3 个销售人员对明年销售的预测意见与主观概率如表 2-6 所示,又已知计划人员预测销售的期望值为 1000 万元,统计人员预测销售的期望值为 900 万元,计划、统计人员的预测能力分别是销售人员的 1.2 倍和 1.4 倍。试用集合意见预测法求:

(1) 每位销售人员的预测销售期望值;

(2) 3 位销售人员的平均预测期望值;

(3) 该公司明年的预测销售额。

表 2-6 销售人员预测值

销售人员	估计	销售额/万元	主观概率
甲	最高销售	1120	0.25
	最可能销售	965	0.5
	最低销售	640	0.25
	期望值		0.3
乙	最高销售	1080	0.2
	最可能销售	972	0.5
	最低销售	660	0.3
	期望值		0.35
丙	最高销售	1200	0.25
	最可能销售	980	0.6
	最低销售	600	0.15
	期望值		0.35

11. 某百货商店为预测下年度商店的销售额,召集有关人员进行预测。各预测者对下年度该商店的销售额预测意见及权数如表 2-7 所示。试问下年度该商店销售额的综合预测结果是多少?

表 2-7 销售额预测值　　　　　　　　单位:万元

预测人员	最高状态		一般状态		最低状态		权数
	销售额	概率	销售额	概率	销售额	概率	
经理	1400	0.6			1150	0.4	3
副经理	1300	0.3	1200	0.5	1100	0.2	2.5
业务科长	1400	0.2	1300	0.6	1200	0.2	1
计划科长	1500	0.2	1350	0.6	1250	0.2	1
财务科长	1200	0.3	1100	0.5	1000	0.2	2.5

12. 某部门曾采用专家预测法预测我国 1994 年的石油产量,经过多次轮间反馈,14 位专家在最后一轮的预测值分别是 1.38,1.35,1.40,1.60,1.50,1.50,1.47,1.65,1.50,1.45,1.60,1.53,1.40,1.40(单位:亿吨)。试用四分点法对专家预测进行统计处理。

13. 什么是扩散指数法? 举例说明领先经济指标、一致经济指标和滞后经济指标。

14. 已知一批领先经济指标的 6 个时间单位前后数值的增减变化如表 2-8 所示。"＋"表示该领先经济指标该单位时间与前一单位时间相比为增加；"－"表示减少；"0"表示持平。

试求：

（1）求出下表 6 个时间单位的扩散指数；

（2）画出扩散指数图；

（3）分析该经济系统的发展趋势。

表 2-8　领先经济指标的增减变化

时间\指标	1	2	3	4	5	6	7	8	9	10	11	12
1	+	+	+	－	－	+	+	+	+	+	－	+
2	+	+	－	－	－	－	+	+	+	+	－	－
3	－	+	+	0	0	－	+	+	0	0	+	－
4	－	+	+	+	－	+	+	+				+
5	0	0	+	－	－	+	+	+	+	+	－	+
6	－	－	+	+	－	+	+	+				－

第三章 回归分析预测法

第一节 回归分析预测法概述

经济系统中，某一经济变量的变化常常是其影响因素变化的作用结果。如商品需求量的变化、商品资源量的变化等，是由国民经济各部门的发展比例关系的变化，积累和消费比例关系的变化，人口增长和劳动就业情况的变化，居民收入的变化，人们的物质文化需要和消费心理的变化等共同作用决定的。又如农作物亩产量的变化，是由施肥量、气温、降雨量、种子质量、耕作技术等因素的变化共同作用的结果。经济变量的变化与其影响因素的变化的这种相互依存关系称之为因果关系。其中的影响因素的变化称之为原因，影响因素变化的作用结果——经济变量的变化称之为结果，它常常就是预测的目标。经济现象之间的这种因果关系，从数量上讲，可以运用一组变量即自变量和因变量来描述，自变量即指经济变量变化的影响因素，因变量即指预测的经济变量。

经济现象之间的因果关系，有的可以运用确定性的函数关系来描述，如某种商品在某地区的需求量，在该地区人均需求量不变的情况下，与该地区人口总数是呈确定性的函数关系的，即商品需求量＝人均需求量×人口总数。预测学中不研究这种因果关系。有的则表现为非确定性函数关系，如消费者对某种生活用品的需求量同其收入水平之间的因果关系；工业总产值与某种生产资料的需求量之间的因果关系等，都不能直接建立确定性的函数关系式。但是我们可以利用实际观察数据或历史统计数据来找出它们之间的统计规律性，从而用数学模型近似地来描述它们的因果关系，并以此模型来进行预测。预测学中也主要探讨这种因果关系。确定这种因果关系数学模型的具体方法有很多，常用的有趋势外推法、回归分析法、数量经济模型法、投入产出模型法、灰色系统模型法等。其中回归分析法是最主要最常用的因果关系分析法，因此，本章我们主要介绍这种分析方法。

一、回归分析预测法研究的主要内容

回归分析预测法，是研究一个因变量与一个或多个自变量之间的因果关系的数学方法，即从经济变量与其影响因素之间业已存在的因果关系和变量的观察数据或历史数据出发，确定因变量与自变量之间的一元或多元函数方程式，并以此为依据来进行经济预测的方法。回归分析预测法研究的主要内容有以下几个。

① 从一组原始数据出发，确定变量之间的数量关系式，即统计回归模型的具体形式和模型参数的估计值。

② 对确定的数量关系式的可信程度进行统计检验。

③ 从影响因变量的许多自变量中，判断哪些变量的影响是显著的，即判别和选择各影响因素中重要的影响因素。

④ 对经济活动进行分析、预测和模型控制，并给出预测精度估计。

二、回归分析预测法的前提条件

运用回归分析预测法进行预测，必须满足以下几个条件。

① 预测对象与影响因素之间必须存在因果关系，而且观察数据或历史数据不能太少，一般不得少于 20 个。

② 过去和现在数据的规律性，能够适用于未来。

③ 根据数据分布规律，若呈线性趋势，就建立线性回归模型；否则，需建立非线性回归模型。

三、回归分析预测法的分类

回归分析预测法在预测分析中占有十分重要的地位，人们依据其回归模型，从不同的角度出发，可以对其进行不同的划分。

1. 根据回归模型中自变量个数的多少分类

① 一元回归分析法。这种方法适用于一个自变量对因变量产生影响的情况，是单因素分析和预测的重要方法。

② 多元回归分析法。这种方法适用于两个或两个以上自变量同时对因变量产生影响的情况，是多因素预测的重要手段。

2. 根据回归模型形式是否线性分类

① 线性回归分析法。自变量对因变量的影响呈线性影响情况。自变量和因变量的历史统计数据呈线性变动趋势。

② 非线性回归分析法。自变量对因变量的影响呈非线性影响情况。自变量和因变量的历史统计数据呈非线性变动趋势。

3. 根据回归模型中是否含有虚拟变量分类

① 普通回归模型的回归分析法。回归模型中的自变量都是数量变量。

② 虚拟变量回归分析法。回归模型中的自变量既有数量变量又有品质变量。如农作物单位面积产量不仅受施肥量、降雨量、气温等数量变量的影响，而且也受地势和农作物种子质量等品质变量的影响。

此外，根据回归模型是否含有滞后的因变量作自变量，还可分为无自回归现象的回归分析法和自回归分析法。

因为在实际应用中，线性回归分析和非线性回归分析应用最多，其中线性回归分析的理论和实际应用又最成熟，所以在此我们主要探讨线性回归分析。然而在应用中，许多场合下可以把非线性回归问题转化为一元或多元线性回归问题，使问题得到简化和解决。

四、回归分析预测法的步骤

用回归分析预测法进行预测，其大致步骤如下。

第一步，通过对历史数据资料和现实调查资料的分析，找出变量之间的因果关系，确定预测目标以及因变量和自变量。

因变量与自变量间的因果关系常常依据历史数据资料和现实调查资料的散点图的变化规律以及经验确定。

在选择自变量时，必须根据自变量同因变量之间的相关程度，选择与因变量关系最为密切或比较密切的影响因素作为自变量。比如，当我们选定的预测目标是某市食盐的需求量时，该市的总人口就是一个恰当的自变量，而该市人口的结构（性别、年龄、职业等）、食盐的销售价格等，虽然也可以视为影响因素，但显然不是关系密切的影响因素，可以不予考虑。值得注意的是，同一个影响因素在不同情况下，会发生不同的影响作用。比如价格的变动就是如此。一般来说，价格上涨，市场需求量就会减少；价格下降，市场需求量就会增加，特别是价格较高的耐用消费品（如电视机、洗衣机、电冰箱、空调等），尽管有时价格升降幅度并不大，也会对市场需求量发生较大的影响。因此，在市场预测中必须充分注意价格变动的影响作用，并作为自变量引进预测模型。但在有些情况下，价格的变动对市场需求量的影响又是很小的，比如前面曾提到的食盐就是如此；又如缝纫针，即使价格在很大的幅度内变动，也不会对需求量发生显著影响，这种情况下，就不能把价格作为自变量引进预测模型。另外，还应注意选择那些非数量化的与因变量关系密切的影响因素作为自变量。例如，对于某种商品的市场销售量这一因变量而言，流通渠道、经营方式、服务质量等，都是影响销售量的重要因素，它们的变化会直接影响因变量的变化。但是，在选择非数量化的影响因素作为自变量时，必须把它数量化。例如，对于服务质量，就可以根据服务质量标准，按服务质量达到的不同水平划分为若干等级，以它的等级作为数量化的自变量。这样，就可以根据自变量（服务质量的等级）的变化，来预测因变量（销售量）的变化。

第二步，根据变量之间的因果关系类型，选择数学模型，并经过数据运算，求得模型中有关参数，建立预测模型。

这里的关键是数学模型类型的选取。应根据因变量与自变量之间观察数据的分布规律，结合定性分析，选择恰当类型的数学模型，而不能因为线性方程非常简单，而不顾问题的本质特征，生硬地套用线性回归模型。否则，所建立的预测模型将不能用来预测未来。

第三步，对预测模型进行检验，测定误差，确定预测值。

在现实生活中，很难找到因变量与自变量的关系严格遵循某种数学模型的情况，我们只能近似地用某一数学方程去描述某些变量之间的因果关系。这就是说，我们建立的预测模型与实际情况相比，总存在或多或少的误差，甚至我们所选用的模型种类本身就有问题，不能正确反映所讨论的因果关系。因此，要想利用预测模型预测未来，必须首先对模型进行检验，测定误差。

值得指出的是，回归分析预测法虽然是科学的预测方法，但绝不应当把预测过程看成简单的数学运算。客观事物及客观经济现象是复杂的，数学模型只能把有关数据简单、明确、形象地显示出来，而如何确定符合客观实际的预测值，还需要预测者掌握丰富的实际资料和历史数据，依靠个人的经验和分析判断能力，最后作出科学判断。也就是说，在运用回归分析预测法进行市场预测时，还需要与质的分析法相结合，把各种主要因素都考虑进去，以量的分析数据为基础，经过综合分析判断，最后确定出反映客观事物未来发展的预测值。

第二节　一元线性回归分析预测法

假设某地区 2001 年以来人均消费支出与人均收入的统计数据如表 3-1 所示。以 x 表示人均收入，y 表示人均消费支出，将表 3-1 中的统计数据绘制在直角坐标平面上，如图3-1所示。

表 3-1　某市人均消费与人均收入数据统计　　　　单位：元

年份	2001 年	2002 年	2003 年	2004 年	2005 年	2006 年	2007 年
人均收入(x)	4800	5100	5450	5900	6400	7000	7600
人均消费支出(y)	4200	4500	4900	5300	5800	6200	6800

可以直观地看出，这些数据点散布在某一直线的两旁。可见，人均消费支出与人均收入间近似呈线性关系，可由数学方程式

$$y = \alpha + \beta x$$

近似描述，其中，α、β 为待定参数，由历年的统计数据确定。但人均消费支出除受人均收

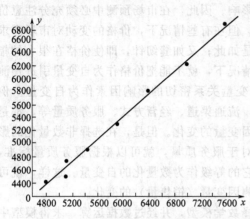

图 3-1　人均消费支出与人均收入关系

入影响外，还受消费者的消费习惯、对未来收入的预期等的影响，所以，一般情况下，人均消费支出与人均收入统计数据未落在上述直线上，因此，更符合实际情况的人均消费支出与人均收入间的关系应由数学方程式

$$y=\alpha+\beta x+\varepsilon$$

来描述。其中，ε 为随机误差项，它表示"非主要因素"的影响、随机变化、观测误差和模型数学形式设定偏差等各种因素对 y 的影响的总和。

根据该数学方程式，每给定一个人均收入 x 值，人均消费支出 y 并不是唯一确定的，而是有许多值，它的概率分布与随机误差项 ε 的概率分布相同。

引入随机误差项，将变量之间的关系用一个线性随机方程来描述，用随机数学的方法来估计方程中的参数，这就是线性回归分析的特征。

一元线性回归分析预测法是最简单的线性回归分析预测法。它是对两个具有某种线性关系的变量，建立线性回归模型，根据自变量的变动来预测因变量发展趋势的方法。

一、一元线性回归模型及其假设条件

如前所述，并不是所有变量间的因果关系，均表现为一元线性关系。只有当因变量与自变量的关系满足以下假设条件时，才能用一元线性回归预测法进行预测。

① 预测量（因变量）y 与影响因素（自变量）x 间存在线性统计关系。即

$$y=\alpha+\beta x+\varepsilon \tag{3-1}$$

其中，α、β 为待定参数，ε 为随机误差。

② x 为确定性变量，如人均收入等，是可以控制的或事先给定的。

③ 随机误差服从均值为零，方差为常数 σ^2 的正态分布，即 $\varepsilon \sim N(0,\sigma^2)$。而且 ε 的任何两个取值 ε_i、ε_j 互不相关，即其协方差为

$$COV(\varepsilon_i,\varepsilon_j)=0 \qquad (i\neq j) \tag{3-2}$$

根据概率论的有关理论，由上述假设有

$$E(y)=E(\alpha+\beta x+\varepsilon)=E(\alpha+\beta x)+E(\varepsilon)=\alpha+\beta x$$

亦即因变量 y 为服从正态分布 $N(\alpha+\beta x,\sigma^2)$ 的随机变量。我们称 y 的期望函数 $\hat{y}=\alpha+\beta x$ 为一元线性回归方程。也就是说，预测量 y 的数值的集中位置是在方程 $\hat{y}=\alpha+\beta x$ 上。回归方程 $\hat{y}=\alpha+\beta x$ 是一种理论形式。在实际预测时，常常要根据 n 组观测数据 $(x_i，y_i)$ $(i=1,2,\cdots,n)$ 来估计模型中的参数 α、β，从而建立起可用于实际预测的一元线性回归预测模型

$$\hat{y}=a+bx \tag{3-3}$$

其中，$\hat{y}$ 为因变量 y 的预测值，x 为自变量，a、b 分别为 α、β 的估计值，称其为回归系数。

因此，根据变量 x、y 的统计数据，寻求回归系数 a、b，从而合理确定回归预测模型，是运用一元线性回归分析预测法的关键。利用已求出的回归系数 a、b 和给定自变量 x 值，确定因变量 y 值的未来演变，是运用一元线性回归分析预测法的目的。

二、回归模型参数的最小二乘估计

假设预测对象（因变量）y 和影响因素（自变量）x 的 n 组观测值：(x_1,y_1)，$(x_2,$

y_2），…，(x_n, y_n) 满足一元线性回归分析预测模型的假设条件。对每一影响因素（自变量）x 的观测值 x_i（$i=1,2,\cdots,n$）代入式（3-3）得预测对象（因变量）y_i 的对应估计值 $\hat{y}_i$，即

$$\hat{y}_i = a + bx_i \tag{3-4}$$

回归分析预测就是要合理估计回归模型式（3-3）的参数 a、b，使得因变量估计值与实际观测值偏差达到最小。

估计回归模型参数 a、b 的方法较多，其中使用最广泛的是最小二乘法（OLS，Ordinary Least Square）。最小二乘法就是使因变量观测值 y_i 与其估计值 $\hat{y}_i$ 的离差（又称残差，估计误差）

$$\varepsilon_i = y_i - \hat{y}_i \qquad (i=1,2,\cdots,n)$$

平方和 Q 达到最小，即使

$$Q = \sum_{i=1}^{n} \varepsilon_i^2 = \sum_{i=1}^{n}(y_i - \hat{y}_i)^2 = \sum_{i=1}^{n}(y_i - a - bx_i)^2$$

达到最小。

显然，Q 是参数 a、b 的函数，要使 Q 达到最小，根据多元函数微分学的极值原理，必使 Q 分别关于 a、b 的一阶偏导数为零。即

$$\begin{cases} \dfrac{\partial Q}{\partial a} = 0 \\[2mm] \dfrac{\partial Q}{\partial b} = 0 \end{cases}$$

亦即

$$\begin{cases} \dfrac{\partial Q}{\partial a} = -2\sum_{i=1}^{n}(y_i - a - bx_i) = 0 & (3\text{-}5) \\[4mm] \dfrac{\partial Q}{\partial b} = -2\sum_{i=1}^{n}(y_i - a - bx_i)x_i = 0 & (3\text{-}6) \end{cases}$$

整理得

$$\begin{cases} na + b\sum_{i=1}^{n}x_i = \sum_{i=1}^{n}y_i \\[4mm] a\sum_{i=1}^{n}x_i + b\sum_{i=1}^{n}x_i^2 = \sum_{i=1}^{n}x_iy_i \end{cases}$$

解此方程组得

$$\begin{cases} b = \dfrac{n\sum_{i=1}^{n}x_iy_i - \sum_{i=1}^{n}x_i\sum_{i=1}^{n}y_i}{n\sum_{i=1}^{n}x_i^2 - (\sum_{i=1}^{n}x_i)^2} & (3\text{-}7) \\[6mm] a = \dfrac{1}{n}\sum_{i=1}^{n}y_i - \dfrac{b}{n}\sum_{i=1}^{n}x_i & (3\text{-}8) \end{cases}$$

即

$$\overline{x} = \frac{1}{n}\sum_{i=1}^{n}x_i \qquad\qquad \overline{y} = \frac{1}{n}\sum_{i=1}^{n}y_i$$

并代入式（3-7）和式（3-8），则有

$$\begin{cases} b = \dfrac{\sum\limits_{i=1}^{n} x_i y_i - \overline{x}\sum\limits_{i=1}^{n} y_i}{\sum\limits_{i=1}^{n} x_i^2 - \overline{x}\sum\limits_{i=1}^{n} x_i} = \dfrac{\sum\limits_{i=1}^{n} x_i y_i - n\overline{x}\,\overline{y}}{\sum\limits_{i=1}^{n} x_i^2 - n\overline{x}^2} & (3\text{-}9) \\[6mm] a = \overline{y} - b\overline{x} & (3\text{-}10) \end{cases}$$

按式(3-7)和式(3-8)或式(3-9)和式(3-10)求得的参数所建立的一元线性回归预测模型，具有最小误差平方和。为方便计算，一般列成表 3-2 的形式进行计算。

表 3-2　一元线性回归计算表

序号	x_i	y_i	$x_i y_i$	x_i^2	y_i^2
1	x_1	y_1	$x_1 y_1$	x_1^2	y_1^2
2	x_2	y_2	$x_2 y_2$	x_2^2	y_2^2
⋮	⋮	⋮	⋮	⋮	⋮
n	x_n	y_n	$x_n y_n$	x_n^2	y_n^2
$\sum$	$\sum\limits_{i=1}^{n} x_i$	$\sum\limits_{i=1}^{n} y_i$	$\sum\limits_{i=1}^{n} x_i y_i$	$\sum\limits_{i=1}^{n} x_i^2$	$\sum\limits_{i=1}^{n} y_i^2$

三、回归模型的检验

如前所述，对任何 n 组数据 (x_i, y_i)，$i=1$，2，…，n，按式(3-7)和式(3-8)或式(3-9)和式(3-10)均可估计出回归参数 a、b 的值，从而建立起一个一元线性回归预测模型 $\hat{y}=a+bx$，获得一条回归直线。然而实际观察值是否满足一元线性回归模型条件？预测模型或回归直线与实际观察值是否有较好拟合度？求出的 a、b 是否有实际意义？自变量 x 与因变量 y 是否有线性相关关系？模型的线性相关关系是否显著？能否用于预测？以及 x 与 y 的线性相关关系密切到什么程度，所建的回归预测模型才能用于预测？等等。要回答这些问题，必须对所建立的回归预测模型进行数理统计和经济意义方面的检验。以减少预测结果的不合理性。常用的检验方法有：标准离差（S）检验，相关系数（R）检验，显著性（F）检验和 DW 检验。

1. 标准离差（S）检验

标准离差常用 S 来表示，所以标准离差检验又称为 S 检验。标准离差 S，是用来反映回归预测模型的精度的。一般地，回归直线上的各点（预测值）与对应的观察值之间，存在一定的偏差，即观察值曲线上各点的 y 值有可能偏离回归直线。标准离差检验就是测定估计值的标准离差，以便对预测值进行调整。标准离差计算公式为

$$S = \sqrt{\frac{1}{n-2}\sum_{i=1}^{n}(y_i - \hat{y}_i)^2} \qquad (3\text{-}11)$$

可以证明，S^2 是 σ^2 的无偏估计量。由式(3-11)可知，标准离差 S 反映了回归预测模型所得的估计值 $\hat{y}_i$ 与实际值 y_i 的平均误差。所以 S 值越小，表明回归直线拟合实际观测值愈好。通常以 $\dfrac{S}{\overline{y}}$ 来判断回归预测模型的精度。一般地，若 $\dfrac{S}{\overline{y}} < 15\%$，则认为一元线性回归预测模型有较好的精度，可以接受。

2. 相关系数（R）检验

相关系数检验又称 R 检验，它是利用自变量 x 与因变量 y 的相关系数 R 来检验自变量 x 与因变量 y 的线性相关程度的。相关系数 R 的定义有两种。

（1）根据协方差与方差之比来定义

$$R = \frac{\sum\limits_{i=1}^{n}(x_i - \overline{x})(y_i - \overline{y})}{\sqrt{\sum\limits_{i=1}^{n}(x_i - \overline{x})^2 \sum\limits_{i=1}^{n}(y_i - \overline{y})^2}} \tag{3-12}$$

即

$$R = \frac{n\sum\limits_{i=1}^{n}x_i y_i - \sum\limits_{i=1}^{n}x_i \sum\limits_{i=1}^{n}y_i}{\sqrt{\left[n\sum\limits_{i=1}^{n}x_i^2 - \left(\sum\limits_{i=1}^{n}x_i\right)^2\right]\left[n\sum\limits_{i=1}^{n}y_i^2 - \left(\sum\limits_{i=1}^{n}y_i\right)^2\right]}} \tag{3-13}$$

由于式(3-13)所用数据与估算回归参数所用数据相同，因此，在实际预测中，常用此种定义计算相关系数 R。

（2）根据回归模型内方差来定义

$$R = \pm\sqrt{1 - \frac{\sum\limits_{i=1}^{n}(y_i - \hat{y}_i)^2}{\sum\limits_{i=1}^{n}(y_i - \overline{y})^2}} \tag{3-14}$$

实际预测中，常用此种定义探讨 R 的取值范围。

显然

$$R^2 = 1 - \frac{\sum\limits_{i=1}^{n}(y_i - \hat{y}_i)^2}{\sum\limits_{i=1}^{n}(y_i - \overline{y})^2} \tag{3-15}$$

称 R^2 为可决系数。

值得注意的是，两种定义的相关系数是等价的。为了证明其正确性，下面首先引入三个概念。

① 总变差（$S_{总}$）：因变量 y 的观察值对其平均值的总离差平方和。

$$S_{总} = \sum\limits_{i=1}^{n}(y_i - \overline{y})^2 \tag{3-16}$$

② 回归离差（$S_{回}$）：是总变差 $S_{总}$ 中的一部分，它是由回归直线 $\hat{y} = a + bx$ 中 x 的变化引起的，是可由回归直线解释的部分。

$$S_{回} = \sum\limits_{i=1}^{n}(\hat{y}_i - \overline{y})^2 \tag{3-17}$$

③ 剩余离差（$S_{余}$）：它是总变差中由其他未能控制的随机干扰因素引起的离差，是不能由回归直线解释的部分。

$$S_{余} = \sum\limits_{i=1}^{n}(\hat{y}_i - y_i)^2 \tag{3-18}$$

由上述定义可知

$$S_{总} = S_{回} + S_{余} \tag{3-19}$$

此结论也可从数学上严格证明。因为

$$S_{总} = \sum\limits_{i=1}^{n}(y_i - \overline{y})^2 = \sum\limits_{i=1}^{n}(y_i - \hat{y}_i + \hat{y}_i - \overline{y})^2$$

$$= \sum_{i=1}^{n} (\hat{y}_i - \overline{y})^2 + \sum_{i=1}^{n} (y_i - \hat{y}_i)^2 + 2\sum_{i=1}^{n} (\hat{y}_i - \overline{y})(y_i - \hat{y}_i)$$

$$= S_{\text{回}} + S_{\text{余}} + 2\sum_{i=1}^{n} (\hat{y}_i - \overline{y})(y_i - \hat{y}_i)$$

而由式(3-5) 和式(3-6) 有

$$\sum_{i=1}^{n} (\hat{y}_i - \overline{y})(y_i - \hat{y}_i) = \sum_{i=1}^{n} (a + bx_i - \overline{y})(y_i - \hat{y}_i)$$

$$= \sum_{i=1}^{n} (a - \overline{y} + bx_i)(y_i - a - bx_i)$$

$$= (a - \overline{y})\sum_{i=1}^{n} (y_i - a - bx_i) + b\sum_{i=1}^{n} x_i(y_i - a - bx_i) = 0$$

所以式(3-19) 成立。

下面我们来证明上述两种相关系数的定义是等价的。由相关系数的第二种定义 [式(3-15)] 有

$$R^2 = 1 - \frac{\sum\limits_{i=1}^{n} (y_i - \hat{y}_i)^2}{\sum\limits_{i=1}^{n} (y_i - \overline{y})^2} = \frac{\sum\limits_{i=1}^{n} (y_i - \overline{y})^2 - \sum\limits_{i=1}^{n} (y_i - \hat{y}_i)^2}{\sum\limits_{i=1}^{n} (y_i - \overline{y})^2} = \frac{\sum\limits_{i=1}^{n} (\hat{y}_i - \overline{y})^2}{\sum\limits_{i=1}^{n} (y_i - \overline{y})^2}$$

$$= \frac{\sum\limits_{i=1}^{n} (a + bx_i - a - b\overline{x})^2}{\sum\limits_{i=1}^{n} (y_i - \overline{y})^2} = \frac{b^2 \sum\limits_{i=1}^{n} (x_i - \overline{x})^2}{\sum\limits_{i=1}^{n} (y_i - \overline{y})^2}$$

而由式(3-9) 知

$$b = \frac{\sum\limits_{i=1}^{n} x_i y_i - \overline{x} \sum\limits_{i=1}^{n} y_i}{\sum\limits_{i=1}^{n} x_i^2 - \overline{x} \sum\limits_{i=1}^{n} x_i} = \frac{\sum\limits_{i=1}^{n} (x_i - \overline{x})(y_i - \overline{y})}{\sum\limits_{i=1}^{n} (x_i - \overline{x})^2}$$

所以

$$R^2 = \frac{b^2 \sum\limits_{i=1}^{n} (x_i - \overline{x})^2}{\sum\limits_{i=1}^{n} (y_i - \overline{y})^2} = \frac{[\sum\limits_{i=1}^{n} (x_i - \overline{x})(y_i - \overline{y})]^2}{[\sum\limits_{i=1}^{n} (x_i - \overline{x})^2]^2} \cdot \frac{\sum\limits_{i=1}^{n} (x_i - \overline{x})^2}{\sum\limits_{i=1}^{n} (y_i - \overline{y})^2}$$

$$= \frac{[\sum\limits_{i=1}^{n} (x_i - \overline{x})(y_i - \overline{y})]^2}{\sum\limits_{i=1}^{n} (x_i - \overline{x})^2 \sum\limits_{i=1}^{n} (y_i - \overline{y})^2}$$

此即为相关系数 R 的第一种定义的平方。

故相关系数 R 的两种定义等价。

我们知道预测对象的总变差 $S_{\text{总}}$ 由两部分构成：一部分是可由回归直线解释的回归离差 $S_{\text{回}}$；另一部分是不可由回归直线解释的剩余离差 $S_{\text{余}}$。

如果总变差中不存在不可由回归直线解释的部分，即总变差完全可由回归直线解释。也就是 $S_{\text{余}} = \sum\limits_{i=1}^{n} (\hat{y}_i - y_i)^2 = 0$，则由式(3-15) 知，$R^2 = 1$，说明预测对象的实际观测值完全落

在回归直线上，亦即 x 与 y 完全线性相关，称 $R=1$ 为完全正相关；$R=-1$ 为完全负相关。

如果总变差中存在有不可由回归直线解释的一部分，即总变差中有一部分可由回归直线解释，再有一部分不可由回归直线解释。也就是 $S_{余}=\sum\limits_{i=1}^{n}(\hat{y}_i-y_i)^2>0$，则由式（3-15）知，$R^2<1$，即 $-1<R<1$，说明预测对象 y 与自变量 x 间存在一定程度的线性相关。

如果总变差完全不可由回归直线解释。即

$$S_{余}=\sum_{i=1}^{n}(\hat{y}_i-y_i)^2=S_{总}=\sum_{i=1}^{n}(y_i-\overline{y})^2$$

则由式（3-15）知，$R^2=0$，即 $R=0$，说明预测对象 y 与自变量 x 间完全无线性相关性。此时预测对象 y 与自变量 x 间或者确实无关系，或者无线性关系，但可能存在某种非线性关系。

综上所述，$|R|$ 越接近于 1，预测对象 y 与自变量 x 间越接近线性关系，反之，R 越接近于 0，预测对象 y 与自变量 x 间的线性关系越差。并且

$$R^2\leqslant 1,即 -1\leqslant R\leqslant 1$$

当 $0\leqslant R\leqslant 1$ 时，预测对象 y 与自变量 x 同时在一个方向上变化。即同时增加或同时减少，这时称 y 与 x 间有线性正相关关系。

当 $-1\leqslant R\leqslant 0$ 时，预测对象 y 与自变量 x 同时在相反方向上变化。即 x 增加 y 减少，x 减少 y 增加，这时称 y 与 x 间有线性负相关关系。

相关系数 R 的值与变量 y 与 x 间的线性相关程度的关系如图 3-2 所示。

相关系数 R 是反映变量 y 与 x 间的线性相关程度的，显然，只有当 $|R|$ 接近于 1 时，才能用一元线性回归模型来描述变量 y 与 x 间的线性相关关系。但在实际预测中，$|R|$ 的值一般不可能恰好等于 1，甚至不一定十分接近于 1。那么，$|R|$ 的值应大到什么程度，回归预测模型用于预测才有实际意义？这就要取决于预测者的预测把握度，也就是要达到预测的可信度或置信度。实际中常常通过临界相关系数 R_α 来判断，此过程即为相关系数检验，其方法如下。

① 按相关系数 R 的定义计算变量 x、y 间的相关系数 R。

② 按给定显著性水平 α（一般 $\alpha=0.05$，即 95% 的置信度）与自由度 $n-2$（n 为样本数），查相关系数检验表，得临界相关系数值 R_α。

③ 进行判别。当 $|R|\geqslant R_\alpha$ 时，y 与 x 在显著性水平 α 下显著线性相关。则所建立的线性回归预测模型有实际意义，检验通过。

当 $|R|<R_\alpha$ 时，y 与 x 在显著性水平 α 下线性关系不显著，所建立的线性回归预测模型无实际意义。

3. 显著性（F）检验

显著性检验又称 F 检验。它是利用 F 统计量来检验 y 与 x 间是否存在显著的线性统计关系的一种检验方法。F 统计量是由回归直线解释的离差与不能由回归直线解释的离差之比构成的，其具体计算式为

$$F=\frac{\sum\limits_{i=1}^{n}(\hat{y}_i-\overline{y})^2}{\dfrac{\sum\limits_{i=1}^{n}(y_i-\hat{y}_i)^2}{n-2}} \tag{3-20}$$

由数理统计有关原理可以证明，F 统计量服从第一自由度为 1，第二自由度为 $n-2$ 的 F

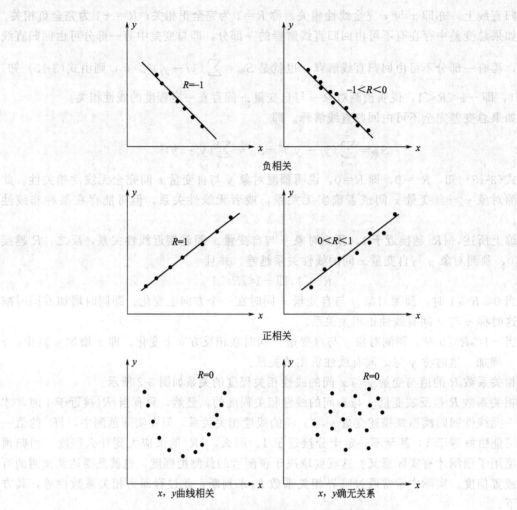

图 3-2　相关系数与变量间线性相关程度的关系

分布。

F 检验与相关系数检验类似，是通过 F 统计量值与其临界值 F_α 的比较来判断模型的有效性的。其具体检验方法如下。

① 根据实际观测值 (x_i, y_i) 及相应预测值 $\hat{y}_i (i=1,2,\cdots,n)$，由 F 统计量计算式(3-20)计算 F 统计量值。

② 按给定显著性水平 α（一般 $\alpha=0.05$，即 95% 的置信度），查 F 分布表，取第一自由度为 1，第二自由度为 $n-2$（n 为样本数），得 F 临界值 F_α。

③ 进行判别。当 $F \geqslant F_\alpha$ 时，y 与 x 在显著性水平 α 下存在线性统计关系，检验通过，所建立的线性回归预测模型有效，能用于实际预测。当 $F < F_\alpha$ 时，y 与 x 在显著性水平 α 下不存在线性统计关系，所建立的线性回归预测模型无效，不能用于实际预测。

4. DW 检验

DW 检验即为杜宾-瓦特森（Durbin-Watson）检验，又叫序列相关（或自相关）检验。所谓序列相关，是指同一变量前后各期取值之间的相关关系。若线性回归模型的假设条件 $COV(\varepsilon_i, \varepsilon_j)=0 (i \neq j; i,j=1,2,\cdots,n)$ 不成立，则样本观测值存在序列相关。反之，ε_i 是独立的，样本观测值不存在序列相关。

现实生产生活中，序列相关是一种常见的现象，如在社会统计系统中，人口的增长与前一年或前几年人口有关；年销售收入可能与前一年甚至前 2 年、前 3 年或更早些时候的年销售收入有关；科技进步水平的提高是以以往的科技水平为基础的等。因此，序列相关在回归分析中是经常遇到的现象。若存在序列相关，继续使用最小二乘法估计回归预测模型参数，将会使回归预测模型参数的估计值可能不再具有最小方差，不再是有效的估计量，模型的显著性检验将会失效，预测的置信区间将会变宽，精度将会降低。所以，应对回归预测模型进行序列相关检验，以保证预测结果的有效性。DW 检验是一种最常见的序列相关检验方法，其检验的步骤如下。

① 计算 DW 统计量值。

$$DW = \frac{\sum_{i=2}^{n}(\varepsilon_i - \varepsilon_{i-1})^2}{\sum_{i=1}^{n}\varepsilon_i^2} \tag{3-21}$$

② 根据给定的显著性水平 α，样本容量 n 和自变量个数 m，查 DW 检验表，得临界值 d_U，d_L。

③ 进行判别。根据表 3-3 进行判别，得出检验结果。

表 3-3　DW 检验判别表

DW 值	检验结果
$(4-d_L)<DW<4$	否定假设,有负序列相关
$0<DW<d_L$	否定假设,有正序列相关
$d_U<DW<(4-d_U)$	接受假设,无序列相关
$d_L\leqslant DW\leqslant d_U$	检验无结论
$4-d_U\leqslant DW\leqslant 4-d_L$	检验无结论

DW 检验判别准则绘制成图形更直观，如图 3-3 所示。

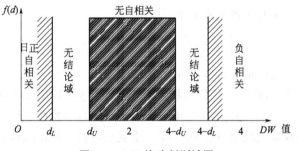

图 3-3　DW 检验判别域图

如果 DW 检验结果有序列相关，则应分析原因，重新建模，直至检验通过。在实际预测中，产生序列相关的原因可能是：忽略了某些重要的影响因素；错误地选用了回归预测模型的数学形式。

值得指出的是，DW 检验的最大弊端是存在着无结论区域。无结论区域的大小与样本容量 n 和自变量个数 m 有关，当 n 一定时，m 愈大，无结论区域愈大；当 m 一定时，n 愈大，无结论区域愈小。如果 DW 统计量值落到了无结论区域，就不能判断回归预测模型是否存在序列相关或自相关。这种情况下，就应按如下方法解决：增加样本容量，重新计算 DW 统计量值，再进行检验；调换样本，利用新的样本计算 DW 统计量值，再进行检验；利用其他方法进行序列相关检验。

四、预测与置信区间的确定

当所建立的一元线性回归预测模型通过各种检验以后，便可认为该回归预测模型能够正确反映要预测的现象，因此就可用于预测。预测就是给定自变量 x 的一个特定值，利用样本回归预测模型对因变量 y 的值作出估计。预测分为点预测和区间预测。

1. 点预测

若给定样本期以外自变量 x 的一个特定值 x_0，则由回归预测模型式(3-3)，可得因变量 y 的真实值 y_0 的估计值 $\hat{y}_0$。

$$\hat{y}_0 = a + bx_0$$

2. 区间预测

利用回归预测模型进行预测，所得因变量 y 的预测值 $\hat{y}_0$ 不一定正好等于其真实值 y_0。因为随着现实情况的变化和各种环境因素的影响，两者总会产生一些偏差。所以，进行预测时，不仅要对因变量 y 进行点预测，而且还要知道因变量 y 的预测结果的波动范围，这个波动范围就是预测区间或置信区间，这种预测称为区间预测。

预测区间或置信区间是指在一定的显著性水平下，依据数理统计方法计算出来的包含预测对象未来真实值的某一区间范围。

由数理统计原理可以证明，统计量

$$\frac{y_0 - \hat{y}_0}{S\sqrt{1 + \dfrac{1}{n} + \dfrac{(x_0 - \overline{x})^2}{\sum\limits_{i=1}^{n}(x_i - \overline{x})^2}}} \sim t(n-2)$$

设

$$C_0 = \sqrt{1 + \dfrac{1}{n} + \dfrac{(x_0 - \overline{x})^2}{\sum\limits_{i=1}^{n}(x_i - \overline{x})^2}} \tag{3-22}$$

所以由概率原理，在给定显著性水平 α 下，有

$$P\left[\left|\frac{y_0 - \hat{y}_0}{C_0 S}\right| \leqslant t_{\alpha/2}(n-2)\right] = 1 - \alpha$$

式中，$t_{\alpha/2}(n-2)$ 是给定显著水平 α 下，自由度为 $(n-2)$ 的 t 分布的临界值。因此，在给定显著性水平 α 下，即 $1-\alpha$ 的置信度或把握度下，y_0 的预测区间或置信区间为：

$$[\hat{y}_0 - t_{\alpha/2}(n-2)C_0 S, \quad \hat{y}_0 + t_{\alpha/2}(n-2)C_0 S] \tag{3-23}$$

实际预测中，当样本数较多（>30）时，由式(3-22)可知 $C_0 \approx 1$，因此，其预测置信区间近似为 $[\hat{y}_0 - t_{\alpha/2}(n-2)S, \; \hat{y}_0 + t_{\alpha/2}(n-2)S]$。

在进行实际预测时，我们总是希望 y_0 的预测区间越小越好，因为置信区间越大，预测值 $\hat{y}_0$ 的可信度就越低。然而 y_0 预测值的置信区间的宽度，由式(3-23)可知，主要取决于如下三个因素。

① 标准差 S。标准差越大，预测值的置信区间越宽，反之越窄。

② 自变量值 x_0 与其观测期的平均值 $\overline{x}$ 偏离程度。同样，偏离程度越大，预测值的置信区间越宽，反之越窄。

③ 样本的多少。样本数越多，预测值的置信区间越窄，反之越宽。

【例 3-1】 某市 1998～2007 年 10 年中，个人消费支出和收入资料如表 3-4 所示，试建立回归预测模型，并预测 2008 年个人收入为 215 亿元时的个人消费支出额。

表 3-4　个人收入与个人消费支出统计数据　　　　　　　　单位：亿元

年份	1998 年	1999 年	2000 年	2001 年	2002 年	2003 年	2004 年	2005 年	2006 年	2007 年
个人收入	64	70	77	82	92	107	125	143	165	189
个人消费支出	56	57	63	69	79	88	102	118	136	155

解：第一步，分析个人收入与个人消费支出的关系。以 x 表示个人收入，y 表示个人消费支出。将 x、y 的观测值绘制在直角坐标平面上，可得 x、y 的散点图（略），由散点图可知，y 与 x 呈线性变动趋势，因此，可建立一元线性回归模型。

第二步，估计一元线性回归模型参数（表 3-5）。

表 3-5　一元线性回归计算表

序　号	x_i	y_i	$x_i y_i$	x_i^2	y_i^2
1	64	56	3584	4096	3136
2	70	57	3990	4900	3249
3	77	63	4851	5929	3969
4	82	69	5658	6724	4761
5	92	79	7268	8464	6241
6	107	88	9416	11449	7744
7	125	102	12750	15625	10404
8	143	118	16874	20449	13924
9	165	136	22440	27225	18496
10	189	155	29295	35721	24025
Σ	1114	923	116126	140582	95949

由式(3-7) 可得

$$b = \frac{n \sum_{i=1}^{n} x_i y_i - \sum_{i=1}^{n} x_i \sum_{i=1}^{n} y_i}{n \sum_{i=1}^{n} x_i^2 - (\sum_{i=1}^{n} x_i)^2} = \frac{10 \times 116126 - 1114 \times 923}{10 \times 140582 - 1114^2} = 0.8072$$

由式(3-8) 可得

$$a = \frac{1}{n} \sum_{i=1}^{n} y_i - \frac{b}{n} \sum_{i=1}^{n} x_i = \frac{1}{10} \times 923 - \frac{0.8072}{10} \times 1114 = 2.3779$$

由此而得样本回归预测模型为

$$\hat{y} = 2.3779 + 0.8072x$$

第三步，模型检验。为了对上述模型进行检验，首先将上述所建立的回归预测模型运用于观测期，求出对应于观测值 x_i 的预测值 $\hat{y}_i$ 及相应的偏差，其计算过程和结果如表 3-6 所示。

表 3-6　观测期预测值和离差计算表

序　号	x_i	y_i	$\hat{y}_i$	$(\hat{y}_i - \bar{y})^2$	$(y_i - \hat{y}_i)^2$
1	64	56	54.0387	1463.9271	3.8467
2	70	57	58.8819	1116.7694	3.5415
3	77	63	64.5323	771.0452	2.3479
4	82	69	68.5683	563.1936	0.1864
5	92	79	76.6403	245.2262	5.5682
6	107	88	88.7483	12.6146	0.5600
7	125	102	103.2779	120.5143	1.6330
8	143	118	117.8075	650.6326	0.0371
9	165	136	135.5659	1871.9381	0.1884
10	189	155	154.9387	3923.6067	0.0038
Σ	1114	923	922.9998	10739.4678	17.913

① 标准离差检验。由式(3-11)，得标准差

$$S = \sqrt{\frac{1}{n-2}\sum_{i=1}^{n}(y_i - \hat{y}_i)^2} = \sqrt{\frac{1}{10-2} \times 17.913} = 1.4964$$

且

$$\frac{S}{\overline{y}} = \frac{1.4964}{\frac{1}{10} \times 923} = 1.62\% < 15\%$$

所以，所建回归预测模型精度良好，通过标准差检验。

② 相关系数检验。由式(3-13)，可计算出相关系数

$$R = \frac{n\sum_{i=1}^{n}x_iy_i - \sum_{i=1}^{n}x_i\sum_{i=1}^{n}y_i}{\sqrt{\left[n\sum_{i=1}^{n}x_i^2 - \left(\sum_{i=1}^{n}x_i\right)^2\right]\left[n\sum_{i=1}^{n}y_i^2 - \left(\sum_{i=1}^{n}y_i\right)^2\right]}}$$

$$= \frac{10 \times 116126 - 1114 \times 923}{\sqrt{(10 \times 140582 - 1114^2)(10 \times 95949 - 923^2)}} = 0.9992$$

选取显著性水平 $\alpha = 0.05$，查相关系数检验表（自由度为 $n-2=8$）得相关系数临界值 $R_\alpha = 0.632$。显然，$R > R_\alpha$，所以相关系数检验通过。

③ 显著性检验。由式(3-20)，可计算出 F 统计量值

$$F = \frac{\sum_{i=1}^{n}(\hat{y}_i - \overline{y})^2}{\dfrac{\sum_{i=1}^{n}(y_i - \hat{y}_i)^2}{n-2}} = \frac{10739.4678}{\dfrac{17.913}{10-2}} = 4796.2788$$

在显著性水平 $\alpha = 0.05$ 下，查 F 分布表（第一自由度为 1，第二自由度为 $n-2=8$）得 F 临界值 $F_\alpha = 5.32$。显然，$F > F_\alpha$，所以显著性检验通过，所建一元线性回归预测模型有效，能用于实际预测。

④ DW 检验。因为 $\varepsilon_i = y_i - \hat{y}_i$，所以由表 3-6 的第 3 列和第 4 列，可以计算出各观测期因变量预测值的误差 $\varepsilon_i (i=1,2,\cdots,10)$。由式(3-21)，可计算出 DW 统计量值

$$DW = \frac{\sum_{i=2}^{n}(\varepsilon_i - \varepsilon_{i-1})^2}{\sum_{i=1}^{n}\varepsilon_i^2} = \frac{34.7664}{17.913} = 1.9408$$

在显著性水平 $\alpha = 0.05$ 下，样本容量 $n = 10$，自变量个数 $m = 1$，查 DW 检验表，因 DW 检验表中，样本容量最低是 15，故取 $d_L = 1.08$，$d_U = 1.36$。因统计量 DW 满足

$$d_U = 1.36 < DW = 1.9408 < 4 - d_U = 2.64$$

所以，回归预测模型不存在序列相关或自相关。

第四步，进行预测。通过上述检验可知，样本回归预测模型能够很好地拟合实际，因此可用于预测。将某市 2008 年个人收入 215 亿元代入所建的回归预测模型，可得该市 2008 年个人消费支出额为

$$\hat{y}_0 = 2.3779 + 0.8072x_0 = 2.3779 + 0.8072 \times 215 = 175.9259 \text{（亿元）}$$

由式(3-22)可计算出该市 2008 年个人消费支出额预测值 $\hat{y}_0$ 的置信区间。其中

$$C_0 = \sqrt{1 + \frac{1}{n} + \frac{(x_0 - \overline{x}_0)^2}{\sum\limits_{i=1}^{n}(x_i - \overline{x})^2}} = \sqrt{1 + \frac{1}{10} + \frac{(215 - 111.4)^2}{16482.4}} = 1.3233$$

在显著性水平 $\alpha = 0.05$ 下，查 t 分布表（自由度为 $n-2=8$），得 t 临界值 $t_{\alpha/2} = 2.306$。所以预测值 $\hat{y}_0$ 的置信区间

$$[\hat{y}_0 - t_{\alpha/2}(n-2)C_0 S, \hat{y}_0 + t_{\alpha/2}(n-2)C_0 S]$$
$$= [175.9259 - 2.306 \times 1.3233 \times 1.4964, 175.9259 + 2.306 \times 1.3233 \times 1.4964]$$
$$= [171.3596, 180.4922]$$

即当 2008 年该市个人收入为 215 亿元时，其个人消费支出额为 175.9259 亿元，在显著性水平 $\alpha = 0.05$ 下，个人消费支出额的预测区间为 $[171.3596, 180.4922]$。

第三节　多元线性回归分析预测法

现实生产生活中，客观事物之间的联系是十分复杂的，某一事物的发展变化常常受多种因素的影响，即一个因变量的变化常常是其他多个变量变化的结果。如在一定时期内，一个地区零售商品销售总额不仅与消费者的个人收入有关，同时还与该地区的总人口、物价、政策、季节、消费心理等许多因素有关；再如农作物单位面积产量与光照、温度、种子、水分、肥料等因素均有关等。这种情况下，若仍用一元线性回归分析预测法进行预测，必然忽视一些重要因素的影响，从而使所建立的预测模型用于预测误差太大，致使预测失效。当然，我们对一个事物的未来发展进行定量推测时，不可能考虑所有的影响因素，但是对其一些重要的影响因素是不可忽视的。这就要求我们必须考虑一个因变量与多个自变量因果关系分析方法。多元线性回归分析预测法就是一种常用的简单的分析方法。本节主要介绍多元线性回归分析预测法的基本原理和应用。

多元线性回归分析预测法是处理一个因变量 y 与多个自变量 x_1，x_2，$\cdots x_m$ 间的线性统计关系的一种方法，其与一元线性回归分析法基本相同，只是扩展了方程式的内容，所建的回归模型是一个多元线性方程。模型参数也是运用最小二乘法，使预测对象的估计值与其观测值离差平方和为最小，以保证回归模型预测值与其观测值的数值点线性拟合为最佳。

多元线性回归分析预测法，由于回归方程中的自变量有多个，因此，其分析计算远比一元线性回归分析预测法计算烦琐。在实际的回归分析预测中，常用的分析计算方法有两种：一般算法、矩阵算法。

一、多元线性回归模型及其假设条件

与一元线性回归分析类似，一个因变量与影响它的多个自变量间的关系是否可用多元线性回归预测模型来描述呢？只有当因变量与自变量的关系满足以下假设条件时，才能进行多元线性回归分析预测。

① 预测量（因变量）y 与影响因素（自变量）x_1，$x_2 \cdots$，x_m 间存在线性统计关系。即

$$y = \beta_0 + \beta_1 x_1 + \beta_2 x_2 + \cdots + \beta_m x_m + \varepsilon \tag{3-24}$$

其中，β_0，β_1，β_2，$\cdots$，β_m 为待定参数，ε 为随机误差。

② x_1，x_2，$\cdots$，x_m 为确定性变量，是可以控制的或事先给定的。并且它们之间不存在线性相关性。

③ 随机误差服从均值为零，方差为常数 σ^2 的正态分布，即 $\varepsilon \sim N(0, \sigma^2)$。而且 ε 的任何两个取值 ε_i、ε_j 互不相关，即其协方差为

$$COV(\varepsilon_i, \varepsilon_j) = 0 \qquad (i \neq j) \tag{3-25}$$

根据概率论的有关理论，由上述假设有

$$E(y) = E(\beta_0 + \beta_1 x_1 + \beta_2 x_2 + \cdots + \beta_m x_m + \varepsilon) = \beta_0 + \beta_1 x_1 + \beta_2 x_2 + \cdots + \beta_m x_m$$

我们称 y 的期望函数

$$\hat{y} = \beta_0 + \beta_1 x_1 + \beta_2 x_2 + \cdots + \beta_m x_m$$

为多元线性回归方程。也就是说，预测量 y 的数值的集中位置是在此方程上。此回归方程是一种理论形式。在实际预测时，常常要根据 n 组观测数据 x_{1i}，x_{2i}，$\cdots$，x_{mi}，y_i $(i=1,2,\cdots,n)$ 来估计模型中的参数 β_0，β_1，$\cdots$，β_m，从而建立起可用于实际预测的多元线性回归预测模型

$$\hat{y} = b_0 + b_1 x_1 + b_2 x_2 + \cdots + b_m x_m \tag{3-26}$$

其中，$\hat{y}$ 为因变量 y 的预测值，x_1，x_2，$\cdots$，x_m 为自变量，b_0，b_1，$\cdots$，b_m 分别为 β_0，β_1，$\cdots$，β_m 的估计值，称其为回归系数。

二、多元线性回归分析的一般算法

(一) 参数 b_0，b_1，$\cdots$，b_m 的最小二乘估计

根据最小二乘法原理，对给定的 n 组观察值或历史数据 x_{1i}，x_{2i}，$\cdots$，x_{mi}，$y_i(i=1,2,\cdots,n)$，要求 b_0，b_1，$\cdots$，b_m 使直线

$$\hat{y} = b_0 + b_1 x_1 + b_2 x_2 + \cdots + b_m x_m$$

与实际值 x_{1i}，x_{2i}，$\cdots$，x_{mi}，y_i 拟合最好，则必须要求

$$Q = \sum_{i=1}^{n} (y_i - \hat{y}_i)^2$$

达到最小。即

$$Q = \sum_{i=1}^{n} (y_i - b_0 - b_1 x_{1i} - b_2 x_{2i} - \cdots - b_m x_{mi})^2$$

达到最小。

Q 是 b_0，b_1，$\cdots$，b_m 的 $m+1$ 元函数，要求 Q 达到最小，由多元函数微分原理，必使

$$
\begin{cases}
\dfrac{\partial Q}{\partial b_0} = -2 \sum_{i=1}^{n} (y_i - b_0 - b_1 x_{1i} - b_2 x_{2i} - \cdots - b_m x_{mi}) = 0 \\[2mm]
\dfrac{\partial Q}{\partial b_1} = -2 \sum_{i=1}^{n} x_{1i}(y_i - b_0 - b_1 x_{1i} - b_2 x_{2i} - \cdots - b_m x_{mi}) = 0 \\
\vdots \\
\dfrac{\partial Q}{\partial b_m} = -2 \sum_{i=1}^{n} x_{mi}(y_i - b_0 - b_1 x_{1i} - b_2 x_{2i} - \cdots - b_m x_{mi}) = 0
\end{cases}
$$

整理得

$$
\begin{cases}
nb_0 + b_1 \sum\limits_{i=1}^{n} x_{1i} + b_2 \sum\limits_{i=1}^{n} x_{2i} + \cdots + b_m \sum\limits_{i=1}^{n} x_{mi} = \sum\limits_{i=1}^{n} y_i \\[2mm]
b_0 \sum\limits_{i=1}^{n} x_{1i} + b_1 \sum\limits_{i=1}^{n} x_{1i}^2 + b_2 \sum\limits_{i=1}^{n} x_{1i} x_{2i} + \cdots + b_m \sum\limits_{i=1}^{n} x_{1i} x_{mi} = \sum\limits_{i=1}^{n} x_{1i} y_i \\
\vdots \\
b_0 \sum\limits_{i=1}^{n} x_{mi} + b_1 \sum\limits_{i=1}^{n} x_{mi} x_{1i} + b_2 \sum\limits_{i=1}^{n} x_{mi} x_{2i} + \cdots + b_m \sum\limits_{i=1}^{n} x_{mi}^2 = \sum\limits_{i=1}^{n} x_{mi} y_i
\end{cases}
\tag{3-27}
$$

令

$$\begin{cases} S_{jk} = S_{kj} = \sum_{i=1}^{n} (x_{ji} - \overline{x}_j)(x_{ki} - \overline{x}_k) \\ S_{jy} = S_{yj} = \sum_{j=1}^{n} (x_{ji} - \overline{x}_j)(y_i - \overline{y}) \end{cases} \quad (k, j = 1, 2, \cdots, m) \qquad (3\text{-}28)$$

其中

$$\begin{cases} \overline{x}_j = \dfrac{1}{n} \sum_{i=1}^{n} x_{ji} \\ \overline{y} = \dfrac{1}{n} \sum_{i=1}^{n} y_i \end{cases} \quad (j = 1, 2, \cdots, m)$$

由式(3-27)得

$$nb_0 + b_1 \overline{nx}_1 + b_2 \overline{nx}_2 + \cdots + b_m \overline{nx}_m = \overline{ny}$$

即

$$b_0 = \overline{y} - b_1 \overline{x}_1 - b_2 \overline{x}_2 - \cdots - b_m \overline{x}_m$$

又因为

$$b_1 S_{j1} + b_2 S_{j2} + \cdots + b_m S_{jm} = b_1 \sum_{i=1}^{n} (x_{ji} - \overline{x}_j)(x_{1i} - \overline{x}_1) + b_2 \sum_{i=1}^{n} (x_{ji} - \overline{x}_j)(x_{2i} - \overline{x}_2)$$

$$+ \cdots + b_m \sum_{i=1}^{n} (x_{ji} - \overline{x}_j)(x_{mi} - \overline{x}_m)$$

$$= b_1 \sum_{i=1}^{n} (x_{ji} x_{1i} - n\overline{x}_j \overline{x}_1) + b_2 \sum_{i=1}^{n} (x_{ji} x_{2i} - n\overline{x}_j \overline{x}_2) + \cdots + b_m \sum_{i=1}^{n} (x_{ji} x_{mi} - n\overline{x}_j \overline{x}_m)$$

$$= \sum_{i=1}^{n} x_{ji}(b_1 x_{1i} + b_2 x_{2i} + \cdots + b_m x_{mi}) - \overline{x}_j(nb_1 \overline{x}_1 + nb_2 \overline{x}_2 + \cdots + nb_m \overline{x}_m)$$

$$= \sum_{i=1}^{n} x_{ji} y_i - nb_0 \overline{x}_j - \overline{x}_j(n\overline{y} - nb_0) = \sum_{i=1}^{n} x_{ji} y_i - n\overline{x}_j \overline{y}$$

$$= \sum_{i=1}^{n} (x_{ji} - \overline{x}_j)(y_i - \overline{y}) = S_{jy}$$

所以

$$b_1 S_{j1} + b_2 S_{j2} + \cdots + b_m S_{jm} = S_{jy} \qquad (j = 1, 2, \cdots, m)$$

由此方程组式(3-27)可化为

$$\begin{cases} b_1 S_{11} + b_2 S_{12} + \cdots + b_m S_{1m} = S_{1y} \\ b_1 S_{21} + b_2 S_{22} + \cdots + b_m S_{2m} = S_{2y} \\ \vdots \\ b_1 S_{m1} + b_2 S_{m2} + \cdots + b_m S_{mm} = S_{my} \end{cases} \qquad (3\text{-}29)$$

及

$$b_0 = \overline{y} - b_1 \overline{x}_1 - b_2 \overline{x}_2 - \cdots b_m \overline{x}_m \qquad (3\text{-}30)$$

方程组式(3-29)叫做正规方程组或规范方程组，用线性代数中的消元法或克莱姆法则即可求解，得回归系数 b_0，b_1，$\cdots$，b_m。

（二）模型检验

与一元线性回归分析预测一样，虽然在前面我们讨论了多元线性回归预测模型成立的条件，但从模型建立过程中可以看出，只要我们有 n 组观测数据，我们就可以按照前述方法建立一个多元线性回归预测模型，整个过程与多元线性回归预测模型成立的条件无关。因此，所建立的模型是否能很好地拟合实际？能否满足模型成立的条件？必须进行相应的检验。多元线性回归分析预测常用的检验方法有：标准差检验，相关系数检验，显著性检验（F 检验、t 检验）和 DW 检验。

1. 标准差检验

标准差检验是用来检验回归预测模型的精确度的，标准离差值的计算公式为

$$S = \sqrt{\frac{\sum_{i=1}^{n}(y_i - \hat{y}_i)^2}{n - m - 1}} \qquad (3\text{-}31)$$

很显然，我们总希望标准离差 S 的值越小越好。一般地，在实际工作中，当 $\frac{S}{\bar{y}} < 15\%$ 时，便可以认为所建立的多元线性回归预测模型有满意的精确度。

2. 相关系数检验

相关系数检验用来检验因变量 y 与自变量 x_1，x_2，$\cdots$，x_m 间的线性相关程度。相关系数的计算公式为

$$R = \sqrt{1 - \frac{\sum_{i=1}^{n}(y_i - \hat{y}_i)^2}{\sum_{i=1}^{n}(y_i - \bar{y})^2}} \qquad (3\text{-}32)$$

R 反应的是因变量 y 与一组自变量 x_1，x_2，$\cdots$，x_m 间的线性相关程度，所以又称为复相关系数。与一元线性回归分析类似，R 的绝对值不超过 1，R 越接近 1，y 与 x_1，x_2，$\cdots$，x_m 间的线性相关程度越密切。相关系数检验的具体步骤如下。

① 按式（3-32）计算 R 值。

② 根据给定显著性水平 α（一般 $\alpha = 0.05$）下，查相关系数检验表，自由度为 $n - m - 1$，得相关系数临界值 R_α。

③ 进行判别。

如果 $R \geqslant R_\alpha$，y 与 x_1，x_2，$\cdots$，x_m 在显著性水平 α 下显著线性相关，则所建立的线性回归预测模型有实际意义，检验通过；如果 $R < R_\alpha$，y 与 x_1，x_2，$\cdots$，x_m 在显著性水平 α 下线性关系不显著，所建立的线性回归预测模型无实际意义，不能用于实际预测。

3. F 检验

F 检验用以检验自变量 x_1，x_2，$\cdots$，x_m 与因变量 y 是否存在显著的线性统计关系。F 统计量的计算公式为

$$F = \frac{\dfrac{\sum_{i=1}^{n}(\hat{y}_i - \bar{y})^2}{m}}{\dfrac{\sum_{i=1}^{n}(y_i - \hat{y}_i)^2}{(n - m - 1)}} \qquad (3\text{-}33)$$

可以证明，F 统计量服从 $F(m, n - m - 1)$ 分布。F 检验的具体步骤如下。

① 按式（3-33）计算 F 值。

② 根据给定显著性水平 α（一般 $\alpha = 0.05$）下，查 F 分布表，第一自由度为 m，第二自由度为 $n - m - 1$，得临界值 F_α。

③ 进行判别。

如果 $F \geqslant F_\alpha$，则 y 与 x_1，x_2，$\cdots$，x_m 在显著性水平 α 下存在显著的线性统计关系，检验通过，所建立的线性回归预测模型有效，能用于实际预测。

如果 $F < F_\alpha$，则 y 与 x_1，x_2，$\cdots$，x_m 在显著性水平 α 下不存在显著的线性统计关系，所建立的线性回归预测模型无效，不能用于实际预测。

4. t 检验

t 检验即为回归系数的显著性检验。对于多元线性回归模型，R 检验、F 检验是检验自变量 x_1，x_2，$\cdots$，x_m 整体对因变量 y 的线性相关程度和线性相关关系是否显著。但回归方程的总体线性关系显著，并不意味着每个自变量 $x_i(i=1,2,\cdots,n)$ 对因变量 y 的线性影响是显著的。因此，必须对每个自变量进行显著性检验，以决定是否将这个自变量留在模型中。如果经过检验，发现某个自变量 x_j 对因变量 y 的影响不显著，则应将 x_j 从模型中剔除，重新建立更为简单的回归预测模型。

自变量 x_j 对因变量 y 的显著性影响检验，常借助于统计量 t_{b_i} 进行。

$$t_{b_i} = \frac{b_i}{S_{b_i}} \tag{3-34}$$

其中，$S_{b_i} = S \sqrt{C_{ii}}$，称为回归参数 b_i 的标准差。C_{ii} 为正规方程组式(3-29) 的系数矩阵的逆矩阵 C 的第 i 行第 i 列的元素，S 是标准差。可以证明 t_{b_i} 统计量服从自由度为 $n-m-1$ 的 t 分布。

t 检验的具体步骤如下。

① 按式(3-34) 计算 $t_{b_i}(i=1,2,\cdots,m)$ 值。

② 根据给定显著性水平 α（一般 $\alpha=0.05$）下，查 t 分布表，自由度为 $n-m-1$，得临界值 $t_{\alpha/2}$。

③ 进行判别。

如果 $t \geqslant t_{\alpha/2}$，则 x_i 对 y 的线性影响在显著性水平 α 下是显著的。

如果 $t < t_{\alpha/2}$，则 x_i 对 y 的线性影响在显著性水平 α 下是不显著的，应予以剔除。

R 检验、F 检验都是从整体上检验自变量 x_1，x_2，$\cdots$，x_m 与因变量 y 的线性相关密切程度，而 t 检验则是检验每一个自变量 $x_i(i=1,2,\cdots,n)$ 对因变量 y 的线性相关密切程度。因此，从某种意义上说，多元线性回归分析的 t 检验比 R 检验、F 检验更有意义。因为 t 检验的结果，可以判断那些对因变量线性关系不显著的自变量，从而予以剔除，重新建立回归预测模型。

5. DW 检验

多元线性回归的 DW 检验和一元线性回归的一样，这里不再赘述。

（三）预测与预测值的置信区间

与一元线性回归预测一样，当上述模型检验通过后，由已确定的预测期的自变量值 x_{10}，x_{20}，$\cdots$，x_{m0} 代入回归预测模型式(3-26)，即可得到相应的预测期的预测值 $\hat{y}_0$。预测值也有一定的变动范围，根据概率论理论，可以证明统计量

$$\frac{y_0 - \hat{y}_0}{S d_0}$$

服从自由度为 $n-m-1$ 的 t 分布。其中

$$d_0 = \sqrt{1 + \frac{1}{n} + \sum_{i=1}^{m} \sum_{j=1}^{m} C_{ij} (x_{i0} - \overline{x}_i)(x_{j0} - \overline{x}_j)}$$

C_{ij} 为正规方程组式(3-29) 的系数矩阵的逆矩阵 C 的第 i 行第 j 列的元素。因此，在给定显著性水平 α 下，即 $1-\alpha$ 的置信度或把握度下，y_0 的预测区间或置信区间为

$$[\hat{y}_0 - t_{a/2}(n-m-1)d_0 S, \hat{y}_0 + t_{a/2}(n-m-1)d_0 S] \tag{3-35}$$

实际预测中，按概率分布理论，在置信度为95%的情况下，$t_{a/2}(n-m-1)d_0 \approx 2$。因此，其预测置信区间近似为

$$[\hat{y}_0 - 2S, \hat{y}_0 + 2S] \tag{3-36}$$

三、多元线性回归分析的矩阵算法

多元线性回归分析矩阵算法的基本原理仍然是最小二乘法，所不同的只是将回归参数的估算、模型检验式等用矩阵来表示。

（一）参数 b_0，b_1，$\cdots$，b_m 的估算

由式(3-27)，得其系数矩阵如下。

$$
\begin{pmatrix}
n & \sum_{i=1}^{n} x_{1i} & \sum_{i=1}^{n} x_{2i} & \cdots & \sum_{i=1}^{n} x_{mi} \\
\sum_{i=1}^{n} x_{1i} & \sum_{i=1}^{n} x_{1i}^2 & \sum_{i=1}^{n} x_{1i} x_{2i} & \cdots & \sum_{i=1}^{n} x_{1i} x_{mi} \\
\vdots & \vdots & \vdots & & \vdots \\
\sum_{i=1}^{n} x_{mi} & \sum_{i=1}^{n} x_{mi} x_{1i} & \sum_{i=1}^{n} x_{mi} x_{2i} & \cdots & \sum_{i=1}^{n} x_{mi}^2
\end{pmatrix}
$$

$$
= \begin{pmatrix}
1 & 1 & \cdots & 1 \\
x_{11} & x_{12} & \cdots & x_{1n} \\
\vdots & \vdots & \vdots & \vdots \\
x_{m1} & x_{m2} & \cdots & x_{mn}
\end{pmatrix}
\begin{pmatrix}
1 & x_{11} & \cdots & x_{m1} \\
1 & x_{12} & \cdots & x_{m2} \\
\vdots & \vdots & & \vdots \\
1 & x_{1n} & \cdots & x_{mn}
\end{pmatrix}
$$

右端常数列向量为：

$$
\begin{pmatrix}
\sum_{i=1}^{n} y_i \\
\sum_{i=1}^{n} x_{1i} y_i \\
\vdots \\
\sum_{i=1}^{n} x_{mi} y_i
\end{pmatrix}
= \begin{pmatrix}
1 & 1 & \cdots & 1 \\
x_{11} & x_{12} & \cdots & x_{1n} \\
\vdots & \vdots & & \vdots \\
x_{m1} & x_{m2} & \cdots & x_{mn}
\end{pmatrix}
\begin{pmatrix}
y_1 \\
y_2 \\
\vdots \\
y_n
\end{pmatrix}
$$

令

$$
B = \begin{pmatrix}
b_0 \\
b_1 \\
\vdots \\
b_m
\end{pmatrix}
\qquad
Y = \begin{pmatrix}
y_1 \\
y_2 \\
\vdots \\
y_n
\end{pmatrix}
$$

$$
X = \begin{pmatrix}
1 & x_{11} & \cdots & x_{m1} \\
1 & x_{12} & \cdots & x_{m2} \\
\vdots & \vdots & & \vdots \\
1 & x_{1n} & \cdots & x_{mn}
\end{pmatrix}
$$

则式(3-27)可用矩阵表示为

$$X^T X B = X^T Y$$

由于自变量 x_1，x_2，$\cdots$，x_m 间不存在线性相关性，所以 $|X^TX| \neq 0$。因此多元线性回归预测模型的回归参数为

$$B = (X^TX)^{-1}X^TY \tag{3-37}$$

由此，可建立起多元线性回归预测模型。

可见，矩阵法求解回归参数 b_0，b_1，$\cdots$，b_m，其过程简单明了，便于在计算机上实现。只要根据历史观测值 x_{1i}，x_{2i}，$\cdots x_{mi}$，$y_i(i=1,2,\cdots,n)$，构造矩阵 X，Y，由式（3-37）即可计算出回归参数 b_0，b_1，$\cdots$，b_m。

（二）模型检验

原理与一般算法的模型检验类似，只是在计算各统计量值时，将统计量的计算公式用矩阵来表示而已。这里仅给出各统计量的计算公式。

1. 标准差检验

标准差的矩阵计算公式为

$$S = \sqrt{\frac{Y^TY - B^TX^TY}{n-m-1}} \tag{3-38}$$

2. 相关系数检验

相关系数的矩阵计算公式为

$$R = \sqrt{\frac{B^TX^TY - n\bar{y}^2}{Y^TY - n\bar{y}^2}} \tag{3-39}$$

3. F 检验

F 统计量的矩阵计算公式为

$$F = \frac{B^TX^TY - n\bar{y}^2}{mS^2} \tag{3-40}$$

4. t 检验

t 检验的统计量计算公式与一般算法一样。只是这里 C_{ii} 可由 $(X^TX)^{-1}$ 而得。C_{ii} 即为 $(X^TX)^{-1}$ 的第 2 行到第 $m+1$ 行、第 2 列到第 $m+1$ 列构成的 m 阶子矩阵的主对角线上的第 i 个元素。

5. DW 检验

DW 检验的统计量计算公式与一般算法一样，这里不再赘述。

（三）预测与预测值的置信区间

与一般算法的预测与预测值的置信区间确定一样，这里不再赘述。

下面用一个例子来说明多元线性回归分析预测的过程。

【例 3-2】 某地区统计部门对 2003～2007 年的商品销售情况、该地区人均年收入以及新增劳动就业人数进行了统计，如表 3-7 所示。经有关专家和部门领导分析，认为该地区商品销售额与人均年收入及新增劳动就业人数有近似线性关系。另外，经过预测得，2008 年该地区人均收入将达到 9000 元，新增劳动就业人数将达到 42 万人。试预测 2008 年该地区商品销售额。

表 3-7 某地区的观测统计资料

观测期	实际销售额(y_i)/亿元	居民人均年收入(x_{1i})/百元	新增就业人数(x_{2i})/万元
2003 年	140	48	36
2004 年	152	54	50
2005 年	160	72	30
2006 年	166	72	38
2007 年	172	80	40

解： 这里预测的对象是该地区的商品销售额，影响因素有该地区的人均年收入和每年新增劳动就业人数，而且影响关系是线性的。因此，这是一个二元线性回归分析问题。为说明多元线性回归分析预测的应用，本例分别用一般算法和矩阵算法求解该问题。

1. 一般算法求解

(1) 回归参数估算及建立模型　由式(3-29)有方程组

$$\begin{cases} S_{11}b_1 + S_{12}b_2 = S_{1y} \\ S_{21}b_1 + S_{22}b_2 = S_{2y} \end{cases}$$

因为

$$\overline{x}_1 = \frac{1}{n}\sum_{i=1}^{5} x_{1i} = \frac{1}{5} \times (48+54+72+72+80) = 65.2 \text{（百元）}$$

$$\overline{x}_2 = \frac{1}{n}\sum_{i=1}^{5} x_{2i} = \frac{1}{5} \times (36+50+30+38+40) = 38.8 \text{（百元）}$$

$$\overline{y} = \frac{1}{n}\sum_{i=1}^{5} y_i = \frac{1}{5} \times (140+152+160+166+172) = 158 \text{（亿元）}$$

$$\begin{aligned}
S_{11} &= \sum_{i=1}^{5} (x_{1i}-\overline{x}_1)^2 \\
&= (48-65.2)^2 + (54-65.2)^2 + (72-65.2)^2 + (72-65.2)^2 + (80-65.2)^2 \\
&= 732.8
\end{aligned}$$

$$\begin{aligned}
S_{22} &= \sum_{i=1}^{5} (x_{2i}-\overline{x}_2)^2 \\
&= (36-38.8)^2 + (50-38.8)^2 + (30-38.8)^2 + (38-38.8)^2 + (40-38.8)^2 \\
&= 212.8
\end{aligned}$$

$$\begin{aligned}
S_{12} = S_{21} &= \sum_{i=1}^{5} (x_{1i}-\overline{x}_1)(x_{2i}-\overline{x}_2) \\
&= (48-65.2)(36-38.8) + (54-65.2)(50-38.8) + (72-65.2)(30-38.8) \\
&\quad + (72-65.2)(38-38.8) + (80-65.2)(40-38.8) \\
&= -124.8
\end{aligned}$$

$$\begin{aligned}
S_{1y} &= \sum_{i=1}^{5} (x_{1i}-\overline{x}_1)(y_i-\overline{y}) \\
&= (48-65.2)(140-158) + (54-65.2)(152-158) + (72-65.2)(160-158) \\
&\quad + (72-65.2)(166-158) + (80-65.2)(172-158) \\
&= 652
\end{aligned}$$

$$\begin{aligned}
S_{2y} &= \sum_{i=1}^{5} (x_{2i}-\overline{x}_1)(y_i-\overline{y}) \\
&= (36-38.8)(140-158) + (50-38.8)(152-158) + (30-38.8)(160-158) \\
&\quad + (38-38.8)(166-158) + (40-38.8)(172-158) \\
&= -24
\end{aligned}$$

所以正规化方程组为

$$\begin{cases} 732.8b_1 - 124.8b_2 = 652 \\ -124.8b_1 + 212.8b_2 = -24 \end{cases}$$

解此方程组得

$$\begin{cases} b_1 = 0.9671 \\ b_2 = 0.4544 \end{cases}$$

又由式(3-30)可得

$$b_0 = \bar{y} - b_1 \bar{x}_1 - b_2 \bar{x}_2 = 158 - 0.9671 \times 65.2 - 0.4544 \times 38.8 = 77.3144$$

所以二元线性回归预测模型为

$$\hat{y} = 77.3144 + 0.9671 x_1 + 0.4544 x_2$$

（2）模型检验　为进行模型检验，首先将观测期的观测值代入回归预测模型，求出对应观测值的预测值 $\hat{y}_i$，并计算出各种离差，计算结果如表 3-8 所示。

表 3-8　各种离差计算表

观测期	y_i	$\hat{y}_i$	$(\hat{y}_i - \bar{y})^2$	$(y_i - \hat{y}_i)^2$	$(y_i - \bar{y})^2$
2003 年	140	140.09	320.7681	0.0081	324
2004 年	152	152.26	32.9476	0.0676	36
2005 年	160	160.58	6.6564	0.3364	4
2006 年	166	164.21	38.5641	3.2041	64
2007 年	172	172.86	220.8196	0.7396	194
合计	790	790	619.7558	4.3558	624

① 标准差检验。

$$S = \sqrt{\frac{\sum_{i=1}^{n}(y_i - \hat{y}_i)^2}{n - m - 1}} = \sqrt{\frac{\sum_{i=1}^{5}(y_i - \hat{y}_i)^2}{5 - 2 - 1}} = \sqrt{\frac{4.3558}{2}} = 1.4758$$

而

$$\frac{S}{\bar{y}} = \frac{1.4758}{158} = 0.0093 = 0.93\% < 15\%$$

所以所建回归预测模型达到精度要求，可以接受。

② 相关系数检验。

$$R = \sqrt{1 - \frac{\sum_{i=1}^{n}(y_i - \hat{y}_i)^2}{\sum_{i=1}^{n}(y_i - \bar{y})^2}} = \sqrt{1 - \frac{\sum_{i=1}^{5}(y_i - \hat{y}_i)^2}{\sum_{i=1}^{5}(y_i - \bar{y})^2}} = \sqrt{1 - \frac{4.3558}{624}} = 0.9965$$

而对给定显著性水平 $\alpha = 0.05$ 的相关系数临界值（自由度为 2）为 $R_\alpha = 0.975$，所以 $R > R_\alpha$，说明在给定显著性水平 $\alpha = 0.05$ 下，y 与 x_1，x_2 线性相关程度是显著的。

③ F 检验。

$$F = \frac{\dfrac{\sum_{i=1}^{n}(\hat{y}_i - \bar{y})^2}{m}}{\dfrac{\sum_{i=1}^{n}(y_i - \hat{y}_i)^2}{n - m - 1}} = \frac{\dfrac{\sum_{i=1}^{5}(\hat{y}_i - \bar{y})^2}{2}}{\dfrac{\sum_{i=1}^{5}(y_i - \hat{y}_i)^2}{5 - 2 - 1}} = \frac{\dfrac{619.7558}{2}}{\dfrac{4.3558}{2}} = 142.2829$$

而对给定显著性水平 $\alpha = 0.05$ 的 F 分布临界值（第一自由度为 2，第二自由度为 2）：$F_\alpha = 19$，所以 $F > F_\alpha$，说明在给定显著性水平 $\alpha = 0.05$ 下，y 与 x_1，x_2 线性相关关系是显著的。

④ t 检验。因为正规方程组的系数矩阵

$$A = \begin{pmatrix} 732.8 & -124.8 \\ -124.8 & 212.8 \end{pmatrix}$$

的逆矩阵为

$$C = \begin{pmatrix} 0.001516 & 0.000889 \\ 0.000889 & 0.005221 \end{pmatrix}$$

所以

$$t_{b_1} = \frac{b_1}{S\sqrt{C_{11}}} = \frac{0.9671}{\sqrt{0.001516 \times 1.4758}} = 16.8304$$

$$t_{b_2} = \frac{b_2}{S\sqrt{C_{22}}} = \frac{0.4544}{\sqrt{0.005221 \times 1.4758}} = 4.2612$$

对给定显著性水平 $\alpha = 0.05$，查 t 分布表得临界值（自由度为2）为

$$t_{\alpha/2} = 4.3027$$

可见，$t_{b_1} > t_{\alpha/2}$，$t_{b_2} < t_{\alpha/2}$，但非常接近 $t_{\alpha/2}$，由于计算四舍五入的原因，所以可认为检验通过，说明 x_1、x_2 分别对 y 的线性影响在给定的显著性水平下都是显著的。

⑤ DW 检验。DW 统计量值为

$$DW = \frac{\sum\limits_{i=2}^{5}(\varepsilon_i - \varepsilon_{i-1})^2}{\sum\limits_{i=1}^{5}\varepsilon_i^2} = \frac{12.7707}{4.3558} = 2.9319$$

在显著性水平 $\alpha = 0.05$ 下，样本容量 $n = 5$，自变量个数 $m = 2$，查 DW 检验表，因 DW 检验表中，样本容量最低是15，故取 $d_L = 0.95$，$d_U = 1.54$。因统计量 DW 满足

$$2.46 = 4 - d_U < DW < 4 - d_L = 3.03$$

所以，所建回归预测模型的随机误差序列相关或自相关性难以断定。但 DW 值接近无序列相关区域，样本容量又过少，再加上四舍五入的原因，所以可近似认为所建预测模型不存在序列相关或自相关性。

（3）预测与置信区间　通过上述检验可知，样本回归预测模型能够较好地拟合实际，因此可用于预测。将该地区 2008 年的人均收入将达到 9000 元，新增劳动就业人数将达到 42 万人，代入预测模型可得 2008 年该地区商品销售额为

$$\hat{y} = 77.3144 + 0.9671x_1 + 0.4544x_2 = 77.3144 + 0.9671 \times 90 + 0.4544 \times 42 = 183.4382（亿元）$$

由式（3-36）可计算出 2008 年该地区商品销售额预测值 $\hat{y}_0$ 的置信区间为

$$[\hat{y}_0 - 2S, \hat{y}_0 + 2S] = [183.4382 - 2 \times 1.4758, 183.4382 + 2 \times 1.4758] = [180.4866, 186.3898]$$

即当 2008 年该地区人均收入将达到 9000 元，新增劳动就业人数将达到 42 万人时，其商品销售额为 183.4382 亿元，在显著性水平 $\alpha = 0.05$ 下，商品销售额的预测区间为 [180.4866，186.3898]。

2. 矩阵算法求解

（1）回归参数估算及建立模型　因为

$$X = \begin{pmatrix} 1 & 48 & 36 \\ 1 & 54 & 50 \\ 1 & 72 & 30 \\ 1 & 72 & 38 \\ 1 & 80 & 40 \end{pmatrix} \qquad Y = \begin{pmatrix} 140 \\ 152 \\ 160 \\ 166 \\ 172 \end{pmatrix}$$

所以

$$X^T X = \begin{pmatrix} 1 & 1 & 1 & 1 & 1 \\ 48 & 54 & 72 & 72 & 80 \\ 36 & 50 & 30 & 38 & 40 \end{pmatrix} \begin{pmatrix} 1 & 48 & 36 \\ 1 & 54 & 50 \\ 1 & 72 & 30 \\ 1 & 72 & 38 \\ 1 & 80 & 40 \end{pmatrix} = \begin{pmatrix} 5 & 326 & 194 \\ 326 & 21988 & 12524 \\ 194 & 12524 & 7740 \end{pmatrix}$$

$$(X^T X)^{-1} = \begin{pmatrix} 19.00269013 & -0.133343971 & -0.260532555 \\ -0.133343971 & 1.516049607 \times 10^{-3} & 8.891118002 \times 10^{-4} \\ -0.260532555 & 8.891118002 \times 10^{-4} & 5.220682109 \times 10^{-3} \end{pmatrix}$$

$$X^T Y = \begin{pmatrix} 1 & 1 & 1 & 1 & 1 \\ 48 & 54 & 72 & 72 & 80 \\ 36 & 50 & 30 & 38 & 40 \end{pmatrix} \begin{pmatrix} 140 \\ 152 \\ 160 \\ 166 \\ 172 \end{pmatrix} = \begin{pmatrix} 790 \\ 52160 \\ 30628 \end{pmatrix}$$

因此
$$B = (X^T X)^{-1} X^T Y$$

$$= \begin{pmatrix} 19.00269013 & -0.133343971 & -0.260532555 \\ -0.133343971 & 1.516049607 \times 10^{-3} & 8.891118002 \times 10^{-4} \\ -0.260532555 & 8.891118002 \times 10^{-4} & 5.220682109 \times 10^{-3} \end{pmatrix} \begin{pmatrix} 790 \\ 52160 \\ 30628 \end{pmatrix} = \begin{pmatrix} 77.3126 \\ 0.9671 \\ 0.4544 \end{pmatrix}$$

故回归预测模型为
$$\hat{y} = 77.3126 + 0.9671 x_1 + 0.4544 x_2$$

需要指出的是，这里所得的模型与一般算法所得的模型有微小差异，主要是因为计算过程中的四舍五入造成的。

（2）模型检验

① 标准差检验。因为
$$S = \sqrt{\frac{Y^T Y - B^T X^T Y}{n - m - 1}}$$

其中

$$Y^T Y = (140 \quad 152 \quad 160 \quad 166 \quad 172) \begin{pmatrix} 140 \\ 152 \\ 160 \\ 166 \\ 172 \end{pmatrix} = 125444$$

$$B^T X^T Y = (77.3126 \quad 0.9671 \quad 0.4544) \begin{pmatrix} 790 \\ 52160 \\ 30628 \end{pmatrix} = 125438.2532$$

所以

$$S = \sqrt{\frac{Y^T Y - B^T X^T Y}{n - m - 1}} = \sqrt{\frac{125444 - 125438.2532}{5 - 2 - 1}} = 1.6951$$

而

$$\frac{S}{\bar{y}} = \frac{1.6951}{158} = 0.0107 = 1.07\% < 15\%$$

所以所建回归预测模型达到精度要求，可以接受。

② 相关系数检验。

$$R = \sqrt{\frac{B^T X^T Y - \overline{ny^2}}{Y^T Y - \overline{ny^2}}} = \sqrt{\frac{125438.2532 - 5 \times 158^2}{125444 - 5 \times 158^2}} = 0.9908$$

而对给定显著性水平 $\alpha = 0.05$ 的相关系数临界值（自由度为 2）$R_a = 0.975$，所以 $R > R_a$，说明在给定显著性水平 $\alpha = 0.05$ 下，y 与 x_1，x_2 线性相关程度是显著的。

③ F 检验。

$$F = \frac{B^T X^T Y - \overline{ny^2}}{m S^2} = \frac{125438.2532 - 5 \times 158^2}{2 \times 1.6951^2} = 107.5835$$

而对给定显著性水平 $\alpha = 0.05$ 下的 F 分布临界值（第一自由度为 2，第二自由度为 2）$F_a = 19$，所以 $F > F_a$，说明在给定显著性水平 $\alpha = 0.05$ 下，y 与 x_1，x_2 线性相关关系是显著的。

t 检验、DW 检验以及预测值与置信区间的确定，与一般算法的分析计算完全类似，此处不再赘述。

从上述计算分析可见，矩阵算法与一般算法所得的预测模型和预测检验等过程有一定的差异，这主要是因为在回归参数的估计计算中采用四舍五入所至。从理论上讲，两种算法的结果是一样的。

四、多重共线性

在多元线性回归分析中，由于存在多个自变量，这些自变量之间常常又存在一定程度的相关关系，这种相关关系给多元线性回归模型的参数估计带来麻烦，特别是当自变量之间的关系是线性关系时，就称之为多重共线性。

从前面的分析可以看出，应用最小二乘法估计回归参数的一个重要条件是自变量之间为不完全线性相关，因为自变量间完全线性相关，会导致 $(X^T X)^{-1}$ 不存在，因而最小二乘法估计回归参数就将失效。然而，在现实生产生活中，很难找到自变量间完全线性无关的情况，自变量之间总是存在一定程度的线性相关性。如商品的销售收入与商品质量、商品包装、商品规格、商品的花色品种、人均收入、就业人数、国家税收政策等因素相关，这些因素或自变量之间是具有一定的线性相关关系的。如果线性相关程度较低，其影响可以忽略，但当存在高度的线性相关，即严重的多重共线性时，就会有如下后果。

① 参数估计的精度降低，某些回归参数的标准差很大，不能正确反映自变量与因变量之间的相关程度，使参数估计值很不可靠。

② 回归参数的估计值可能对某几组观测值特别敏感，这些观测值一旦变动，对参数估计值影响很大。

③ 回归参数可能出现与实际意义不符的符号（正值或负值）。

由于多重共线性的影响，很可能会导致线性模型虽然在理论上成立，但不具备满意的实用性，在建立模型时应设法消除这种影响。为此，首先要对自变量之间是否存在较大程度的线性相关性进行判断。如果存在，则采用一定的方法进行处理。常用的判断多重共线性的方法有两种。

一种是通过计算变量之间的相关系数来判断。即根据自变量 x_i 和 x_j 的观测值，按协方差与方差之比定义计算二者之间的相关系数 r_{ij}。

$$r_{ij} = \frac{\sum\limits_{t=1}^{n} (x_{it} - \overline{x}_i)(x_{jt} - \overline{x}_j)}{\sqrt{\sum\limits_{t=1}^{n} (x_{it} - \overline{x}_i)^2} \sqrt{\sum\limits_{t=1}^{n} (x_{jt} - \overline{x}_j)^2}} \tag{3-41}$$

显然，当 $r_{ij} = 1$ 时，表示 x_i 与 x_j 完全相关，即会出现完全的多重共线性；当 $r_{ij} = 0$ 时，表

示 x_i 与 x_j 完全不相关，即不会出现多重共线性；一般情况是 $0 < r_{ij} < 1$，表示 x_i 与 x_j 之间存在一定程度的线性相关性。美国计量经济学家 L. R. 克莱茵认为，只有当 $r_{ij}^2 > R^2$（R 为回归模型复相关系数）时，共线性才是严重的，应予以消除。

另一种判断方法是利用式（3-32）计算出不含某个自变量（如第 j 个自变量 x_j）的复相关系数 r_j 来判断。

假设共有 m 个自变量，并已经有如下线性回归方程

$$y = f(x_1, x_2, \cdots, x_m)$$

为了判断自变量之间是否存在多重共线性，分别构造不含某个自变量 x_j 的 m 个线性回归方程

$$y = f(x_1, x_2, \cdots, x_{j-1}, x_{j+1}, \cdots, x_m) \qquad (j = 1, 2, \cdots, m)$$

并对每个线性回归方程按式（3-32）计算出复相关系数 r_1，r_2，$\cdots$，r_m。复相关系数 r_j 越大，所对应的自变量 x_j 与其他自变量发生多重共线性的程度就越高。

以上两种方法，都有自己的优点，第一种方法是用相关系数来判断，可判断在一定程度下的多重共线性，但当变量较多时，判断不可靠；第二种方法意义明确，但计算工作量大。

消除多重共线性可采用以下方法。

① 剔除不必要的影响因素（自变量）。即从一组高度相关的自变量中剔除某个变量，该变量可以是回归参数符号与经济意义不符的，或回归参数最小的，或 t 检验值最小的。但当由回归参数或 t 统计量值无法辨别的情况下，也可用逐步回归法剔除其高度相关的某个自变量。然后重新估计回归参数，建立线性回归预测模型。

逐步回归法是按各个自变量对因变量影响作用的大小，由大到小依次逐个引入线性回归方程，每引入一个自变量，都要对回归方程中每一个自变量的作用进行显著性检验。当发现某个无显著性作用的自变量被引入时，即行舍弃。每舍弃一个自变量后，还要对仍保留在回归方程式中的自变量进行显著性检验，如果发现方程中还存在无显著作用的自变量时，就应继续进行舍弃。直至没有自变量可以引入，也没有自变量可以从回归方程中舍弃为止。

逐步回归分析法的具体步骤如下。

第一步，根据收集的 n 组自变量与因变量的观测资料，计算自变量 $x_i (i = 1, 2, \cdots, m)$ 与因变量 y 之间的相关系数 r_{iy}。

第二步，将 r_{iy} 从大到小排序，分别建立一元线性回归方程，二元线性回归方程……m 元线性回归方程。

注意：依次建立一元，二元……m 元线性回归方程的同时，要分别计算相应线性回归方程的复相关系数 R，可决系数 R^2，及每增加一个自变量引起的 R^2 的改变量 ΔR^2，以便了解导入一个新自变量以后，因变量观测值离差得到回归直线解释的那部分的比例变化大小。如果导入的新自变量不能使 R^2 增大，则将其舍弃；反之，则将其保留。

第三步，对导入新自变量能带来 R^2 增加现象进行显著性检验。

构造 F 统计量

$$F = \frac{(R_{m_2}^2 - R_{m_1}^2)/(m_2 - m_1)}{(1 - R_{m_1}^2)/(n - m_2 - 1)} \tag{3-42}$$

式中　$R_{m_1}^2$——导入一个新自变量前，原线性回归方程的可决系数；

m_1——原线性回归方程的自变量个数；

$R_{m_2}^2$——导入一个新自变量后，新的线性回归方程的可决系数；

m_2——新的线性回归方程的自变量个数。

可以证明 F 统计量服从第一自由度为 m_2-m_1，第二自由度为 $n-m_2-1$ 的 F 分布。

进行判别：根据给定显著性水平 α（一般 $\alpha=0.05$）下，查 F 分布表，第一自由度为 m_2-m_1，第二自由度为 $n-m_2-1$，得临界值 F_α。

如果 $F \geqslant F_\alpha$，则导入新自变量后新线性回归方程发生的 R^2 的增加在显著性水平 α 下是显著的，新自变量保留于回归方程中；如果 $F < F_\alpha$，则导入新自变量后新线性回归方程发生的 R^2 的增加在显著性水平 α 下不显著，R^2 的增加可能是由于偶然因素引起的，因此，新自变量不宜保留于回归方程中，应舍弃该新导入的自变量。

重复第二步、第三步，直到所有自变量都得到明确判别为止。

这样，保留在线性回归方程中的自变量在给定的显著性水平下，就不具多重共线性了。

注意：逐步回归分析法也常用于多元线性回归分析的自变量的选择。即将所有可能的自变量按与因变量相关系数大小进行逐步回归选取即可。

② 改变自变量的定义形式。即用一个新的变量代替具有多重共线性的变量，或将多个自变量合并成一个新的变量。

③ 寻求新的影响因素（自变量）。在实际预测中，是否允许建立的多元线性回归预测模型存在多重共线性，要根据建立模型的目的而定。如果目的是为了预测，则只要保证自变量之间相关的类型在预测期不变，对预测精度的影响就不大，这时，可以放宽对多重共线性的限制；如果自变量之间相关的类型在预测期将发生较大的变化，又希望得到精确的预测值，那就必须严格控制自变量之间的高度共线性关系现象。

第四节　可线性化的非线性回归分析预测法

线性回归分析预测的前提是因变量与自变量间的关系是线性的。但在实际中，自然、社会、经济现象是极其复杂的，研究对象（因变量）与其影响因素（自变量）间的关系，不可能总是线性的，还有可能是非线性的。这时就需要选择类型恰当的非线性模型即曲线模型来拟合这种关系，否则，就会加大回归预测误差，达不到预测的目的。以非线性模型拟合因变量与自变量间的非线性关系就是非线性回归分析或曲线回归分析。非线性回归分析与线性回归分析一样，按其含自变量的多少分为一元非线性回归分析和多元非线性回归分析。曲线模型形式因实际情况不同而有多种形式。在实际预测中，选择何种曲线模型进行拟合？可根据理论分析或过去的实际经验事先确定，也可根据实际数据的散点图来确定。然而，一般情况下，由于曲线模型的复杂性，根据实际观测数据估计非线性回归模型即曲线模型的参数是难以进行的，目前为止，还没有一种完美的解决办法。但非线性回归分析中，有一类非线性关系的回归问题可转化为线性关系的回归问题来方便的加以解决。本节主要介绍这类非线性回归分析预测方法。

非线性回归分析预测问题转化为线性回归分析预测问题的基本步骤如下。

① 分析自变量和因变量的历史数据规律，选择合适的非线性回归预测模型形式。

② 引入新变量，经变量代换将所选曲线模型线性化。

③ 按线性回归分析方法确定变换后模型中的参数，建立回归预测模型。

④ 进行预测，即将自变量的值代入所建立的回归预测模型，计算出因变量的值。

根据历史观测数据选择曲线模型类型是一件不容易的事。在实际预测工作中，常常要在建立预测模型以后，将观测期数据代入预测模型，求得历史观测期的因变量预测值，并将其与因变量实际观测值相比较，然后根据比较结果决定是否对预测模型进行改进。

下面我们来介绍几种常见的可线性化的非线性回归分析预测方法。

一、指数函数曲线预测模型

根据指数函数的形式，可以将指数函数预测模型分为两种类型：一种是函数值无限增长或趋近于零；另一种是函数值以某一非零值为极限。我们分别称它们为第一类指数函数预测模型和第二类指数函数预测模型。

1. 第一类指数函数预测模型

$$y = ae^{bx} \tag{3-43}$$

其中，a，b 为参数，且 a 为某一正常数。该预测模型的图形如图 3-4 所示。

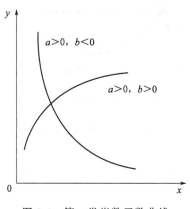

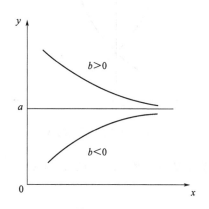

图 3-4　第一类指数函数曲线　　　　　图 3-5　第二类指数函数曲线

为了估算参数 a，b 的值，对式(3-43) 两边取自然对数，得

$$\ln y = \ln a + bx$$

令

$$y' = \ln y; \quad a' = \ln a$$

则

$$y' = a' + bx \tag{3-44}$$

将原样本数据 (x_i, y_i) 变为 $(x_i, \ln y_i)$，$(i = 1, 2, \cdots, n)$，再根据新样本数据，用一元线性回归分析方法估计参数 a'，b，则 $a = e^{a'}$。这样即建立起第一类指数函数回归预测模型。

关于模型有效性检验，可以借用一元线性回归分析方法，只要式(3-44) 通过检验，就可以认为式(3-43)有效。

2. 第二类指数函数预测模型

$$y = ae^{\frac{b}{x}} \tag{3-45}$$

其中，a，b 为参数，且 a 不为零。该预测模型的图形如图 3-5 所示。

为了估算参数 a，b 的值，对式(3-45) 两边取自然对数，得

$$\ln y = \ln a + \frac{b}{x}$$

令

$$y' = \ln y; \quad x' = \frac{1}{x}; \quad a' = \ln a$$

则

$$y' = a' + bx' \tag{3-46}$$

将原样本数据 (x_i, y_i) 变为 $\left(\dfrac{1}{x_i}, \ln y_i\right)$，$(i = 1, 2, \cdots, n)$，再根据新样本数据，用一元线性回归分析法估计参数 a'，b，则 $a = e^{a'}$。这样即建立起第二类指数函数回归预测模型。

模型检验与上述类似，以下不再赘述。

二、双曲线函数预测模型

$$\frac{1}{y} = a + b\frac{1}{x} \qquad (3-47)$$

其中，a，b 为参数。该预测模型的图形如图 3-6 所示。

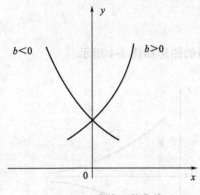

图 3-6　双曲线函数曲线　　　　　　图 3-7　对数函数曲线

为了估算参数 a，b 的值，令 $y' = \dfrac{1}{y}$；$x' = \dfrac{1}{x}$

则

$$y' = a + bx' \qquad (3-48)$$

将原样本数据 (x_i, y_i) 变为 $\left(\dfrac{1}{x_i}, \dfrac{1}{y_i}\right)$，$(i=1,2,\cdots,n)$，再根据新样本数据，用一元线性回归分析方法估计参数 a，b，即可建立起双曲线函数回归预测模型。

三、对数函数曲线预测模型

$$y = a + b\ln x \qquad (3-49)$$

其中，a，b 为参数。该预测模型的图形如图 3-7 所示。

为了估算参数 a，b 的值，令 $x' = \ln x$

则

$$y = a + bx' \qquad (3-50)$$

将原样本数据 (x_i, y_i) 变为 $(\ln x_i, y_i)$，$(i=1, 2, \cdots, n)$，再根据新样本数据，用一元线性回归分析方法估计参数 a，b，即可建立起对数函数回归预测模型。

四、幂函数曲线预测模型

$$y = ax^b \qquad (3-51)$$

其中，a，b 为参数。该预测模型的图形如图 3-8 所示。

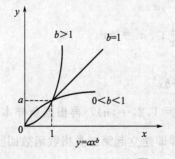

图 3-8　幂函数曲线

为了估算参数 a，b 的值，对式（3-51）两边取自然对数，得
$$\ln y = \ln a + b \ln x$$

令
$$y' = \ln y; \quad x' = \ln x; \quad a' = \ln a$$

则
$$y' = a' + b x' \tag{3-52}$$

将原样本数据 (x_i, y_i) 变为 $(\ln x_i, \ln y_i)$，$i = 1, 2, \cdots, n$，再根据新样本数据，用一元线性回归分析方法估计参数 a'，b，则 $a = e^{a'}$。这样，即可建立起幂函数回归预测模型。

五、多项式函数曲线预测模型

$$y = b_0 + b_1 x + b_2 x^2 + \cdots + b_m x^m \tag{3-53}$$

其中，b_0，b_1，$\cdots$，b_m 为参数。

令
$$x_1 = x, x_2 = x^2, \cdots, x_m = x^m$$

则
$$y = b_0 + b_1 x_1 + b_2 x_2 + \cdots + b_m x_m \tag{3-54}$$

将原样本数据 (x_i, y_i) 变为 $(x_{1i}, x_{2i}, \cdots, x_{mi}, y_i)$，$(i = 1, 2, \cdots, n)$，再根据新样本数据，用多元线性回归分析方法估计参数 b_0，b_1，$\cdots$，b_m，即可建立起多项式函数回归预测模型。

模型式（3-53）有效性检验，可以借用多元线性回归分析方法，只要式（3-54）通过检验，就可以认为式（3-53）有效。

值得指出的是，将曲线模型经过变换转化为线性模型来估计参数，然后再将其还原，会使误差平方和有所变化，因此原来的平方和分解公式不再成立，所以变换后的线性模型效果好，不一定对应非线性模型对原始数据的拟合效果也好，因而对线性模型的各种统计检验就不适用了，所以，一般不特别强调对曲线模型的参数检验。但可以通过预测误差，如估计标准差 S，平均绝对百分误差 MAPE，对所建模型的优劣作一个整体评价。

第五节　带虚拟变量的回归分析预测法

在此之前探讨的回归分析预测，自变量均为数量变量，如产量、销售量、工资收入、价格、居民购买力、消费物价指数、成本、身高、温度等。但在经济分析与经济预测中，常常存在另一类影响因素，如反映地域、经济结构、社会政治、文化、性别、战争、地震、季节及政府政策的变化等具有定性性质的品质变量的影响，因此，在进行回归分析预测时，为提高预测的精度，有必要将品质变量的影响考虑进去，即有必要将品质变量引入回归预测模型。

一、虚拟变量

品质变量不像数量变量那样表现为具体的数值，它只能以品质、属性、种类等形式表现。如地震表现为有或无；季节表现为春、夏、秋、冬；政府政策表现为改变前或改变后；性别表现为男或女等。常常这些品质变量对因变量有重要的影响，但又无法将这些品质、属性、种类的定性描述直接引入到回归预测模型中。因此，要在回归预测模型中引入品质变量，必须将其定性描述数量化。一般的做法是令某种属性出现为 1，不出现为 0。称这种以出现为 1，不出现为 0 的形式表现的品质变量为虚拟变量。

二、带虚拟变量的回归预测分析

由上节可见，一般情况下，非线性回归分析预测较复杂。因此，在本节我们只探讨带虚

拟变量的线性回归分析预测方法。

常见的带虚拟变量的回归分析有如下三种形式。

1. 反映某种因素发生重大变异的跳跃、间断式模型

$$y_i = \alpha + \beta_1 x_i + \beta_2 D_i + \varepsilon_i \tag{3-55}$$

式中，α、β_1、β_2 为模型参数；y_i 为因变量第 i 期的观测值；x_i 为自变量第 i 期观测值；D_i 为虚拟变量第 i 期观测值。

设 i_0 为观测值出现重大变异的时期，则

$$D_i = \begin{cases} 0, i < i_0 \\ 1, i \geq i_0 \end{cases}$$

那么式(3-55) 可以写成分段形式。

$$y_i = \begin{cases} \alpha + \beta_1 x_i + \varepsilon_i, i < i_0 \\ (\alpha + \beta_2) + \beta_1 x_i + \varepsilon_i, i \geq i_0 \end{cases} \tag{3-56}$$

其变化趋势如图 3-9 所示。

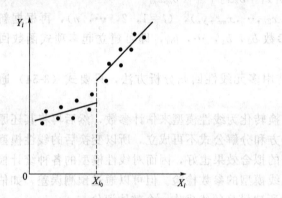 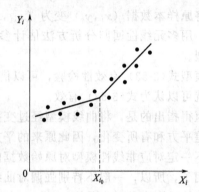

图 3-9　某因素发生重大变异
的跳跃式、间断式变动趋势

图 3-10　某因素发生变异后
具有转折点的变动趋势

式(3-55) 中的参数 α、β_1、β_2 可利用多元线性回归分析方法确定，从而建立起回归预测模型，并进行模型检验，用于预测。

2. 具有转折点的系统趋势变化模型

$$y_i = \alpha + \beta_1 x_i + \beta_2 (x_i - x_{i_0}) D_i + \varepsilon_i \tag{3-57}$$

式中，α、β_1、β_2 为模型参数；y_i 为因变量第 i 期观测值；x_i 为自变量第 i 期观测值；D_i 为虚拟变量第 i 期观测值；i_0 为观测值发生转折点的时期；x_{i_0} 为自变量 x 在 i_0 时期的取值。

D_i 的取值为 $D_i = \begin{cases} 0, & i < i_0 \\ 1, & i \geq i_0 \end{cases}$

则式(3-57) 可以写成分段形式。

$$y_i = \begin{cases} \alpha + \beta_1 x_i + \varepsilon_i & (i < i_0) \\ (\alpha - \beta_2 x_{i_0}) + (\beta_1 + \beta_2) x_i + \varepsilon_i & (i \geq i_0) \end{cases} \tag{3-58}$$

其变化趋势如图 3-10 所示。

式(3-57) 中的参数 α、β_1、β_2 可根据式(3-58)，利用一元线性回归分析方法确定，从而建立起回归预测模型，并进行模型检验，用于预测。

3. 含多个虚拟变量的线性回归模型

在样本观察期中，品质变量可能出现多次变异以及不同的变异特征，因此，需要引入多

个虚拟变量来描述出现多次转折、跳跃或间断的品质变量变动情况。

含多个虚拟变量的回归模型建立步骤如下。

第一步，确定虚拟变量的个数。确定虚拟变量个数的一般原则是当品质变量有 K 个分类时，引入的虚拟变量个数为 $K-1$ 个。如对个人文化娱乐消费年支出额进行预测时，已知个人文化娱乐消费年支出额的大小除了受个人年收入的影响以外，还受个人文化程度的影响。个人文化程度可分为高中及以下、大专、本科及以上三类。根据虚拟变量个数确定原则，应引入两个虚拟变量。

值得注意的是，如果品质变量有 K 个分类，就定义 K 个虚拟变量，回归模型将会出现完全共线性，从而使回归模型参数的最小二乘估计失效。

第二步，建立含多个虚拟变量的回归模型。以个人文化娱乐消费年支出额为例，其模型为

$$y_i = \alpha + \beta_1 x_i + \beta_2 D_{1i} + \beta_3 D_{2i} + \varepsilon_i \tag{3-59}$$

式中，α、β_1、β_2、β_2 为模型参数；y_i 为个人文化娱乐消费年支出额第 i 年观测值；x_i 为个人年收入第 i 年观测值；D_{1i}、D_{2i} 分别为第一、第二虚拟变量第 i 期观测值。

$$D_{1i} = \begin{cases} 1, & \text{文化程度为大专} \\ 0, & \text{其他} \end{cases}$$

$$D_{2i} = \begin{cases} 1, & \text{文化程度为本科及以上} \\ 0, & \text{其他} \end{cases}$$

第三步，估计模型参数，并进行模型检验及预测。利用多元线性回归分析方法，估计式 (3-59) 中的参数，建立预测模型，进行检验与预测。

【例 3-3】　某地区农业生产资料购买力和农民货币收入统计数据如表 3-9 所示。

表 3-9　某地区农资购买力和农民货币收入统计数据　　　　单位：十亿元

年份	农资购买力(y)	农民货币收入(x)	年份	农资购买力(y)	农民货币收入(x)
1975 年	1.3	4.7	1981 年	2.3	11.3
1976 年	1.3	5.4	1982 年	2.6	13.4
1977 年	1.4	5.5	1983 年	2.7	15.2
1978 年	1.5	6.9	1984 年	3.0	19.3
1979 年	1.8	9.0	1985 年	3.2	27.8
1980 年	2.1	10.0			

根据上述统计数据，试建立一元线性回归模型和带虚拟变量的回归模型。并对比分析两模型。

解：（1）建立一元线性回归模型　计算结果为

$$y = 1.1584 + 0.0814x$$
$$R^2 = 0.8672 \qquad S = 0.2686 \qquad F = 58.7577$$

从上述计算结果看，在给定显著性水平 $\alpha = 0.05$ 下，均能通过检验。但模型的标准差 S 偏大，可决系数 R^2 也不太理想，说明该模型对实际数据的拟合程度较一般。

（2）建立带虚拟变量线性回归模型　从上述统计数据可以看出，由于 1979 年党的农村经济政策的影响，农村经济形势发生了巨大的变化，农民货币收入和农资购买力发生了重大变异，因此，需要引入虚拟变量 D 来反映这一经济政策的影响。

$$D_i = \begin{cases} 0, i < 1979\ \text{年} \\ 1, i \geqslant 1979\ \text{年} \end{cases}$$

选用模型式(3-55)，利用多元线性回归分析方法，可得回归预测模型。

$$y = 0.9855 + 0.0692x + 0.4945D$$

模型检验各统计量值。

$$R^2 = 0.9498; \quad S = 0.1751; \quad F = 75.6966;$$

$$t_{b_0} = 9.2413; \quad t_{b_1} = 6.4000; \quad t_{b_2} = 3.2854$$

从上述计算结果看，在给定显著性水平 $\alpha = 0.05$ 下，均能通过检验。说明自变量 x、虚拟变量 D 对因变量的线性影响在给定显著性水平下是显著的。

对比上述两个模型，可以看出引入虚拟变量之后，回归模型的标准差从 0.2686 降到 0.1751，可决系数从 0.8672 上升到 0.9498，说明回归模型的拟合效果明显提高。

习　题

1. 什么是回归分析预测法？回归分析预测的主要内容有哪些？

2. 进行回归分析预测的必要条件是什么？

3. 进行回归分析预测为什么要进行统计检验？说明常用统计检验：标准差检验、相关系数检验、F 检验的作用和意义。

4. 某公司前 10 个月的销售额数据如表 3-10 所示，试用回归分析法预测本月和下一个月的销售额。

表 3-10　某公司 10 个月的销售额　　　　　　　　　　　单位：万元

月份	1	2	3	4	5	6	7	8	9	10
销售额	6.2	6.6	7.1	7.8	8.2	8.8	9.3	10.0	10.4	10.8

5. 某地区前 9 年居民消费品购买力和居民货币收入统计数据如表 3-11 所示。

表 3-11　某地区前 9 年居民消费品购买力和居民货币收入　　　单位：千元

时　　间	居民消费品购买力	居民货币收入
第 1 年	8.5	11.6
第 2 年	11.1	14.1
第 3 年	13.6	17.1
第 4 年	15.8	19.6
第 5 年	17.6	22.1
第 6 年	20.5	25.6
第 7 年	27.8	33.6
第 8 年	33.5	40.5
第 9 年	39.2	47.8

试根据统计数据求：

(1) 建立一元线性回归模型；

(2) 对回归模型进行检验（取显著性水平 $\alpha = 0.05$）；

(3) 若居民货币收入未来每年平均增长 19%，试预测该地区今年居民消费品购买力，并进行居民消费品购买力的区间预测（取显著性水平 $\alpha = 0.05$）。

6. 某公司人事处经考证和研究得知，公司职员的技术水平与其年龄和经验有近似线性相关关系。该公司随机抽取其 10 名职员考察其技术水平、年龄、经验如表 3-12 所示。

表 3-12 某公司 10 名职员的技术水平、经验和年龄统计

技术水平(y)/分	经验(x_1)/分	年龄(x_2)/岁
15	0	21
21	0	22
28	1	24
30	1	25
35	1	25
35	2	34
45	2	38
50	3	44
60	4	54
50	5	55

试根据统计资料求:

(1) 建立回归预测模型;

(2) 对回归预测模型进行检验(取显著性水平 $\alpha = 0.05$);

(3) 假定该公司某职员的经验 $x_1 = 3$ 分,年龄 $x_2 = 50$ 岁,试对该职员的技术水平作点预测和区间预测(取显著性水平 $\alpha = 0.05$)。

7. 某商品的需求量、价格和消费者收入的统计数据如表 3-13 所示。经考察商品的需求量与价格和消费者收入有近似线性相关关系。试建立回归分析预测模型,并对该商品在计划价格为 10 元,消费者收入为 1500 元时的需求量进行点预测和区间预测(取置信度为 95%)。

表 3-13 某商品的需求量与价格、消费者收入统计

需求量/件	100	75	80	70	50	65	120	100	110	60
价格/元	5	7	6	6	8	7	5	4	4	9
收入/元	1000	1100	1200	500	500	400	1300	1100	1300	800

8. 某商品从进入市场起,由于质量和成本的改变,变动了 6 次价格,每次价格变动的时间间隔基本相等,总销售量由逐渐上升到逐渐下降,见表 3-14,试对下列资料用抛物线拟合,并预测该商品价格改变为 9.8 元时的销售量。

表 3-14 某商品价格变动与销售量统计

变动次数	第 0 次	第 1 次	第 2 次	第 3 次	第 4 次	第 5 次	第 6 次
价格/元	1.2	1.9	3.2	4.9	5.7	7.1	8.6
销售量/万件	4.5	5.9	7.0	7.8	7.2	6.8	4.5

9. 已知某商品近 8 年来的年生产量如表 3-15 所示,试用指数曲线 $y = ab^x$ 拟合该统计资料,并预测今年该商品的产量。

表 3-15 某商品 8 年的年生产量

时 间	第 1 年	第 2 年	第 3 年	第 4 年	第 5 年	第 6 年	第 7 年	第 8 年
产量/万件	1	1.2	1.8	2.5	3.6	4.7	6.6	9.1

10. 某地区农业总收入与小型农机销售额统计数据如表 3-16 所示。试根据统计数据求

(1) 建立一元线性回归预测模型,并进行模型检验;

（2）建立带虚拟变量的回归预测模型，并进行模型检验；

（3）比较上述两种回归预测模型。

表 3-16 某地区农业总收入与小型农机销售额统计

年　份	农机销售额/万元	农业总收入/亿元
1973 年	80	5.5
1974 年	71	4.9
1975 年	83	5.9
1976 年	85	6.4
1977 年	86	7.0
1978 年	85	6.7
1979 年	158	7.4
1980 年	155	9.0
1981 年	175	10.7
1982 年	199	13.2

第四章　时间序列分析预测法

时间序列分析预测法是根据预测对象的时间序列数据随时间推移的变化规律，运用科学方法建立预测模型，使预测对象的变化向未来延伸，通过趋势外推预测未来的一种方法。因此，时间序列分析预测法也叫历史延伸法、外推法。时间序列分析预测法最早是美国哈佛大学的经济委员会主席珀森斯（Warren Persons）教授将其应用于一般商情预测。我国在 20 世纪 60 年代应用于水文预测。到 20 世纪 70 年代，随着电子计算机技术的发展，该方法被广泛应用于水文、气象、地震、经济等各个领域。目前已成为世界各国进行经济分析和经济预测的基本方法之一。

时间序列分析预测法既可以用于宏观预测，也可以用于微观预测，其主要适用于短、中期预测，不适用于有拐点的长期预测。利用该方法进行预测的前提条件是：预测对象过去和现在的发展变化规律，会同样延续到未来。

第一节　时间序列概述

时间序列是指社会、经济、自然现象的数量指标按其出现的时间先后顺序，且间隔时间相同而排列起来的一组统计数据 y_1，y_2，…，y_n。如某种商品的销售量按月顺序排列起来的统计数据；某单位职工工资总额按年度顺序排列起来的统计数据；某地区的工农业总产值按季度顺序排列起来的统计数据等都是时间序列。

时间序列的变动规律是众多影响因素的作用结果。在这些影响因素中，有些对事物的发展起长期的、决定性的作用，致使时间序列的发展变化呈现出某种趋势和一定的规律性；有些对事物的发展起短期的、非决定性的作用，致使时间序列的发展变化呈现出某种不规则性。实际中，这些影响因素难以进行一一细分，当然其作用效果也难以一一细分。但从这些影响因素的作用效果看，时间序列的变动总体上可分为四种基本类型：长期趋势变动、季节变动、循环变动和不规则变动。

一、长期趋势变动

长期趋势变动是指时间序列由于持续受某种根本性因素，也就是同性质或同向因素的影响，在较长时间内表现为持续上升、下降或停留在某一水平上的总变化趋势。如国民生产总值、国民收入等随时间的推移呈增长趋势；在一定时期内，人均收入呈增长趋势，恩格尔系数呈下降趋势；人均食盐消费量呈稳定趋势等。长期趋势变动的时间序列，其不同时期的变动幅度可能不等，也可能相等。因而，这种总变化趋势可能是线性的，也可能是非线性的。

二、季节变动

季节变动是指时间序列受季节更替规律、节假日、人们的风俗习惯等因素的影响，而呈现出的有固定周期的周期性变动。如空调、冷饮、羽绒服等商品的销售量受天气冷暖的影响，在一年的一定季节出现销售旺季，而在一年的另一定的季节出现销售淡季；月饼、粽子等的销售量由于受传统节日的影响，也表现为在一年的一定时期出现销售旺季，而在一年的另一定的时期出现销售淡季；公交车客流量在一天的一定时间出现高峰，而在另一定时间出现低谷等。时间序列在各周期的一定时期出现高峰值，另一定时期出现低谷值，但各高峰值和低谷值不一定相等。

三、循环变动

循环变动是指周期不固定的波动变化，它以数年、数月、数日为周期而变化，每次周期不一定相同。当循环变动出现一个周期变动之后，下次何时出现，周期多长难以预料。循环变动不同于长期趋势变动，它不是朝着同一方向持续变动，而是涨落相间的交替波动；循环变动也不同于季节变动，季节变动有固定周期，而循环变动无固定周期，且周期一般较长。

循环变动的信息，需要取得很长时期的样本数据，才能获得。在短期内，循环变动趋势显现不出来，因而，短期预测中，可以不考虑循环变动的影响。

四、不规则变动

不规则变动是指由各种偶然性因素引起的无规律变动。它又可以分为突然性变动和随机性变动。突然性变动是指由于目前难以预料的作用因素而引起的变动，其规律性或概率性目前尚难以认识和推测。如刮风、下雨、群众性集会等所引起的时间序列数据的变动就属突然性变动。随机性变动，即为概率性变动，是指可以利用概率统计方法寻求概率分布规律或随机模型，来进行描述的变动。也就是时间序列的未来值，能用一个经过历史数据验证的概率分布来加以推测的，这种时间序列就属随机性变动的时间序列。如战争、政治、地震、水灾等引起的时间序列数据变动就属随机性变动。

时间序列分析预测法常常将不规则变动视为干扰，设法将其去掉，而将长期趋势变动、季节变动、循环变动突现出来，预测主要变动趋势。

实际的时间序列可能同时受上述各种因素的影响，也可能只受其中一些因素的影响，因此，一个具体的时间序列变动趋势，可能是上述四种基本类型的组合，也可能是上述四种基本类型中某几种类型的组合。但无论是哪种组合，都包含有长期趋势变动，因为长期趋势变动是时间序列变动的基础。具体时间序列的组合形式常见的有如下两种。

加法型 $\qquad\qquad\qquad y_t = T_t + S_t + C_t + I_t$

乘法型 $\qquad\qquad\qquad y_t = T_t S_t C_t I_t$

式中，y_t 为时间序列的总变动趋势；T_t 为时间序列长期趋势变动；S_t 为时间序列的季节变动；C_t 为时间序列的循环变动；I_t 为时间序列的不规则变动。

加法模型中，各变动项均与总变动项 y_t 有相同的单位；乘法模型中，长期趋势变动项与总变动项 y_t 有相同单位，其余各变动项为相对于长期趋势变动项的比例。

实际预测中，时间序列变动趋势采取哪种组合形式，应根据所掌握的资料、时间序列的特点及预测的目的而定。一般而言，若时间序列的季节变动、循环变动和不规则变动的幅度随长期趋势变动的变化而加剧，采用乘法型；若季节变动、循环变动和不规则变动的幅度不随长期趋势变动的变化而变化，采用加法型。

时间序列分析预测法就是根据时间序列的变动规律进行推测和判断。因此要对预测对象进行精确的预测，首先就得对时间序列的变动规律、变动特征进行正确的识别。识别时间序列的变动规律、变动特征的常用方法是作图直观法：以时间为横轴，时间序列变量为纵轴，确定一个直角坐标系，并将时间序列绘入该直角坐标图中，即得时间序列的散点图。由此即可观测出时间序列的长期趋势变动、季节变动、循环变动及不规则变动。

第二节　移动平均法

前已述及，对时间序列未来值的预测，只能顾及到它的长期趋势性和周期性，对不规则变动应予以消除。因此，最简单的预测方法是将时间序列各数据予以算术平均或几何平均，作为未来时点的预测值，但这种方法太过粗糙。在某种情况下，有时可采用加权算术平均法，但对各数值的权数的合理确定，比较困难，往往带有主观性。上述平均法的实质是对数据的过分修匀。对时间序列数据过分修匀，就反映不出时间序列数据变化的最大值与最小值，也更看不出其发展过程和演变趋势。这样进行预测，就会与实际存在较大偏差。除非时间序列变化特别平稳。但是，为了消除时间序列的不规则变动，修匀是必要的，因此，在上述平均法的基础上提出了移动平均法。

一、移动平均法

移动平均法是在假定预测值同相邻预测期的若干观察数据有密切关系的基础上，将观察期的数据，由远而近按一定跨越期进行算术平均，随着观察期的向前推移，按一定跨越期的观察期数据也相应向前移动，逐一求得移动平均值，并将接近预测期的最后一个移动平均值，作为确定预测值的依据。

对于具有长期趋势变动和周期性变动的时间序列观察数据，特别是数值异常大和异常小的观察数值，经过移动平均的调整后，可以消除不规则变动。因此，移动平均法常用于长期趋势变动和季节变动的预测，特别是长期趋势变动的预测。但移动平均预测反映现实的准确程度，则要取决于移动跨越期的长短，而跨越期的长短又取决于观察期数据的多少，以及预测目的和要求。实际预测中，如果观察期数据一定，为取得长期趋势变动值，移动跨越期可以取长一些；为灵敏反映历史数据的变动趋势，跨越期可以取短一些。当时间序列有周期变动时，取跨越期为周期变动时间序列的周期，可消除周期变动的影响，使移动平均以后的时间序列更显长期趋势变动。总之，移动平均法的特点是移动观察期的平均数，而不是固定观察期的平均数。

移动平均法根据移动平均对时间序列的修匀程度，可分为一次移动平均法和二次移动平均法。

（一）一次移动平均法

一次移动平均法，也叫简单移动平均法，就是根据一次移动平均数列确定预测期的预测值的方法。

1. 一次移动平均数列的构成

设时间序列 y_1，y_2，…，y_n，则移动跨越期（即每次移动地求算术平均值所采用的观测值的个数）为 N 的第 t 时期的一次移动平均值 $M_t^{(1)}$ 为

$$M_t^{(1)} = \frac{1}{N}(y_t + y_{t-1} + \cdots + y_{t-N+1}) \qquad (t \geqslant N) \qquad (4-1)$$

根据式（4-1）有

当 $N=1$ 时，$M_t^{(1)} = y_t$，即一次移动平均数列为时间序列本身。

当 $N=n$ 时，$M_t = \dfrac{\sum\limits_{i=1}^{n} y_i}{n} = \bar{y}$，即为时间序列所有观察值的平均值。

因此，移动跨越期 N 取值越大，时间序列就越显修匀，一次移动平均数列就越反映长期趋势变动；跨越期 N 取值越小，时间序列修匀程度就越小，一次移动平均数列就越灵敏地反映历史数据的变动趋势。

当跨越期 N 较大时，可用递推公式（4-2）计算移动平均值数列。

$$M_t^{(1)} = M_{t-1}^{(1)} + \frac{1}{N}(y_t - y_{t-N}) \qquad (4-2)$$

2. 预测模型

若时间序列没有明显的周期变动和趋势变动，则以上一时点的一次移动平均值作为下一时点的预测值。其预测模型为

$$\hat{y}_{t+1} = M_t^{(1)} \tag{4-3}$$

可见，一次移动平均法只适用于平稳变动的时间序列预测，并且，只能作近期预测，只能向未来预测一期。

【例 4-1】 某商品上一年 1～12 月份的销售额如表 4-1 所示，试用一次移动平均法预测下一年 1 月份的销售额。

表 4-1　某商品销售额及移动平均值　　　　　　　　　　　　单位：万元

观察期	1	2	3	4	5	6	7	8	9	10	11	12
观察值	125	128	125	127	123	122	123	124	126	125	128	125
$M_t^{(1)}(N=3)$			126	126.7	125	124	122.7	123	124.3	125	126.3	126
$M_t^{(1)}(N=5)$					125.6	125	124	123.8	123.6	124	125.2	125.6

解： 由式（4-1）可计算出跨越期为 3 和 5 的一次移动平均值，如表 4-1 所示。

根据预测模型式（4-3），由表 4-1 可知，当跨越期 $N=3$ 时，下一年 1 月份该商品的销售额 $\hat{y}_{13}$ 为

$$\hat{y}_{13} = M_{12}^{(1)} = 126 \text{（万元）}$$

当跨越期 $N=5$ 时，下一年 1 月份该商品的销售额 $\hat{y}_{13}$ 为

$$\hat{y}_{13} = M_{12}^{(1)} = 125.6 \text{（万元）}$$

3. 跨越期 N 的确定

由上述例题可见，跨越期 N 取值不同，所得预测值也就不同，即预测值的精度取决于跨越期 N 的确定。那么，在实际预测中，跨越期 N 应取多大才算合理呢？一般而言，有两种方法：第一种方法，就是根据实际预测问题，聘请有关预测问题领域的专家，让专家分析确定移动跨越期 N；第二种方法，就是由数理统计方法确定，即根据实际预测问题，取若干个跨越期 N 分别进行预测，建立预测模型，然后返代回观察期，求出各观察期的预测值 $\hat{y}_t$，再求出观察期各对应跨越期的均方误差 $\sigma_{(N)}^2$。

$$\sigma_{(N)}^2 = \frac{1}{m} \sum_{t=1}^{m} (y_t - \hat{y}_t)^2 \tag{4-4}$$

式中，m 为能求观察期预测值的期数。

那么，$\min\limits_{N} \{\sigma_{(N)}^2\}$ 对应跨越期 N，即最小 $\sigma_{(N)}^2$ 对应跨越期 N 的预测模型用于预测精度较高，实际中，以此模型进行预测。

【例 4-1】 中，跨越期 $N=3$ 时的观察期均方误差为

$$\sigma_{(3)}^2 = \frac{1}{9} \sum_{t=1}^{9} (y_t - \hat{y}_t)^2 = 5.173$$

跨越期 $N=5$ 时的观察期均方误差为

$$\sigma_{(5)}^2 = \frac{1}{7} \sum_{t=1}^{7} (y_t - \hat{y}_t)^2 = 5.686$$

因为 $\sigma_{(3)}^2 < \sigma_{(5)}^2$，所以应以跨越期 $N=3$ 对应预测模型进行预测，即下一年 1 月份该商品的销售额预测值应为 126 万元。

（二）二次移动平均法

一次移动平均值 $M_t^{(1)}$ 是与跨越期内最后一个观察值处于同一水平线上的，因而一次移动平均值存在滞后偏差，特别是时间序列数据呈线性趋势变动时，一次移动平均值总是滞后于观察数据的变化。因此，一次移动平均法用于预测，总是存在滞后偏差。二次移动平均法正是利用这一滞后偏差的演变规律，建立线性预测模型，进行预测，以消除预测值的滞后偏差的。

二次移动平均法就是对时间序列的一次移动平均值以相同的跨越期 N 再进行一次移动平均，并将接近预测期的最后一个一次移动平均值和二次移动平均值为依据，建立线性预测模型进行预测的。

1. 二次移动平均数列的构成

二次移动平均数列是对一次移动平均数列以相同的跨越期再进行一次移动平均所得到的数列 $M_t^{(2)}$。

$$M_t^{(2)} = \frac{1}{N}(M_t^{(1)} + M_{t-1}^{(1)} + \cdots + M_{t-N+1}^{(1)}) \qquad (t \geqslant 2N-1) \tag{4-5}$$

其递推公式为

$$M_t^{(2)} = M_{t-1}^{(2)} + \frac{1}{N}(M_t^{(1)} - M_{t-N}^{(1)}) \tag{4-6}$$

2. 预测模型

二次移动平均数列 $M_t^{(2)}$ 是对原时间序列两次移动平均而得到的，其显示出时间序列的过分修匀，反映原时间序列变化的真实情况较差。因此，二次移动平均数列不能独立地进行预测，只能与一次移动平均数列配合，求得平滑系数，建立线性预测模型，才能用于预测。

下面讨论如何利用移动平均的滞后偏差建立线性模型。

设时间序列 $\{y_t\}$ 从某一时期开始具有线性变动趋势，且假设未来时期也是按此线性趋势变动的，则其线性趋势预测模型为

$$\hat{y}_{t+T} = a_t + b_t T \tag{4-7}$$

式中　t——预测模型建立所处时期，一般为时间序列最后一个一次移动平均值与二次移动平均值所处时期；

　　　T——预测模型所处时期与预测期的间隔期；

　a_t，b_t——平滑系数；

　$\hat{y}_{t+T}$——第 $t+T$ 时期的预测值。

其中

$$\begin{cases} a_t = 2M_t^{(1)} - M_t^{(2)} \\ b_t = \dfrac{2}{N-1}(M_t^{(1)} - M_t^{(2)}) \end{cases} \tag{4-8}$$

平滑系数 a_t，b_t 为何由式（4-8）确定，下面我们根据移动平均值予以说明。

如前所述，假设时间序列具有线性变动趋势，则每一时期的增量 b_t 相等，在一次移动平均中，这个单位时期的增量为 $b_t = y_t - y_{t-1}$；在二次移动平均中，这个单位时期的增量为 $b_t = M_t^{(1)} - M_{t-1}^{(1)}$。

又假设模型建立时期预测值与观察值相等，由预测模型式（4-7）可知

$$\hat{y}_t = y_t = a_t$$

又

$$y_{t-1} = y_t - b_t$$

$$y_{t-2} = y_{t-1} - b_t = y_t - 2b_t$$

$$y_{t-3} = y_{t-2} - b_t = y_t - 3b_t$$

$$\vdots$$

$$y_{t-N+1} = y_{t-N} - b_t = y_t - (N-1)b_t$$

而

$$M_t^{(1)} = \frac{1}{N}(y_t + y_{t-1} + \cdots + y_{t-N+1})$$

$$= \frac{1}{N}\{y_t + (y_t - b_t) + (y_t - 2b_t) + (y_t - 3b_t) + \cdots + [y_t - (N-1)b_t]\}$$

$$= y_t - \frac{1}{N}\frac{N}{2}(N-1)b_t$$

$$= y_t - \frac{N-1}{2}b_t$$

所以

$$y_t - M_t^{(1)} = \frac{N-1}{2}b_t$$

同理可得

$$M_t^{(1)} - M_t^{(2)} = \frac{N-1}{2}b_t$$

因此

$$y_t - M_t^{(1)} = M_t^{(1)} - M_t^{(2)}$$

即

$$a_t - M_t^{(1)} = M_t^{(1)} - M_t^{(2)}$$

所以

$$\begin{cases} a_t = 2M_t^{(1)} - M_t^{(2)} \\ b_t = \frac{2}{N-1}(M_t^{(1)} - M_t^{(2)}) \end{cases}$$

值得指出的是，由于预测模型建立时，对时间序列线性变动趋势的假设，所以二次移动平均法更适合于具有线性变动趋势的时间序列预测。

3. 跨越期 N 的确定

二次移动平均法用于预测，其跨越期 N 的确定与一次移动平均法用于预测的跨越期 N 的确定完全类似，这里就不再赘述。

值得指出的是，用于预测的跨越期 N 应是接近预测期最后一个观察期对应预测模型的历史模拟误差最小的跨越期 N。而不是一般教材中所说的，是对应各观察期的预测模型的逐期预测历史模拟误差最小的跨越期 N。因为选择合适的 N 的目的，是选择一个能反映时间序列实际变化规律的预测模型用于预测。若是以一般教材的规则确定 N，那么用于预测的预测模型就难以确定。

【例 4-2】 某商品上一年 1~12 月份的销售额如表 4-2 所示，试用二次移动平均法分别就跨越期 $N=3$ 与 $N=5$ 建立预测模型，并选择合适的跨越期 N 预测下一年 1 月份、2 月份的销售额。

解：由式（4-1）和式（4-5）可计算出跨越期为 3 和 5 的一次、二次移动平均值如表 4-2 所示。

当跨越期为 $N=3$ 时，由式（4-8）可计算出平滑常数。

$$a_{12} = 2M_{12}^{(1)} - M_{12}^{(2)} = 2 \times 223.3 - 215.6 = 231$$

$$b_{12} = \frac{2}{N-1}(M_{12}^{(1)} - M_{12}^{(2)}) = \frac{2}{3-1} \times (223.3 - 215.6) = 7.7$$

表 4-2 某商品销售额及移动平均值　　　　　单位：万元

观察期		1	2	3	4	5	6	7	8	9	10	11	12
观察值		100	120	180	190	210	200	170	180	210	230	210	230
跨越期为3	$M_t^{(1)}$			133.3	163.3	193.3	200	193.3	183.3	186.7	206.7	216.7	223.3
	$M_t^{(2)}$					163.3	185.5	195.5	192.2	187.8	192.2	203.4	215.6
预测值		146.3	154	161.7	169.4	177.1	184.8	192.5	200.2	207.9	215.6	223.3	231
跨越期为5	$M_t^{(1)}$					160	180	190	190	194	198	200	212
	$M_t^{(2)}$									182.8	190.4	194.4	198.8
预测值		152.6	159.2	165.8	172.4	179	185.6	192.2	198.8	205.4	212	218.6	225.2

所以其预测模型为

$$\hat{y}_{12+T} = 231 + 7.7T$$

当跨越期为 $N=5$ 时，由式（4-8）可计算出平滑常数。

$$a_{12} = 2M_{12}^{(1)} - M_{12}^{(2)} = 2 \times 212 - 198.8 = 225.2$$

$$b_{12} = \frac{2}{N-1}(M_{12}^{(1)} - M_{12}^{(2)}) = \frac{2}{5-1}(212 - 198.8) = 6.6$$

所以其预测模型为

$$\hat{y}_{12+T} = 225.2 + 6.6T$$

将跨越期为 $N=3$ 时的预测模型代入观察期，可得出观察期各对应时期的预测值，如表 4-2 所示，所以，跨越期 $N=3$ 时的观察期均方误差为

$$\sigma_{(3)}^2 = \frac{1}{12}\sum_{t=1}^{12}(y_t - \hat{y}_t)^2 = 556.36$$

将跨越期为 $N=5$ 时的预测模型代入观察期，可得出观察期各对应时期的预测值，如表 4-2 所示，所以，跨越期 $N=5$ 时的观察期均方误差为

$$\sigma_{(5)}^2 = \frac{1}{12}\sum_{t=1}^{12}(y_t - \hat{y}_t)^2 = 605.97$$

由此可见，$\sigma_{(3)}^2 < \sigma_{(5)}^2$，所以应以跨越期 $N=3$ 对应的预测模型用于预测。

由此可预测出下一年 1 月份该商品的销售额预测值 $\hat{y}_{13}$ 为

$$\hat{y}_{13} = 231 + 7.7 \times 1 = 238.7（万元）$$

下一年 2 月份该商品的销售额预测值 $\hat{y}_{14}$ 为

$$\hat{y}_{14} = 231 + 7.7 \times 2 = 246.4（万元）$$

二、加权移动平均法

在移动平均法中，每期数据在求移动平均时的作用是相同的。但实际上，每期数据所包含的信息量是不同的，近期数据通常含有更多的未来信息。也就是观察期各观察值对预测值的影响程度是不同的，一般而言，近期观察值对预测值影响较大。因此在预测时各观察值应予以不同看待，以不同权重调节各观察值对预测值所起的作用，对于接近预测期的观察值应给予较大的权重，对距离预测期远的观察值应给予较小的权重。这样才能更符合实际。由此，便产生了加权移动平均法。

加权移动平均法，就是在计算移动平均值时，各观察值不作同等看待，而是对每个观察值乘上一个权重因子，再求其移动平均值，并以接近预测期的最后一个移动平均值为基础确定预测值的方法。

由此可见，加权移动平均法与移动平均法类似，只是在求移动平均数时，增加了对不同观察值以不同的权重处理。因此，加权移动平均法根据对时间序列修匀的程度不同，也分为一次加权移动平均法和二次加权移动平均法。

加权移动平均法的关键是确定适当的权重。但至今为止，还没有找到一种确定权重的科学方法，只能依据预测者对时间序列的了解和分析，凭经验判断而定。一般的规则是，给予离预测期近的观察数据较大的权数，远的观察数据较小的权数。但是，当历史数据变动幅度较大时，权数之间由近而远的级差要大一些，可采用等比级数；当历史数据变动较平稳时，权数之间由近而远的级差要小一些，可采用等差级数。另外，如果历史数据起伏波动较大，可以根据数据变动情况确定不同的权数，即波动幅度大者给予较大的权数，波动幅度小者给予较小的权数。可以将各权数之和设为 1，这样既可以根据数据的不同情况给予不同的权数，又可以使各历史数据的加权之和便是加权平均数，以简化运算程序。实际预测中，最好设几种权数，通过分析比较，选择较为反映实际的权数进行预测。

1. 加权移动平均数列

设时间序列 y_1，y_2，…，y_n，则移动跨越期为 N 的第 t 时期一次加权移动平均值 $F_t^{(1)}$ 为

$$F_t^{(1)} = \frac{w_1 y_t + w_2 y_{t-1} + \cdots + w_N y_{t-N+1}}{w_1 + w_2 + \cdots + w_N} \qquad (t \geqslant N) \qquad (4\text{-}9)$$

式中，$w_i (i=1,2,\cdots,N)$ 为求移动平均数时，对应观察期由近而远的观察值的权数，并且 $w_1 \geqslant w_2 \geqslant \cdots \geqslant w_N$。

二次加权移动平均数列是对一次加权移动平均数列以相同的跨越期和相同的权数再进行一次加权移动平均所得到的数列 $F_t^{(2)}$。

$$F_t^{(2)} = \frac{w_1 F_t^{(1)} + w_2 F_{t-1}^{(1)} + \cdots + w_N F_{t-N+1}^{(1)}}{w_1 + w_2 + \cdots + w_N} \qquad (t \geqslant 2N-1) \qquad (4\text{-}10)$$

与移动平均数 $M_t^{(1)}$、$M_t^{(2)}$ 相比，加权移动平均数 $F_t^{(1)}$、$F_t^{(2)}$，只是增加了不同权数的处理。

2. 预测与跨越期 N 的确定

如前所述，加权移动平均法，只是在移动平均法的基础上增加了不同权数的处理。因此，加权移动平均法用于预测与移动平均法用于预测完全类似。

一次加权移动平均法用于预测，同样是以上一时期的一次加权移动平均值作为下一时期的预测值。其预测模型为

$$\hat{y}_{t+1} = F_t^{(1)} \qquad (4\text{-}11)$$

二次加权移动平均法用于预测，同样是以最后一个加权移动平均值 $F_t^{(1)}$、$F_t^{(2)}$ 为基础，求得平滑系数 a_t、b_t。

$$\begin{cases} a_t = 2F_t^{(1)} - F_t^{(2)} \\ b_t = \dfrac{2}{N-1}(F_t^{(1)} - F_t^{(2)}) \end{cases} \qquad (4\text{-}12)$$

建立预测模型

$$\hat{y}_{t+T} = a_t + b_t T \qquad (4\text{-}13)$$

并以此进行预测。

加权移动平均法用于预测，其跨越期 N 的确定，也完全类似于移动平均法用于预测时跨越期 N 的确定，这里不再赘述。

【例 4-3】 利用一次加权移动平均法预测【例 4-1】中某商品下一年 1 月份的销售额。

解：为灵敏反映观察数据的变动，取跨越期 $N=3$，又由于观察期数据变动起伏不大，所以加权移动平均时，权数的级差由近而远取小一些，采用等差级数，公差为 1，即 $w_1=3$，$w_2=2$，$w_3=1$。由式(4-9)可计算出跨越期为 3 的一次加权移动平均值如表 4-3 所示。因此，该商品下一年 1 月份的销售额预测值 $\hat{y}_{13}$，由预测模型式(4-11)可得

表 4-3 某商品销售额及加权移动平均值　　　　　单位：万元

观察期	1	2	3	4	5	6	7	8	9	10	11	12
观察值	125	128	125	127	123	122	123	124	126	125	128	125
$F_t^{(1)}$ ($N=3$)			126	126.5	124.7	123.2	122.7	123.3	124.8	125.2	126.7	126

$$\hat{y}_{13}=F_{12}^{(1)}=126（万元）$$

【例 4-4】 利用二次加权移动平均法预测【例 4-2】中某商品下一年 1 月份、2 月份的销售额。

解：为灵敏反映观察数据的变动，取跨越期 $N=3$，又由于观察期数据变动起伏不大，所以加权移动平均时，权数的级差由近而远取小一些，采用等差级数，公差为 1，即 $w_1=3$，$w_2=2$，$w_3=1$。由式(4-9)和式(4-10)可计算出跨越期为 3 的一次、二次加权移动平均值，如表 4-4 所示。

表 4-4 某商品销售额及加权移动平均值　　　　　单位：万元

观察期		1	2	3	4	5	6	7	8	9	10	11	12
观察值		100	120	180	190	210	200	170	180	210	230	210	230
跨越期为 3	$F_t^{(1)}$			146.7	175	198.3	201.7	186.7	180	193.3	215	216.7	223.3
	$F_t^{(2)}$					181.9	196.1	193.6	185.9	187.8	201.9	212.2	219.7

由式(4-12)将最后时期的一次加权移动平均值 $F_t^{(1)}$、二次加权移动平均值 $F_t^{(2)}$ 代入，即可得对应最后时期（第 12 时期）的平滑系数。

$$\begin{cases} a_{12}=2F_{12}^{(1)}-F_{12}^{(2)}=2\times223.3-219.7=226.9 \\ b_{12}=\dfrac{2}{N-1}(F_{12}^{(1)}-F_{12}^{(2)})=\dfrac{2}{3-1}(223.3-219.7)=3.6 \end{cases}$$

对应最后时期（第 12 时期）的预测模型为

$$\hat{y}_{12+T}=226.9+3.6T$$

因此，该商品下一年 1 月份的销售额预测值 $\hat{y}_{13}$ 为

$$\hat{y}_{13}=226.9+3.6T=226.9+3.6\times1=230.5（万元）$$

该商品下一年 2 月份的销售额预测值 $\hat{y}_{14}$ 为

$$\hat{y}_{14}=226.9+3.6T=226.9+3.6\times2=234.1（万元）$$

综上可知，移动平均法、加权移动平均法实质是对时间序列数据修匀，使时间序列数据平滑，消除不规则变动和随机变动的干扰。因此，移动平均法、加权移动平均法适用于时间序列的长期趋势变动预测，特别适用于线性趋势变动的时间序列的预测。

第三节 指数平滑法

用移动平均法进行预测，是对过去 N（跨越期）个时期的观察值同等看待，即这 N 个

时期各观察值的权重相等，均为 $1/N$。实际预测中，采用这种思想进行预测，显然是不合理的。一般来说，离预测期越近的观察值对预测值影响越大，相应地，预测中考虑的权重就应该越大；反之，预测中考虑的权重就应该越小。虽然，加权移动平均法具有考虑近期观察值对预测值影响大的这一特点，但是，其权数的确定却有很大困难。针对这些不足，人们研究提出了指数平滑法。

指数平滑法是加权移动平均法的进一步完善与发展，它是由美国经济学家布朗（Robert. G. Brown）于 1959 年在《库存管理的统计预测》一书中首先提出来的。指数平滑法既考虑了近期观察值对预测值的影响大这一特点，又在一定程度上解决了各观察值权数的确定。因此，指数平滑法，目前在国内外应用最广泛。

指数平滑法的实质也是对时间序列进行修匀。只是在对时间序列中各观察数据进行加权处理时，越近的观察数据，其权数越大。

指数平滑法，一般适用于时间序列的长期趋势变动预测和季节性变动预测。特别适用于时间序列的长期趋势变动预测。

指数平滑法根据对时间序列修匀的程度，即对时间序列平滑的次数不同，分为一次、二次、三次指数平滑法。

一、一次指数平滑法

一次指数平滑法，就是根据一次指数平滑数列，一般以最后一个一次指数平滑值为基础，来确定预测期的预测值的方法。

1. 一次指数平滑数列

设时间序列 y_1，y_2，$\cdots$，y_n，则以平滑常数 α（$0<\alpha<1$）的第 t 时期的一次指数平滑值 $S_t^{(1)}$ 的递推公式为

$$S_t^{(1)} = \alpha y_t + (1-\alpha) S_{t-1}^{(1)} \tag{4-14}$$

实际上，式（4-14）是由一次移动平均值的计算公式改进而来的。

因为，由一次移动平均值的递推计算公式（4-2）

$$M_t^{(1)} = M_{t-1}^{(1)} + \frac{1}{N}(y_t - y_{t-N}) = \frac{1}{N}y_t + M_{t-1}^{(1)} - \frac{1}{N}y_{t-N}$$

知 $M_{t-1}^{(1)}$ 是 y_{t-1}，y_{t-2}，$\cdots$，y_{t-N} 的平均值，可近似取代其中任何一个值，用 $M_{t-1}^{(1)}$ 取代 y_{t-N}，即得

$$M_t^{(1)} = \frac{1}{N}y_t + \left(1 - \frac{1}{N}\right)M_{t-1}^{(1)}$$

又以 α 取代 $\frac{1}{N}$，$S_t^{(1)}$ 取代 $M_t^{(1)}$，即得一次指数平滑值 $S_t^{(1)}$ 的递推公式。

$$S_t^{(1)} = \alpha y_t + (1-\alpha) S_{t-1}^{(1)}$$

为进一步理解指数平滑值的实质，将式（4-14）展开。

$$\begin{aligned}
S_t^{(1)} &= \alpha y_t + (1-\alpha) S_{t-1}^{(1)} \\
&= \alpha y_t + \alpha(1-\alpha) y_{t-1} + (1-\alpha)^2 S_{t-2}^{(1)} \\
&= \alpha y_t + \alpha(1-\alpha) y_{t-1} + \alpha(1-\alpha)^2 y_{t-2} + (1-\alpha)^3 S_{t-3}^{(1)} \\
&\vdots \\
&= \alpha y_t + \alpha(1-\alpha) y_{t-1} + \alpha(1-\alpha)^2 y_{t-2} + \cdots + \alpha(1-\alpha)^{t-1} y_1 + (1-\alpha)^t S_0^{(1)} \tag{4-15}
\end{aligned}$$

由于 $0<\alpha<1$，所以 $0<1-\alpha<1$，随着幂次 i 的增加，$\alpha(1-\alpha)^i$ 将按指数形式递减，即一次指数平滑值中 y_{t-i} 的权重随 i 的增加而减少，也就是最新近观察值 y_t 权重 α 最大，y_{t-1} 的权重 $\alpha(1-\alpha)$ 较小……说明越远的观察数据，其权重越小。

正是由于权重系数符合指数规律，又具有平滑观察值的作用，故称以指数平滑值为基础确定预测值的方法为指数平滑法。

由式（4-15）可知，一次指数平滑值 $S_t^{(1)}$ 是前 t 个时期观察值 y_t，y_{t-1}，$\cdots$，y_1 和初始值 $S_0^{(1)}$ 的加权平均值。因为，其权重之和为 1，即

$$\sum_{i=1}^{t} \alpha(1-\alpha)^{i-1} + (1-\alpha)^t = 1$$

由此而得的加权修匀平均值能够体现：新近的观察值对未来预测值的影响较大，越远的观察值对未来预测值的影响越小。

当 $\alpha=0$ 时，由式（4-14）有

$$S_t^{(1)} = S_{t-1}^{(1)} = \cdots = S_1^{(1)} = S_0^{(1)}$$

可见，在初始值 $S_0^{(1)}$ 给定以后，各时期的指数平滑值皆等于 $S_0^{(1)}$，即所得的指数平滑数列为一个常数列 $\{S_0^{(1)}\}$，也就是时间序列经受了严重的修匀。

当 $\alpha=1$ 时，由式（4-14）有

$$S_t^{(1)} = y_t$$

可见，所得的指数平滑数列 $\{S_t^{(1)}\}$ 就是原时间序列 $\{y_t\}$，也就是原时间序列没有经受任何修匀。

因此，当 α 值取得较大时，原时间序列修匀程度将较小，平滑后的数列 $\{S_t^{(1)}\}$ 能较快地反映出原时间序列的实际变化，因此，适宜于变化较大或趋势性较强的时间序列，使平滑中各观察值的权数相差较大，并且近期观察数据权重较大，体现出越近的观察值对预测影响越大。当 α 值取得较小时，原时间序列修匀程度将较大，平滑后的数列 $\{S_t^{(1)}\}$ 对原时间序列的变化反映较迟钝，因此，适宜于变化较小或接近平稳变化的时间序列，使平滑中各观察值的权数比较接近。可见，α 的选取是重要的，它直接影响着预测结果。

实际预测中，α 值的选取应视时间序列变动的具体特征和预测者的经验而定。但一般应遵循如下原则。

① 当时间序列的长期趋势变化较小或接近平稳，则取较小的平滑常数 α（$0.1\sim0.3$）。

② 当时间序列具有明显长期趋势变动，且接近稳定，则取居中的平滑常数 α（$0.3\sim0.6$）。

③ 当时间序列具有明显长期趋势变动和波动变动，则取较大的平滑常数 α（$0.6\sim0.9$）。

④ 实际应用中，一般取符合要求的多个 α 值进行试算，选取使预测均方误差最小的 α 作为平滑常数。

由式（4-15）可知，在选定了平滑常数 α 之后，要获得指数平滑值，还必须给定一个初始值 $S_0^{(1)}$。

又由式（4-15）可知，当 $t\to+\infty$ 时，$S_0^{(1)}$ 的权系数 $(1-\alpha)^t \to 0$。这说明随着 t 的增大，$S_0^{(1)}$ 对预测值的影响越来越小。因此，初始值 $S_0^{(1)}$ 可由预测者根据具体情况估计或指定。具体按以下规则确定。

① 当时间序列变动趋势较稳定，或若观察值数据较多（$n\geqslant20$）时，初始值对预测结果影响很小，则直接以第一个观察数据作为初始值，即 $S_0^{(1)}=y_1$。

② 当时间序列变动趋势有起伏波动或观察值数据较少（$n<20$）时，初始值对预测结果影响较大，则以最初几个观察值的算术平均值作初始值。

一般情况下，常以第一种规则确定初始值，即令 $S_0^{(1)}=y_1$。

2. 预测模型

若时间序列没有明显的周期变动和趋势变动，则以上一时点的一次指数平滑值作为下一

时点的预测值。其预测模型为

$$\hat{y}_{t+1} = S_t^{(1)} \tag{4-16}$$

可见，一次指数平滑法只适用于平稳变动，即近似于水平趋势变动的时间序列预测，并且，只能作近期预测，只能向未来预测一期。

【例 4-5】 利用一次指数平滑法预测【例 4-1】中某商品下一年 1 月份的销售额。

解：由于该商品观察值变动呈近似水平变动趋势，所以可用一次指数平滑法预测。现取 $\alpha = 0.2$ 和 $\alpha = 0.3$ 进行试算。取初始值为最初三个观察值的平均值，即

$$S_0^{(1)} = \frac{1}{3}(125 + 128 + 125) = 126 \text{（万元）}$$

由式(4-14) 可计算出观察期的一次指数平滑值如表 4-5 所示。

表 4-5　某商品销售额及指数平滑值　　　　　　单位：万元

观察期	1	2	3	4	5	6	7	8	9	10	11	12
观察值(y_t)	125	128	125	127	123	122	123	124	126	125	128	125
$S_t^{(1)}(\alpha=0.2)$	125.8	126.2	126	126.2	125.6	124.9	124.5	124.4	124.7	124.8	125.4	125.3
$y_t - \hat{y}_t$	−1	2.2	−1.2	1	−3.2	−3.6	−1.9	−0.5	1.6	0.3	3.2	−0.4
$S_t^{(1)}(\alpha=0.3)$	125.7	126.4	126	126.3	125.3	124.3	123.9	123.9	124.5	124.7	125.7	125.5
$y_t - \hat{y}_t$	−1	2.3	−1.4	1	−3.3	−3.3	−1.3	0.1	2.1	0.5	3.3	−0.7

如：当 $\alpha = 0.2$ 时

$$S_1^{(1)} = 0.2 \times y_1 + (1-0.2) \times S_0^{(1)} = 0.2 \times 125 + 0.8 \times 126 = 125.8 \text{（万元）}$$

$$S_2^{(1)} = 0.2 \times y_2 + (1-0.2) \times S_1^{(1)} = 0.2 \times 128 + 0.8 \times 125.8 = 126.2 \text{（万元）}$$

$$\cdots\cdots$$

$$S_{12}^{(1)} = 0.2 \times y_{12} + (1-0.2) \times S_{11}^{(1)} = 0.2 \times 125 + 0.8 \times 125.4 = 125.3 \text{（万元）}$$

类似地可计算出 $\alpha = 0.3$ 时各观察期的一次指数平滑值。

将预测模型式(4-16) 代回观察期，可得各观察期的预测值，从而可计算出各观察期的预测偏差，如表 4-5 所示。进一步可计算出各种平滑常数下预测均方差。

$\alpha = 0.2$ 时的预测均方差为

$$\sigma^2 = \frac{1}{12} \sum_{t=1}^{12} (y_t - \hat{y}_t)^2 = 4.0325$$

$\alpha = 0.3$ 时的预测均方差为

$$\sigma^2 = \frac{1}{12} \sum_{t=1}^{12} (y_t - \hat{y}_t)^2 = 4.0642$$

$\alpha = 0.2$ 时的预测均方差小于 $\alpha = 0.3$ 时的预测均方差，所以，应以 $\alpha = 0.2$ 对应预测模型用于预测。

因此，某商品下一年 1 月份的销售额预测值为 125.3 万元。

二、二次指数平滑法

二次指数平滑法，与二次移动平均法类似，就是根据一次指数平滑数列和二次指数平滑数列，一般以最后一个一次指数平滑值、二次指数平滑值为基础，来确定预测期的预测值的方法。

1. 二次指数平滑数列

二次指数平滑值是对一次指数平滑值 $S_t^{(1)}$ 以相同的平滑常数 α 再作一次指数平滑而得的，即

$$S_t^{(2)} = \alpha S_t^{(1)} + (1-\alpha) S_{t-1}^{(2)} \tag{4-17}$$

式中，$S_t^{(2)}$ 为第 t 时期的二次指数平滑值。求二次指数平滑值的初始值 $S_0^{(2)}$ 的确定同一次指数平滑法。一般取 $S_0^{(1)}=S_0^{(2)}=y_1$。

二次指数平滑数列 $\{S_t^{(2)}\}$ 是对原时间序列经过两次修匀而得的，它更加清除了时间序列的不规则变动，更能显示出时间序列的长期趋势性。

2. 预测模型

二次指数平滑数列是原时间序列经过两次修匀而得到的数列。因此，二次指数平滑法与二次移动平均法一样，不能以二次指数平滑数列独立地进行预测，只能与一次指数平滑数列配合，建立预测模型，然后才能以此模型进行预测。

若时间序列 $\{y_t\}$ 从某一时期开始具有线性变动趋势，且未来时期也是按此线性趋势变动的，则其线性趋势预测模型为

$$\hat{y}_{t+T}=a_t+b_tT \tag{4-18}$$

式中，t——预测模型建立所处时期，一般为时间序列最后一个一次指数平滑值与二次指数平滑值所处时期；

T——预测模型所处时期与预测期的间隔期；

a_t，b_t——平滑系数，其中

$$\begin{cases} a_t=2S_t^{(1)}-S_t^{(2)} \\ b_t=\dfrac{\alpha}{1-\alpha}(S_t^{(1)}-S_t^{(2)}) \end{cases} \tag{4-19}$$

$\hat{y}_{t+T}$——第 $t+T$ 时期预测值。

平滑系数 a_t，b_t 为何由式(4-19) 确定呢？

指数平滑数列是由移动平均数列转换而来的，同样二次指数平滑法的平滑系数可由二次移动平均法的平滑系数转换而来。

在二次移动平均法中，

$$\begin{cases} a_t=2M_t^{(1)}-M_t^{(2)} \\ b_t=\dfrac{2}{N-1}(M_t^{(1)}-M_t^{(2)}) \end{cases}$$

将 $M_t^{(1)}$ 换成 $S_t^{(1)}$，$M_t^{(2)}$ 换成 $S_t^{(2)}$，并令

$$\alpha=\frac{2}{N+1}$$

则

$$\frac{\alpha}{1-\alpha}=\frac{\dfrac{2}{N+1}}{1-\dfrac{2}{N+1}}=\frac{2}{N-1}$$

所以

$$\begin{cases} a_t=2S_t^{(1)}-S_t^{(2)} \\ b_t=\dfrac{\alpha}{1-\alpha}(S_t^{(1)}-S_t^{(2)}) \end{cases}$$

值得指出的是，由于预测模型建立时，对时间序列线性变动趋势的假设，所以二次指数平滑法更适合于具有线性变动趋势的时间序列预测。

3. 检验（确定合适的 α）

究竟选择哪一个平滑常数 α 用于二次指数平滑预测，比较合适呢？与一次指数平滑法一样，选取原则上较合理的多个 α 值试算，分别得出对应不同 α 值的 $S_t^{(1)}$ 和 $S_t^{(2)}$ 数列，再由式

(4-19) 计算出观察期最后一时期对应各 α 值的平滑系数 a_t、b_t，建立预测模型。将各预测模型分别返代回观察期，求出对应各观察期的预测值 $\hat{y}_t$（这时预测模型中间隔期 T 取负值），从而计算各 α 值对应的预测均方差 σ_α^2。

$$\sigma_\alpha^2 = \frac{1}{n}\sum_{t=1}^{n}(y_t - \hat{y}_t)^2 \tag{4-20}$$

取最小均方差对应的 α 值作为二次指数平滑预测的平滑常数，并以此对应预测模型进行预测。

【例 4-6】 利用二次指数平滑法预测【例 4-2】中某商品下一年 1 月份、2 月份的销售额。

解： 由于该商品观察值变动呈近似线性变动趋势，所以可用二次指数平滑法预测。现取 $\alpha=0.3$ 和 $\alpha=0.6$ 进行试算。取初始值为第一个观察值。

$$S_0^{(1)} = S_0^{(2)} = y_1 = 100$$

由式(4-14) 和式(4-17) 可分别计算出 $\alpha=0.3$ 和 $\alpha=0.6$ 时，各观察期的一次、二次指数平滑值如表 4-6 所示。

表 4-6　某商品销售额及指数平滑值　　　　单位：万元

观察期		1	2	3	4	5	6	7	8	9	10	11	12
观察值		100	120	180	190	210	200	170	180	210	230	210	230
平滑常数 0.3	$S_t^{(1)}$	100	106	128.2	146.7	165.7	176	174.2	175.9	186.1	199.3	202.5	210.8
	$S_t^{(2)}$	100	101.8	109.7	120.8	134.3	146.8	155.0	161.3	168.7	177.9	185.3	193
预测值		145	152.6	160.2	167.8	175.4	183	190.6	198.2	205.8	213.4	221	228.6
平滑常数 0.6	$S_t^{(1)}$	100	112	152.8	175.1	196.0	198.4	181.4	180.6	198.2	217.3	212.9	223.2
	$S_t^{(2)}$	100	107.2	134.6	158.9	181.2	191.5	185.4	182.5	191.9	207.1	210.6	218.2
预测值		145.7	153.2	160.7	168.2	175.7	183.2	190.7	198.2	205.7	213.2	220.7	228.2

当 $\alpha=0.3$ 时，由式(4-19) 可计算出最后时期（第 12 时期）的平滑系数。

$$\begin{cases} a_{12} = 2S_{12}^{(1)} - S_{12}^{(2)} = 2\times210.8 - 193 = 228.6 \\ b_{12} = \dfrac{\alpha}{1-\alpha}(S_{12}^{(1)} - S_{12}^{(2)}) = \dfrac{0.3}{1-0.3}\times(210.8-193) = 7.6 \end{cases}$$

所以对应的预测模型为

$$\hat{y}_{12+T} = 228.6 + 7.6T$$

当 $\alpha=0.6$ 时，由式(4-19) 可计算出最后时期（第 12 时期）的平滑系数。

$$\begin{cases} a_{12} = 2S_{12}^{(1)} - S_{12}^{(2)} = 2\times223.2 - 218.2 = 228.2 \\ b_{12} = \dfrac{\alpha}{1-\alpha}(S_{12}^{(1)} - S_{12}^{(2)}) = \dfrac{0.6}{1-0.6}\times(223.2-218.2) = 7.5 \end{cases}$$

所以对应的预测模型为

$$\hat{y}_{12+T} = 228.2 + 7.5T$$

将所建立的预测模型分别返代回观察期（注意：此时预测模型所处时期与预测期的间隔期为负值），可得各观察期的预测值，如表 4-6 所示。从而可计算出各观察期的预测偏差，进一步可计算出各种平滑常数下预测均方差。

$\alpha=0.3$ 时的预测均方差为

$$\sigma^2 = \frac{1}{12}\sum_{t=1}^{12}(y_t - \hat{y}_t)^2 = \frac{1}{12}\times6630.56 = 552.55$$

$\alpha = 0.6$ 时的预测均方差为

$$\sigma^2 = \frac{1}{12}\sum_{t=1}^{12}(y_t - \hat{y}_t)^2 = \frac{1}{12} \times 6675.38 = 556.28$$

可见，$\alpha = 0.3$ 时的预测均方差小于 $\alpha = 0.6$ 时的预测均方差，所以，应以 $\alpha = 0.3$ 对应预测模型用于预测。

因此，某商品下一年 1 月份的销售额预测值 $\hat{y}_{13}$ 为

$$\hat{y}_{13} = 228.6 + 7.6 \times 1 = 236.3 \text{（万元）}$$

某商品下一年 2 月份的销售额预测值 $\hat{y}_{14}$ 为

$$\hat{y}_{14} = 228.6 + 7.6 \times 2 = 243.8 \text{（万元）}$$

若想预测该商品下一年的 3 月份、4 月份…的销售额，只要在 $\alpha = 0.3$ 对应的预测模型中令 $T = 3，4，\cdots$ 即可得到相应的预测值。但应注意，由二次指数平滑法的原理，距预测模型建立时期越远的预测期，其预测值精度越小。

三、三次指数平滑法

当时间序列呈曲线趋势变动，特别是呈二次曲线趋势变动时，显然，用一次、二次指数平滑法预测将失效。此时，可用三次指数平滑法进行预测。

三次指数平滑法，就是根据一次、二次、三次指数平滑数列，一般以最后一个一次、二次、三次指数平滑值为基础，来确定预测期的预测值的方法。

1. 三次指数平滑数列

三次指数平滑值是对二次指数平滑值 $S_t^{(2)}$ 以相同的平滑常数 α 再作一次指数平滑而得，即

$$S_t^{(3)} = \alpha S_t^{(2)} + (1-\alpha)S_{t-1}^{(3)} \tag{4-21}$$

式中，$S_t^{(3)}$ 为第 t 时期的三次指数平滑值。三次指数平滑值的初始值 $S_0^{(3)}$ 的确定，同一次、二次指数平滑法。一般地取 $S_0^{(1)} = S_0^{(2)} = S_0^{(3)} = y_1$。

三次指数平滑数列 $\{S_t^{(3)}\}$ 是对原时间序列经过三次修匀而得的，它更加清除了时间序列的不规则变动，更能显示出时间序列的长期趋势性。

2. 预测模型

与二次指数平滑数列一样，三次指数平滑数列是原时间序列经过三次修匀而得到的数列。因此，三次指数平滑法与二次指数平滑法一样，不能以三次指数平滑数列独立地进行预测，只能与一次、二次指数平滑数列配合，建立预测模型，然后才能以此模型进行预测。

若时间序列 $\{y_t\}$ 从某一时期开始具有二次曲线趋势变动，且未来时期也是按此二次曲线趋势变动，则其二次曲线趋势预测模型为

$$\hat{y}_{t+T} = a_t + b_t T + c_t T^2 \tag{4-22}$$

式中　t——预测模型建立所处时期，一般为时间序列最后一个一次、二次、三次指数平滑值所处时期；

　　　　T——预测模型所处时期与预测期的间隔期；

　$a_t，b_t，c_t$——平滑系数，其中

$$\begin{cases} a_t = 3S_t^{(1)} - 3S_t^{(2)} + S_t^{(3)} \\ b_t = \dfrac{\alpha}{2(1-\alpha)^2}\big[(6-5\alpha)S_t^{(1)} - (10-8\alpha))S_t^{(2)} + (4-3\alpha)S_t^{(3)}\big] \\ c_t = \dfrac{\alpha^2}{2(1-\alpha)^2}(S_t^{(1)} - 2S_t^{(2)} + S_t^{(3)}) \end{cases} \tag{4-23}$$

　$\hat{y}_{t+T}$——第 $t+T$ 时期的预测值。

值得指出的是，由于预测模型建立时，对时间序列二次曲线变动趋势的假设，所以三次指数平滑法更适合于具有二次曲线变动趋势的时间序列预测。

3. 检验（确定合适的 α）

究竟选择哪一个平滑常数 α 用于三次指数平滑预测，比较合适呢？与一次、二次指数平滑法一样，选取原则上较合理的多个 α 值试算，分别得出对应不同 α 值的 $S_t^{(1)}$、$S_t^{(2)}$ 和 $S_t^{(3)}$ 数列，再由式（4-23）计算出观察期最后一时期对应各 α 值的平滑系数 a_t，b_t，c_t 建立预测模型。将各预测模型分别返代回观察期，求出对应各观察期的预测值 $\hat{y}_t$（这时预测模型中间隔期 T 取负值），从而计算各 α 值对应的预测均方差 σ_α^2。

$$\sigma_\alpha^2 = \frac{1}{n}\sum_{t=1}^{n}(y_t - \hat{y}_t)^2$$

取最小均方差对应的 α 值作为三次指数平滑预测的平滑常数，并以此对应预测模型进行预测。

【例 4-7】 某工厂某种产品上一年 1~12 月份的产量如表 4-7 所示。试用三次指数平滑法预测该产品下一年 1 月份、2 月份的产量。（取 $\alpha = 0.6$，0.9 比较确定预测值）

表 4-7 某产品产量及指数平滑值   单位：万吨

观察期		1	2	3	4	5	6	7	8	9	10	11	12
观察值		15	18	22	25	30	30	33	35	52	68	79	90
平滑常数 0.6	$S_t^{(1)}$	15	16.8	19.9	23	27.2	28.9	31.4	33.6	44.6	58.6	70.8	82.3
	$S_t^{(2)}$	15	16.1	18.4	21.2	24.8	27.3	29.8	32.1	39.6	51	62.9	74.5
	$S_t^{(3)}$	15	15.7	17.3	19.6	22.7	25.5	28.1	30.5	36	45	55.7	67
预测值		−10.4	−4.6	1.84	9	16.8	25.2	34.4	44.2	54.8	66	77.8	90.4
平滑常数 0.9	$S_t^{(1)}$	15	17.7	21.6	24.7	29.5	30	32.7	34.8	50.3	66.2	77.7	88.8
	$S_t^{(2)}$	15	17.4	21.2	24.4	29	29.9	32.4	34.6	48.7	64.5	76.4	87.6
	$S_t^{(3)}$	15	17.2	20.8	24.0	28.5	29.8	32.1	34.4	47.3	62.6	75.0	86.3
预测值		−454.6	−364.6	−282.7	−208.9	−143.2	−85.6	−36.1	5.3	38.6	63.8	80.9	89.9

解： 取初始值 $S_0^{(1)} = S_0^{(2)} = S_0^{(3)} = y_1 = 15$

利用式（4-14）、式（4-17）、式（4-21）可分别计算出 $\alpha = 0.6$ 和 $\alpha = 0.9$ 时，各观察期的一次、二次、三次指数平滑值，如表 4-7 所示。

当 $\alpha = 0.6$ 时，由式（4-23）可计算出最后时期（第 12 时期）的平滑系数。

$$\begin{cases} a_{12} = 3S_{12}^{(1)} - 3S_{12}^{(2)} + S_{12}^{(3)} = 3 \times 82.3 - 3 \times 74.5 + 67 = 90.4 \\ \begin{aligned} b_{12} &= \frac{\alpha}{2(1-\alpha)^2}\left[(6-5\alpha)S_{12}^{(1)} - (10-8\alpha)S_{12}^{(2)} + (4-3\alpha)S_{12}^{(3)}\right] \\ &= \frac{0.6}{2\times(1-0.6)^2}\times\left[(6-5\times0.6)\times82.3 - (10-8\times0.6)\times74.5 + (4-3\times0.6)\times67\right] \\ &= 12.9 \end{aligned} \\ \begin{aligned} c_{12} &= \frac{\alpha^2}{2(1-\alpha)^2}\left(S_{12}^{(1)} - 2S_{12}^{(2)} + S_{12}^{(3)}\right) \\ &= \frac{0.6^2}{2\times(1-0.6)^2}\times(82.3 - 2\times74.5 + 67) \\ &= 0.34 \end{aligned} \end{cases}$$

所以对应的预测模型为

$$\hat{y}_{12+T} = 90.4 + 12.9T + 0.34T^2$$

当 $\alpha = 0.9$ 时，由式（4-23）可计算出最后时期（第 12 时期）的平滑系数。

$$
\begin{cases}
a_{12} = 3S_{12}^{(1)} - 3S_{12}^{(2)} + S_{12}^{(3)} = 3 \times 88.8 - 3 \times 87.6 + 86.3 = 89.9 \\[2mm]
b_{12} = \dfrac{\alpha}{2(1-\alpha)^2} \left[(6-5\alpha)S_{12}^{(1)} - (10-8\alpha)S_{12}^{(2)} + (4-3\alpha)S_{12}^{(3)} \right] \\[2mm]
\quad\ = \dfrac{0.9}{2 \times (1-0.9)^2} \times \left[(6-5\times0.9) \times 88.8 - (10-8\times0.9) \times 87.6 + (4-3\times0.9) \times 86.3 \right] \\[2mm]
\quad\ = 4.95 \\[2mm]
c_{12} = \dfrac{\alpha^2}{2(1-\alpha)^2} \left(S_{12}^{(1)} - 2S_{12}^{(2)} + S_{12}^{(3)} \right) \\[2mm]
\quad\ = \dfrac{0.9^2}{2 \times (1-0.9)^2} \times (88.8 - 2 \times 87.6 + 86.3) \\[2mm]
\quad\ = -4.05
\end{cases}
$$

所以对应的预测模型为

$$
\hat{y}_{12+T} = 89.9 + 4.95T - 4.05T^2
$$

将所建立的预测模型分别返代回观察期（注意：此时预测模型所处时期与预测期的间隔期为负值），可得到各观察期的预测值，如表 4-7 所示。从而可计算出各观察期的预测偏差，进一步可计算出各种平滑常数下的预测均方差。

$\alpha = 0.6$ 时的预测均方差为

$$
\sigma^2 = \frac{1}{12} \sum_{t=1}^{12} (y_t - \hat{y}_t)^2 = \frac{1}{12} \times 2115.67 = 176.3
$$

$\alpha = 0.9$ 时的预测均方差为

$$
\sigma^2 = \frac{1}{12} \sum_{t=1}^{12} (y_t - \hat{y}_t)^2 = \frac{1}{12} \times 563677.54 = 46973.1
$$

可见，$\alpha = 0.6$ 时的预测均方差小于 $\alpha = 0.9$ 时的预测均方差，所以，应以 $\alpha = 0.6$ 对应预测模型用于预测。

因此，某产品下一年 1 月份的产量预测值 $\hat{y}_{13}$ 为

$$
\hat{y}_{13} = 90.4 + 12.9 \times 1 + 0.34 \times 1^2 = 103.6 \text{（万吨）}
$$

某产品下一年 2 月份的产量预测值 $\hat{y}_{14}$ 为

$$
\hat{y}_{14} = 90.4 + 12.9 \times 2 + 0.34 \times 2^2 = 117.6 \text{（万吨）}
$$

值得注意的是，三次指数平滑法也具有多期的预测能力，但由三次指数平滑法的原理，距预测模型建立时期越远的预测期，其预测值精度越小。

第四节　季节变动预测法

前两节介绍的移动平均法和指数平滑法主要适用于时间序列的长期趋势预测。然而，在现实生产生活中，还有些现象的时间序列变动，既表现为一定的长期趋势性，又表现为有某种固定周期的波动性的季节变动。如防寒服、皮衣、衬衣、空调、风扇、取暖器、烟花、爆竹、儿童玩具、月饼、汤圆等的需求量；银行活期储蓄存款额、公交车一天的客流量等，都是随着人们生活状况的变化而呈现某种长期趋势的，同时，又由于受气候条件、社会风俗、消费习惯等的影响，而呈现有固定周期的波动变动。这些现象的时间序列的周期大多都是一年，但也有不是一年的。这里我们主要探讨周期为一年的季节变动时间序列的预测。对于周期不为一年的季节变动时间序列的预测，可由此而方便地推广过去。

对于这种季节变动时间序列的预测，当然不能用前面介绍的趋势预测方法——移动平均法、指数平滑法进行预测。而要设法将时间序列的长期趋势、季节波动规律分别估算出来，然后结合两者的规律性进行预测，才能达到预测的精度要求。因此，季节变动时间序列预测的基本思想是：首先找出描述整个时间序列总体发展的长期趋势线数学模型，然后找出季节变动影响量（常用季节指数或季节系数来反映），最后将趋势线与季节变动影响量合并，得到能描述时间序列总体发展规律的预测模型，并用于预测。

将季节变动时间序列的趋势线与季节变动影响量合并，由第一节所述有两种方式：一种是加法模型，另一种是乘法模型。季节变动时间序列预测中，常常采用后一种方式。这里我们也主要介绍这种方式的常见预测方法。

季节变动时间序列根据其趋势变动情况分为有趋势变动季节变动时间序列和无趋势变动（水平趋势变动）季节变动时间序列；根据季节变动影响量的变动情况分为季节变动影响量不变的季节变动时间序列和季节变动影响量改变的季节变动时间序列。由此，季节变动时间序列的预测方法分为：水平趋势不变季节指数预测方法、有长期趋势变动的不变季节指数预测法、水平趋势的可变季节指数预测法、有长期趋势变动的可变季节指数预测法。下面介绍几种常用的简单的季节变动时间序列预测方法，以说明季节变动时间序列预测的基本思想和原理。

一、无趋势变动不变季节指数时间序列预测方法

无趋势变动不变季节指数时间序列，是指时间序列的长期趋势呈水平趋势变动，季节变动不随变动周期的推移而变动。其具体变动形状如图 4-1 所示。

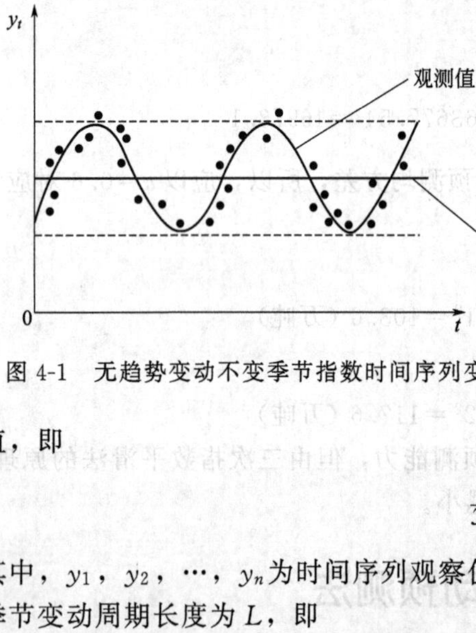

图 4-1 无趋势变动不变季节指数时间序列变动示例

这是一种最简单的季节变动时间序列。因此，由上述季节变动时间序列预测的基本思想，其预测模型为

$$\hat{y}_t = \bar{y} S_t \qquad (4\text{-}24)$$

式中　$\hat{y}_t$——预测期 t 的预测值；

　　　$\bar{y}$——时间序列观察值的平均值；

　　　S_t——预测期对应的季节指数。

以 $\bar{y}$ 作为时间序列水平趋势变动的估计值，即

$$\bar{y} = \frac{1}{n} \sum_{t=1}^{n} y_t \qquad (4\text{-}25)$$

其中，y_1，y_2，$\cdots$，y_n 为时间序列观察值，它是由 m 年的统计数据构成的（一般地 $m \geqslant 3$），季节变动周期长度为 L，即

$$n = mL$$

S_t 是预测期对应季节的观察期相应季节的季节指数的平均值；或者是预测期对应季节的观察期相应季节的观察值平均值与时间序列观察值的平均值之比。即

若观察期第 i 时期对应季节的季节指数为

$$S_i' = \frac{y_i}{\bar{y}} \qquad (i = 1, 2, \cdots, n) \qquad (4\text{-}26)$$

则第 t 季节的季节指数为

$$S_t = \frac{S_t' + S_{t+L}' + \cdots + S_{t+(m-1)L}'}{m} \qquad (t = 1, 2, \cdots, L) \qquad (4\text{-}27)$$

或

$$S_t = \frac{\text{观察期各周期第 } t \text{ 季节的观察值的平均值}}{\overline{y}} \qquad (t=1,2,\cdots,L) \qquad (4\text{-}28)$$

【例 4-8】 某商品连续 3 年的销售量资料如表 4-8 所示，试预测第 4 年各季度的销售量。

表 4-8 某商品销售量观察值　　　　　　　　　　　　　　　　单位：万吨

年、季		t	商品销售量	S_t'
第 1 年	1	1	12	0.6025
	2	2	26	1.3054
	3	3	32	1.6067
	4	4	8	0.4017
第 2 年	1	5	13	0.6527
	2	6	25	1.2552
	3	7	31	1.5565
	4	8	9	0.4519
第 3 年	1	9	14	0.7029
	2	10	27	1.3556
	3	11	33	1.6569
	4	12	9	0.4519

解：将商品销售量的散点图绘制出来（图略），可见，此时间序列的长期趋势呈水平趋势变动，季节变动不随变动周期的推移而变动。故可用上述方法进行预测。

（1）求时间序列观察值的平均值

$$\overline{y} = \frac{1}{12}\sum_{t=1}^{n} y_t = \frac{1}{12}(12+26+32+\cdots+33+9) = \frac{1}{12}\times 239 = 19.9167 \text{（万吨）}$$

（2）求各季节的季节指数　由式（4-26）可求得观察期第 t 时期对应季节的季节指数，如表 4-8 所示。由此计算观察期各同季度的季节指数的平均值，即得到用于预测的各季度的季节指数。即由式（4-27）有

$$S_1 = \frac{S_1' + S_5' + S_9'}{3} = \frac{0.6025 + 0.6527 + 0.7029}{3} = 0.6527$$

$$S_2 = \frac{S_2' + S_6' + S_{10}'}{3} = \frac{1.3054 + 1.2552 + 1.3556}{3} = 1.3054$$

$$S_3 = \frac{S_3' + S_7' + S_{11}'}{3} = \frac{1.6067 + 1.5565 + 1.6569}{3} = 1.6067$$

$$S_4 = \frac{S_4' + S_8' + S_{12}'}{3} = \frac{0.4017 + 0.4519 + 0.4519}{3} = 0.4352$$

也可由式（4-28）得到用于预测的各季度的季节指数。

$$S_1 = \frac{\frac{1}{3}(y_1 + y_5 + y_9)}{\overline{y}} = \frac{\frac{1}{3}(12+13+14)}{\frac{1}{12}\times 239} = 0.6527$$

$$S_2 = \frac{\frac{1}{3}(y_2 + y_6 + y_{10})}{\overline{y}} = \frac{\frac{1}{3}(26+25+27)}{\frac{1}{12}\times 239} = 1.3054$$

$$S_3 = \frac{\frac{1}{3}(y_3 + y_7 + y_{11})}{\overline{y}} = \frac{\frac{1}{3}(32+31+33)}{\frac{1}{12}\times 239} = 1.6067$$

$$S_4 = \frac{\frac{1}{3}(y_4 + y_8 + y_{12})}{\bar{y}} = \frac{\frac{1}{3}(8+9+9)}{\frac{1}{12} \times 239} = 0.4352$$

（3）求第四年该商品各季度的销售量

$$\hat{y}_{13} = \bar{y}S_1 = 19.9167 \times 0.6257 = 12.4619（万吨）$$

$$\hat{y}_{14} = \bar{y}S_2 = 19.9167 \times 1.3054 = 25.9993（万吨）$$

$$\hat{y}_{15} = \bar{y}S_3 = 19.9167 \times 1.6067 = 32.0002（万吨）$$

$$\hat{y}_{16} = \bar{y}S_4 = 19.9167 \times 0.4352 = 8.6677（万吨）$$

即第四年该商品 1，2，3，4 季度的销售量分别为：12.4619 万吨，25.9993 万吨，32.0002 万吨，8.6677 万吨。

显然，该种季节预测方法的预测能力只有一个周期。即只能向后预测 L 个时期。

二、有趋势变动不变季节指数时间序列预测方法

有趋势变动不变季节指数时间序列，是指时间序列有长期趋势变动，而季节变动不随变动周期的推移而变动。其具体变动形状如图 4-2 所示。

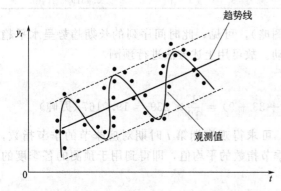

图 4-2 有趋势变动不变季节指数时间序列变动示例

这种季节变动时间序列的长期趋势可能呈线性趋势变动，也可能呈非线性趋势变动。这里我们主要介绍前一种类型的季节变动时间序列的预测，对于后一种类型的季节变动时间序列的预测可由此原理方法类推过去。

假设时间序列 y_1，y_2，$\cdots$，y_n 的总体长期趋势呈线性变动，而季节变动不随变动周期的推移而变动。则其预测模型为

$$\hat{y}_t = (a + bt)S_i \qquad (i = 1, 2, \cdots, L) \tag{4-29}$$

式中　$\hat{y}_t$——第 t 期的预测值；

　　$a + bt$——第 t 期的趋势线预测值 F_t；

　　S_i——第 t 期对应季节的季节指数。

由模型的构成可见，具体的季节变动时间序列预测模型的建立分为以下两步。

1. 建立趋势线方程

$$F_t = a + bt \tag{4-30}$$

式中　F_t——第 t 时期的趋势值；

　　a、b——模型参数，根据时间序列观察值，可用二次移动平均法（以时间序列的变动周期为跨越期进行移动平均）或最小二乘法估计而得。注意：不能用二次指数平滑法而得，因为指数平滑数列随季节性波动而相应波动较大。

2. 计算用于预测的季节指数

首先，将建立的预测模型式(4-30)代回观察期，求得各观察期对应的长期趋势值 F_t；

其次，求出观察期第 t 时期对应季节的季节指数；

$$S_t' = \frac{y_t}{F_t} \qquad (t = 1, 2, \cdots, n) \tag{4-31}$$

然后，求季节指数的初步估计值；

$$\overline{S}_i = \frac{S_i' + S_{i+L}' + \cdots + S_{i+(m-1)L}'}{m} \qquad (i = 1, 2, \cdots, L) \tag{4-32}$$

最后，求出用于预测的季节指数。

理论上，一个周期内的各季节的季节指数之和应等于 L，即 $\sum\limits_{i=1}^{L} \overline{S}_i = L$。但用上面的方法求出的季节指数 $\overline{S}_i$，由于计算的四舍五入，一般不满足这一要求，因此，要对其进行调整，使之满足上述要求。调整的方法：首先求出一个周期内各季节指数初步估计值之均值，

$$S = \frac{1}{L} \sum_{i=1}^{L} \overline{S}_i \tag{4-33}$$

然后以 S 去调整 $\overline{S}_i$，即得用于预测的各季节指数。

$$S_i = \frac{\overline{S}_i}{S} \qquad (i = 1, 2, \cdots, L) \tag{4-34}$$

【例 4-9】 某企业近三年各季度的利润额资料如表 4-9 所示。试预测下一年各季度的利润额。

表 4-9　某企业利润额及趋势值、季节指数计算表　　　　单位：万元

年、季		t	利润额(y_t)	F_t	S_t'
第1年	1	1	42	32.2307	1.3031
	2	2	26	34.0069	0.7646
	3	3	30	35.7831	0.8384
	4	4	38	37.5593	1.0117
第2年	1	5	51	39.3355	1.2965
	2	6	34	41.1117	0.8270
	3	7	33	42.8879	0.7694
	4	8	45	44.6641	1.0075
第3年	1	9	63	46.4404	1.3566
	2	10	41	48.2165	0.8503
	3	11	45	49.9927	0.9001
	4	12	56	51.7689	1.0817

解： 将企业利润的散点图绘制出来（图略），可见，此时间序列的长期趋势呈线性趋势变动，季节变动不随变动周期的推移而变动。故可用线性趋势变动不变季节指数时间序列预测方法进行预测。

（1）建立趋势线模型　根据最小二乘法原理，可估计出趋势线模型中的参数 a、b。6.5 为时间变量取值 1～12 的平均值。

$$\begin{cases} b = \dfrac{\sum\limits_{i=1}^{n} i y_i - n \overline{i}\, \overline{y}}{\sum\limits_{i=1}^{n} i^2 - n \overline{i}^2} = \dfrac{3530 - 12 \times 6.5 \times 42}{650 - 12 \times 6.5^2} = 1.7762 \\ a = \overline{y} - b \overline{i} = 42 - 1.7762 \times 6.5 = 30.4545 \end{cases}$$

所以，趋势线预测模型为

$$F_t = 30.4545 + 1.7762t$$

（2）计算观察期各时期的趋势值　将此趋势线模型代回观察期，$t = 1, 2, \cdots, 12$，可估算出各观察期的趋势值，如表 4-9 所示。

（3）计算出观察期各期对应季节的季节指数　由式(4-31)可计算出观察期各期对应季

节的季节指数,如表 4-9 所示。

(4) 求季节指数的初步估计值　根据式(4-32)可计算出用于预测的初步季节指数估计值。

$$\bar{S}_1 = \frac{1.3031 + 1.2965 + 1.3566}{3} = 1.3187$$

$$\bar{S}_2 = \frac{0.7646 + 0.8270 + 0.8503}{3} = 0.8140$$

$$\bar{S}_3 = \frac{0.8384 + 0.7694 + 0.9001}{3} = 0.8360$$

$$\bar{S}_4 = \frac{1.0117 + 1.0075 + 1.0817}{3} = 1.0336$$

(5) 求用于预测的季节指数　一个周期内季节指数的初步估计值的平均值由式(4-33)可得

$$S = \frac{1.3187 + 0.8140 + 0.8360 + 1.0336}{4} = 1.0006$$

所以由式(4-34)对 $\bar{S}_i$ $(i=1,2,\cdots,L)$ 进行调整即得用于预测的季节指数。

$$S_1 = \frac{\bar{S}_1}{S} = \frac{1.3187}{1.0006} = 1.3179$$

$$S_2 = \frac{\bar{S}_2}{S} = \frac{0.8140}{1.0006} = 0.8135$$

$$S_3 = \frac{\bar{S}_3}{S} = \frac{0.8360}{1.0006} = 0.8355$$

$$S_4 = \frac{\bar{S}_4}{S} = \frac{1.0336}{1.0006} = 1.0330$$

(6) 建立预测模型　由式(4-29)可得预测模型为

$$\hat{y}_t = (30.4545 + 1.7762t)S_i$$

由此预测模型可预测下一年各季度该企业的利润额。

第一季度该企业利润额的预测值为

$$\hat{y}_{13} = (30.4545 + 1.7762 \times 13)S_1 = (30.4545 + 1.7762 \times 13) \times 1.3179 = 70.5671$$

第二季度该企业利润额的预测值为

$$\hat{y}_{14} = (30.4545 + 1.7762 \times 14)S_2 = (30.4545 + 1.7762 \times 14) \times 0.8135 = 45.0039$$

第三季度该企业利润额的预测值为

$$\hat{y}_{15} = (30.4545 + 1.7762 \times 15)S_3 = (30.4545 + 1.7762 \times 15) \times 0.8355 = 47.7050$$

第四季度该企业利润额的预测值为

$$\hat{y}_{16} = (30.4545 + 1.7762 \times 16)S_4 = (30.4545 + 1.7762 \times 16) \times 1.0330 = 60.8165$$

如果季节变动时间序列是曲线趋势不变季节指数时间序列,其预测与线性趋势不变季节指数时间序列的预测类似。只是在估计时间序列趋势值时,利用曲线模拟技术建立曲线趋势线方程进行估计时间序列的趋势值,其他预测过程与线性趋势不变季节指数时间序列的预测完全一样。因此,在此不再详述。

三、可变季节指数时间序列预测方法

可变季节指数时间序列是指时间序列的长期趋势有可能呈水平趋势变动,也有可能呈线性趋势变动,也有可能呈非线性趋势变动,但其季节变动幅度随季节变动周期的推移呈增长或减小变动。对这种时间序列的预测,根据季节变动时间序列预测的基本思想,其预测的过

程与上述类型的季节变动时间序列预测的过程类似。其具体预测过程如下。

第一步，估计趋势值 F_t。若时间序列的长期趋势呈水平趋势变动，则以时间序列观察值的平均值为趋势估计值；若时间序列的长期趋势呈线性趋势变动，则以二次移动平均法（以时间序列的变动周期为跨越期进行移动平均）或最小二乘法估计趋势值；若时间序列的长期趋势呈非线性趋势变动，则以曲线拟合技术，如最小二乘法、三和值法等技术估计趋势值。

第二步，求观察期各时期对应的季节指数 S'_t。

$$S'_t = \frac{y_t}{F_t} \qquad (t=1,2,\cdots,n) \tag{4-35}$$

第三步，将不同周期的同一季节的 S'_t 值画在同一直角坐标中，观察其随时间而变化的规律，然后以适当的曲线拟合这些 S'_t 值，得出 S'_t 的预测模型，以此估计出用于预测的季节指数 S_i。

第四步，建立趋势季节预测模型

$$\hat{y}_t = F_t S_t \tag{4-36}$$

并进行预测。

下面以线性趋势变动可变季节指数时间序列的预测，来说明可变季节指数时间序列的预测过程。

【例 4-10】 某商品前 8 年各季度的市场销售量如表 4-10 所示。试根据这些数据，预测下一年各季度的市场销售量。

表 4-10 某商品销售量及趋势值、季节指数计算　　　　　　　　单位：万吨

年、季		t	y_t	F_t	S'_t
第1年	1	1	2.359	2.379	0.992
	2	2	3.053	2.453	1.245
	3	3	2.526	2.527	1.000
	4	4	1.982	2.601	0.762
第2年	1	5	2.693	2.675	1.007
	2	6	3.451	2.749	1.255
	3	7	2.909	2.823	1.030
	4	8	2.049	2.897	0.707
第3年	1	9	2.861	2.971	0.963
	2	10	3.793	3.045	1.246
	3	11	3.160	3.119	1.013
	4	12	2.166	3.193	0.678
第4年	1	13	3.133	3.267	0.959
	2	14	4.147	3.341	1.241
	3	15	3.494	3.415	1.023
	4	16	2.406	3.489	0.690
第5年	1	17	3.407	3.563	0.956
	2	18	4.586	3.637	1.261
	3	19	3.781	3.711	1.019
	4	20	2.738	3.785	0.723
第6年	1	21	3.578	3.859	0.927
	2	22	5.244	3.933	1.333
	3	23	4.104	4.007	1.024
	4	24	2.907	4.081	0.712
第7年	1	25	3.934	4.155	0.947
	2	26	5.632	4.229	1.332
	3	27	4.488	4.303	1.043
	4	28	3.113	4.377	0.711

年、季		t	y_t	F_t	S_t'
第8年	1	29	4.317	4.451	0.970
	2	30	6.371	4.525	1.408
	3	31	4.938	4.599	1.074
	4	32	3.306	4.673	0.707

解：将商品销售额的散点图绘制出来（图略），可见，此时间序列的长期趋势呈线性趋势变动，季节变动幅度随变动周期的推移而变动。故应用可变季节指数时间序列预测方法进行预测。

（1）建立时间序列的趋势线方程并估计观察期各时期的趋势值

用最小二乘法建立趋势线方程为

$$F_t = 2.305 + 0.074t$$

式中，t 表示季度。将此趋势线模型代回各观察期，即得观察期各时期的趋势估计值，如表4-10所示。

（2）求观察期各期对应季节的季节指数　由式（4-35）可计算出观察期各期对应季节的季节指数，如表4-10所示。

（3）求季节指数　以第一季度为例，将观察期各周期第一季度的 S_t' 值画在直角坐标系中（图略），其散点图的走势近似呈直线变动。故用最小二乘法估计参数，可建立第一季度季节指数变动的直线方程。

$$S_{4(t-1)+1} = 0.995 - 0.0067t$$

式中，t 表示年份。令 $t=9$ 可得预测年份第一季度的季节指数 S_{33}。

$$S_{33} = 0.995 - 0.0067 \times 9 = 0.935$$

同理可得，第二～第四季度的季节指数变动的直线方程分别为

$$S_{4(t-1)+2} = 1.193 + 0.0215t$$
$$S_{4(t-1)+3} = 0.996 + 0.0073t$$
$$S_{4(t-1)+4} = 0.724 - 0.00274t$$

令 $t=9$ 代入以上三个直线方程，可分别得到预测年份第二季度的季节指数 S_{34}。

$$S_{34} = 1.193 + 0.0215 \times 9 = 1.387$$

预测年份第三季度的季节指数 S_{35} 为

$$S_{35} = 0.995 + 0.0073 \times 9 = 1.061$$

预测年份第四季度的季节指数 S_{36} 为

$$S_{36} = 0.724 - 0.00274 \times 9 = 0.699$$

（4）建立预测模型并进行预测

建立预测模型

$$\hat{y}_t = (2.305 + 0.074t)S_t$$

由此预测模型可计算出预测年份各季度某商品的销售量。

预测年第一季度某商品的销售量为

$$\hat{y}_{33} = (2.305 + 0.074 \times 33) \times 0.938 = 4.438 （万吨）$$

预测年第二季度某商品的销售量为

$$\hat{y}_{34} = (2.305 + 0.074 \times 34) \times 1.391 = 6.687 （万吨）$$

预测年第三季度某商品的销售量为

$$\hat{y}_{35} = (2.305 + 0.074 \times 35) \times 1.065 = 5.194 （万吨）$$

预测年第四季度某商品的销售量为

$$\hat{y}_{36} = (2.305 + 0.074 \times 36) \times 0.701 = 3.473 \text{（万吨）}$$

第五节　自适应过滤法

用移动平均法和指数平滑法进行预测，虽然简便易行，但具体实施起来存在一个不足，即权数确定无固定规则可循，随意性较大。并且，当数据的特征发生变化时，不能自动调整权数，以适应新数据的变化。为克服这一不足，前人们研究提出了自适应过滤法。自适应过滤法是近代欧美统计学家经常用的一种方法。

自适应过滤法与移动平均法、指数平滑法一样，也是对以时间序列的历史观察值进行某种加权平均来进行预测的一种方法。其基本思想是寻找一组"最佳"的权数。方法是：先用一组给定的权数来计算一个预测值，然后计算预测误差，再根据预测误差调整权数以减少误差。这样反复进行，直至找出一组"最佳"权数，使误差减少到最低限度。由于这种调整权数的过程与通信工程中的过滤传输噪声的过程极为接近，因此称为自适应过滤法。这种方法可充分发挥计算机的优势，反复迭代，便于操作。

一、自适应过滤法的基本过程

假设时间序列观察值为 y_1，y_2，$\cdots$，y_n。

第一步，确定权数的个数 N 和初始权数。一般地取

$$w_1 = w_2 = \cdots = w_N = \frac{1}{N}$$

第二步，计算预测值。

$$\hat{y}_{t+1} = \sum_{i=1}^{N} w_i y_{t-i+1} \tag{4-37}$$

式中　$\hat{y}_{t+1}$——第 $t+1$ 期的预测值；

　　　w_i——第 $t-i+1$ 期的观察值的权数；

　y_{t-i+1}——第 $t-i+1$ 期的观察值。

第三步，计算预测误差 e_{t+1}。

$$e_{t+1} = y_{t+1} - \hat{y}_{t+1} \tag{4-38}$$

第四步，根据预测误差调整权数。权数调整公式为

$$w_i' = w_i + 2k e_{t+1} y_{t-i+1} \qquad (i=1,2,\cdots,N) \tag{4-39}$$

式中　w_i'——调整后的第 i 个权数；

　　　k——调整常数。

第五步，利用调整后的权数计算下一期的预测值。

$$\hat{y}_{t+2} = \sum_{i=1}^{N} w'_i y_{t+1-i+1}$$

第六步，重复第三～第五步，一直到计算出 $\hat{y}_n$，e_n 和相应的权数。这时一轮的调整结束。

第七步，如果预测误差（指一轮预测的总误差）已达到预测精度，且权数已无明显变化，则可用这组权数预测第 $n+1$ 期的预测值。否则，用所得到的权数作为初始权数，重新从头开始调整权数。

由此可见，自适应过滤法有两个明显的特点：使用了全部的数据信息来寻求"最佳"权

数，并随数据轨迹的变化而不断更新权数，从而不断提高预测精度；技术较简单，便于计算机实现。因此，这种预测方法应用较为广泛。

二、N、k 值和初始权数的确定

开始调整权数时，先要确定权数的个数 N 和调整常数 k。一般地，当时间序列的观察值呈季节变动时，N 应取季节性长度值。如时间序列以一年为周期进行季节变动，若观察数据是月度的，则取 $N=12$；若观察数据是季度的，则取 $N=4$。如果时间序列无明显的周期变动，则用自相关系数法来确定，即取 N 为最高自相关系数的滞后时期。

调整常数 k 的大小会影响权数的调整速度。k 越大，权数调整越快；k 越小，权数调整越慢。但 k 过大，可能导致权数振动，而不能收敛于一组"最佳"的权数。一般地，k 取 $\frac{1}{N}$，也可以用不同的 k 值进行试算，以确定一个能使均方误差最小的 k 值。

初始权数的确定也很重要。一般地，取

$$w_1 = w_2 = \cdots = w_N = \frac{1}{N}$$

【例 4-11】 已知时间序列观察值如表 4-11 所示。试用自适应过滤法预测第 11 期的预测值。

表 4-11 时间序列观察值

t	1	2	3	4	5	6	7	8	9	10
y_t	0.1	0.2	0.3	0.4	0.5	0.6	0.7	0.8	0.9	1.0

解： (1) 取 $N=2$，初始权数 $w_1 = w_2 = \frac{1}{N} = \frac{1}{2} = 0.5$，调整常数 $k=0.8$，预测总误差 $\sum |e_t| < 10^{-4}$。

(2) 由式(4-37)计算第三期预测值
$$\hat{y}_{t+1} = \hat{y}_3 = w_1 y_2 + w_2 y_1 = 0.5 \times 0.2 + 0.5 \times 0.1 = 0.15$$

(3) 由式(4-38)计算预测误差
$$e_{t+1} = e_3 = y_3 - \hat{y}_3 = 0.3 - 0.15 = 0.15$$

(4) 由式(4-39)调整权数
$$w_1' = w_1 + 2k e_3 y_2 = 0.5 + 2 \times 0.8 \times 0.15 \times 0.2 = 0.548$$
$$w_2' = w_2 + 2k e_3 y_1 = 0.5 + 2 \times 0.8 \times 0.15 \times 0.1 = 0.524$$

(5) 利用调整后的权数计算 w_1'，w_2'，计算下一期的预测值。
$$\hat{y}_{t+2} = \hat{y}_4 = w_1' y_3 + w_2' y_2 = 0.548 \times 0.3 + 0.524 \times 0.2 = 0.2692$$

(6) 重复 (3)、(4)、(5) 步。
计算预测误差
$$e_4 = y_4 - \hat{y}_4 = 0.4 - 0.2692 = 0.1308$$

调整权数
$$w_1' = w_1 + 2k e_4 y_3 = 0.548 + 2 \times 0.8 \times 0.1308 \times 0.3 = 0.6108$$
$$w_2' = w_2 + 2k e_4 y_2 = 0.524 + 2 \times 0.8 \times 0.1308 \times 0.2 = 0.5659$$

计算下一期预测值
$$\hat{y}_{t+3} = \hat{y}_5 = w_1' y_4 + w_2' y_3 = 0.6108 \times 0.4 + 0.5659 \times 0.3 = 0.4141$$

一直计算到
$$\hat{y}_{10} = w_1' y_9 + w_2' y_8 = 0.6186 \times 0.9 + 0.5658 \times 0.8 = 1.0094$$

$$e_{10} = y_{10} - \hat{y}_{10} = 1.0 - 1.0094 = -0.0094$$

$$w_1' = w_1 + 2ke_{10}y_9 = 0.6186 + 2 \times 0.8 \times (-0.0094) \times 0.9 = 0.6051$$

$$w_2' = w_2 + 2ke_{10}y_8 = 0.5658 + 2 \times 0.8 \times (-0.0094) \times 0.8 = 0.5538$$

这时，第一轮的权数调整结束。第一轮的预测总误差为 0.4614，没有达到预测精度的要求，需要再进行调整。把现有的新权数 $w_1' = 0.6051$，$w_2' = 0.5538$ 作为初始权数，重新从第二步开始调整权数。如此反复进行，直到预测总误差小于 10^{-4}，且权数达到稳定不变，即停止调整。本例当调整 895 轮时达到要求，最后得到的"最佳"权数 $w_1' = 2$，$w_2' = -1$。

用"最佳"权数预测第 11 期的预测值为

$$\hat{y}_{11} = w_1' y_{10} + w_2' y_9 = 2 \times 1.0 + (-1) \times 0.9 = 1.1$$

加大调整常数 k，可以加快权数调整速度。如 $k = 2$ 时，只要调整 120 轮，就可以达到以上结果。但 k 过大，可能导致权数振动，不收敛于一组"最佳"权数，如 $k = 2.1$ 时，就是如此。

实际预测中，权数调整的计算工作量很大，必须借助于计算机才能完成。

习 题

1. 什么是时间序列？时间序列变动的基本规律特征有哪些？

2. 时间序列的变动规律如何识别？

3. 什么是时间序列分析预测法？请说明时间序列分析预测法在实际预测运用中的基本思路。

4. 什么是移动平均法？在实际预测中移动跨越期如何确定？

5. 什么是指数平滑法？在实际预测中如何确定平滑常数 α？

6. 季节变动时间序列预测的基本思想是什么？

7. 为什么季节变动时间序列预测通过移动平均法可以消除其季节变动和随机变动？

8. 某商品某年 1～11 月的销售额如表 4-12 所示。

表 4-12 某商品某年 1～11 月的销售额　　　　　　单位：万元

月份	1	2	3	4	5	6	7	8	9	10	11
销售额	46	50	59	57	55	64	55	61	45	49	46

试分别以 3 个月和 5 个月为跨越期进行一次移动平均预测 12 月份的销售额，并比较它们的优劣。

9. 1975～1982 年全国财政支出如表 4-13 所示。

表 4-13 1975～1982 年全国财政支出　　　　　　单位：亿元

年份	1975 年	1976 年	1977 年	1978 年	1979 年	1980 年	1981 年	1982 年
财政支出	820.9	806.2	843.5	1111.0	1273.9	1212.7	1115.0	1115.2

试用一次、二次加权移动平均法预测 1983 年的财政支出（三年加权系数为 0.5、1、1.5）

10. 某商店近 10 个月的销售额如表 4-14 所示。试分别以 3 个月和 5 个月为跨越期用二次移动平均法预测 12 月份的销售额，并比较它们的优劣。

表 4-14 某商场近 10 个月的销售额　　　　　　单位：万元

月	1	2	3	4	5	6	7	8	9	10
销售额	20	21	23	23	25	24	26	25	27	28

11. 某产品近 8 年的产量如表 4-15 所示。试分别取 $\alpha = 0.3$、$\alpha = 0.6$，初始值取前 3 个观察值

的平均值,用二次指数平滑法预测第 9 年、第 10 年该产品的产量,并比较它们的优劣。

表 4-15　某产品近 8 年的产量　　　　单位:万吨

年	1	2	3	4	5	6	7	8
产量	80.8	94.0	88.4	101.5	110.3	121.5	134.7	142.7

12. 某商品近 13 年的销售额如表 4-16 所示。试就 $\alpha=0.5$,初始值为第一个观察值,用三次指数平滑预测该商品第 14 年、15 年的销售额。

表 4-16　某商品近 13 年的销售额　　　　单位:万元

年	1	2	3	4	5	6	7	8	9	10	11	12	13
销售额	11	15	18	22	25	29	30	33	35	52	68	79	89

13. 【例 4-9】中,若以二次移动平均法确定其季节变动的趋势线模型。试预测下一年各季度的利润额。

14. 【例 4-10】中,若以二次移动平均法确定趋势模型。试预测下一年各季度的利润额。

第五章 趋势外推预测法

趋势外推预测法是长期趋势预测的主要方法。当时间序列变化呈现某种上升或下降的趋势，而又无明显的季节变动和循环变动，我们可以找出一条适当的函数曲线来反映这种变化趋势，即以时间 t 为自变量，时间序列 y_t 为因变量，建立曲线趋势模型 $y_t = f(t)$。当这种趋势可以延伸到未来时，给定时间 t 的未来值，将其代入模型即可计算得出对应时期的时间序列变量预测值。这就是趋势外推预测法。

趋势外推预测法是根据事物的历史和现实资料寻求事物的发展规律，并找出一条合适的函数曲线反映其变化趋势，从而推测事物未来状况的一种常用的预测方法。趋势外推预测法的实质就是利用某种函数分析描述预测对象的发展趋势。

由此可见趋势外推预测法具有一定的前提条件。利用趋势外推预测法进行预测，假设：事物的发展过程没有跳跃式变化，而是渐进式变化；事物的发展变化规律适用于未来。

事实上，事物的发展随时间的推移是要受周围环境因素影响的，事物过去的发展规律不可能一成不变地演绎到未来，但客观事物的发展又具有相对稳定性。所以，趋势外推预测法适用于短期、中期预测。

时间序列长期趋势的发展变化轨迹常见的有：直线、多项式函数曲线、指数函数曲线、幂函数曲线、对数函数曲线、双曲线函数曲线、修正指数曲线、生长曲线等。实际预测中，常常要根据具体时间序列的变动规律选择恰当的函数模型来建立预测模型，进行预测，以达到较好的预测精度。那么，怎样识别时间序列的变动规律呢？一般的方法是作时间序列的散点图，将时间序列观察值绘制在以时间为横轴，时间序列观察值为纵轴的直角坐标系中，观察判断确定时间序列的变动规律，从而配以恰当的数学模型，利用合适的方法，依据时间序列观察值，估计出模型中的参数，建立起预测模型。

时间序列的常见长期趋势线：直线、多项式函数曲线、指数函数曲线、幂函数曲线、对数函数曲线、双曲线函数曲线的模型参数估计方法类似于回归分析预测中模型参数的估计，已在第三章的相关章节详细介绍，这里不再赘述。本章主要介绍修正指数曲线、生长曲线等的模型参数估计方法及相应的趋势外推预测。

第一节 修正指数曲线模型预测法

修正指数曲线是一种具有增长上限的曲线。修正指数曲线预测模型为

$$\hat{y}_t = K + ab^t \tag{5-1}$$

式中，$K(K>0)$，a，$b(0<b<1)$ 为待定参数。该模型图形如图 5-1 所示。

修正指数曲线预测模型主要用于新产品的需求预测。因为，当某一新产品刚刚问世时，由于广告宣传的作用，市场对该新产品的需求快速增长，随后需求的增长速度放慢，最后渐近趋向于某一正的常数。所以新产品需求预测用修正指数曲线预测模型预测更合适。

模型参数 K，a，b 是利用时间序列数据进行估算的。根据修正指数曲线预测模型的特点，显然其模型参数不能用最小二乘法方便地估算出来。下面我们介绍另一种较方便估计模型参数的方法——三和值法（也叫三段法、分组法）。

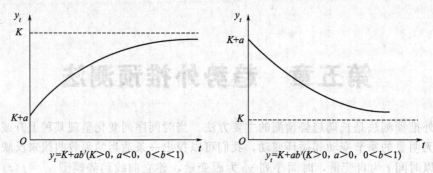

图 5-1　修正指数曲线

三和值法是将时间序列分成相等的三个间距，分别求出每一间距内各期时间序列观察值的和，再以三个间距内各期时间序列观察值的和计算参数的方法。这种方法只能用来对参数进行粗略估计，常用来确定具有三个参数的模型。

设时间序列 $\{y_t\}$ 有 N 个观察值，不妨设 $N=3n$。如果时间序列个数 N 不是 3 的倍数，可去掉几个远期观察值，使之成 3 的倍数。

将 $\{y_t\}$ 依次等分为三组。

第一组：y_1，y_2，$\cdots$，y_n

第二组：y_{n+1}，y_{n+2}，$\cdots$，y_{2n}

第三组：y_{2n+1}，y_{2n+2}，$\cdots$，y_{3n}

分别将每一组的观察值代入预测模型并求和。

$$\sum_{t=1}^{n} y_t = nK + ab(b^0 + b^1 + \cdots + b^{n-1}) = nK + ab\,\frac{1-b^n}{1-b} \tag{5-2}$$

$$\sum_{t=n+1}^{2n} y_t = nK + ab^{n+1}(b^0 + b^1 + \cdots + b^{n-1}) = nK + ab^{n+1}\,\frac{1-b^n}{1-b} \tag{5-3}$$

$$\sum_{t=2n+1}^{3n} y_t = nK + ab^{2n+1}(b^0 + b^1 + \cdots + b^{n-1}) = nK + ab^{2n+1}\,\frac{1-b^n}{1-b} \tag{5-4}$$

式(5-3)－式(5-2) 得

$$\sum_{t=n+1}^{2n} y_t - \sum_{t=1}^{n} y_t = ab\,\frac{(b^n-1)^2}{b-1} \tag{5-5}$$

式(5-4)－式(5-3) 得

$$\sum_{t=2n+1}^{3n} y_t - \sum_{t=n+1}^{2n} y_t = ab^{n+1}\,\frac{(b^n-1)^2}{b-1} \tag{5-6}$$

式(5-6)÷式(5-5)再开 n 次方即得

$$b = \sqrt[n]{\frac{\displaystyle\sum_{t=2n+1}^{3n} y_t - \sum_{t=n+1}^{2n} y_t}{\displaystyle\sum_{t=n+1}^{2n} y_t - \sum_{t=1}^{n} y_t}} \tag{5-7}$$

将 b 代入式(5-5) 即得

$$a = \left(\sum_{t=n+1}^{2n} y_t - \sum_{t=1}^{n} y_t\right)\frac{b-1}{b(b^n-1)^2} \tag{5-8}$$

将 a，b 代入式(5-2) 即得

$$K = \frac{1}{n}\left(\sum_{t=1}^{n} y_t - ab\,\frac{1-b^n}{1-b}\right) \qquad (5\text{-}9)$$

至此预测模型中三个参数 K，a，b 均确定，因此预测模型亦确定，可用于进行实际预测。

上述确定预测模型的过程可见，任给一组数据（$3n$ 个），按式(5-7)、式(5-8) 和式(5-9)总可计算出三个参数 K，a，b，建立起预测模型，但该模型能否用于预测，取决于该时间序列是否具有修正指数曲线变动规律。由修正指数曲线模型可知，时间序列具有修正指数曲线变动规律，应有一个特点：时间序列的逐期增长量的比率接近一个常数，即

$$\frac{y_{t+1}-y_t}{y_t-y_{t-1}} = \frac{ab^{t+1}-ab^t}{ab^t-ab^{t-1}} = b$$

【例5-1】　某商品前9年的销售量如表5-1所示。试预测下一年的销售量。

表 5-1　某商品的销售量　　　　　　　　　　单位：万吨

年	1	2	3	4	5	6	7	8	9
销售量	52	62	70	71.6	73.1	73.7	74.3	74.8	75.2

解：绘制此时间序列的散点图，如图 5-2 所示，可见，其图形近似修正指数曲线。另外，此时间序列观察值的逐期增长量的比率接近一个常数。所以可选用修正指数曲线模型进行预测。

由式(5-7)、式(5-8)、式(5-9) 可分别求出修正指数曲线模型中的参数。

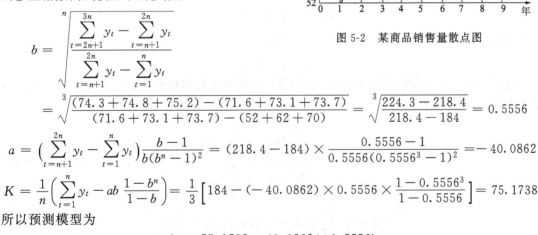

图 5-2　某商品销售量散点图

$$b = \sqrt[n]{\frac{\displaystyle\sum_{t=2n+1}^{3n} y_t - \sum_{t=n+1}^{2n} y_t}{\displaystyle\sum_{t=n+1}^{2n} y_t - \sum_{t=1}^{n} y_t}}$$

$$= \sqrt[3]{\frac{(74.3+74.8+75.2)-(71.6+73.1+73.7)}{(71.6+73.1+73.7)-(52+62+70)}} = \sqrt[3]{\frac{224.3-218.4}{218.4-184}} = 0.5556$$

$$a = \left(\sum_{t=n+1}^{2n} y_t - \sum_{t=1}^{n} y_t\right)\frac{b-1}{b(b^n-1)^2} = (218.4-184)\times\frac{0.5556-1}{0.5556(0.5556^3-1)^2} = -40.0862$$

$$K = \frac{1}{n}\left(\sum_{t=1}^{n} y_t - ab\,\frac{1-b^n}{1-b}\right) = \frac{1}{3}\left[184-(-40.0862)\times0.5556\times\frac{1-0.5556^3}{1-0.5556}\right] = 75.1738$$

所以预测模型为

$$\hat{y}_t = 75.1738 - 40.0862 \times 0.5556^t$$

下一年该商品的销售量为

$$\hat{y}_{10} = 75.1738 - 40.0862 \times 0.5556^{10} = 75.0614(万吨)$$

第二节　生长曲线模型预测法

生长曲线又叫成长曲线。生物的生长过程一般要经历发生、发展、成熟到衰老几个阶段，在不同的生长阶段，生物生长的速度也不一样。发生初期，成长速度较慢，由慢到快；发展时期，生长速度则较快；成熟时期，生长速度达到最快而后逐渐变慢；衰老期，

则几乎停止生长。由此可见，生物的生长过程的线就像 S 一样。所以，生长曲线也叫 S 曲线。

在社会、经济和科技领域中，通过观察和研究发现，许多事物的成长或某些变量随时间的变化，也类似于生物的生长过程，呈 S 形。如人口、商品寿命周期预测分析等。生长曲线在预测分析中最为常用的有龚珀兹曲线和皮尔曲线。

一、龚珀兹曲线模型预测法

龚珀兹曲线是美国统计学家和数学家龚珀兹（B. Gompartz）提出的用于控制人口增长率的一个数学模型。但后来发现，很多经济现象的发展趋势近似于龚珀兹曲线。龚珀兹曲线多用于新产品的研制、发展、成熟和衰退分析，特别适用于对处在成熟期的商品进行需求预测。

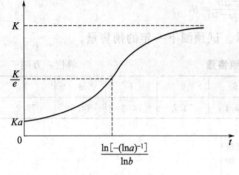

图 5-3　龚珀兹曲线

龚珀兹曲线预测模型为

$$\hat{y}_t = Ka^{b^t} \tag{5-10}$$

式中，$a(a>0)$，$b(b>0)$，$K(K>0)$ 为待定参数。该模型图形如图 5-3 所示。

由图形和模型可知，该曲线的增长上限为 K，并存在一个拐点 $\left(\dfrac{\ln\left[-(\ln a)^{-1}\right]}{\ln b}, \dfrac{K}{e}\right)$，曲线关于拐点不对称。另外，曲线模型对数的逐期增长量的比率为一个常数 b，即

$$\frac{\ln y_{t+1} - \ln y_t}{\ln y_t - \ln y_{t-1}} = b$$

将式(5-10)两端取对数。

$$\ln \hat{y}_t = \ln K + b^t \ln a$$

令 $\hat{y}_t' = \ln \hat{y}_t$，$K' = \ln K$，$A = \ln a$，则上式变为

$$\hat{y}_t' = K' + Ab^t$$

这正是修正指数曲线模型式(5-1)的形式，根据修正指数曲线模型参数估计的方法，可得到 b，$\ln a$，$\ln K$ 的估计式。

$$b = \sqrt[n]{\frac{\displaystyle\sum_{t=2n+1}^{3n} \ln y_t - \sum_{t=n+1}^{2n} \ln y_t}{\displaystyle\sum_{t=n+1}^{2n} \ln y_t - \sum_{t=1}^{n} \ln y_t}} \tag{5-11}$$

$$\ln a = \left(\sum_{t=n+1}^{2n} \ln y_t - \sum_{t=1}^{n} \ln y_t\right)\frac{b-1}{b(b^n-1)^2} \tag{5-12}$$

$$\ln K = \frac{1}{n}\left(\sum_{t=1}^{n} \ln y_t - \frac{b(1-b^n)}{1-b}\ln a\right) \tag{5-13}$$

然后，通过求反对数，可求出模型参数 a 和 K，从而建立起龚珀兹曲线预测模型，用于预测。

根据龚珀兹曲线预测模型的参数值大小，可分析判断商品生命周期所处的位置。

① 当 $b>1$，$\ln a>0$ 时，商品生命周期处于成长前期，市场销售量会迅速上升。

② 当 $0<b<1$，$\ln a<0$ 时，商品生命周期处于成长后期，即进入成熟期，市场销售量仍急剧增加，但增长速度开始变缓。

③ 当 $b > 1$，$\ln a < 0$ 时，商品生命周期处于衰减前期，市场销售量达到饱和状态，或有替代商品进入市场，导致销售量开始下降。

④ 当 $0 < b < 1$，$\ln a > 0$ 时，商品生命周期处于衰减后期，市场销售量迅速下降，直至该商品退出市场。

【例 5-2】　某商品在某地区前 9 年的销售量如表 5-2 所示。试建立预测模型，分析预测下一年该商品在该地区的销售量。

表 5-2　某商品的销售量　　　　　　　　　　　　　　　　单位：万件

年份	1	2	3	4	5	6	7	8	9
销售量	6	7.5	10	20	29	36	42	46	49

解： 绘制该商品销售量的散点图（略），可以看出该商品销售量的走势近似于 S 曲线变动；又可验证，该商品销售量对数的逐期增长量的比率接近一常数。因此，可选择龚珀兹曲线预测模型进行预测。

$$b = \sqrt[n]{\frac{\sum\limits_{t=2n+1}^{3n} \ln y_t - \sum\limits_{t=n+1}^{2n} \ln y_t}{\sum\limits_{t=n+1}^{2n} \ln y_t - \sum\limits_{t=1}^{n} \ln y_t}} = \sqrt[3]{\frac{\sum\limits_{t=7}^{9} \ln y_t - \sum\limits_{t=4}^{6} \ln y_t}{\sum\limits_{t=4}^{6} \ln y_t - \sum\limits_{t=1}^{3} \ln y_t}}$$

$$= \sqrt[3]{\frac{(\ln 42 + \ln 46 + \ln 49) - (\ln 20 + \ln 29 + \ln 36)}{(\ln 20 + \ln 29 + \ln 36) - (\ln 6 + \ln 7.5 + \ln 10)}} = \sqrt[3]{\frac{11.4581 - 9.9465}{9.9465 - 6.1092}} = 0.7331$$

$$\ln a = \left(\sum_{t=4}^{6} \ln y_t - \sum_{t=1}^{3} \ln y_t \right) \frac{b-1}{b(b^3-1)^2}$$

$$= (9.9465 - 6.1092) \times \frac{0.7331 - 1}{0.7331 \times (0.7331^3 - 1)^2} = -3.8091$$

$$\ln K = \frac{1}{3} \left(\sum_{t=1}^{3} \ln y_t - \frac{b(1-b^3)}{1-b} \ln a \right)$$

$$= \frac{1}{3} \left[6.1092 - \frac{0.7331 \times (1 - 0.7331^3)}{1 - 0.7331} \times (-3.8091) \right] = 4.1499$$

所以，

$$a = e^{-3.8091} = 0.0222 \qquad K = e^{4.1499} = 63.4277$$

因此该商品销售量的预测模型为

$$\hat{y}_t = 63.4277 \times 0.0222^{0.7331^t}$$

这里 $0 < b = 0.7331 < 1$，$\ln a = -3.8091 < 0$，说明该商品生命周期处于成长后期，即已进入成熟期，市场销售量虽然仍急剧增加，但增长速度开始变缓。

由预测模型可得，该商品下一年的销售量预测值为

$$\hat{y}_{10} = 63.4277 \times 0.0222^{0.7331^{10}} = 53.4731 \text{（万件）}$$

二、皮尔曲线模型预测法

皮尔曲线是美国生物学家和人口统计学家皮尔（R. Peare）在统计研究过程中，提出的一种比较好的描述生长过程的数学模型，又叫推理曲线或逻辑曲线。也有人说，该曲线是由比利时数学家维哈斯特（P. Fveihulst）在研究人口增长规律时提出的。

皮尔曲线多用于生物繁殖、人口发展统计，也适用于对产品生命周期进行分析预测，特别适用于处在成熟期的商品市场最大潜力的分析与预测。

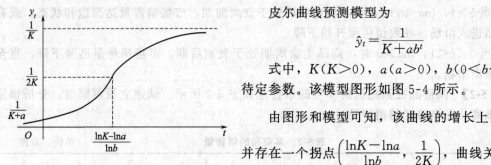

图 5-4 皮尔曲线

皮尔曲线预测模型为

$$\hat{y}_t = \frac{1}{K + ab^t} \tag{5-14}$$

式中，$K(K>0)$，$a(a>0)$，$b(0<b<1)$ 为待定参数。该模型图形如图 5-4 所示。

由图形和模型可知，该曲线的增长上限为 $\frac{1}{K}$，并存在一个拐点 $\left(\frac{\ln K - \ln a}{\ln b}, \frac{1}{2K}\right)$，曲线关于拐点对称。另外，曲线模型倒数的逐期增长量的比率为一个常数 b，即

$$\frac{\dfrac{1}{y_{t+1}} - \dfrac{1}{y_t}}{\dfrac{1}{y_t} - \dfrac{1}{y_{t-1}}} = b$$

将式(5-14) 两端取倒数。

$$\frac{1}{\hat{y}_t} = K + ab^t$$

令 $\hat{y}'_t = \dfrac{1}{\hat{y}_t}$，则上式变为

$$\hat{y}'_t = K + ab^t$$

这正是修正指数曲线模型式(5-1) 的形式，根据修正指数曲线模型参数估计的方法，可得到 b，a，K 的估计式。

$$b = \sqrt[n]{\frac{\displaystyle\sum_{t=2n+1}^{3n} \frac{1}{y_t} - \sum_{t=n+1}^{2n} \frac{1}{y_t}}{\displaystyle\sum_{t=n+1}^{2n} \frac{1}{y_t} - \sum_{t=1}^{n} \frac{1}{y_t}}} \tag{5-15}$$

$$a = \left(\sum_{t=n+1}^{2n} \frac{1}{y_t} - \sum_{t=1}^{n} \frac{1}{y_t}\right) \frac{b-1}{b(b^n-1)^2} \tag{5-16}$$

$$K = \frac{1}{n}\left(\sum_{t=1}^{n} \frac{1}{y_t} - ab\frac{1-b^n}{1-b}\right) \tag{5-17}$$

至此预测模型中三个参数 K，a，b 均确定，因此预测模型也确定，可用于进行实际预测。

【例 5-3】 某乡过去 6 年每年年底人口数如表 5-3 所示。试用皮尔曲线模型预测下一年年底的人口数。

表 5-3　某乡年底人口数　　　　　　　　　　　　单位：万人

年份	1	2	3	4	5	6
销售量	6.2	7.5	8.4	10.1	10.7	11.1

解： 根据式(5-15)、式(5-16)、式(5-17) 可分别估算出参数 b，a，K。

$$b = \sqrt[n]{\frac{\displaystyle\sum_{t=2n+1}^{3n} \frac{1}{y_t} - \sum_{t=n+1}^{2n} \frac{1}{y_t}}{\displaystyle\sum_{t=n+1}^{2n} \frac{1}{y_t} - \sum_{t=1}^{n} \frac{1}{y_t}}} = \sqrt{\frac{\displaystyle\sum_{t=5}^{6} \frac{1}{y_t} - \sum_{t=3}^{4} \frac{1}{y_t}}{\displaystyle\sum_{t=3}^{4} \frac{1}{y_t} - \sum_{t=1}^{2} \frac{1}{y_t}}} = \sqrt{\frac{\left(\dfrac{1}{10.7} + \dfrac{1}{11.1}\right) - \left(\dfrac{1}{8.4} + \dfrac{1}{10.1}\right)}{\left(\dfrac{1}{8.4} + \dfrac{1}{10.1}\right) - \left(\dfrac{1}{6.2} + \dfrac{1}{7.5}\right)}}$$

$$= \sqrt{\frac{0.183548 - 0.218058}{0.218058 - 0.294624}} = 0.6714$$

$$a = \left(\sum_{t=3}^{4}\frac{1}{y_t} - \sum_{t=1}^{2}\frac{1}{y_t}\right)\frac{b-1}{b(b^2-1)^2}$$

$$= (0.218058 - 0.294624) \times \frac{0.6714 - 1}{0.6714 \times (0.6714^2 - 1)^2} = 0.1242$$

$$K = \frac{1}{2}\left(\sum_{t=1}^{2}\frac{1}{y_t} - ab\frac{1-b^2}{1-b}\right)$$

$$= \frac{1}{2} \times \left(0.294624 - 0.1242 \times 0.6714 \times \frac{1-0.6714^2}{1-0.6714}\right) = 0.0776$$

因此该乡人口数量的预测模型为

$$\hat{y}_t = \frac{1}{0.0776 + 0.1242 \times 0.6714^t}$$

由预测模型可得，该乡下一年底的人口数量预测值为

$$\hat{y}_7 = \frac{1}{0.0776 + 0.1242 \times 0.6714^7} = 11.7318 \text{（万人）}$$

值得指出的是，实际预测中，往往无法通过预测对象时间序列散点图直观准确地确定某种模型，常常是其散点图的变动规律与几种模型曲线相近。因此，实际预测中，一般先初选几个模型进行预测分析，然后再选择拟合误差最小的模型用于预测。

习　题

1. 什么是趋势外推预测法？趋势外推预测法的前提条件是什么？
2. 什么是模型参数估计的三和值法？
3. 如何判别时间序列具有修正指数曲线变动规律？
4. 如何判别时间序列具有龚珀兹曲线变动规律？
5. 如何判别时间序列具有皮尔曲线变动规律？
6. 龚珀兹曲线与皮尔曲线有何区别？
7. 某地区 9 年来某种家用电器销售量如表 5-4 所示。试用修正指数曲线预测明后两年该种家用电器销售量。

表 5-4　某地区家用电器销售量　　　　　　　　　　　　　　　单位：万台

年	1	2	3	4	5	6	7	8	9
销售量	46.0	49.0	51.4	53.3	54.8	56.0	57.0	57.8	58.4

8. 某地区 18 年来人口统计数据如表 5-5 所示。试用生长曲线模型预测明年该地区的人口总数。

表 5-5　某地区人口统计数据　　　　　　　　　　　　　　　单位：万人

年	人口总数	年	人口总数	年	人口总数
1	4702	7	5355	13	5884
2	4811	8	5427	14	5987
3	4948	9	5502	15	6075
4	5057	10	5593	16	6616
5	5175	11	5681	17	6253
6	5268	12	5780	18	6346

第六章　马尔科夫预测法

马尔科夫预测法是应用随机过程中马尔科夫链的基本原理和方法研究分析随机时间序列的变化规律，并预测其未来变化趋势的一种方法。马尔科夫（A. A. Markov，1856～1922年）是俄罗斯伟大的数学家。马尔科夫链是人类历史上第一个从理论上提出并加以研究的随机过程模型。马尔科夫链在经济预测与经营决策等方面有着广泛的应用。在这里主要介绍马尔科夫链的基本原理及其在经济预测中的应用。至于马尔科夫原理在经营决策中的应用将在第九章中予以介绍。

第一节　马尔科夫链的基本原理

在现实世界中，事物的发展变化，一类是确定的；一类是不确定的。事物的不确定变化过程是指在一定的时刻，事物的变化结果不止一个，但人们又无法事先肯定哪一个结果一定发生，即事物的发展变化具有随机性。这样的变化过程称为随机过程。随机过程是指事物随时间变化的特征量是一族随机变量 $X(t)t\in T$。如某市一天来的温度 $C(t)t\in [0,24]$；某种产品日需求量的集合等。

随机过程根据其随机变量 $X(t)$ 与时间参数 T 的取值是否连续分为四类。①连续型随机过程：随机变量 $X(t)$ 与时间参数 T 都是连续的。②离散型随机过程：随机变量 $X(t)$ 是离散的，时间参数 T 是连续的。③连续随机序列：随机变量 $X(t)$ 是连续的，时间参数 T 是离散的。④离散随机序列（又称随机时间序列）：随机变量 $X(t)$ 与时间参数 T 都是离散的。

马尔科夫链是一种特殊的随机时间序列，是指具有无后效性的随机时间序列，也就是时间序列将来取什么值只与它现在的取值有关，而与它过去取什么值无关。这种性质称为无后效性。也就是说时间序列在下一时期 $t+1$ 处于什么状态只与目前时期 t 所处的状态有关，而与目前时期 t 以前所处的状态无关。如池塘里有 n 张荷叶，编号为 $1,2,\cdots n$，假设有一只青蛙随机地在荷叶上跳来跳去，在初始时刻 t_0，它在 3 号荷叶上，在时刻 t_1，它可能跳到 1号，2 号，4 号，$\cdots$，n 号荷叶的任意一张上，也可能在 3 号荷叶上不动。把青蛙在某个时刻所在的荷叶称为青蛙所处的状态。这样，青蛙在未来处于什么状态，只与它现在所处的状态有关，而与它以前所处的状态无关。

设 t 时期时间序列的状态为 x_t，则称

$$p_{ij}=p(x_{t+1}=j\,|\,x_t=i) \qquad (i,j=1,2,\cdots,n)$$

为时间序列从状态 i 经一步转移到状态 j 的概率，简称一步转移概率。如上例中，p_{ij} 表示 t 时刻青蛙在第 i 张荷叶上，$t+1$ 时刻青蛙跳到第 j 张荷叶上的概率。

将所有的 $p_{ij}(i,j=1,2,\cdots,n)$ 依序排列起来，就构成一个矩阵。

$$P=\begin{pmatrix} p_{11} & p_{12} & \cdots & p_{1n} \\ p_{21} & p_{22} & \cdots & p_{2n} \\ \vdots & \vdots & \vdots & \vdots \\ p_{n1} & p_{n2} & \cdots & p_{nn} \end{pmatrix}$$

称这个矩阵为一步转移概率矩阵。常常也把它叫转移概率矩阵。

由转移概率可知，转移概率矩阵的第 i 行表示状态 i 保留与失去的概率，第 j 列表示状态 j 保留与获得的概率。即 p_{ii} 表示经过一步转移保留状态 i 的概率，$p_{ij}(i \neq j)$ 表示经过一步转移，状态 i 失去到状态 j 的概率，或状态 j 中由状态 i 转移来的概率。如某种产品销路有两种情况：畅销和滞销。在相邻两个时期，这种产品销路可能是一直畅销或畅销转为滞销；也可能由滞销转为畅销或一直滞销。因此其一步转移概率矩阵为

$$P = \begin{pmatrix} p_{11} & p_{12} \\ p_{21} & p_{22} \end{pmatrix}$$

式中，p_{11} 表示从上一个时期到下一个时期继续保留畅销的概率；p_{12} 表示从上一个时期畅销转入下一个时期滞销的概率，或下一时期滞销中，由上一时期畅销转来的概率；p_{21} 表示从上一个时期滞销转入下一个时期畅销的概率，或下一时期畅销中，由上一时期滞销转来的概率；p_{22} 表示从上一个时期到下一个时期继续保留滞销的概率。

由此可见，转移概率矩阵具有如下性质。

① $p_{ij} \geqslant 0 (i,j = 1, 2, \cdots, n)$

② $\sum\limits_{j=1}^{n} p_{ij} = 1 (i = 1, 2, \cdots, n)$

类似地，可定义多步转移概率。若 t 时期时间序列的状态为 x_t，经过 k 个时期转移为状态 x_{t+k}，其转移概率称为 k 转移概率。即称

$$p_{ij}^{(k)} = p(x_{t+k} = j \mid x_t = i) \qquad (i, j = 1, 2, \cdots, n)$$

为从状态 i 出发，经过 k 步转移到状态 j 的 k 步转移概率。

由 k 步转移概率 $p_{ij}^{(k)} (i, j = 1, 2, \cdots, n)$ 构成的矩阵

$$P^{(k)} = \begin{pmatrix} p_{11}^{(k)} & p_{12}^{(k)} & \cdots & p_{1n}^{(k)} \\ p_{21}^{(k)} & p_{22}^{(k)} & \cdots & p_{2n}^{(k)} \\ \vdots & \vdots & \vdots & \vdots \\ p_{n1}^{(k)} & p_{n2}^{(k)} & \cdots & p_{nn}^{(k)} \end{pmatrix}$$

称为 k 步转移概率矩阵。

类似一步转移概率矩阵，k 步转移概率矩阵具有如下性质。

① $p_{ij}^{(k)} \geqslant 0 (i, j = 1, 2, \cdots, n)$

② $\sum\limits_{j=1}^{n} p_{ij}^{(k)} = 1 (i = 1, 2, \cdots, n)$

2 步转移概率 $p_{ij}^{(2)}$ 是从状态 i 出发经过一步转移到状态 $m(m = 1, 2, \cdots, n)$，然后再从状态 m 经过一步转移到状态 j，所以有

$$p_{ij}^{(2)} = \sum_{m=1}^{n} p_{im} p_{mj}$$

因此，2 步转移概率矩阵为

$$P^{(2)} = \begin{pmatrix} p_{11}^{(2)} & p_{12}^{(2)} & \cdots & p_{1n}^{(2)} \\ p_{21}^{(2)} & p_{22}^{(2)} & \cdots & p_{2n}^{(2)} \\ \vdots & \vdots & \vdots & \vdots \\ p_{n1}^{(2)} & p_{n2}^{(2)} & \cdots & p_{nn}^{(2)} \end{pmatrix} = \begin{pmatrix} \sum\limits_{m=1}^{n} p_{1m} p_{m1} & \sum\limits_{m=1}^{n} p_{1m} p_{m2} & \cdots & \sum\limits_{m=1}^{n} p_{1m} p_{mn} \\ \sum\limits_{m=1}^{n} p_{2m} p_{m1} & \sum\limits_{m=1}^{n} p_{2m} p_{m2} & \cdots & \sum\limits_{m=1}^{n} p_{2m} p_{mn} \\ \vdots & \vdots & \vdots & \vdots \\ \sum\limits_{m=1}^{n} p_{nm} p_{m1} & \sum\limits_{m=1}^{n} p_{nm} p_{m2} & \cdots & \sum\limits_{m=1}^{n} p_{nm} p_{mn} \end{pmatrix}$$

$$= \begin{pmatrix} p_{11} & p_{12} & \cdots & p_{1n} \\ p_{21} & p_{22} & \cdots & p_{2n} \\ \vdots & \vdots & \vdots & \vdots \\ p_{n1} & p_{n2} & \cdots & p_{nn} \end{pmatrix} \begin{pmatrix} p_{11} & p_{12} & \cdots & p_{1n} \\ p_{21} & p_{22} & \cdots & p_{2n} \\ \vdots & \vdots & \vdots & \vdots \\ p_{n1} & p_{n2} & \cdots & p_{nn} \end{pmatrix}$$

$$= \begin{pmatrix} p_{11} & p_{12} & \cdots & p_{1n} \\ p_{21} & p_{22} & \cdots & p_{2n} \\ \vdots & \vdots & \vdots & \vdots \\ p_{n1} & p_{n2} & \cdots & p_{nn} \end{pmatrix}^2 = P^2$$

类似地，3 步转移概率 $p_{ij}^{(3)}$ 是从状态 i 出发经过 2 步转移到状态 $m(m=1,2,\cdots,n)$，然后再从状态 m 经过一步转移到状态 j。所以有

$$p_{ij}^{(3)} = \sum_{m=1}^{n} p_{im}^{(2)} p_{mj}$$

因此 $P^{(3)} = P^3$

一般地，k 步转移概率为 $p_{ij}^{(k)} = \sum_{m=1}^{n} p_{im}^{k-1} p_{mj}$，$k$ 步转移概率矩阵为 $P^{(k)} = P^k$。

第二节　状态预测

预测下一时期系统变化最可能出现的状态，是马尔科夫预测中最简单的预测类型。下一时期系统最可能出现的状态一般按如下步骤进行。

1. 划分预测对象（系统）所出现的状态

从预测目的出发，并考虑决策者的需要适当划分系统所处的状态。

2. 计算各状态出现的初始频数

假设有 n 个状态 x_1，x_2，$\cdots$，x_n，共观察了 M 个时期。由实际历史资料可以计算出状态 $x_i(i=1,2,\cdots,n)$ 共出现的初始频数为 M_i 次。

由此，还可计算出 M_i 出现的频率。

$$f_i = \frac{M_i}{M}$$

一般用 f_i 近似地表示 x_i 出现的概率 p_i，即 $p_i \approx f_i(i=1,2,\cdots,n)$。

3. 计算状态转移概率

仍以频率近似地表示概率。即以状态 x_i 转移到 x_j 的频率 f_{ij} 近似地表示状态 x_i 转移到 x_j 的概率 p_{ij}。

$x_i(i=1,2,\cdots,n)$ 共出现了 M_i 次，从 M_i 个 x_i 出发，下一步转移到 x_j 的个数若为 M_{ij} 个，则

$$f_{ij} = \frac{M_{ij}}{M_i} \approx p(x_j \mid x_i) = p_{ij}$$

4. 进行预测

如果预测对象目前时期处于状态 x_i，而 p_{ij} 表示目前状态处于 x_i 在下一时期将转向状态 $x_j(i=1,2,\cdots,n)$ 的概率。按最大概率原则，取

$$\max\{p_{i1}, p_{i2}, \cdots, p_{in}\} = p_{ik}$$

对应于状态 x_k，x_k 为预测对象下一时期所处状态。

【例 6-1】 某厂在最近 20 个月的某产品销售额如表 6-1 所示。

表 6-1 某产品销售额统计 单位：万元

月	1	2	3	4	5	6	7	8	9	10
销售额	50	55	90	130	120	48	50	60	72	100
月	11	12	13	14	15	16	17	18	19	20
销售额	120	140	150	130	65	80	55	90	120	130

试预测第 21 个月的产品销售额状况。

解：（1）划分状态　按销售额情况划分销售状态。

① 销售额＜60 万元，属滞销。

② 60 万元≤销售额≤100 万元，属一般。

③ 销售额＞100 万元，属畅销。

（2）计算各状态出现的初始频数

按（1）的状态划分，根据表 6-1，可计算出：产品处于滞销状态的频数 $M_1=5$，产品处于一般销售状态的频数 $M_2=7$，产品处于畅销状态的频数 $M_3=8$。

（3）计算状态转移概率　注意：计算状态转移概率时，最后一个数据不参加计算，因为其将来转移至哪一个状态尚不清楚。

由表 6-1 可得

$$M_{11}=2, \quad M_{12}=3, \quad M_{13}=0,$$
$$M_{21}=1, \quad M_{22}=3, \quad M_{23}=3,$$
$$M_{31}=1, \quad M_{32}=1, \quad M_{33}=5$$

所以

$$p_{11}=\frac{2}{5}, \quad p_{12}=\frac{3}{5}, \quad p_{13}=\frac{0}{5}=0,$$
$$p_{21}=\frac{1}{7}, \quad p_{22}=\frac{3}{7}, \quad p_{23}=\frac{3}{7},$$
$$p_{31}=\frac{1}{7}, \quad p_{32}=\frac{1}{7}, \quad p_{33}=\frac{5}{7}$$

即状态转移矩阵为

$$P=\begin{pmatrix} \dfrac{2}{5} & \dfrac{3}{5} & 0 \\ \dfrac{1}{7} & \dfrac{3}{7} & \dfrac{3}{7} \\ \dfrac{1}{7} & \dfrac{1}{7} & \dfrac{5}{7} \end{pmatrix}$$

（4）预测第 21 个月的产品销售额状况　从表 6-1 可知，该厂产品在第 20 个月处于畅销状态。又由状态转移概率矩阵可知，该产品由畅销状态经一步转移至三种状态的概率分别为

$$p_{31}=\frac{1}{7}, \quad p_{32}=\frac{1}{7}, \quad p_{33}=\frac{5}{7}$$

所以，该产品第 21 个月的销售状况为畅销状态，产品销售额大于 100 万元。

第三节　市场占有率预测

市场占有率是指某品牌、产品的市场占有率。即指某地区消费某种产品的居民中，消费某一品牌的居民所占的比例。或指某品牌产品销售额在同种产品销售总额中所占的比例。企

业生产运营过程中，其产品的市场占有率符合马尔科夫过程，是马尔科夫链。因为企业产品下一期末的市场占有率状况，是在本期末市场占有率情况的基础上，在下一期内通过市场竞争以后，即顾客在各销售者之间转移，从而增减变化以后，形成暂时市场销售趋势，它与上一期以及更早以前的时期的销售状况没有直接关系。即企业产品下一时期的市场占有率仅与本期市场占有率及转移概率有关，而与以前时期的市场占有率无关。因此，可由马尔科夫链的基本原理预测产品市场占有率。

由马尔科夫链的基本原理，产品下一时期的市场占有率仅取决于本期市场占有率及转移概率。

假设有 n 家企业生产某同种产品，它们在市场上的现时市场占有率为

$$S^0 = (S_1^{(0)} \quad S_2^{(0)} \quad \cdots \quad S_n^{(0)})$$

式中，$S_1^{(0)}$ 表示企业 1 在现时市场上的现时市场占有率；$S_2^{(0)}$ 表示企业 2 在现时市场上的现时市场占有率；$S_n^{(0)}$ 表示企业 n 在现时市场上的现时市场占有率；称 S^0 为初始市场占有率向量。

又设市场转移概率矩阵为

$$P = \begin{pmatrix} p_{11} & p_{12} & \cdots & p_{1n} \\ p_{21} & p_{22} & \cdots & p_{2n} \\ \vdots & \vdots & \vdots & \vdots \\ p_{n1} & p_{n2} & \cdots & p_{nn} \end{pmatrix}$$

其中，p_{11}，p_{22}，$\cdots$，p_{nn} 表示各家企业保留上一时期顾客（或用户）的概率；其他数值表示两种含义：如 p_{12} 表示的第一种含义是第一家企业失去的顾客转移到第二家企业的概率；表示的第二种含义是第二家企业由第一家企业转来的顾客（或用户）的概率。

由马尔科夫链的原理和概率理论，n 家企业下一时期的产品市场占有率为

$$S^1 = (S_1^{(1)} \quad S_2^{(1)} \quad \cdots \quad S_n^{(1)})$$

应为

$$S_1^{(1)} = p_{11}S_1^{(0)} + p_{21}S_2^{(0)} + \cdots + p_{n1}S_n^{(0)}$$
$$S_2^{(1)} = p_{12}S_1^{(0)} + p_{22}S_2^{(0)} + \cdots + p_{n2}S_n^{(0)}$$
$$\vdots$$
$$S_n^{(1)} = p_{1n}S_1^{(0)} + p_{2n}S_2^{(0)} + \cdots + p_{nn}S_n^{(0)}$$

以矩阵表示为

$$S^1 = (S_1^{(0)} \quad S_2^{(0)} \quad \cdots \quad S_n^{(0)}) \begin{pmatrix} p_{11} & p_{12} & \cdots & p_{1n} \\ p_{21} & p_{22} & \cdots & p_{2n} \\ \vdots & \vdots & \vdots & \vdots \\ p_{n1} & p_{n2} & \cdots & p_{nn} \end{pmatrix} = S^0 P$$

同理可得，n 家企业再下一时期的产品市场占有率 S^2 为

$$S^2 = S^1 P = S^0 P^2$$

一般地，经过 k 个时期的 n 家企业的产品市场占有率 S^k 为

$$S^k = S^0 P^k$$

因此，经过 k 个时期的 n 家企业的产品市场占有率 S^k 为初始市场占有率与一步转移概率矩阵的 k 次幂的乘积；或者为初始市场占有率与 k 步转移概率矩阵的乘积。

如果市场的顾客（或用户）流动趋向长期稳定，则经过一段时期以后，市场占有率将会出现稳定的平衡状态。稳定的平衡状态就是顾客（或用户）的流动对市场占有率不产生影响，即各企业失去的顾客（或用户）与争取到的顾客（或用户）相抵消。这时的市场占有率

称为稳定状态市场占有率，也称长期市场占有率或终极市场占有率。

企业生产运营过程中，经营决策常常需要预测产品的长期市场占有率，那么，如何预测产品的长期市场占有率呢？下面我们引入标准概率矩阵。

若 P 为 n 阶概率矩阵，且存在自然数 k，使得 P^k 的所有元素均为正数，则称 P 为标准概率矩阵。

例如，$P_1 = \begin{pmatrix} 0.3 & 0.7 \\ 0.7 & 0.3 \end{pmatrix}$ 为标准概率矩阵（$k=1$）；$P_2 = \begin{pmatrix} 0 & 1 \\ 0.7 & 0.3 \end{pmatrix}$ 为标准概率矩阵，

因为 $P_2^2 = \begin{pmatrix} 0 & 1 \\ 0.7 & 0.3 \end{pmatrix}\begin{pmatrix} 0 & 1 \\ 0.7 & 0.3 \end{pmatrix} = \begin{pmatrix} 0.7 & 0.3 \\ 0.21 & 0.79 \end{pmatrix}$ （$k=2$）；$P_3 = \begin{pmatrix} 1 & 0 \\ 0.7 & 0.3 \end{pmatrix}$ 为非标准概率矩

阵，因为 $P_3^2 = \begin{pmatrix} 1 & 0 \\ 0.7 & 0.3 \end{pmatrix}\begin{pmatrix} 1 & 0 \\ 0.7 & 0.3 \end{pmatrix} = \begin{pmatrix} 1 & 0 \\ 0.91 & 0.09 \end{pmatrix}$，$P_3^3 = \begin{pmatrix} 1 & 0 \\ 0.91 & 0.09 \end{pmatrix}\begin{pmatrix} 1 & 0 \\ 0.7 & 0.3 \end{pmatrix} =$

$\begin{pmatrix} 1 & 0 \\ 0.973 & 0.027 \end{pmatrix} \cdots\cdots$

可以证明 P_3^k（k 为自然数）中均有 0 元素，所以 P_3 为非标准概率矩阵。

标准概率矩阵具有如下性质。

若 P 为 n 阶标准概率矩阵，则必存在唯一的非零的非负行向量 $\alpha = (\alpha_1 \quad \alpha_2 \quad \cdots \quad \alpha_n)$，使得 $\alpha P = \alpha$。

市场占有率状态转移概率矩阵属于标准概率矩阵，而企业产品的市场占有率，经过多步转移后达到稳定的平衡状态，在这种情况下，各企业产品的市场占有率不再发生变化。因此，α 就代表各企业产品的长期市场占有率。所以，要预测各企业产品的长期市场占有率只需求解如下方程组即可。

$$\begin{cases} \alpha P = \alpha \\ \sum\limits_{i=1}^{n} \alpha_i = 1 \end{cases}$$

解出 $\alpha = (\alpha_1 \quad \alpha_2 \quad \cdots \quad \alpha_n)$ 即为各企业产品的长期市场占有率。

【例 6-2】 某地区有 A、B、C 三个生产同一种产品的工厂，共同供应 1000 家用户。今年 5 月份对这 1000 家用户进行调查表明，购买 A、B、C 三个工厂的产品分别有 400 户、300 户、300 户。同时，得到这 1000 家用户在三个工厂转移的转移频数矩阵如下。

$$\begin{pmatrix} 160 & 120 & 120 \\ 180 & 90 & 30 \\ 180 & 30 & 90 \end{pmatrix}$$

试求：（1）三家工厂 6～12 月份的市场占有率；

（2）市场趋于稳定状态时，各工厂的市场占有率。

解：（1）求初始市场占有率 由题设已知，可求出三家工厂 5 月份的市场占有率为

$$S^0 = \begin{pmatrix} \dfrac{400}{1000} & \dfrac{300}{1000} & \dfrac{300}{1000} \end{pmatrix} = (0.4 \quad 0.3 \quad 0.3)$$

即为初始市场占有率。

（2）求转移概率矩阵 由已知的转移频数矩阵，可得到转移概率矩阵为

$$P = \begin{pmatrix} \dfrac{160}{400} & \dfrac{120}{400} & \dfrac{120}{400} \\ \dfrac{180}{300} & \dfrac{90}{300} & \dfrac{30}{300} \\ \dfrac{180}{300} & \dfrac{30}{300} & \dfrac{90}{300} \end{pmatrix} = \begin{pmatrix} 0.4 & 0.3 & 0.3 \\ 0.6 & 0.3 & 0.1 \\ 0.6 & 0.1 & 0.3 \end{pmatrix}$$

（3）求各工厂 6～12 月份的市场占有率 由 5 月份各工厂市场占有率及转移概率矩阵，可得 6 月份各工厂的市场占有率为

$$S^1 = S^0 P = (0.4 \quad 0.3 \quad 0.3) \begin{pmatrix} 0.4 & 0.3 & 0.3 \\ 0.6 & 0.3 & 0.1 \\ 0.6 & 0.1 & 0.3 \end{pmatrix} = (0.52 \quad 0.24 \quad 0.24)$$

即 A 工厂市场占有率为 52%，B、C 工厂市场占有率都为 24%。

7 月份各工厂的市场占有率为

$$S^2 = S^0 P^2 = (0.4 \quad 0.3 \quad 0.3) \begin{pmatrix} 0.4 & 0.3 & 0.3 \\ 0.6 & 0.3 & 0.1 \\ 0.6 & 0.1 & 0.3 \end{pmatrix}^2 = (0.496 \quad 0.252 \quad 0.252)$$

即 A 工厂市场占有率为 49.6%，B、C 工厂市场占有率都为 25.2%。

8 月份各工厂的市场占有率

$$S^3 = S^0 P^3 = (0.4 \quad 0.3 \quad 0.3) \begin{pmatrix} 0.4 & 0.3 & 0.3 \\ 0.6 & 0.3 & 0.1 \\ 0.6 & 0.1 & 0.3 \end{pmatrix}^3 = (0.5008 \quad 0.2496 \quad 0.2496)$$

即 A 工厂市场占有率为 50.08%，B、C 工厂市场占有率都为 24.96%。

9 月份各工厂的市场占有率为

$$S^4 = S^0 P^4 = (0.4 \quad 0.3 \quad 0.3) \begin{pmatrix} 0.4 & 0.3 & 0.3 \\ 0.6 & 0.3 & 0.1 \\ 0.6 & 0.1 & 0.3 \end{pmatrix}^4 = (0.49984 \quad 0.25008 \quad 0.25008)$$

即 A 工厂市场占有率为 49.984%，B、C 工厂市场占有率都为 25.008%。

10 月份各工厂的市场占有率为

$$S^5 = S^0 P^5 = (0.4 \quad 0.3 \quad 0.3) \begin{pmatrix} 0.4 & 0.3 & 0.3 \\ 0.6 & 0.3 & 0.1 \\ 0.6 & 0.1 & 0.3 \end{pmatrix}^5 = (0.500032 \quad 0.249984 \quad 0.249984)$$

即 A 工厂市场占有率为 50.0032%，B、C 工厂市场占有率都为 24.9984%。

11 月份各工厂的市场占有率为

$$S^6 = S^0 P^6 = (0.4 \quad 0.3 \quad 0.3) \begin{pmatrix} 0.4 & 0.3 & 0.3 \\ 0.6 & 0.3 & 0.1 \\ 0.6 & 0.1 & 0.3 \end{pmatrix}^6 = (0.4999936 \quad 0.2500032 \quad 0.2500032)$$

即 A 工厂市场占有率为 49.99936%，B、C 工厂市场占有率都为 25.00032%。

12 月份各工厂的市场占有率为

$$S^7 = S^0 P^7 = (0.4 \quad 0.3 \quad 0.3) \begin{pmatrix} 0.4 & 0.3 & 0.3 \\ 0.6 & 0.3 & 0.1 \\ 0.6 & 0.1 & 0.3 \end{pmatrix}^7 = (0.50000128 \quad 0.24999936 \quad 0.24999936)$$

即 A 工厂市场占有率为 50.000128%，B、C 工厂市场占有率都为 24.999936%。

由此可见，A 工厂的市场占有率随着时间的推移逐渐稳定在 50%，B、C 工厂的市场占有率随着时间的推移都稳定在 25%。

（4）求稳定状态时各工厂的市场占有率 设稳定状态时，各工厂的市场占有率构成的行向量 $\alpha = (\alpha_1 \quad \alpha_2 \quad \alpha_3)$，则

$$\begin{cases} (\alpha_1 \quad \alpha_2 \quad \alpha_3)\begin{pmatrix} 0.4 & 0.3 & 0.3 \\ 0.6 & 0.3 & 0.1 \\ 0.6 & 0.1 & 0.3 \end{pmatrix} = (\alpha_1 \quad \alpha_2 \quad \alpha_3) \\ \alpha_1 + \alpha_2 + \alpha_3 = 1 \end{cases}$$

解此方程组得

$$\begin{cases} \alpha_1 = 0.50 \\ \alpha_2 = 0.25 \\ \alpha_3 = 0.25 \end{cases}$$

所以，市场趋于稳定状态时，A 工厂的市场占有率为 50%，B、C 工厂的市场占有率都为 25%。

第四节 期望利润预测

生产厂家的利润，常常随着市场状态的变化而变化。由于市场状态的变化是随机的，所以生产厂家的利润也是随机的。因此，生产厂家从事生产经营管理活动，不仅要把握市场状态的变化，而且还要对其利润进行预测。

假设生产厂家生产运营面临的市场状态有 n 种，其转移概率矩阵为

$$P = \begin{pmatrix} p_{11} & p_{12} & \cdots & p_{1n} \\ p_{21} & p_{22} & \cdots & p_{2n} \\ \vdots & \vdots & \vdots & \vdots \\ p_{n1} & p_{n2} & \cdots & p_{nn} \end{pmatrix}$$

状态转移利润矩阵为

$$R = \begin{pmatrix} r_{11} & r_{12} & \cdots & r_{1n} \\ r_{21} & r_{22} & \cdots & r_{2n} \\ \vdots & \vdots & \vdots & \vdots \\ r_{n1} & r_{n2} & \cdots & r_{nn} \end{pmatrix}$$

根据市场状态转移概率矩阵和状态转移利润矩阵，可对生产厂家未来的期望利润进行预测。

设 $v_i(k)$ 为从状态 i 开始，经过 $k(k=1,2,\cdots)$ 步转移到各状态所获得的期望利润。记

$$v(k) = (v_1(k) \quad v_2(k) \quad \cdots v_n(k))^T$$

当 $k=1$ 时，

$$v_i(1) = r_{i1}p_{i1} + r_{i2}p_{i2} + \cdots + r_{in}p_{in}$$

当 $k>1$ 时，$v_i(k)$ 即为由状态 i 开始，经一步转移到各状态所获得的期望利润 $v_i(1)$，再加上经一步转移后到达的各状态 $j(j=1,2,\cdots,n)$，再经 $k-1$ 步转移到达各状态所获得的期望利润 $v_j(k-1)$ 的期望利润。即

$$v_i(k) = v_i(1) + \sum_{j=1}^{n} v_j(k-1)p_{ij} = v_i(1) + (p_{i1} \quad p_{i2} \quad \cdots \quad p_{in})v(k-1)$$

亦即

$$v(k) = \begin{pmatrix} v_1(k) \\ v_2(k) \\ \vdots \\ v_n(k) \end{pmatrix} = \begin{pmatrix} v_1(1) \\ v_2(1) \\ \vdots \\ v_n(1) \end{pmatrix} + \begin{pmatrix} p_{11} & p_{12} & \cdots & p_{1n} \\ p_{21} & p_{22} & \cdots & p_{2n} \\ \vdots & \vdots & \vdots & \vdots \\ p_{n1} & p_{n2} & \cdots & p_{nn} \end{pmatrix}\begin{pmatrix} v_1(k-1) \\ v_2(k-1) \\ \vdots \\ v_n(k-1) \end{pmatrix} \quad (k=1,2,\cdots)$$

规定 $v(0)=0$

【例 6-3】 某企业产品的销售状况有畅销和滞销两种情况。其销售状态转移概率矩阵和利润转移矩阵分别为

$$P=\begin{pmatrix} 0.4 & 0.6 \\ 0.3 & 0.7 \end{pmatrix}, \quad R=\begin{pmatrix} 600 & 200 \\ 200 & -200 \end{pmatrix}$$

即产品由畅销转为畅销的概率为 0.4，利润为 600 万元；由畅销转为滞销的概率为 0.6，利润为 200 万元；由滞销转为畅销的概率为 0.3，利润为 200 万元；由滞销转为滞销的概率为 0.7，利润为-200 万元，即企业将亏损 200 万元。试求该企业 1 个月后和 3 个月后的期望利润。

解：（1）企业一个月后的期望利润　若企业产品本月处于畅销状态，则一个月后的期望利润为

$$v_1(1)=p_{11}r_{11}+p_{12}r_{12}=0.4\times 600+0.6\times 200=360（万元）$$

若企业产品本月处于滞销状态，则一个月后的期望利润为

$$v_2(1)=p_{21}r_{21}+p_{22}r_{22}=0.3\times 200+0.7\times(-200)=-80（万元）$$

（2）企业三个月后的期望利润

$$v_i(3)=v_i(1)+\sum_{j=1}^{2}v_j(2)p_{ij} \qquad (i=1,2)$$

而

$$v_i(2)=v_i(1)+\sum_{j=1}^{2}v_j(1)p_{ij}$$

即

$$v_1(2)=v_1(1)+\sum_{j=1}^{2}v_j(1)p_{1j}=360+(360\times 0.4-80\times 0.6)=456（万元）$$

$$v_2(2)=v_2(1)+\sum_{j=1}^{2}v_j(1)p_{2j}=-80+(360\times 0.3-80\times 0.7)=-28（万元）$$

所以

$$v_1(3)=v_1(1)+\sum_{j=1}^{2}v_j(2)p_{1j}=360+(456\times 0.4-28\times 0.6)=525.6（万元）$$

$$v_2(3)=v_2(1)+\sum_{j=1}^{2}v_j(2)p_{2j}=-80+(456\times 0.3-28\times 0.7)=37.2（万元）$$

即若企业产品本月处于畅销状态，则 3 个月后的可获期望利润为 525.6 万元；若企业产品本月处于滞销状态，则 3 个月后的可获期望利润为 37.2 万元。

习　题

1. 什么是马尔科夫链？它具有什么特点？

2. 什么是马尔科夫预测法？它主要用于哪些方面的预测？

3. 某产品每月的市场销售状态分为畅销和滞销两种，两年来 24 个月的销售状态如表 6-2 所示。试求市场状态转移的一步和二步转移概率矩阵。

4. 某地区有 A、B、C 三个生产同一产品的工厂，共同供应 1000 家用户。假设用户在各厂间采取自由选购，但不超过此三个工厂，也没有新用户加入。某工厂在五月底做了一次市场调查，一个月后，于六月底又做了一次市场调查，经调查分析知用户流动情况如表 6-3 所示。

表 6-2　某产品的销售状态

月	1	2	3	4	5	6	7	8	9	10	11	12
状态	畅	畅	滞	畅	滞	滞	畅	畅	畅	滞	畅	滞
月	13	14	15	16	17	18	19	20	21	22	23	24
状态	畅	畅	滞	滞	畅	畅	滞	畅	滞	畅	畅	畅

表 6-3　用户流动情况　　　　　　　　　单位：家

工厂	五月底用户数	得到			失去			六月底用户数
		自 A	自 B	自 C	于 A	于 B	于 C	
A	200	0	35	25	0	20	20	220
B	500	20	0	20	35	0	15	490
C	300	20	15	0	25	20	0	290

试求：（1）建立状态转移矩阵；

（2）预测七月底各工厂的用户占有率；

（3）在稳定状态时，各工厂的用户占有率。

5. 已知某经济系统逐月的状态转移概率矩阵和期望利润矩阵分别为

$$P = \begin{pmatrix} 0.7 & 0.3 \\ 0.4 & 0.6 \end{pmatrix}, \quad R = \begin{pmatrix} 5 & 3 \\ 4 & 6 \end{pmatrix}$$

试求：该经济系统一个月后和三个月后的期望利润。

第七章 灰色预测

灰色预测是应用灰色系统理论，通过对原始数据的处理和灰色模型的建立，来发现、掌握系统的发展规律，由此对系统未来状态作出科学的定量的推测。

灰色系统理论，简称灰理论。它是我国著名学者邓聚龙教授在 20 世纪 70 年代末 80 年代初针对无经验，数据少的不确定性问题，即"少数据不确定性问题"提出的。它以部分信息已知，部分信息未知的少数据、贫信息的不确定性系统为研究对象，通过对部分已知信息的生成、开发，发掘出有价值的信息，从而正确认识系统运行的规律，并据以进行科学的推测。灰色系统理论自产生以来，已广泛应用于油气资源、矿产资源探查，影像压缩，机器故障诊断，经济预测，自然灾害预测等领域。在这里主要介绍灰色系统的有关基本原理及其在预测中的应用。

第一节 灰色预测的有关基本理论

一、有关基本概念

1. 灰概念、灰系统与灰性

① 灰概念是"数据少"与"信息不确定"两种概念的整合。因此，灰系统（也叫灰色系统）即为少数据不确定性的系统。

②"灰"概念是介于"白"与"黑"之间的概念。"白"是指信息确定、数据完整，对应有白色系统。"黑"是指信息很不确定、数据很少，对应有黑色系统。"灰"是指信息部分不确定、部分确定；部分不完全、部分完全；部分未知、部分已知。对应的即是灰色系统，如社会系统、经济系统、生态系统等都是灰色系统。

③ 灰性即为"少数据不确定性"，或部分清楚，部分不清楚。因此，灰性的本质是"少"与"不确定"。

2. 灰信息

灰信息是指不完全、不确切的信息。即部分信息已知，部分信息未知。如某商品的价格在 10 元左右；某人的年龄在 30 岁左右。

3. 灰预测

灰预测就是用现实的少量数据构造灰色模型，并用灰色模型推测未来数据。

4. 灰色模型

灰色模型，又叫灰模型（Grey Model），也叫灰色系统模型，是在序列基础上，通过灰色序列生成而建立的近似微分方程。灰模型既不是一般的函数模型，也不是完全的差分方程模型，或者完全的微分方程模型，而是具有部分微分、部分差分性质的模型。灰模型属于少数据模型，建立一个常用的灰模型 $GM(1,1)$，数据可少到 4 个。

5. 灰生成

灰色系统理论是通过对原始数据的整理寻求其整体变化规律的，也就是对原始数据本身通过某种运算寻找数据的内在变化规律，即灰生成，以推测事物的发展演变状况，从而作出判断与选择。现实世界中，有很多客观现象表面上复杂，数据离乱，但总体上常常表现出某种规律性，这种规律性常常可通过灰生成来发掘。如人们的日消费往往毫无规律，而月消费常常遵循"收支平衡"的规律。那么，究竟什么是灰生成呢？

灰生成，又叫灰色序列生成，是指将原始数据序列通过某种运算变换为新数据的过程。灰生成常常有三种变换形式：层次变换、数值变换和极性变换。层次变换改变数据的层次，其灰生成方法有累加生成和累减生成两种；数值变换将不可比数据变为可比数据，其灰生成方法有初值化生成、均值化生成和区间值化生成；极性变换将极性不同的数据或序列变为极性相同的数据或序列，其灰生成方法有上限效果测度、下限效果测度和适中效果测度。

二、灰预测的灰色序列生成

灰预测的灰色序列生成有累加生成、累减生成和紧邻均值生成。下面分别介绍这三种灰色序列生成。

1. 累加生成

累加生成是使灰色过程由灰变白的一种方法，其在灰色系统理论中极其重要。通过累加可以发现灰量累计过程的发展状况，使离乱的原始数据中蕴涵的规律性充分显示出来。如一个家庭的支出，按日计算，可能没有什么明显的规律，但按月计算，支出的规律性就可能体现出来，其大体与月收入呈某种关系；一种农作物的单粒重，一般没有什么规律，人们常常用千粒重作为评估农作物品种好坏的标准；一个生产大型设备的厂家，由于产品生产周期长，其产量或产值按天计算，没有规律，若按年计算，则规律明显。

累加生成是指将同一序列中数据逐次相加以生成新的数据。

设原始序列 $X^{(0)} = \{x^{(0)}(1) \quad x^{(0)}(2) \quad \cdots \quad x^{(0)}(n)\}$，称 $X^{(1)} = \{x^{(1)}(1) \quad x^{(1)}(2) \quad \cdots \quad x^{(1)}(n)\}$ 为一阶（次）累加生成序列，其中，$x^{(1)}(k) = \sum_{i=1}^{k} x^{(0)}(i) \quad (k=1,2,\cdots,n)$。

显然 $x^{(1)}(1) = x^{(0)}(1)$

由于 $x^{(1)}(k) = \sum_{i=1}^{k} x^{(0)}(i) = \sum_{i=1}^{k-1} x^{(0)}(i) + x^{(0)}(k)$

所以，$x^{(1)}(k) = x^{(1)}(k-1) + x^{(0)}(k)(k=2,3,\cdots,n)$。此即为一阶累加生成的递推式。

称 $X^{(r)} = \{x^{(r)}(1) \quad x^{(r)}(2) \quad \cdots \quad x^{(r)}(n)\}$ 为 $r(r=1,2,\cdots)$ 阶（次）累加生成序列，其中，$x^{(r)}(k) = \sum_{i=1}^{k} x^{(r-1)}(i) \quad (k=1,2,\cdots,n)$。

显然，$x^{(r)}(1) = x^{(r-1)}(1)$

同理，由于 $x^{(r)}(k) = \sum_{i=1}^{k} x^{(r-1)}(i) = \sum_{i=1}^{k-1} x^{(r-1)}(i) + x^{(r-1)}(k)$

所以，$x^{(r)}(k) = x^{(r)}(k-1) + x^{(r-1)}(k)(k=2,3,\cdots,n)$。此即为 $r(r=1,2,\cdots)$ 阶累加生成的递推式。

由此可见，只要原始序列 $X^{(0)}$ 是非负，$r(r=1,2,\cdots)$ 阶累加生成序列必然呈递增变动规律。并且若原始序列 $X^{(0)}$ 非负且无突变，则其一阶累加生成序列具有较强的指数规律。

【例 7-1】 设原始序列

$X^{(0)} = (x^{(0)}(1) \quad x^{(0)}(2) \quad x^{(0)}(3) \quad x^{(0)}(4)) = (1 \quad 4 \quad 2.5 \quad 3)$，求 $X^{(0)}$ 的一次累加生成序列 $X^{(1)}$。

解： $x^{(1)}(1) = 1$

$x^{(1)}(2) = x^{(0)}(1) + x^{(0)}(2) = 1 + 4 = 5$

$$x^{(1)}(3)=x^{(0)}(1)+x^{(0)}(2)+x^{(0)}(3)=1+4+2.5=7.5$$
$$x^{(1)}(4)=x^{(0)}(1)+x^{(0)}(2)+x^{(0)}(3)+x^{(0)}(4)=1+4+2.5+3=10.5$$

即 $X^{(1)}=(1\quad 5\quad 7.5\quad 10.5)$。

2. 累减生成

累减生成是在获取增量信息时常用的生成，累减生成对累加生成起还原作用，即累减生成是累加生成的逆运算。

设原始序列 $X^{(0)}=\{x^{(0)}(1)\quad x^{(0)}(2)\quad \cdots\quad x^{(0)}(n)\}$，$X^{(r)}=\{x^{(r)}(1)\quad x^{(r)}(2)\quad \cdots\quad x^{(r)}(n)\}$ 为 $X^{(0)}$ 的 $r(r=1,2,\cdots)$ 阶累加生成序列，则 $X^{(r)}$ 的一次累减生成序列为 $X^{(r-1)}=\{x^{(r-1)}(1)\quad x^{(r-1)}(2)\quad \cdots\quad x^{(r-1)}(n)\}$，其中，

$$x^{(r-1)}(k)=\sum_{i=1}^{k}x^{(r-1)}(i)-\sum_{i=1}^{k-1}x^{(r-1)}(i)=x^{(r)}(k)-x^{(r)}(k-1)\quad(k=2,3,\cdots,n)$$
$$x^{(r-1)}(1)=x^{(r)}(1)$$

显然，$X^{(r)}$ 经 r 次累减还原为 $X^{(0)}$。

【例 7-2】 若某序列的一阶累加生成序列为

$$X^{(1)}=(x^{(1)}(1)\quad x^{(1)}(2)\quad x^{(1)}(3)\quad x^{(1)}(4))=(1\quad 4\quad 6.5\quad 8.5)$$

求其原始序列 $X^{(0)}$。

解： $x^{(0)}(1)=x^{(1)}(1)=1$

$$x^{(0)}(2)=x^{(1)}(2)-x^{(1)}(1)=4-1=3$$
$$x^{(0)}(3)=x^{(1)}(3)-x^{(1)}(2)=6.5-4=2.5$$
$$x^{(0)}(4)=x^{(1)}(4)-x^{(1)}(3)=8.5-6.5=2$$

即 $X^{(0)}=(x^{(0)}(1)\quad x^{(0)}(2)\quad x^{(0)}(3)\quad x^{(0)}(4))=(1\quad 3\quad 2.5\quad 2)$

3. 紧邻均值生成

设非负原始序列 $X^{(0)}=\{x^{(0)}(1)\quad x^{(0)}(2)\quad \cdots\quad x^{(0)}(n)\}$ 的一阶（次）累加生成序列为 $X^{(1)}=\{x^{(1)}(1)\quad x^{(1)}(2)\quad \cdots\quad x^{(1)}(n)\}$，则 $X^{(1)}$ 的紧邻均值生成序列为

$$Z^{(1)}=\{z^{(1)}(2)\quad z^{(1)}(3)\quad \cdots\quad z^{(1)}(n)\}$$

其中，$z^{(1)}(k)=\dfrac{1}{2}(x^{(1)}(k)+x^{(1)}(k-1))\quad k=2,3,\cdots,n$

【例 7-3】 若某序列的一阶累加生成序列为

$$X^{(1)}=(x^{(1)}(1)\quad x^{(1)}(2)\quad x^{(1)}(3)\quad x^{(1)}(4))=(1\quad 4\quad 6.5\quad 8.5)$$

求其紧邻均值生成序列 $Z^{(1)}$。

解： $z^{(1)}(2)=\dfrac{1}{2}(x^{(1)}(2)+x^{(1)}(1))=\dfrac{1}{2}\times(4+1)=2.5$

$$z^{(1)}(3)=\dfrac{1}{2}(x^{(1)}(3)+x^{(1)}(2))=\dfrac{1}{2}\times(6.5+4)=5.25$$

$$z^{(1)}(4)=\dfrac{1}{2}(x^{(1)}(4)+x^{(1)}(3))=\dfrac{1}{2}\times(8.5+6.5)=7.5$$

三、灰预测的灰系统模型

前已述及，灰（系统）模型是通过序列生成而建立的近似微分方程，是具有部分微分、部分差分性质的模型。模型在关系上、性质上、内涵上具有不确定性。

设非负原始序列为 $X^{(0)}=\{x^{(0)}(1)\quad x^{(0)}(2)\quad \cdots\quad x^{(0)}(n)\}$，

$X^{(0)}$ 的一阶累加生成序列为 $X^{(1)}=\{x^{(1)}(1)\quad x^{(1)}(2)\quad \cdots\quad x^{(1)}(n)\}$，

$X^{(1)}$ 的紧邻均值生成序列为 $Z^{(1)}=\{z^{(1)}(2)\quad z^{(1)}(3)\quad \cdots\quad z^{(1)}(n)\}$，

则称

$$x^{(0)}(k)=x^{(1)}(k)-x^{(1)}(k-1)$$

为 $X^{(1)}$ 上的灰导数。

称灰微分方程

$$x^{(0)}(k)+az^{(1)}(k)=b \tag{7-1}$$

为灰模型 $GM(1,1)$，即含一个变量、一阶方程的灰色模型，G 为 grey 的第一个字母，M 为 model 的第一个字母。其中，a 称为发展系数，a 的大小及符号反映 $X^{(0)}$ 及 $X^{(1)}$ 的发展态势；b 称为灰作用量，因为 b 是通过计算得到的，而不是直接观测得到的系统的等效作用量。a、b 为待定参数。

以 $k=2,3,\cdots,n$ 代入灰模型 $GM(1,1)$，得方程组

$$\begin{cases} x^{(0)}(2)+az^{(1)}(2)=b \\ x^{(0)}(3)+az^{(1)}(3)=b \\ \quad\vdots \\ x^{(0)}(n)+az^{(1)}(n)=b \end{cases}$$

将其以矩阵表示

$$\begin{bmatrix} x^{(0)}(2) \\ x^{(0)}(3) \\ x^{(n)}(n) \end{bmatrix} = \begin{bmatrix} -z^{(1)}(2) & 1 \\ -z^{(1)}(3) & 1 \\ \vdots & \vdots \\ -z^{(1)}(n) & 1 \end{bmatrix} \begin{bmatrix} a \\ b \end{bmatrix}$$

记

$$Y=\begin{bmatrix} x^{(0)}(2) \\ x^{(0)}(3) \\ \vdots \\ x^{(n)}(n) \end{bmatrix}, \quad B=\begin{bmatrix} -z^{(1)}(2) & 1 \\ -z^{(1)}(3) & 1 \\ \vdots & \vdots \\ -z^{(1)}(n) & 1 \end{bmatrix}, \quad \hat{a}=\begin{bmatrix} a \\ b \end{bmatrix}$$

则

$$Y=B\hat{a}$$

由最小二乘法，可得模型参数估计。

$$\hat{a}=(B^TB)^{-1}B^TY \tag{7-2}$$

灰色模型 $GM(1,1)$ 为近似的微分方程，因此灰色模型 $GM(1,1)$，即式(7-1) 的白化模型（白化方程）为如下微分方程。

$$\frac{dx^{(1)}}{dt}+ax^{(1)}=b \tag{7-3}$$

由微分方程理论，灰色模型 $GM(1,1)$ 的白化模型在初始条件 $x^{(1)}(0)(x^{(1)}(0)=x^{(0)}(1))$ 时的解，即白化模型的时间响应式为

$$x^{(1)}(t)=\left(x^{(1)}(0)-\frac{b}{a}\right)e^{-at}+\frac{b}{a} \tag{7-4}$$

因此，模仿白化微分方程的解，可得灰色模型 $GM(1,1)$ 的解，即其时间响应式为

$$\hat{x}^{(1)}(k+1)=\left(x^{(1)}(0)-\frac{b}{a}\right)e^{-ak}+\frac{b}{a}=\left(x^{(0)}(1)-\frac{b}{a}\right)e^{-ak}+\frac{b}{a} \tag{7-5}$$

还原值为

$$\hat{x}^{(0)}(k+1)=\hat{x}^{(1)}(k+1)-\hat{x}^{(1)}(k) \quad (k=1,2,\cdots,n) \tag{7-6}$$

注意：$\hat{x}^{(0)}(1)=\hat{x}^{(1)}(1)=x^{(1)}(0)=x^{(0)}(1)$

【例 7-4】 某高中生最近 4 次月考成绩为 96 分, 92 分, 95 分, 93 分, 试建立 $GM(1,1)$ 模型。

解： $X^{(0)} = \{x^{(0)}(1) \quad x^{(0)}(2) \quad x^{(0)}(3) \quad x^{(0)}(4)\} = \{96 \quad 92 \quad 95 \quad 93\}$

$X^{(1)} = \{x^{(1)}(1) \quad x^{(1)}(2) \quad x^{(1)}(3) \quad x^{(1)}(4)\} = \{96 \quad 188 \quad 283 \quad 376\}$

$Z^{(1)} = \{z^{(1)}(2) \quad z^{(1)}(3) \quad z^{(1)}(4)\} = \{142 \quad 235.5 \quad 329.5\}$

因为

$$Y = \begin{bmatrix} x^{(0)}(2) \\ x^{(0)}(3) \\ x^{(0)}(4) \end{bmatrix} = \begin{bmatrix} 92 \\ 95 \\ 93 \end{bmatrix}$$

$$B = \begin{bmatrix} -z^{(1)}(2) & 1 \\ -z^{(1)}(3) & 1 \\ -z^{(1)}(4) & 1 \end{bmatrix} = \begin{bmatrix} -142 & 1 \\ -235.5 & 1 \\ -329.5 & 1 \end{bmatrix}$$

所以

$$B^T B = \begin{bmatrix} -142 & -235.5 & -329.5 \\ 1 & 1 & 1 \end{bmatrix} \begin{bmatrix} -142 & 1 \\ -235.5 & 1 \\ -329.5 & 1 \end{bmatrix} = \begin{bmatrix} 184194.5 & -707 \\ -707 & 3 \end{bmatrix}$$

$$(B^T B)^{-1} = \begin{bmatrix} 5.688875404 \times 10^{-5} & 0.013406783 \\ 0.013406783 & 3.492865202 \end{bmatrix}$$

$$B^T Y = \begin{bmatrix} -142 & -235.5 & -329.5 \\ 1 & 1 & 1 \end{bmatrix} \begin{bmatrix} 92 \\ 95 \\ 93 \end{bmatrix} = \begin{bmatrix} -66080 \\ 280 \end{bmatrix}$$

$$\hat{a} = (B^T B)^{-1} B^T Y = \begin{bmatrix} 5.688875404 \times 10^{-5} & 0.013406783 \\ 0.013406783 & 3.492865202 \end{bmatrix} \begin{bmatrix} -66080 \\ 280 \end{bmatrix} = \begin{bmatrix} -0.0053096 \\ 92.08203592 \end{bmatrix}$$

因此, $GM(1,1)$ 模型为

$$x^{(0)}(k) - 0.0053096 z^{(1)}(k) = 92.08203592$$

其白化响应式为

$$\hat{x}^{(1)}(k+1) = \left(x^{(0)}(1) - \frac{b}{a}\right) e^{-ak} + \frac{b}{a} = \left(96 - \frac{92.08203592}{-0.0053096}\right) e^{0.0053096k} + \frac{92.08203592}{-0.0053096}$$

即

$$\hat{x}^{(1)}(k+1) = 17438.55611 e^{0.0053096k} - 17342.55611$$

$$\hat{x}^{(0)}(k+1) = \hat{x}^{(1)}(k+1) - \hat{x}^{(1)}(k)$$

第二节 灰 预 测

灰预测, 也叫灰色预测, 又叫灰色系统预测。它是通过对原始数据的处理和灰色系统模型的建立, 发现、掌握系统的发展规律, 对系统的未来状态做出科学的定量预测。灰预测一般是通过建立 $GM(1,1)$ 模型来推测未来。灰预测从其性质上看, 一般有两种: 值分布预测和时分布预测。值分布预测是指对现实数据未来演变值的预测; 时分布预测是指对现实数据未来演变值对应时点的预测。灰预测根据依据现实数据进行预测的对象不同分为五种类型。

① 数列灰预测: 是对系统行为特征的现实观察数据序列进行的灰色预测。

② 灾变 (异常值) 灰预测: 对现实观察数据序列中超出某一界限的异常值出现时间的灰色预测。

③ 季节灾变灰预测：指对系统行为特征指标数据异常值出现在一年中某一特定时区（季节）的灰色预测。实质是一种特定时区的灾变预测。

④ 拓扑灰预测：又称波形预测，是对一段时间内系统行为特征指标数据变化波形的预测。它与数列预测不同，数列预测是对波形变化的系统行为特征数据的未来近似值的预测，而拓扑灰预测是对波形变化的系统行为特征数据的未来波形变化情况的预测。

⑤ 系统灰预测：是对系统行为特征指标数据建立一组相互关联的灰色预测模型，在预测系统整体变化的同时，预测系统各环节的变化。

其中，数列灰预测和灾变灰预测是经济预测中最基本、最常用的预测。因此，在此主要介绍数列灰预测和灾变灰预测。

灰色预测与一般预测一样，首先根据系统行为特征指标现实观察数据，建立灰色系统模型，然后对模型进行检验，并将检验通过的模型用于预测系统未来行为。

灰色系统模型的建立，上一节中已做讨论。下面讨论如何对模型进行考证和检验。

一、模型检验

如前所述，对于给定的一组非负序列 $X^{(0)}$，总可以用最小二乘法从数学上估计出参数列 $\hat{a}$，建立起灰色模型 $GM(1,1)$。但是所建模型是否有效？即参数列 $\hat{a}$ 是否合理？或所建模型是否可行？是否能很好地拟合实际，用于预测？还有待考证和检验。

1. 建立灰色预测 $GM(1,1)$ 模型的条件

可以证明，只有发展系数 $a \in (-2 \quad 2)$，原始序列 $X^{(0)}$ 的级比

$$\sigma^{(0)}(k) = \frac{x^{(0)}(k-1)}{x^{(0)}(k)} \quad (k \geqslant 2)$$

满足 $\sigma^{(0)}(k) \in (0.1353 \quad 7.389)$ 时，所建模型 $GM(1,1)$ 才是可行的，不至于出现畸形的 $GM(1,1)$ 模型，而如出现 $\hat{x}^{(0)} < 0$，$k=1,2,\cdots,n$；或者出现 $\hat{x}^{(0)} = 0$，$k=1,2,\cdots,n$；或者出现 $\hat{x}^{(0)} \to \infty$，$k=1,2,\cdots,n$；或者出现预测误差 $e^{(0)}(k)$ 超过容许值等，均可导致出现畸形的 $GM(1,1)$ 模型。

上述发展系数 a 与级比 $\sigma^{(0)}(k)$ 的取值范围，只是 $GM(1,1)$ 建模的基本条件，要想使所建模型 $GM(1,1)$ 满意且有效，达到较高的精度，其取值范围还要进一步缩小和界定。可以证明，发展系数 a 取值满足

$$a \in \left(\frac{-2}{n+1} \quad \frac{2}{n+1} \right)$$

且级比 $\sigma^{(0)}(k)$ 取值满足

$$\sigma^{(0)}(k) \in \left(e^{\frac{-2}{n+1}} \quad e^{\frac{2}{n+1}} \right)$$

时，所建模型 $GM(1,1)$ 才可行有效，可以获得较高的精度。

2. 灰色预测 $GM(1,1)$ 模型检验

所建灰色预测 $GM(1,1)$ 模型能否用于预测，还要看其是否能很好地拟合实际，即其模型精度如何？这就需要进行模型检验。常用相对误差指标进行模型检验。

设原始序列 $X^{(0)} = \{ x^{(0)}(1) \quad x^{(0)}(2) \quad \cdots \quad x^{(0)}(n) \}$

其相应的预测模型模拟序列为 $\hat{X}^{(0)} = \{ \hat{x}^{(0)}(1) \quad \hat{x}^{(0)}(2) \quad \cdots \quad \hat{x}^{(0)}(n) \}$

则称

$$e(k) = x^{(0)}(k) - \hat{x}^{(0)}(k) \quad (k=1,2,\cdots,n)$$

为 k 点的绝对误差。

称

$$\varepsilon(k) = \frac{x^{(0)}(k) - \hat{x}^{(0)}(k)}{x^{(0)}(k)} \qquad (k=1,2,\cdots,n)$$

为 k 点的相对误差。$p(k)=1-\varepsilon(k)$ 为 k 点的模拟精度。

称

$$\varepsilon = \frac{1}{n}\sum_{k=1}^{n}|\varepsilon(k)|$$

为平均相对误差。$p=1-\varepsilon$ 为平均相对精度，也称预测精度。一般地，平均相对精度（预测精度）应在 80% 以上。

二、数列灰预测

数列灰预测是对系统未来行为特征数据进行预测，属于值分布预测，是灰预测中最常用的。一般地，根据系统行为特征现实数据建立 $GM(1,1)$ 模型，然后，进行模型检验，并将通过检验以后的模型用于未来预测。

【例 7-5】 试预测【例 7-4】中某高中生未来最近 2 次的月考成绩。

解：【例 7-4】中某高中生最近 4 次月考成绩为

$$X^{(0)} = \{x^{(0)}(1) \quad x^{(0)}(2) \quad x^{(0)}(3) \quad x^{(0)}(4)\} = \{96 \quad 92 \quad 95 \quad 93\}$$

其 $X^{(0)}$ 的级比为

$$\sigma^{(0)} = \{\sigma(2) \quad \sigma(3) \quad \sigma(4)\} = \{1.04335 \quad 0.9684 \quad 1.0215\}$$

所以，$\sigma^{(0)}(k) \in (0.1353 \quad 7.389)$。说明 $X^{(0)}$ 是平滑的，可作数列灰预测，即由其建立的 $GM(1,1)$ 模型是可行的。

又由于

$$\sigma^{(0)}(k) \in \left(e^{-\frac{2}{n+1}} \quad e^{\frac{2}{n+1}}\right) = (0.6703 \quad 1.4918)$$

及由【例 7-4】建立的 $GM(1,1)$ 中知

$$a = -0.0053096 \in \left(\frac{-2}{n+1} \quad \frac{2}{n+1}\right) = (-0.4 \quad 0.4)$$

说明所建模型 $GM(1,1)$ 可行有效，可以获得较高的预测精度。

【例 7-4】中建立的模型，精度如何，下面予以检验。

由【例 7-4】建立的模型，可计算各点的相对误差如下。

$$\hat{x}^{(0)}(1) = 96 \qquad\qquad x^{(0)}(1) = 96 \qquad\qquad \varepsilon^{(0)}(1) = 0\%$$
$$\hat{x}^{(0)}(2) = 92.83800573 \qquad x^{(0)}(2) = 92 \qquad \varepsilon^{(0)}(2) = -0.9108757935\%,$$
$$\hat{x}^{(0)}(3) = 93.33224937 \qquad x^{(0)}(3) = 95 \qquad \varepsilon^{(0)}(3) = 1.7555269\%,$$
$$\hat{x}^{(0)}(4) = 93.82912424 \qquad x^{(0)}(4) = 93 \qquad \varepsilon^{(0)}(4) = -0.8915314409\%$$

平均相对误差为

$$|\bar{\varepsilon}^{(0)}| = \frac{1}{n}\sum_{i=1}^{n}|\varepsilon^{(0)}(i)| \times 100\%$$

$$= \frac{1}{4} \times (0\% + 0.9108757935\% + 1.7555269\% + 0.8915314409\%)$$

$$= 0.889483533\%$$

预测精度为 $p^{(0)} = 1 - |\bar{\varepsilon}^{(0)}| = 99.11052\%$

由此可见，所建灰色预测模型 $GM(1,1)$ 的模拟误差较小，精度很高，能很好拟合实际。

因此，可用预测模型

$$\hat{x}^{(1)}(k+1)=17438.55611e^{0.0053096k}-17342.55611$$

$$\hat{x}^{(0)}(k+1)=\hat{x}^{(1)}(k+1)-\hat{x}^{(1)}(k)$$

预测某高中生未来最近 2 次的月考成绩为

$$\hat{x}^{(1)}(5)=17438.55611e^{0.0053096\times4}-17342.55611=470.328$$

$$\hat{x}^{(1)}(4)=17438.55611e^{0.0053096\times3}-17342.55611=375.999$$

$$\hat{x}^{(0)}(5)=\hat{x}^{(1)}(5)-\hat{x}^{(1)}(4)=94 \text{（分）}$$

$$\hat{x}^{(1)}(6)=17438.55611e^{0.0053096\times5}-17342.55611=565.159$$

$$\hat{x}^{(0)}(6)=\hat{x}^{(1)}(6)-\hat{x}^{(1)}(5)=95 \text{（分）}$$

即某高中生未来最近 2 次月考成绩依次为 94 分，95 分。

实际预测中，常常依据系统行为特征现实数据构造几个子序列，然后对应建立几个 $GM(1,1)$ 预测模型，再根据系统现实情况和其所处环境情况，进行定性分析，从中选择一个合适的预测模型进行预测。

【例 7-6】 某油田油井年平均产量如表 7-1 所示。试预测该油田 2010 年的油井年平均产量。

表 7-1 油井年平均产量 单位：吨

年份	2002 年	2003 年	2004 年	2005 年	2006 年	2007 年	2008 年
产量	538.5	491.5	468.5	446.5	425.6	405.6	386.5

解：（1）$GM(1,1)$ 建模条件检验

油井产量原始数列为

$$X^{(0)}=\{x^{(0)}(1) \quad x^{(0)}(2) \quad x^{(0)}(3) \quad x^{(0)}(4) \quad x^{(0)}(5) \quad x^{(0)}(6) \quad x^{(0)}(7)\}$$
$$=\{538.5 \quad 491.5 \quad 468.5 \quad 446.5 \quad 425.6 \quad 405.6 \quad 386.5\}$$

其级比为

$$\sigma^{(0)}=\{1.0956 \quad 1.0491 \quad 1.0493 \quad 1.0491 \quad 1.0493 \quad 1.0494\}$$

所以，$\sigma^{(0)}(k)\in(0.1353 \quad 7.389)$。说明 $X^{(0)}$ 是平滑的，可作数列灰预测，即由其建立的 $GM(1,1)$ 模型是可行的。

又由于

$$\sigma^{(0)}(k)\in\left(e^{-\frac{2}{n+1}} \quad e^{\frac{2}{n+1}}\right)=(0.7788 \quad 1.2840)$$

说明以此现实数据建模型 $GM(1,1)$ 可行有效，可以获得较高的预测精度。

（2）取几个子列建立 $GM(1,1)$ 预测模型并检验分析

不妨取 3 个子列

$$X^{(0)}=\{x^{(0)}(1) \quad x^{(0)}(2) \quad x^{(0)}(3) \quad x^{(0)}(4) \quad x^{(0)}(5) \quad x^{(0)}(6) \quad x^{(0)}(7)\}$$
$$=\{538.5 \quad 491.5 \quad 468.5 \quad 446.5 \quad 425.6 \quad 405.6 \quad 386.5\}$$

$$X_1^{(0)}=\{x^{(0)}(1) \quad x^{(0)}(2) \quad x^{(0)}(3) \quad x^{(0)}(4)\}$$
$$=\{538.5 \quad 491.5 \quad 468.5 \quad 446.5\}$$

$$X_2^{(0)}=\{x^{(0)}(4) \quad x^{(0)}(5) \quad x^{(0)}(6) \quad x^{(0)}(7)\}$$
$$=\{446.5 \quad 425.6 \quad 405.6 \quad 386.5\}$$

分别建模分析。

对 $X^{(0)}$ 建模分析，首先，建立 $GM(1,1)$ 模型

$$X^{(1)}=\{x^{(1)}(1) \quad x^{(1)}(2) \quad x^{(1)}(3) \quad x^{(1)}(4) \quad x^{(1)}(5) \quad x^{(1)}(6) \quad x^{(1)}(7)\}$$
$$=\{538.5 \quad 1030 \quad 1498.5 \quad 1945 \quad 2370.6 \quad 2776.2 \quad 3162.7\}$$

$$Z^{(1)} = \{z^{(1)}(2) \quad z^{(1)}(3) \quad z^{(1)}(4) \quad z^{(1)}(5) \quad z^{(1)}(6) \quad z^{(1)}(7)\}$$
$$= \{784.25 \quad 1264.25 \quad 1721.75 \quad 2157.8 \quad 2573.4 \quad 2969.45\}$$

因为

$$Y = [x^{(0)}(2) \quad x^{(0)}(3) \quad x^{(0)}(4) \quad x^{(0)}(5) \quad x^{(0)}(6) \quad x^{(0)}(7)]^T$$
$$= [491.5 \quad 468.5 \quad 446.5 \quad 425.6 \quad 405.6 \quad 386.5]^T$$

$$B = -\begin{bmatrix} -z^{(1)}(2) & 1 \\ -z^{(1)}(3) & 1 \\ -z^{(1)}(4) & 1 \\ -z^{(1)}(5) & 1 \\ -z^{(1)}(6) & 1 \\ -z^{(1)}(7) & 1 \end{bmatrix} = \begin{bmatrix} -784.25 & 1 \\ -1264.25 & 1 \\ -1721.75 & 1 \\ -2157.8 & 1 \\ -2573.4 & 1 \\ -2969.45 & 1 \end{bmatrix}$$

所以

$$B^T B = \begin{bmatrix} -784.25 & -1264.25 & -1721.75 & -2157.8 & 2573.4 & 2969.45 \\ 1 & 1 & 1 & 1 & 1 & 1 \end{bmatrix} \begin{bmatrix} -784.25 & 1 \\ -1264.25 & 1 \\ -1721.75 & 1 \\ -2157.8 & 1 \\ -2573.4 & 1 \\ -2969.45 & 1 \end{bmatrix}$$

$$= \begin{bmatrix} 25273920.89 & -11470.9 \\ -11470.9 & 6 \end{bmatrix}$$

$$(B^T B)^{-1} = \begin{bmatrix} 2.990731942 \times 10^{-7} & 0.0005717731173 \\ 0.0005717731173 & 1.259792042 \end{bmatrix}$$

$$B^T Y = \begin{bmatrix} -784.25 & -1264.25 & -1721.75 & -2157.8 & 2573.4 & 2969.45 \\ 1 & 1 & 1 & 1 & 1 & 1 \end{bmatrix} \begin{bmatrix} 491.5 \\ 468.5 \\ 446.5 \\ 425.6 \\ 405.6 \\ 386.5 \end{bmatrix}$$

$$= \begin{bmatrix} -4856344.52 \\ 2624.2 \end{bmatrix}$$

$$\hat{a} = (B^T B)^{-1} B^T Y = \begin{bmatrix} 2.990731942 \times 10^{-7} & 0.0005717731173 \\ 0.0005717731173 & 1.259792042 \end{bmatrix} \begin{bmatrix} -4856344.52 \\ 2624.2 \end{bmatrix}$$

$$= \begin{bmatrix} 0.048044546 \\ 529.2190317 \end{bmatrix}$$

因此，$GM(1,1)$ 模型为

$$x^{(0)}(k) + 0.048044546 z^{(1)}(k) = 529.2190317$$

其白化响应式为

$$\hat{x}^{(1)}(k+1) = \left(x^{(0)}(1) - \frac{b}{a}\right) e^{-ak} + \frac{b}{a}$$

$$= \left(538.5 - \frac{529.2190317}{0.048044546}\right) e^{-0.048044546k} + \frac{529.2190317}{0.048044546}$$

即

$$\hat{x}^{(1)}(k+1) = -10476.67395 \cdot e^{-0.048044546k} + 11015.17395 \qquad (7-7)$$

$$\hat{x}^{(0)}(k+1) = \hat{x}^{(1)}(k+1) - \hat{x}^{(1)}(k)$$

其次，模型检验。由上述模型可得

$\hat{x}^{(1)}(1) = 538.5$，$\hat{x}^{(1)}(2) = 1029.946844$，$\hat{x}^{(1)}(3) = 1498.34057$，$\hat{x}^{(1)}(4) = 1944.762569$，

$\hat{x}^{(1)}(5) = 2370.243506$，$\hat{x}^{(1)}(6) = 2775.765697$，$\hat{x}^{(1)}(7) = 3162.265382$

各点的相对误差如下。

$\hat{x}^{(0)}(1) = 538.5$	$x^{(0)}(1) = 538.5$	$\varepsilon^{(0)}(1) = 0\%$
$\hat{x}^{(0)}(2) = 491.446844$	$x^{(0)}(2) = 491.5$	$\varepsilon^{(0)}(2) = 0.010815055\%$
$\hat{x}^{(0)}(3) = 468.393726$	$x^{(0)}(3) = 468.5$	$\varepsilon^{(0)}(3) = 0.022683884\%$
$\hat{x}^{(0)}(4) = 446.421999$	$x^{(0)}(4) = 446.5$	$\varepsilon^{(0)}(4) = 0.017469428\%$
$\hat{x}^{(0)}(5) = 425.480937$	$x^{(0)}(5) = 425.6$	$\varepsilon^{(0)}(5) = 0.027975328\%$
$\hat{x}^{(0)}(6) = 405.522191$	$x^{(0)}(6) = 405.6$	$\varepsilon^{(0)}(6) = 0.019183678\%$
$\hat{x}^{(0)}(7) = 386.499685$	$x^{(0)}(7) = 386.5$	$\varepsilon^{(0)}(7) = 0.000081501\%$

平均相对误差为

$$|\bar{\varepsilon}^{(0)}| = \frac{1}{n}\sum_{i=1}^{n}|\varepsilon^{(0)}(i)| \times 100\% = \frac{1}{7}\sum_{i=1}^{7}|\varepsilon^{(0)}(i)| \times 100\% = 0.014029839\%$$

预测精度为 $p^{(0)} = 1 - |\bar{\varepsilon}^{(0)}| = 99.98597016\%$

该油田 2010 年的油井年平均产量为

$$\hat{x}^{(0)}(9) = \hat{x}^{(1)}(9) - \hat{x}^{(1)}(8) = 3881.724656 - 3530.634881 = 351.0897749$$

同理，对 $X_1^{(0)}$ 建模分析。

$$B^T B = \begin{bmatrix} 5177799.188 & -3770.25 \\ -3770.25 & 3 \end{bmatrix}$$

$$(B^T B)^{-1} = \begin{bmatrix} 2.27511873 \times 10^{-6} & 0.002859255464 \\ 0.002859255464 & 3.926702638 \end{bmatrix}$$

$$B^T Y = \begin{bmatrix} -1746521.375 \\ 1406.5 \end{bmatrix}$$

$$\hat{a} = (B^T B)^{-1} B^T Y = \begin{bmatrix} 0.047999317 \\ 529.1564759 \end{bmatrix}$$

$GM(1,1)$ 模型为

$$x^{(0)}(k) + 0.047999317 z^{(1)}(k) = 529.1564759$$

其白化响应式为

$$\hat{x}^{(1)}(k+1) = -10485.75011 e^{-0.047999317k} + 11024.25011 \qquad (7-8)$$

$$\hat{x}^{(0)}(k+1) = \hat{x}^{(1)}(k+1) - \hat{x}^{(1)}(k)$$

又有

$\hat{x}^{(1)}(1) = 538.5$　$\hat{x}^{(1)}(2) = 1029.920571$

$\hat{x}^{(1)}(3) = 1498.310441$　$\hat{x}^{(1)}(4) = 1944.748957$

$\hat{x}^{(0)}(1) = 538.5$	$x^{(0)}(1) = 538.5$	$\varepsilon^{(0)}(1) = 0\%$
$\hat{x}^{(0)}(2) = 491.4205712$	$x^{(0)}(2) = 491.5$	$\varepsilon^{(0)}(2) = 0.016160488\%$
$\hat{x}^{(0)}(3) = 468.3898701$	$x^{(0)}(3) = 468.5$	$\varepsilon^{(0)}(3) = 0.023506915\%$
$\hat{x}^{(0)}(4) = 446.4385156$	$x^{(0)}(4) = 446.5$	$\varepsilon^{(0)}(4) = 0.013770302\%$

平均相对误差为

$$|\bar{\varepsilon}^{(0)}| = \frac{1}{n}\sum_{i=1}^{n}|\varepsilon^{(0)}(i)| \times 100\% = \frac{1}{4}\sum_{i=1}^{4}|\varepsilon^{(0)}(i)| \times 100\% = 0.013359426\%$$

预测精度为
$$p^{(0)} = 1 - |\bar{\varepsilon}^{(0)}| = 99.98664057\%$$

该油田 2010 年的油井年平均产量为

$$\hat{x}^{(0)}(9) = \hat{x}^{(1)}(9) - \hat{x}^{(1)}(8) = 3882.037148 - 3530.854974 = 351.1821743$$

对 $X_2^{(0)}$ 建模分析。

$$B^T B = \begin{bmatrix} 3753780.403 & -3205.15 \\ -3205.15 & 3 \end{bmatrix}$$

$$(B^T B)^{-1} = \begin{bmatrix} 3.035347574 \times 10^{-6} & 0.003242914759 \\ 0.003242914759 & 3.798009413 \end{bmatrix}$$

$$B^T Y = \begin{bmatrix} -1285099.695 \\ 1217.7 \end{bmatrix}$$

$$\hat{a} = (B^T B)^{-1} B^T Y = \begin{bmatrix} 0.04817306 \\ 457.3672945 \end{bmatrix}$$

$GM(1,1)$ 模型为

$$x^{(0)}(k) + 0.04817306 z^{(1)}(k) = 457.3672945$$

其白化响应式为

$$\hat{x}^{(1)}(k+1) = -9047.754558 e^{-0.04817306k} + 9494.254558 \tag{7-9}$$
$$\hat{x}^{(0)}(k+1) = \hat{x}^{(1)}(k+1) - \hat{x}^{(1)}(k)$$

又有

$\hat{x}^{(1)}(1) = 446.5 \quad \hat{x}^{(1)}(2) = 872.0262835$

$\hat{x}^{(1)}(3) = 1277.539577 \quad \hat{x}^{(1)}(4) = 1663.981116$

$\hat{x}^{(0)}(1) = 446.5 \qquad x^{(0)}(1) = 446.5 \qquad \varepsilon^{(0)}(1) = 0\%$

$\hat{x}^{(0)}(2) = 425.5262835 \qquad x^{(0)}(2) = 425.6 \qquad \varepsilon^{(0)}(2) = 0.017320606\%$

$\hat{x}^{(0)}(3) = 405.5132935 \qquad x^{(0)}(3) = 405.6 \qquad \varepsilon^{(0)}(3) = 0.021377342\%$

$\hat{x}^{(0)}(4) = 386.441539 \qquad x^{(0)}(4) = 386.5 \qquad \varepsilon^{(0)}(4) = 0.015125743\%$

平均相对误差为

$$|\bar{\varepsilon}^{(0)}| = \frac{1}{n}\sum_{i=1}^{n}|\varepsilon^{(0)}(i)| \times 100\% = \frac{1}{4}\sum_{i=1}^{4}|\varepsilon^{(0)}(i)| \times 100\% = 0.013455922\%$$

预测精度为
$$p^{(0)} = 1 - |\bar{\varepsilon}^{(0)}| = 99.98654408\%$$

该油田 2010 年的油井年平均产量为

$$\hat{x}^{(0)}(6) = \hat{x}^{(1)}(6) - \hat{x}^{(1)}(5) = 2383.194606 - 2032.247865 = 350.9467413$$

从以上计算分析，可以看出，三个模型的模拟预测精度都是很高的。又分析原始数据序列 $X^{(0)}$，可以发现，该油田油井平均日产量呈递减变动趋势，并且起初递减幅度大，往后递减幅度变小，趋于平缓。这是符合油田开发实际的。因为油田开发进入递减时期，油田要采取相应措施缓解或遏制递减。因此，取第三个模型式(7-9)进行预测较合适（因为其原始数据变动规律最接近其未来变化）。

因此，该油田 2010 年的油井年平均产量为 350.9467413 吨。

综上所述，数列预测首先应对系统行为特征现实数据的建模条件进行检验，看其级比是否在可行有效范围。只有级比在可行有效范围内，由此建立的 $GM(1,1)$ 模型才可能有较高的精度。然后，依据现实数据序列构造几个子列（可为原数据序列本身），分别建立 $GM(1,1)$ 模型，进行精度检验分析，再结合现实数据序列的系统现实情况和其所处环境情况，结合定性分析，选择合适的预测模型用于预测。

三、灾变（异常值）灰预测

灾变灰预测就是对系统行为特征观察值的灾变值即异常值的时分布预测。也就是以系统行为特征观察值的灾变值对应时分布序列建立 $GM(1, 1)$ 模型，预测系统行为特征指标在以后发生的若干次灾变值（异常值）的时期。因此，灾变灰预测属时分布预测，它的任务是给出未来的一个或几个异常值出现的时期。

灾变灰预测是针对系统行为特征观察值的异常值的时分布序列，进行系统行为特征指标未来异常值出现时期的预测。其程序和思路，与数列预测一样，这里不再赘述。

【例 7-7】 某油井套管损坏率如表 7-2 所示。试作灾变灰预测（套管损坏率大于等于百分之一为异常值）。

表 7-2　套管损坏率

年	1	2	3	4	5	6	7	8	9	10	11	12	13
损耗率/%	0.1	0.4	0.5	1.0	0.5	0.7	1.4	1.7	2.8	0.6	1.2	0.5	1.8

解： 灾变值（异常值）对应的序列为

$$X_\xi = \{x(4) \quad x(7) \quad x(8) \quad x(9) \quad x(11) \quad x(13)\}$$
$$= \{1.0 \quad 1.4 \quad 1.7 \quad 2.8 \quad 1.2 \quad 1.8\}$$

灾变值序列各灾变值对应的时期序列，即灾变值的时分布序列为

$$X^{(0)} = \{x^{(0)}(1) \quad x^{(0)}(2) \quad x^{(0)}(3) \quad x^{(0)}(4) \quad x^{(0)}(5) \quad x^{(0)}(6)\}$$
$$= \{4 \quad 7 \quad 8 \quad 9 \quad 11 \quad 13\}$$

其级比为

$$\sigma^{(0)} = \{0.5714 \quad 0.875 \quad 0.8889 \quad 0.8182 \quad 0.8462\}$$

所以，$\sigma^{(0)}(k) \in (0.1353 \quad 7.389)$

又因为除 $\sigma^{(0)}(1)$ 外，其余的 $\sigma^{(0)}(k) \in (e^{-\frac{2}{n+1}} \quad e^{\frac{2}{n+1}}) = (0.7515 \quad 1.3307)$

说明以此异常值时分布序列建模型 $GM(1, 1)$ 可行有效，可以获得较高的预测精度。

以 $X^{(0)}$ 建立 $GM(1, 1)$ 模型。

$X^{(0)}$ 的一阶累加生成序列为

$$X^{(1)} = \{x^{(1)}(1) \quad x^{(1)}(2) \quad x^{(1)}(3) \quad x^{(1)}(4) \quad x^{(1)}(5) \quad x^{(1)}(6)\}$$
$$= \{4 \quad 11 \quad 19 \quad 28 \quad 39 \quad 52\}$$

$X^{(1)}$ 的紧邻均值生成序列 $Z^{(1)}$，

$$Z^{(1)} = \{7.5 \quad 15 \quad 23.5 \quad 33.5 \quad 45.5\}$$

所以

$$B = \begin{pmatrix} -7.5 & 1 \\ -15 & 1 \\ -23.5 & 1 \\ -33.5 & 1 \\ -45.5 & 1 \end{pmatrix} \qquad Y = \begin{pmatrix} 7 \\ 8 \\ 9 \\ 11 \\ 13 \end{pmatrix}$$

$$B^T B = \begin{bmatrix} 4026 & -125 \\ -125 & 5 \end{bmatrix}$$

$$(B^T B)^{-1} = \begin{bmatrix} 0.001109877913 & 0.027746947 \\ 0.027746947 & 0.893673695 \end{bmatrix}$$

$$B^T Y = \begin{bmatrix} -1344 \\ 48 \end{bmatrix}$$

$$\hat{a} = (B^T B)^{-1} B^T Y = \begin{bmatrix} -0.159822459 \\ 5.604440592 \end{bmatrix}$$

$GM(1,1)$ 模型为

$$x^{(0)}(k) - 0.159822459 z^{(1)}(k) = 5.604440592$$

其白化响应式为

$$\hat{x}^{(1)}(k+1) = 39.06666477 e^{0.159822459k} - 35.06666477 \qquad (7\text{-}10)$$

$$\hat{x}^{(0)}(k+1) = \hat{x}^{(1)}(k+1) - \hat{x}^{(1)}(k)$$

模型检验

因为

$\hat{x}^{(1)}(1) = 4$ $\hat{x}^{(1)}(2) = 10.77035236$

$\hat{x}^{(1)}(3) = 18.714024$ $\hat{x}^{(1)}(4) = 28.03435414$

$\hat{x}^{(1)}(5) = 38.96992119$ $\hat{x}^{(1)}(6) = 51.80064983$

所以

$\hat{x}^{(0)}(1) = 4$	$x^{(0)}(1) = 4$	$\varepsilon^{(0)}(1) = 0\%$
$\hat{x}^{(0)}(2) = 6.77035236$	$x^{(0)}(2) = 7$	$\varepsilon^{(0)}(2) = 3.2806805\%$
$\hat{x}^{(0)}(3) = 7.94367164$	$x^{(0)}(3) = 8$	$\varepsilon^{(0)}(3) = 0.7041045\%$
$\hat{x}^{(0)}(4) = 9.32033014$	$x^{(0)}(4) = 9$	$\varepsilon^{(0)}(4) = -3.559223778\%$
$\hat{x}^{(0)}(5) = 10.93556705$	$x^{(0)}(5) = 11$	$\varepsilon^{(0)}(5) = 0.58575409\%$
$\hat{x}^{(0)}(6) = 12.83072864$	$x^{(0)}(6) = 13$	$\varepsilon^{(0)}(6) = 1.302087392\%$

平均相对误差为

$$|\bar{\varepsilon}^{(0)}| = \frac{1}{n} \sum_{i=1}^{n} |\varepsilon^{(0)}(i)| \times 100\% = \frac{1}{6} \sum_{i=1}^{6} |\varepsilon^{(0)}(i)| \times 100\% = 1.571975043\%$$

预测精度为 $p^{(0)} = 1 - |\bar{\varepsilon}^{(0)}| = 98.42802496\%$

由此可见，预测模型的模拟误差精度是很高的，因此，可用于预测。

以 $k=6$ 代入式(7-10) 得 $\hat{x}^{(1)}(7) = 66.85497637$

所以，$\hat{x}^{(0)}(7) = 15.05432654$

而灾变值（异常值）序列中最后一个 $x(13) = 1.8\%$ 是出现在第 13 期的，即 $k=13$。因此，未来第一个异常值出现的时期与现实数据的最后一个异常值 $x(13) = 1.8\%$ 出现时期的间隔期为

$$15.05432654 - 13 = 2.05432654 \approx 2$$

即从最后一次异常值发生时期算起，2 年后，将再出现套管损坏率超过 1% 的情况。与数列预测一样，为提高预测精度，可取若干个异常值子列，建立多个模型，再结合定性分析，选择确定预测模型进行预测。

习 题

1. 什么是灰色序列生成？用于预测的灰色序列生成有哪些？

2. 什么是灰色系统模型？常用的灰色系统预测模型是什么模型？

3. 什么是灰预测？灰预测有哪几种类型？

4. 写出 $GM(1,1)$ 模型及其白化响应式和模型中的参数估计式。

5. 建立 $GM(1,1)$ 预测模型的基本条件是什么？

6. 建立有较高预测精度的可行有效的 $GM(1,1)$ 预测模型的条件是什么？

7. 什么是数列灰预测？如何进行数列灰预测？

8. 什么是灾变灰预测？如何进行灾变灰预测？

9. 某市 7 年来居民储蓄存款年末余额（单位：亿元）数列为

$$X^{(0)} = \{102.15 \quad 120.33 \quad 138.79 \quad 146.80 \quad 169.76 \quad 191.12 \quad 223.51\}$$

试作数列灰预测。

10. 某商品近来连续 15 个月的销售额（单位：万元）数列为

$$X^{(0)} = \{35 \quad 28 \quad 31 \quad 40 \quad 38 \quad 25 \quad 29 \quad 36 \quad 32 \quad 22 \quad 41 \quad 45 \quad 23 \quad 27 \quad 33\}$$

试作灾变灰预测。（销售额小于等于 28 为异常值）

第八章 决策概述

第一节 决策的含义

一、决策的产生及重要性

决策是人们生产、生活中离不开的一种实践活动。因此，决策应该是人类有了实践活动就产生了。比如，我国古代孙膑献计于田忌赢得与齐王的赛马，诸葛亮借东风打败曹操而至三分天下等事例；小生产者时期，小生产者的生产经营活动，即他们生产什么，经营什么，才能获得最大经济效益，都要对市场进行预测估计作出决定；《孙子兵法》、《资治通鉴》、《史记》记载的很多有关抉择的思想和方法，至今作为人们实践活动的向导。但早期人类实践活动的范围小，生产力水平低，决策的影响范围小。因此，人们凭日积月累的经验、智慧和个人才能进行简单的决策，就能满足需要了。随着社会化大生产的出现，由于这种经验的、简单的决策缺乏科学的理论方法指导，已不能适应复杂的经济活动的需要。但随着现代科学技术的发展，特别是运筹学、计量经济学的发展，电子计算机的推广应用，信息论、系统论、控制论的产生，为现代决策及其理论的产生提供了客观条件。决策作为一门学科，是在 20 世纪 60 年代以后发展起来的。决策论的产生与赌博有关，16～17 世纪法国宫廷设有赌博顾问，研究概率论、对策论，因此，对策论是决策论形成的先导。到 20 世纪 20 年代以后，决策论才从对策论中分离出来。20 世纪 50 年代学者们开始致力于应用统计决策的研究，20 世纪 60 年代初美国哈佛大学商学院也加入到应用统计决策的研究中，使得应用统计决策理论取得长足的进展，形成了以贝叶斯分析为基础的统计决策理论。1966 年，哈佛大学首次应用"决策分析"，把系统分析方法引入应用统计决策理论，从理论和应用实践两方面推进了决策理论的发展。1967 年，管理大师西蒙在其论著《管理决策新科学》中提出了现代科学决策的基础理论，推进了现代的科学的决策理论的形成。

决策是人们生产和生活中普遍存在的不可回避的一种活动。比如，人走在交叉路口，该走哪一条路。夏季人们外出旅游是否带稍厚一点的衣服。企业打算投产某种新产品，但对市场需求情况不够清楚，如市场需求情况好，就能获利；市场需求情况一般，就不赔不赚；市场需求情况差，就要亏本。该企业到底投不投产新产品？等等。就需要决策。决策的好坏，小则关系到预期目的能否实现，大则决定企业成败，关系到部门、地区乃至全国经济的盛衰。比如，美国三大汽车公司——通用、福特、克莱斯特，1973 年受到油荒冲击后，通用和福特汽车公司立即决策，重新设计新型小型轿车，而克莱斯特汽车公司决定照常生产大型轿车。结果，1978 年油荒又起，克莱斯特汽车公司的销量大降，存货堆积如山，每天损失200 万美元，很短时间内就亏损 7 亿美元，董事长当即辞职。又如，日本松下电器公司，1918 年建厂时，只有松下幸之助及妻、舅三人，设备只有一台脚踏冲床，只能生产灯泡插头一类产品。由于经营决策正确，公司不断发展壮大，到 20 世纪 80 年代初就发展到职工11 万人，53 个事业部，89 个营业所，14 个研究所，667 家关系公司，3 万多家会员店，56家海外公司，150 个海外工厂，形成了一个庞大的经济王国。再如，2008 年美国的次贷危机，就是由于决策失误，引发了全球性经济危机，以及美国经济的衰退。由此可见，决策在人们的生产、生活中的重要性，决策在生产经营中的地位。可以说决策是生产经营管理过程的核心。管理大师诺贝尔奖获得者西蒙就提出"管理就是决策"。

二、决策的含义

究竟什么是现代意义的决策？目前学术界还没有统一的、公认的定义，下面先介绍几种具有代表性的决策定义。

①《中国大百科全书》中的定义：决策是为最优地达到目标，对若干个备选的行动方案进行的选择。

②《美国大百科全书》中的定义：决策就是在若干个可能的备选方案中进行选择。

③《现代科学技术辞典》中的定义：决策就是在几个可能的方案中作一选择。

④《哈佛管理丛书》中的定义：决策是指考虑策略（或办法）来解决目前或未来问题的智力活动。

⑤《苏联大百科全书》中的定义：决策是自由意志行动的必要元素和实现自由意志行动的手段。自由意志行动要求先有目的和行动手段，在体力动作之前完成智力行动，并且要考虑完成或反对此次行动的理由等。这一智力行动以制定一项决策而告终。定义中强调，决策是智力行动；决策是意志行动。因此，决策与人的意志、主观愿望和价值判断有关，即决策结果因人而异，不唯一。

⑥《认知科学百科全书》中的定义：决策是从一集备选方案中选择所偏爱的方案或行动路线的过程，它渗透到生活的各个方面，包括买什么，选举时投谁的票，找什么工作等。决策通常涉及外部世界的不确定性（比如，天气会怎么样？），个人偏好的冲突（比如，应该获取更高的薪金还是更多的闲暇？）；决策过程常常是从信息的集聚开始，通过主观概率的估计和审议直到选定最终行动。

从上述几个有代表性的定义中可见，决策就是作选择、作决定，是一整套智力活动的过程。因此，现代意义的决策可以理解为狭义和广义两种。

狭义的决策仅指行动方案的最终选择。即指从一组可行方案中按某种衡量准则选出一个最优方案。我们通常所说的"拍板"，也就是指选定方案的阶段，而把决策的设定目标阶段、可行方案设计与拟定阶段等排除在外。这种理解是以我国经济学家于光远为代表的狭义派的理解，认为决策就是作决定。

广义的决策是指一个过程。为实现某一特定目标，借助一定的科学理论和方法，在占有一定的信息和经验的基础上，系统地分析主客观条件，提出两个或两个以上的可行方案并从中选择一个最优方案或最满意方案予以实施并监控的过程。这种理解是以著名的经济学家、管理大师西蒙为代表的广义派的理解，认为管理就是决策。通常决策科学所探讨的决策就是这一层次意义上的决策。

广义决策相当于决策分析。决策分析是研究非确定性决策问题的一种系统分析方法，其目的是改进决策过程，从一系列备选方案中找出一个能满足一定目标的合适方案。也就是人们为了达到某个目标，采用合理的评价准则，运用特有的数学方法和优化技术，对影响决策的诸因素进行逻辑判断与权衡，从一些可行的方案中选择最优或满意的行动方案的分析过程。

由此可见，决策分析是一项复杂的智力分析选择过程，它包含如下几个基本要素。

① 决策者。决策者即决策的主体，可以是个体，也可以是群体。决策者必须具有选择判断的分析能力，承担决策后果的法律责任。决策者决策要受社会、政治、经济、知识、经验、心理等因素的影响。

② 决策目标。决策目标是决策者的主观意志的体现，也是客观现实的反映，没有决策

目标就没有决策。决策目标可以是单个目标，也可以是多个目标。

③ 可行方案。可行方案是供决策者选择的行动方案，必须有两个或两个以上。可以是有限个，也可以是无限个。如果是无限个可行方案的决策，需要借助于数学规划理论如运筹学中的线性规划等理论加以解决。

④ 决策环境。决策环境即决策者决策时面临的有关决策问题的环境情况。也称自然状态，是决策者无法控制的，客观存在的。对于具体的决策问题，自然状态可能是确定的，也可能是不确定的。

⑤ 决策结果。决策结果就是各可行方案在不同自然状态下所出现的结果。

⑥ 决策准则。决策准则是评价方案是否达到决策目标的标准，是方案优选的依据。决策准则的确定与决策者的偏好有关。

其中，决策目标、可行方案、决策环境即自然状态、决策结果是决策问题的构成要素。

决策分析中，采用合理的评价准则，运用特有的数学方法和优化技术进行可行方案优选的过程，就是决策论探讨的范畴。决策论就是根据系统的状态信号和评价准则选择最优策略的数学理论。

三、决策的特性

从决策的含义可见，决策有它固有的特点和属性。

1. 主观性

决策是决策者的智力活动过程。无论是目标的选择，还是目标实现的手段选择，都要由决策者的主观思维作出决定。由此可见，决策者是决策的灵魂。

2. 目的性

决策是为了解决实际问题，因此决策具有目的性。没有目的就等于无的放矢，就没有决策。因此，人们决策首先应明确决策问题的目的，只有这样，才能使决策成功。现实中，很多决策失败的原因在于决策目的不明确。

3. 选择性

选择是决策的核心，没有选择就无所谓决策。决策的主要活动就是对未来目标和达到该目标的各种途径，做出符合客观实际的选择，以寻找达到目标的最理想方案。

4. 风险性

由于决策的未来环境的不确定性和决策者对决策问题认识的局限性，使决策者采用的决策方案，带有一定的风险性。因此，决策者对风险的态度是其决策的主要影响因素之一。

5. 科学性

决策是决策者在掌握足够可靠的信息基础上，进行合理的思维判断，并运用数理方法和计算机信息技术进行方案优选，使主观判断最大限度地符合客观实际。因此决策具有科学性。

但是，由于决策的主体是决策者——人，决策者的意志和行动对决策起着重要的作用。由于决策问题的复杂性、决策信息的不完全性和决策者认识的局限性，所以，不同经验、气质、知识、社会层次和心理状态的决策者在决策中的选择判断是不同的。因此，决策又具有非科学性的一面。

6. 实践性

首先，决策的目的就是实践。因为决策总是针对要解决的问题或要完成的任务而做出选择的，它对实际行动具有直接的指导意义。再者，决策的技能也是实践的结果。因为，尽管决策是一门科学，有其一定的规律，但仅从理论上掌握这些规律，并不一定能做出正确的决策。只有在实践中积累经验，增长胆识，才能真正掌握决策的技能。因此决策又是一门艺术。

7. 时间性

任何决策都要求在一定的时间范围内完成。时间太短，可能会因为信息不足，决策匆忙，考虑不周而造成决策失败；但时间太长可能会丧失时机而使决策失效。如投产新产品决策，太匆忙会造成投产方向错误，时间太长又会失去占领市场的机会。因此，时间性是决策的重要特性，难怪有人把决策定义为"决策是一种在有限的时间内，为获取某种结果而采取的行动"。

8. 经济性

决策需要信息。一般而言，信息量越大，越有助于正确决策。但是，搜集决策所需要的信息，需要时间和资金，收集信息越多，所需时间越长，资金越多。当花费在收集决策信息上的费用不足以抵偿以此决策所带来的收益时，那么更多的信息收集只是一种浪费。因此，收集决策信息不应是无止境的，而应权衡由此而带来的决策收益决定。

9. 动态性

决策结果要付诸实施。因为资料收集的不可靠性，人们认识的局限性，决策环境的变动性，所以决策可能不符合客观情况，需要随着客观环境的变化，不断修正原来的决策。因此，决策是一个动态过程，要根据决策执行结果的反馈信息和决策环境的变动信息不断做出新的决策，直到基本达到原定目标为止。

10. 决策优化准则的模糊性

决策具有主观性、风险性、时间性、经济性等特点，使得衡量一个决策方案的好坏并非只有一个绝对的标准。因此，决策中，一般不追求最优解，而追求符合决策人偏好的满意解。

第二节 决策的分类

决策的广泛应用，以及人类活动的复杂多样性，使得决策的种类非常繁多。因此，我们可以从不同的角度，不同的划分标准对决策进行划分。下面介绍几种常见的决策分类。

一、按决策的重要性分类

可将决策分为战略决策、战术决策和执行决策。这种分类称为决策分类的安东尼模式。

战略决策是涉及组织的发展和生存的，有关全局性、长远性问题的，具有深远影响的决策。如企业的管理方针、长远发展规划的决策；厂址选择、新产品开发方向；原材料供应地的选择等。战略决策属于高层决策，具较大的风险性。它要求决策者具有广博的知识和掌握全面的信息。

战术决策又叫策略决策，是为了完成战略决策的目标，在人力、物力、财力等资源的准备和组织上所进行的决策。如产品规格的选择；工艺方案和设备的选择；厂区和车间内工艺路线的布置；运输调运方案的选择；销售渠道的选择等。策略决策属于中层决策，其决策的风险性中等。

执行决策又叫业务决策，是根据策略决策的要求对执行行为方案的选择。是有关日常业务和计划的决策，其目的是为了提高日常业务工作的效率和经济性。如生产中产品合格标准的选择；日常生产调度的决策；生产进度管理；库存管理等均属业务决策。业务决策属基层决策，其决策结果较为可靠，风险性最小。

二、按决策的结构和程序分类

可将决策分为程序化决策和非程序化决策。这种分类称为决策分类的西蒙模式。

程序化决策又叫结构化决策，是指反复出现的常规问题的决策。决策目标和决策准则明确，决策时有章可循，按照一定程序进行即可。如企业常规下的订货和物资供应，车间作业计划等的决策。这种决策在组织基层和中层居多。

非程序化决策又叫非结构化决策，是指不经常出现的、复杂的、特殊问题的决策。常常是对新情况、新问题的决策。这类决策无章可循，只能凭经验、知识和直觉应变做出决策。一般是一次性的。如新产品开发，引进或改造生产线的决策等均属非程序化决策。

三、按决策目标和指标是否可定量化分类

可将决策分为定量决策和定性决策。

定量决策的决策问题中决策变量、状态变量和目标函数均可用数量来描述，决策过程中运用数学模型来辅助决策者寻找最优或满意方案。如企业的库存控制决策，生产计划安排等。

定性决策的决策问题中，决策变量、状态变量和目标函数无法用数量来描述，只能作抽象的概括和定性的描述。如组织结构的设置，人事决策，目标市场的选择等。

定量、定性的划分是相对。在实际决策分析中，定量分析之前，往往要进行定性分析，而对一些定性分析问题，也尽可能使用一定的方式将其转化为定量分析。如人员综合素质测评，可采用定量、定性分析相结合的方法，如层次分析法或模糊综合评价法进行评判。

四、按对决策问题抉择的次数分类

可将决策分为单项决策和序贯决策。

单项决策是指整个决策过程只需要作一次决策即得决策结果。如：企业产品年产量的决策等。

序贯决策又称多级决策或多阶段决策。是指整个决策过程需要一系列的决策才能得到决策结果。多阶段决策由若干个相互联系的阶段的决策问题构成，每个阶段的决策结果直接影响其下一阶段的决策，各阶段最优决策结果之和不一定构成整体决策结果的最优。多阶段决策必须追求整体决策结果的最优。

五、按决策目标的多少分类

可将决策分为单目标决策和多目标决策。

单目标决策是指决策追求的目标只有一个的决策。如个人的证券、股票的投资决策即为单目标决策，因为在此类投资中，投资追求的目标只有一个，即追求投资收益的最大化。

多目标决策是指决策追求的目标不止一个。在现实生产、生活中，有很多决策问题都是多目标决策问题。如人们购买一件衣服，将考虑质量、式样、大小、价格等；择偶时，要考虑潜在对象的智力、外貌、性格、家庭、收入等；企业在安排生产计划时，要考虑产品的产量、质量、成本等；企业确定新产品开发策略时，要考虑企业的投资能力、市场潜力、潜在获利能力、营销能力、风险程度等；设计一座水力发电站时，既要考虑能提供足够的电能，又要考虑是否淹没农田，影响下游的灌溉、生态环境等。多目标决策问题相对于单目标决策问题复杂得多。

六、按对决策环境情况的掌握程度分类

可将决策分为确定型决策、不确定型决策和风险型决策。

确定型决策是指决策环境情况只有一种情况，完全确定，决策者做出选择的结果也完全

确定。如人们购买一件衣服，各种供他（她）选择的衣服的质量、式样、大小、价格等都是一定的，其最终购买的衣服的质量、式样、大小、价格等就完全确定了；企业利用其拥有的资源，如原材料、机器设备、技术、管理等按某生产方案安排生产，生产出的产品产量、质量、成本等都是一定的。确定型决策中若可供决策者选择的方案只有有限个，则其决策若为单目标决策，非常简单，只需比较各方案的目标值，即可确定方案的优劣；若为多目标决策，属于多指标决策范畴。若可供决策者选择的方案有无限个，需借助于数学规划理论建立数学模型加以解决。单目标决策的这部分内容在运筹学、技术经济学、最优化理论中有探讨，一般决策分析常常不介绍这部分内容。因此，一般决策分析主要介绍单目标的非确定型决策（不确定型决策和风险型决策）和多目标的确定型决策。至于多目标的非确定型决策非常复杂，目前为止还未很好解决。

不确定型决策是指决策者只知道决策环境的几种情况，即自然状态的几种情况，但不知道其发生的概率和做出选择的结果。决策者只能凭主观倾向进行决策。

风险型决策是指决策的环境不完全确定，但其发生的概率已知，因此决策者做出选择的结果也因决策环境不完全确定而不完全确定。

不确定型决策与风险型决策都属于非确定型决策，它们的区别在于风险型决策知道决策环境各种情况发生的概率，而不确定型决策不知道决策环境各种情况发生的概率。

【例 8-1】 某厂要确定下一计划期内产品的生产批量：大、中、小。根据以前经验并通过市场调查和预测知道，产品销路好、中、差的可能性及采用大、中、小批量生产在相应产品销路下的收益值如表 8-1 所示，试确定合理批量，使企业获得收益最大。

表 8-1　收益值矩阵表

损益值　　　状态 方案	θ_1（销路好） （0.3）	θ_2（销路中） （0.5）	θ_3（销路差） （0.2）
A_1	20	12	8
A_2	16	16	10
A_3	12	12	12

显然，这是一个风险型决策问题。如果决策者未经市场调查和预测，不知道未来市场上该产品各种销路状况发生的概率，那么，此问题就是一个不确定型决策问题；如果决策者决策前再经过深入的市场调查和预测，确知未来市场上该种新产品的销路是好、是中还是差，那么，该问题就是一个确定型决策问题。

七、按决策人的多少分类

可将决策分为个人决策和群体决策。

个人决策是由决策者凭借其个人的智慧、经验及掌握的信息而作出的决策，决策速度和效率高，但这类决策有时带有局限性，风险也较大。这类决策适用于常规事物及紧迫性问题的决策，不适宜全局性的重大性问题的决策。如个体经营户的决策、企业或公司经理作出的决策，未经任何集体研究，也无需上级审批等。

群体决策有领导机构决策和上下结合决策两种。领导机构决策是通过股东大会、董事会、经理办公会等机构成员共同讨论作出的决策；上下结合决策是指领导机构与下属相关机构结合，领导与群众相结合而形成的决策。群体决策，信息比较全面，能充分发挥集体智慧，集思广益，决策结果的可信度较高。但是，决策过程较复杂，耗费的时间较多。适宜于制定长远规划和有关全局性的决策。

第三节　决策的基本原则

决策者要作出正确的决策，其自身应具有丰富的经验、智慧和才能，并掌握有决策分析的理论、方法和技术，同时还应遵循正确的决策原则，并根据决策问题的性质应用合理的决策程序进行决策。正确的决策应遵循如下基本原则。

一、信息准全原则

准确、完备的信息是成功决策的物质基础，不仅决策前要使用信息，决策后也要使用信息。任何决策都是从收集、分析信息入手。决策者具有有关决策对象规律性的知识和具体情况、数据，是决策的前提和必要条件。决策者首先应具有与决策对象相关的科学知识，如某从事商品销售的零售商只有懂得供求规律和价值规律，才能知道选择哪些商品销售以及合理确定其商品价格。其次，决策者还应了解有关决策对象的信息及其所处的环境信息。零售商只有在掌握了商品市场销售情况、消费者偏好等外部因素的情况下，才能在基本的价值规律、供求规律的基础下选择销售哪些商品。为了促进所销售商品的宣传，零售商还应详细了解其所销售商品的性能、规格、功能等特点。此外，零售商还应根据商品销售的反馈信息及时调整销售决策，以适应不断变化的市场。由此可见，科学的决策需要大量的信息，决策者必须具备收集处理和挑选重要信息的能力，把握决策环境的变化，及时掌握可靠的信息，为准确决策提供保障。

二、经济性原则

决策的目的是合理利用人、财、物等资源取得最大效益，只有耗费小、经济效益高、社会效益好的方案，才是可选择的方案。决策需要信息和进行决策分析，而进行信息收集和决策分析，要付出代价——人力、物力、财力和时间的消耗；另外，决策会给人们带来一定的收益。因此，决策一定要权衡决策过程中所付出的代价与由此获得的收益。

三、系统性原则

决策问题是由若干个相互联系、相互依存的因素有机构成的系统，同时它又是某一更大系统的子系统，因此，决策时应使其决策的目标与其所从属的更大系统的目标、要求和规划相适应，以使两者相互促进，共同发展。另外，决策应统筹规划，协调决策对象内部要素和各决策环节的关系，寻求整体最优，而不是局部最优，综合考虑决策的当前利益与长远利益。

四、科学性原则

随着社会化大规模生产的出现，凭经验、直觉和智慧做决策已越来越不适应了，必须运用科学的决策理论、决策方法和先进的决策手段进行决策，才能避免和减少决策失误。科学的决策原则要求在具体的决策过程中应做到：确定决策目标具有科学依据和客观可能性，重视决策信息，切忌脱离实际；遵循科学的决策程序开展决策活动，避免决策过程的混乱；运用科学的决策方法，不能只作质的分析不作量的分析，也不能单独依赖数学模型，应重视质的分析与量的分析的密切结合运用，以实事求是的态度，在决策实施中，根据客观情况的变化，适时调整和修改决策目标和方案，使决策结果符合生产运营实际。

五、反馈性原则

由于对决策问题认识的不足，决策环境随时间推移发生变化，决策信息难以准确获得，因此，决策结果的实施难免与预期不符。为达到决策目标，真正解决决策问题，必须根据决策执行过程中反馈回来的信息对决策进行补充、修改和调整，所以，决策实施过程中，必须重视信息反馈。

六、民主性原则

现代企业组织的决策问题涉及范围广泛，具有高度复杂性，仅凭决策者个人知识、经验和能力难以作出准确决策。决策者必须充分发扬民主，集中和依靠集体智慧与力量进行决策，弥补决策者知识、经验和能力的不足，避免主观武断、独断专行的可能决策失误，保证决策的正确性。决策民主化具体应做到以下几点。

① 合理划分企业各管理层的决策权限和范围，调动各级决策者和相关人员参与决策的积极性和主动性。

② 充分尊重每一个参与决策的决策者的地位和权利，尽量做到协调合作。

③ 充分听取各参与决策人员的意见，在群众参与和监督下完成决策。

④ 重视专家参谋人员的作用，借助于他们做好调查研究、咨询论证。尤其是重大问题的决策，更要吸收各有关方面的专家参与。

第四节 决策的程序

决策过程是一个复杂的系统分析过程。不同的决策问题，性质不同，其决策程序也不尽相同。但是，一般来说，决策问题的科学合理的决策程序应大致包含发现和确定问题；确定决策目标；拟定各种可行的备选方案；分析评价选择各备选方案；方案的实施与控制五个环节。实际决策，常常不是按这五个步骤顺序线性进行即可完成，各环节间往往存在多次反复的循环，特别是复杂的决策问题更是如此。比如，决策目标确定后进入拟订方案阶段，在拟订方案阶段中可能发现原定目标太高，找不到实现原定目标的合适方案，于是不得不返回确定目标阶段重新确定目标。有时甚至在方案实施阶段还要返回重新确定目标或修订方案。决策的各环节间的关系如图8-1所示。

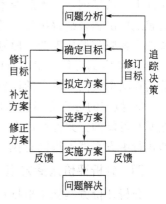

图 8-1 决策的基本步骤

一、发现和确定问题

所有的决策分析都是为了解决特定的实际问题而进行的，所以发现和确定问题是决策的起点。所谓问题是指决策对象的现实状况与期望状况之间存在的需要缩小或排出的差距。发现和确定问题就是要准确查明差距的真相、程度，查明问题出现的时间、地点以及问题的范围和界限，同时还要弄清问题的性质和问题产生的原因。只有全面、准确地认识问题，才能构想未来，制定切实可行的行动方案，有的放矢。

二、确定决策目标

确定决策的目标是决策的前提，决策目标是决策的出发点和归宿点。没有明确的决策目标，就无所谓决策，决策目标的正确与否直接关系到决策的成败。如法国航空公司20世纪60年代，决策试制协和式飞机，其决策的目标是"喷气式、超音速、宽机体"，但由于超音速所带来的高噪音，严重影响了飞机的安全性，由此耗资数十亿美元，决策目标的实现几经曲折。而与此同时，美国波音航空公司，决策试制波音747客机，其目标是"喷气式、亚音速、宽机体、高可靠性"。由于决策目标确定恰当，迅速实现了决策目标，为公司创造了巨额利润。因此，确定决策目标，一定要注意以下问题。

① 确定决策目标一定要从实际出发，实事求是，根据已有的资源、技术水平、管理水平等提出，坚决反对不切实际的浮夸和高指标。因此，确定目标前，必须对目标的正确性进行反复的、充分的论证。论证过程中，深入分析各目标的影响因素，以明确目标的合理性和实现的可能性，为正确的决策提供依据。

② 决策目标必须明确具体。决策目标应避免多义性，无论是单目标，还是多目标，每个决策目标只能有一种解释，不能含糊不清，模棱两可，不同的人可以有不同的解释；决策目标应尽量数量化。对于不是数量指标的目标，应采用间接的方法表述，使之数量化。如产品质量目标可用产品合格率、废品率等数量指标表示。

③ 明确目标实现的约束条件。确定决策目标，必须明确其资源限制、时间限制以及制度、法律、法规、政策等条件的限制。约束条件越清楚，决策的有效性和实现目标的可能性越大。实际决策中，决策目标必须是在满足约束条件下达到。

④ 区分目标的重要程度和主次顺序，必须达到的目标和希望达到的目标。决策时，应根据决策目标的重要程度和主次关系，先满足重要程度高的、主要的目标，再满足重要程度低的、次要的目标。必须达到的目标是要无条件的实现的目标，希望达到的目标是在有条件的前提下要实现的目标。

三、拟定备选方案

拟定方案是寻求解决问题、实现目标的方法和途径。决策者应在客观环境和资源等条件允许下，勇于创新，大胆探索，广泛听取不同意见，根据决策目标及收集整理的相关信息，大胆地提出和采纳解决问题的新思路、新见解、新方法，拟定出尽可能多的备选方案。拟定备选方案应遵循如下两个原则。

① 拟定的可行方案应有两个或两个以上。因为决策的固有属性之一就是选择，即决策就是在两个或两个以上的可行方案中选择一个满意方案。

② 拟定的可行方案应满足整体上的完备性和个体间的排斥性。整体上的完备性是指应把所有可能的方案都列出来，不得遗漏；个体间的排斥性是指各可行方案之间应相互排斥，即执行甲方案就不得同时执行乙方案。

四、分析评价选择方案

分析评价方案就是根据决策目标和评价标准，对拟定的各备选方案进行比较分析和评价，得出各备选方案的优劣顺序。评价标准分为"最优"标准和"满意"标准，它是衡量各备选方案是否达到目标的尺度，一般是与决策目标相一致的数量化指标。由于实际的决策问题常常是多目标决策问题，各目标间常常具有矛盾性和不可公度性，导致各目标不可能同时达到最优，因此，决策者决策，只能选择其满意的决策方案。所以，"满意"标准是更符合实际的一般常用标准。

选择方案就是在分析评价各备选方案的基础上，根据决策准则，综合考虑各备选方案的利弊得失，从中选择出最优方案或满意方案，或某一方案的修正方案，或综合某几个备选方案而得出的新方案。方案的选择在很大程度上取决于决策者的自身素质和偏好，如决策者的知识、经验、能力、心理以及决策者对各目标的看重程度等。因此，同一决策问题，不同的决策者有不同的决策结果。所以，这一阶段要求决策者应具有敏锐的洞察力和较强的分析判断能力，才能保证所选方案的成功。

五、方案的实施与控制

决策方案的选定，并不意味着决策过程的结束。因为决策环境随时间的推移要发生变化，加之决策者对决策问题认识的局限性，所以通过前面四个阶段的分析选择的理论上可行的最优或满意方案，不一定就是符合实际的最优或满意方案，还有待实践的检验。也就是还应将选择的方案付诸实施，解决问题，看其是否为最有效的方案。

如果方案实施过程中，发现选择的方案不是最有效的方案，则要根据其出现的新情况、新问题等反馈信息，对决策目标、决策方案进行适时修正。以使决策过程接近实际，决策结果更具科学性，决策方案更具实用价值，更好地指导人们的实践活动，避免错误决策带来的损失。

习　题

1. 什么是决策？决策具有哪些属性和特点？
2. 什么是决策分析？决策分析中包含哪些基本要素？
3. 战略决策、战术决策和执行决策是如何划分的？它们有何关系？
4. 确定型决策、不确定型决策和风险型决策是如何划分的？它们有何区别和联系？
5. 什么是定量决策与定性决策？
6. 什么是单项决策与序贯决策？
7. 什么是单目标决策与多目标决策？
8. 决策应遵循哪些基本原则？
9. 决策的基本程序包含哪些？
10. 确定决策目标应注意些什么？
11. 预测与决策有何联系？

第九章　非确定型单目标决策

第一节　不确定型决策

【例 9-1】　有一施工项目，若天气好开工，可获 5 万元利润，天气不好开工要损失 2 万元；若不开工，无论天气好坏都要付出 0.5 万元的窝工费，见表 9-1。试决定是否开工？

表 9-1　施工项目损益值表

收益值　　　　状态 方　案	θ_1（天气好）	θ_2（天气坏）
A_1（开工）	5	-2
A_2（不开工）	-0.5	-0.5

此决策问题，决策者的目标是收益最大化，供他选择的方案有开工、不开工两种；其决策环境有天气好、天气坏两种情况，但其发生的概率不知道，开工、不开工分别在天气好或天气坏的情况下的收益值知道。由上一章所述，显然这是一个不确定型决策问题。由此可知，不确定型决策问题应具备的条件如下。

① 存在着一个决策者希望达到的明确目标；

② 存在着 m（$m>1$）个可供决策者选择的可行方案 A_1，A_2，$\cdots$，A_m；

③ 存在着 n（$n>1$）个不以决策者主观意志为转移的自然状态 θ_1，θ_2，$\cdots$，θ_n；

④ 方案 $A_i(i=1,2,\cdots,m)$ 在自然状态 $\theta_j(j=1,2,\cdots,n)$ 下的损益值 u_{ij} 可计算。

不确定型决策问题，决策环境信息知道很少，只知道自然状态的几种情况，而不知道其发生的概率。因此，决策者难以对其进行客观决策，只能依据主观态度，在已知的客观环境基础上进行决策。这样，对同一个不确定型决策问题，不同的决策者，其知识、经验、阅历不一样，主观态度就不一样，决策准则也不一样，得出的决策结果可能就不一样。常用的决策准则有悲观决策准则、乐观决策准则、乐观系数决策准则、等可能决策准则、最小机会损失决策准则等。

为叙述方便，假定各可行方案在各自然状态下的损益值为收益值。

一、悲观决策准则

悲观决策准则又叫最大最小决策准则，也叫"坏中求好"决策准则。其决策的基本思想是决策者对客观环境情况总是报悲观的态度，总认为每一个方案实施都取最坏结局，然后再从这些最坏结局中挑选一个最好的作为行动方案。

采用悲观决策准则对不确定型决策问题进行决策的方法，称为悲观准则决策方法。其决策步骤如下。

① 求出每一可行方案在不同自然状态下收益值的最小值。

② 比较各可行方案收益值的最小值，从中选取最大的对应方案即为最优方案。

具体决策时，其决策过程可用决策矩阵表表示，如表 9-2 所示。

【例 9-2】　设某一决策问题有五个可行方案 A_1，A_2，A_3，A_4，A_5，四种自然状态 θ_1，

θ_2，θ_3，θ_4，各可行方案在各自然状态下相应的收益值如表 9-3 所示。试确定最优行动方案。

表 9-2 悲观决策矩阵表

收益值＼状态 方案	θ_1	θ_2	…	θ_n	$\min\limits_{j}\{u_{ij}\}$
A_1	u_{11}	u_{12}	…	u_{1n}	
A_2	u_{21}	u_{22}	…	u_{2n}	
$\vdots$	$\vdots$	$\vdots$		$\vdots$	
A_m	u_{m1}	u_{m2}	…	u_{mn}	
决策	$\max\limits_{i}\{\min\limits_{j}\{u_{ij}\}\}$				

表 9-3 悲观决策矩阵表

损益值＼状态 方案	θ_1	θ_2	θ_3	θ_4	悲观 $\min\limits_{j}\{u_{ij}\}$
A_1	4	5	6	7	4
A_2	2	4	6	9	2
A_3	5	7	3	5	3
A_4	3	5	6	8	3
A_5	3	5	5	5	3
决策	$\max\limits_{i}\{\min\limits_{j}\{u_{ij}\}\}$				4

解：采用悲观准则决策，其决策矩阵表如表 9-3 所示。

① 可行方案 A_1，A_2，A_3，A_4，A_5 在各自然状态下收益值的最小值分别为 4，2，3，3，3。

② A_1，A_2，A_3，A_4，A_5 的最小收益值的最大值为 4，其对应方案为 A_1，所以最优决策方案为 A_1。

注意：若损益值为损失值，则先求出每一可行方案在不同自然状态下损失值的最大值，然后再从这些最大值中找出最小值，其对应方案即为最优决策方案。

这种决策方法虽然保守，但却留有余地，稳妥可靠，是在最不利的情况下找最有利的方案。因此，这一方法主要适用于下列几种情况的决策。

① 企业规模小、资金薄弱，经不起大的经济冲击。

② 决策者认为最坏状态发生的可能性很大的决策问题。

③ 决策者对决策问题好的自然状态把握性很小，且遇到不好状态损失很大的决策问题。

二、乐观决策准则

乐观决策准则又叫最大最大决策准则，也叫"好中取好"决策准则。其决策的基本思想与持悲观决策准则的决策者相反，敢于冒风险，绝不放弃任何一个获得最好结果的机会，时刻争取好中之好。也就是决策者对客观环境情况总是持乐观的态度，总认为每一个方案实施以后都取最好的结局，然后再从这些最好的结局中挑选一个最好的作为行动方案。

采用乐观决策准则对不确定型决策问题进行决策的方法，称为乐观准则决策方法。其决策步骤如下。

① 求出每一可行方案在不同自然状态下收益值的最大值。

② 比较各可行方案收益值的最大值，从中选取最大的对应方案即为最优方案。

具体决策时，其决策过程可用决策矩阵表表示，如表 9-4 所示。

表 9-4　乐观决策矩阵表

收益值＼状态 方案	θ_1	θ_2	$\cdots$	θ_n	$\max\limits_{j}\{u_{ij}\}$
A_1	u_{11}	u_{12}	$\cdots$	u_{1n}	
A_2	u_{21}	u_{22}	$\cdots$	u_{2n}	
$\vdots$	$\vdots$	$\vdots$	$\vdots$	$\vdots$	
A_m	u_{m1}	u_{m2}	$\cdots$	u_{mn}	
决策	$\max\limits_{i}\left\{\max\limits_{j}\{u_{ij}\}\right\}$				

对【例 9-2】以乐观决策准则决策。

解： 采用乐观准则决策，其决策矩阵表如表 9-5 所示。

表 9-5　乐观决策矩阵表

损益值＼状态 方案	θ_1	θ_2	θ_3	θ_4	乐观 $\max\limits_{j}\{u_{ij}\}$
A_1	4	5	6	7	7
A_2	2	4	6	9	9
A_3	5	7	3	5	7
A_4	3	5	6	8	8
A_5	3	5	5	5	5
决策	$\max\limits_{i}\left\{\max\limits_{j}\{u_{ij}\}\right\}$				9

① 可行方案 A_1，A_2，A_3，A_4，A_5 在各自然状态下收益值的最大值分别为 7，9，7，8，5。

② A_1，A_2，A_3，A_4，A_5 的最大收益值的最大值为 9，其对应方案为 A_2，所以最优决策方案为 A_2。

注意：若损益值为损失值，则先求出每一可行方案在不同自然状态下损失值的最小值，然后再从这些最小值中找出最小值，其对应方案即为最优决策方案。

以这种决策方法决策，体现出决策者对未来充满信心，态度乐观，同时也体现了决策者的进取精神与冒险性格。因此，这一决策方法主要适用于下列几种情况的决策。

① 高值诱导。决策者期望运用有可能实现的高期望值目标，来激励、调动人们的积极性。而认为实际结果是什么并不重要，关键是决策目标的激励作用。

② 绝处求生。企业处于绝境，利用其他较稳妥的决策方案难以摆脱困境，此时，与其等着破产，不如采用最大期望值的方案拼一拼，以期获得最后一线生机。

③ 竞争对手评估。竞争中，对竞争对手作乐观估计，看其在乐观状态下可能达到的极值，以便心中有数，做出相应对策。

④ 前景看好。决策者对决策问题前景充满信心。因此，应采取最好结果的方案，否则，可能会错过最佳时机。

⑤ 实力雄厚。企业实力强，如果过于稳妥、保守，往往会无所作为，甚至削弱企业力量，降低企业地位。因此，不如凭借其强大的抵御风险的能力，勇于开拓，积极发展。

三、乐观系数决策准则

乐观系数决策准则又叫折中决策准则、赫威斯决策准则。以乐观决策准则决策，决策者持乐观、冒进的态度决策；以悲观决策准则决策，决策者持悲观、保守的态度决策，都走向两个极端。于是自然就想到折中这两种决策的基本思想。赫威斯由此提出了折中决策准则，其决策的基本思想是以一定程度的乐观，一定程度的悲观进行决策。即以乐观系数 α（$0 \leqslant \alpha \leqslant 1$）的乐观态度程度，$1-\alpha$ 的悲观态度程度，进行折中决策。

采用乐观系数决策准则对不确定型决策问题进行决策的方法，称为乐观系数准则决策方法。其决策步骤如下。

① 计算 A_i 方案折中收益值。

$$cv_i = \alpha \max_j u_{ij} + (1-\alpha) \min_j u_{ij} \quad (i=1,2,\cdots,m)$$

② 求各方案折中收益值的最大值。

$$cv_k = \max_i cv_i$$

③ 取 cv_k 对应方案 A_k 为最优方案。

具体决策时，其决策过程可用决策矩阵表表示。如表 9-6 所示。

表 9-6　乐观系数决策矩阵表

收益值＼状态 ＼方案	θ_1	θ_2	...	θ_n	cv_i
A_1	u_{11}	u_{12}	...	u_{1n}	
A_2	u_{21}	u_{22}	...	u_{2n}	
$\vdots$	$\vdots$	$\vdots$	$\vdots$	$\vdots$	
A_m	u_{m1}	u_{m2}	...	u_{mn}	
决策	$\max_i \{cv_i\}$				

对【例 9-2】以乐观系数决策准则决策。取乐观系数 $\alpha = 0.6$。

解：采用乐观系数准则决策，其决策矩阵表如表 9-7 所示。

表 9-7　乐观系数决策矩阵表

损益值＼状态 ＼方案	θ_1	θ_2	θ_3	θ_4	cv_i $\alpha=0.6$
A_1	4	5	6	7	5.8
A_2	2	4	6	9	6.2
A_3	5	7	3	5	5.4
A_4	3	5	6	8	6.0
A_5	3	5	5	5	4.2
决策	$\max_i \{cv_i\}$				6.2

① 可行方案 A_1，A_2，A_3，A_4，A_5 在各自然状态下收益值的折中值分别为 5.8，6.2，5.4，6.0，4.2。

② A_1，A_2，A_3，A_4，A_5 的折中收益值的最大值为 6.2，其对应方案为 A_2，所以最优决策方案为 A_2。

注意：若损益值为损失值，则先求出每一可行方案的折中损失值 $cv_i = \alpha \min_j u_{ij} + (1-\alpha) \max_j u_{ij}(i=1,2,\cdots,m)$，然后再从这些折中值中找出最小值，其对应方案即为最优决策方案。

以这种决策方法决策，决策结果取决于乐观系数 α。α 取值越接近于 1，决策结果越偏向于乐观决策准则的决策结果；α 取值越接近于 0，决策结果越偏向于悲观准则决策准则结果。因此 α 取值不一样，决策结果也可能不一样。那么，在实际决策中，如何才能取得适宜

的乐观系数 α，目前还没有很好的解决，这也是乐观系数法的最大缺陷。但我们在实际决策中可遵循如下一般原则选取乐观系数 α：如果决策者看好决策形势，则 α 取大一点；否则，取小一点。另外，乐观系数决策准则决策未充分利用所提供的损益值信息，只利用了决策结果的最好结局和最坏结局的信息，这自然会影响决策结果。

四、等可能性决策准则

等可能性决策准则又叫等概率决策准则或拉普拉斯（Laplace）决策准则。不确定型决策问题各自然状态下发生的概率不能确切知道，但也没有理由认为各自然状态出现的概率一定不相等，因此可以假设各自然状态出现的概率相等。等可能性决策准则就是基于这种思想提出来的。

假设不确定型决策问题有 n 个自然状态，等可能性决策准则决策就认为各自然状态出现的概率为 $P_1 = P_2 = \cdots = P_n = 1/n$，然后以各可行方案收益值的期望值（或平均值）的最大值对应方案为最优方案。这就是等可能性决策准则决策的基本思想。

采用等可能性决策准则对不确定型决策问题进行决策的方法，称为等可能性准则决策方法。其决策步骤如下。

① 计算 A_i 方案的期望收益值。

$$E(A_i) = \sum_{j=1}^{n} P_j u_{ij} = \frac{1}{n} \sum_{j=1}^{n} u_{ij} \quad (i = 1, 2, \cdots, m)$$

② 求各方案期望收益值的最大值。

$$E(A_k) = \max_i E(A_i)$$

③ 取 $E(A_k)$ 对应的方案 A_k 为最优方案。

具体决策时，其决策过程可用决策矩阵表表示。如表 9-8 所示。

表 9-8　等可能性决策矩阵表

收益值＼状态　　方案	θ_1	θ_2	$\cdots$	θ_n	$E(A_k)$
A_1	u_{11}	u_{12}	$\cdots$	u_{1n}	
A_2	u_{21}	u_{22}	$\cdots$	u_{2n}	
$\vdots$	$\vdots$	$\vdots$	$\vdots$	$\vdots$	
A_m	u_{m1}	u_{m2}	$\cdots$	u_{mn}	
决策	$\max_i \{E(A_i)\}$				

对【例 9-2】以等可能性决策准则决策。

解：采用等可能性准则决策，其决策矩阵表如表 9-9 所示。

表 9-9　等可能性决策矩阵表

损益值＼状态　　方案	θ_1	θ_2	θ_3	θ_4	$E(A_k)$
A_1	4	5	6	7	5.5
A_2	2	4	6	9	5.25
A_3	5	7	3	5	5
A_4	3	5	6	8	5.5
A_5	3	5	5	5	4.5
决策	$\max_i \{E(A_i)\}$				5.5

① 可行方案 A_1，A_2，A_3，A_4，A_5 在各自然状态下的期望收益值分别为 5.5，5.25，5，5.5，4.5。

② A_1，A_2，A_3，A_4，A_5 的期望收益值的最大值为 5.5，其对应方案为 A_1，A_4，所以最优决策方案为 A_1，A_4。

注意：若损益值为损失值，则以各可行方案期望损失值的最小值对应方案为最优决策方案。

等可能性决策准则虽然克服了乐观系数决策准则的不足，充分利用了提供的损益值信息。但是决策的前提假定各自然状态出现的概率相等，很难与实际事实发展相吻合，所以，此种决策也存在一定的弊端。

五、最小机会损失决策准则

最小机会损失决策准则又叫后悔值决策准则、遗憾值决策准则，也叫萨万奇（Savage）决策准则（由于该决策准则由 L. J. Savage 提出的）。

机会损失值是各可行方案在每一自然状态下的收益值最大值与该状态下的各方案收益值之差，或该状态下各可行方案的损失值与该状态下各可行方案损失值的最小值之差。也称为该状态下各可行方案的遗憾值或后悔值。机会损失值的实际意义就是在某一自然状态下决策者由于选择了某一方案而失去选择该状态下收益值最大的方案或损失值最小的方案带来的损失，或者说带来的遗憾、带来的后悔。由此，各可行方案在各自然状态下都可能存在机会损失。为决策稳妥，尽可能使决策机会损失达到最小。因此，最小机会损失决策准则决策的基本思想是选择行动方案时，使最大机会损失最小。

采用最小机会损失决策准则对不确定型决策问题进行决策的方法，称为最小机会损失准则决策方法。其决策步骤如下。

① 计算机会损失矩阵 (b_{ij})。

$$b_{ij} = \max_l u_{lj} - u_{ij}$$

② 计算每个方案的最大机会损失。

$$\max_j b_{ij} = b_i$$

③ 从最大机会损失中选取最小的。

$$\min_i b_i = b_k$$

b_k 的对应方案 A_k 即为最优方案。

注意：若损益值为损失值，只是各可行方案在各自然状态下机会损失为 $b_{ij} = u_{ij} - \min_l u_{lj}$。同样取各可行方案最大机会损失中的最小值对应方案为最优决策方案。

对【例 9-2】以最小机会损失决策准则决策。

解：机会损失值如表 9-10 所示。

表 9-10　机会损失值表

损失值　　　　状态 方案	θ_1	θ_2	θ_3	θ_4	$\max_j b_{ij}$
A_1	1	2	0	2	2
A_2	3	3	0	0	3
A_3	0	0	3	4	4
A_4	2	2	0	1	2
A_5	2	2	1	4	4

① 可行方案 A_1，A_2，A_3，A_4，A_5 在各自然状态下的最大机会损失值分别为 2，3，4，2，4。

② A_1，A_2，A_3，A_4，A_5 的最大机会损失值的最小值为 2，其对应方案为 A_1，A_4，所以最优决策方案为 A_1，A_4。

后悔值准则是以尽量避免较大的决策失误为原则而进行的决策，它与悲观准则决策属于同一类，只是考虑问题的出发点不同。但后悔值准则决策还不愿意放弃可获取更大收益的机会。因此，后悔值主要适用于有一定基础的中小企业决策。因为这类企业能承担一定的风险，可以不必太过保守，但又不能抵挡大的灾难。因此，采用此种决策准则决策可以稳中求发展。

第二节　风险型决策

风险型决策问题由于决策者只知道决策环境即自然状态发生的几种情况及其发生的概率，但并不知道未来一定发生哪一种自然状态，加之自然状态的发生并非决策者所掌控。因此，决策者只能根据预测的各可行方案在不同自然状态下的损益值及其各自然状态发生的概率进行决策，这难免要为决策结果承担一定的风险。所以，风险型决策问题的决策称为风险型决策，也称为随机性决策。

由上一章所述，风险型决策问题与不确定型决策问题的主要区别在于风险型决策问题已知各自然状态发生的概率，所以，风险型决策问题应具备的条件是在不确定型决策问题应具备的条件的基础上增加了已知各自然状态发生的概率。即风险型决策问题应具备如下条件。

① 存在着一个决策者希望达到的明确目标。

② 存在着 m（$m>1$）个可供决策者选择的可行方案 A_1，A_2，$\cdots$，A_m。

③ 存在着 n（$n>1$）个不以决策者主观意志为转移的自然状态 θ_1，θ_2，$\cdots$，θ_n。

④ 不同自然状态 θ_1，θ_2，$\cdots$，θ_n 发生的概率 P_1，P_2，$\cdots$，P_n 已知，且 $P_1+P_2+\cdots+P_n=1$。

⑤ 方案 A_i（$i=1,2,\cdots,m$）在自然状态 θ_j（$j=1,2,\cdots,n$）下的损益值 u_{ij} 可以计算。

风险型决策问题由于已知各自然状态发生的概率，减少了决策的不确定性。因此，风险型决策应充分利用各自然状态发生的概率，依据某种决策准则进行可行方案的优选。风险型决策常用的决策准则主要有：最大可能准则、期望值准则和后悔值准则。下面通过实例来介绍这些决策准则。

【例 9-3】　某工厂成批生产某种产品，批发价为 50 元/个，成本 30 元/个，这种产品当天生产当天销售，如果当天卖不出去，则每个损失 10 元。已知这个工厂每天的产量可以是 0 个、1000 个、2000 个、3000 个、4000 个，根据市场调查和预测知，这种产品每天的市场需求量及其发生率如表 9-11 所示。试问工厂领导应如何决策？

表 9-11　市场状态及其概率

市场需求量/个	0	1000	2000	3000	4000
概率	0.1	0.2	0.4	0.2	0.1

显然，这一决策问题有五个可行方案，即每天生产该产品 0 个、1000 个、2000 个、3000 个、4000 个五个自然状态，即每天市场的需求量为 0 个、1000 个、2000 个、3000 个、4000 个，各自然状态出现的概率又已知，并且可根据已知信息计算出每一生产方案即可行方案在每一市场需求量即自然状态下的收益值，如表 9-12 所示。因此，该决策问题是一个

风险型决策问题。

表 9-12　收益值表　　　　　　　　　　单位：万元

ij　　　　　j i	0.1 $\theta_1(0)$	0.2 $\theta_2(1000)$	0.4 $\theta_3(2000)$	0.2 $\theta_4(3000)$	0.1 $\theta_5(4000)$
$A_1(0)$	0	0	0	0	0
$A_2(1000)$	-1	2	2	2	2
$A_3(2000)$	-2	1	4	4	4
$A_4(3000)$	-3	0	3	6	6
$A_5(4000)$	-4	-1	2	5	8

一、常用决策准则

1. 最大可能准则

由概率理论可知，概率越大的事件，发生的可能性越大。因此，对风险型决策问题的决策可以概率最大的自然状态为依据进行决策，而不顾其他自然状态，然后取该状态下收益值最大或损失值最小的方案为最优方案。

采用这一决策准则决策，实质上认为风险型决策问题未来一定出现概率最大的自然状态，而其他自然状态一定不发生。也就是把风险型决策问题转换为只有一种决策环境情况的决策问题，即确定型决策问题，进行决策。由此可以看出确定型决策是风险性决策的特例。

采用最大可能准则对【例 9-3】进行决策。

由前述可知，每天市场需求 2000 个产品，即自然状态 θ_3 出现的概率 $P_3=0.4$ 最大，而这一状态下，可行生产方案 A_1，A_2，A_3，A_4，A_5 的收益值分别为 0 万元，2 万元，4 万元，3 万元，2 万元。所以，该厂每天应生产 2000 个产品，即采取方案 A_3 进行生产，可获得最大收益 4 万元。

注意：最大可能决策准则只适用于存在某一自然状态出现的概率大于其他自然状态出现的概率很大，且其他自然状态下各可行方案的损益值相差不大的风险型决策问题的决策。各自然状态发生的概率相互接近的风险型决策问题，不宜采用该决策准则进行决策。

2. 期望值准则

期望值准则是最常用的风险型决策问题的决策准则，其决策的基本思想就是以期望收益值最大或期望损失值最小对应的可行方案为最优方案。可行方案的期望收益值或期望损失值即期望损益值是指可行方案在各种自然状态下的损益值与其相应的自然状态的概率乘积之和。即方案 A_i 的期望损益值 $E(A_i)$ 为

$$E(A_i) = \sum_{j=1}^{n} P_j u_{ij} = EMV_i$$

具体决策时，其决策过程可用表 9-13 所示的决策表表示。

表 9-13　期望损益值决策表

自然状态		θ_1	θ_2	$\cdots$	θ_n	期望损益值
概率		P_1	P_2	$\cdots$	P_n	
方	A_1	u_{11}	u_{12}	$\cdots$	u_{1n}	$E(A_1)$
	A_2	u_{21}	u_{22}	$\cdots$	u_{2n}	$E(A_2)$
	$\vdots$	$\vdots$	$\vdots$	$\vdots$	$\vdots$	$\vdots$
案	A_m	u_{m1}	u_{m2}	$\cdots$	u_{mn}	$E(A_m)$
决策		\multicolumn{5}{c}{$\max\limits_i E(A_i)$ 或 $\min\limits_i E(A_i)$，对应方案为最优方案}

采用期望值决策准则对【例 9-3】进行决策。

该决策问题各可行方案在各自然状态下的损益值为收益值。因此，各可行方案的期望收益值计算如下。

$$E(A_1)=0.1\times0+0.2\times0+0.4\times0+0.2\times0+0.1\times0=0（万元）$$
$$E(A_2)=0.1\times(-1)+0.2\times2+0.4\times2+0.2\times2+0.1\times2=1.7（万元）$$
$$E(A_3)=0.1\times(-2)+0.2\times1+0.4\times4+0.2\times4+0.1\times4=2.8（万元）$$
$$E(A_4)=0.1\times(-3)+0.2\times0+0.4\times3+0.2\times6+0.1\times6=2.7（万元）$$
$$E(A_5)=0.1\times(-4)+0.2\times(-1)+0.4\times2+0.2\times5+0.1\times8=2.0（万元）$$

所以，$\max\limits_{i}E(A_i)=E(A_3)=2.8$ 对应方案 A_3 为最优方案。

其决策过程由表 9-14 所示表示更直观、明了。

表 9-14 期望收益值决策表

自然状态		θ_1	θ_2	θ_3	θ_4	θ_5	期望损益值 $E(A_i)$
概率		0.1	0.2	0.4	0.2	0.1	
方案	A_1	0	0	0	0	0	0
	A_2	−1	2	2	2	2	1.7
	A_3	−2	1	4	4	4	2.8
	A_4	−3	0	3	6	6	2.7
	A_5	−4	−1	2	5	8	2.0
决策		$\max\limits_{i}E(A_i)=E(A_3)=2.8$，对应方案 A_3 为最优方案						

本例用期望值决策准则决策的最优方案为 A_3，即每天生产 2000 个产品。但这并不意味每天生产 2000 个产品，每天都能获得 2.8 万元的收益。如果遇到某一天市场不需求该种产品，则该厂生产 2000 个产品，将亏损 2 万元；如果遇到某一天市场只需要该种产品 1000 个，则该厂生产 2000 个产品，将只能收益 1 万元；只有遇到某一天市场需求该种产品 2000 个及以上时，则该厂生产 2000 个产品，将获得收益 4 万元。如果每天都生产 2000 个该产品，这样长期下来，该厂将获平均收益 2.8 万元。因此，期望值决策准则适用于企业经常性的经济活动的决策。

3. 期望机会损失决策准则

期望机会损失决策准则又叫后悔值准则。其决策的基本思想是为使决策后尽量不后悔，而取期望机会损失最小对应方案为最优方案。

不妨假设各可行方案在各自然状态下的损益值为收益值。

期望机会损失决策准则的决策步骤如下。

① 求出机会损失矩阵 (b_{ij})

$$b_{ij}=\max\limits_{l}u_{lj}-u_{ij}$$

② 计算各方案的期望机会损失值 $\overline{E}(A_i)$。

③ 取最小期望机会损失值 $\overline{E}(A_k)=\min\limits_{i}\overline{E}(A_i)$ 对应方案 A_k 为最优方案。

采用后悔值准则对【例 9-3】进行决策。

该决策问题各可行方案在各自然状态下的后悔值及各方案的期望后悔值如表 9-15 所示。

如表 9-15 所示，最小期望机会损失 $\min\limits_{i}\overline{E}(A_i)=\overline{E}(A_3)=1.2$，所以其对应的方案 A_3 为最优方案。与期望值准则的决策结果一致。这并非偶然。可以从数学上严格证明：任一风险型决策问题采用期望值决策准则与期望机会损失决策准则决策的结果一致。

表 9-15　期望后悔值决策表

自然状态		θ_1	θ_2	θ_3	θ_4	θ_5	期望后悔值 $E(A_i)$
概率		0.1	0.2	0.4	0.2	0.1	
方案	A_1	0	2	4	6	8	4
	A_2	1	0	2	4	6	2.3
	A_3	2	1	0	2	4	1.2
	A_4	3	2	1	0	2	1.3
	A_5	4	3	2	1	0	2.0
决策		$\min_i \overline{E}(A_i) = \overline{E}(A_3) = 1.2$，对应方案 A_3 为最优方案					

二、决策树法

当风险型决策问题比较简单，只需要决策者做一次决策即可解决时，我们可以采用上述决策表格的形式进行决策，找出最优行动方案。但当风险型决策问题比较复杂，需要决策者做多次决断时，即多级决策问题或序贯决策问题，用上述表格形式的决策分析方法，难以进行。这时我们用决策树形图来表达和分析，可以很好地解决。这种决策分析方法称为决策树法。决策树法形象直观、思路清晰，是实际风险型决策中应用广泛的一种决策分析方法。

【例 9-4】　某油田化学试剂厂，由于某项工艺不够好，产品成本高，在价格保持中等水平时无利可图，在价格低落时要亏本，只有在价格高时才盈利，且盈利不多。在编制 5 年计划时厂领导欲将该项工艺加以改进，用新工艺代替。取得新工艺有两种途径：一是自行研究，但成功的可能性是 0.6；二是买专利，估计谈判成功的可能性是 0.8。无论研究或谈判成功，生产规模都要考虑两种方案：一是产量不变；二是增加产量。如果谈判或研究失败，则仍用原工艺进行生产，并保持原产量不变。另外，根据市场预测，估计今后 5 年内这种产品跌价的可能性是 0.1，保持中等水平的可能性是 0.5，涨价的可能性是 0.4。通过计算，得到各方案在不同的价格情况下的损益值，如表 9-16 所示，试选择合理方案。

表 9-16　【例 9-4】决策信息表　　　　　　　　　单位：万元

损益值　方案 状　态	按照原生产工艺生产	买专利成功(0.8)		自行研究成功(0.6)	
		产量不变	增加产量	产量不变	增加产量
价格低落(0.1)	−100	−200	−300	−200	−300
价格中等(0.5)	0	50	50	0	−250
价格高涨(0.4)	100	150	250	200	600

显然，这一决策问题，需要决策者作两次决断，难以用上述表格形式进行决策，只能用决策树法进行决策。

1. 决策树的构成

决策树又称决策图，它是以方框和圆圈为节点，由直线连接而成的一种树状结构图。它由以下四部分构成。

① 决策点：用 □ 表示。由决策点引出若干分枝，每一分枝代表一个可行方案，每一分枝上标明相应的可行方案，有几个可行方案就有几条分枝。如图 9-1 所示。初始决策节点称为树根。

② 方案节点：用 ○ 表示。由方案节点引出的分枝叫概率分枝，也叫状态分枝。有几个自然状态就有几个分枝，每一分枝代表一个自然状态，每一分枝上标明相应的自然状态及发生的概率。如图 9-2 所示。

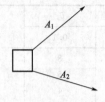

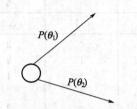

图 9-1　方案及方案分枝示意图　　　　　　图 9-2　概率及概率分枝示意图

③ 树枝：一个树枝表示一个可行方案或一个自然状态。

④ 结果节点：又称树梢或树叶，用△表示。在结果节点旁边标出相应的可行方案在相应自然状态下的损益值。

由树根到树叶就构成一个决策树。

2. 决策步骤

利用决策树进行决策分析的步骤如下。

① 依据决策问题的未来发展情况及其可能结果，画出决策树。

② 由树叶往树根方向，若遇到方案节点，逐个计算各方案节点的损益期望值，并标注在各相应方案节点上方；若遇到决策节点，在每一层的决策节点上对各可行方案进行优选，保留该层期望收益值最大或期望损失值最小的可行方案，并将该可行方案的期望损益值标注在该决策节点的上方，同时划掉其他可行方案。这样，进行到树根为止，保留下来的可行方案即为最优方案。

用决策树法求解【例 9-4】。

解：① 画决策树。由上所述，本问题属于两级决策问题。首先需要决策者选择买专利或是自行研究来改进产品的生产工艺，因此该决策问题的初始决策节点应引出两个方案分枝：买专利和自行研究。无论决策者选择哪一个分枝，都有两种可能结果：成功或失败。因此，在该方案分枝的末端应是方案节点，并由其引出失败和成功两个状态分枝。如果选择的方案的结果是失败，则面临决策者的只有一种方案——按原工艺生产，因此该失败状态分枝的末端应是决策节点，并由此引出一个方案分枝——按原工艺生产。其生产出来的产品面临三市场状态——产品价格低、中和高，因此该方案分枝末端应是方案节点，并由此引出三个状态分枝——产品价格低、中和高，三个状态下的损益值已知，因此，该三个状态分枝的末端应是结果节点，应在其旁边标出其对应的损益值。如果选择的方案的结果是成功，则面临决策者有产量不变和产量增加两种方案选择，因此该成功状态分枝的末端应是决策节点，并由此引出两个方案分枝——产量不变和产量增加。无论选取哪一个方案，其生产出来的产品都面临三市场状态——产品价格低、中和高，因此该方案分枝末端应是方案节点，并由此引出三个状态分枝：产品价格低、中和高。三个状态下方案的损益值已知，因此，该三个状态分枝的末端应是结果节点，应在其旁边标出其对应的损益值。

根据上面的分析及有关的题设资料，可以从左自右画出本问题的决策树，如图 9-3 所示。

② 计算各方案节点的期望收益值，在各决策节点优选方案，确定决策节点的期望收益值。从树叶往树根方向计算各方案节点的期望损益值，并标注在相应方案节点的上方。如在买专利成功的条件下，选择产量不变方案生产对应方案节点 8 的期望收益为 $0.1 \times (-200) + 0.5 \times 50 + 0.4 \times 150 = 65$（万元），选择产量增加方案生产对应方案节点 9 的期望收益为 $0.1 \times (-300) + 0.5 \times 50 + 0.4 \times 250 = 95$（万元）。同理可计算其他方案的期望损益

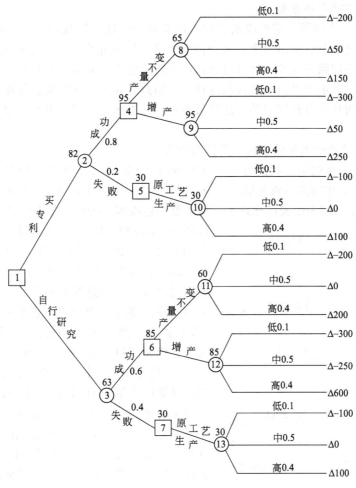

图 9-3　【例 9-4】的决策树

值。如图 9-3 所示。

在决策节点优选方案，并将保留方案的损益值标注在该决策节点上方。如在买专利成功的条件下，选择产量增加方案生产的期望收益 95 万元大于选择产量不变方案生产的期望收益 65 万元，因此，应保留产量增加方案，舍弃产量不变方案，所以在买专利成功的条件下的决策节点 4 上方应标注期望收益值 95 万元。同理可得其他决策节点的期望收益值。如图 9-3 所示。

③ 确定最优方案。因为买专利方案期望收益值 82 万元大于自行研究方案期望收益值 63 万元，所以，最优方案是买专利，若谈判失败，按原工艺生产，可获期望收益 30 万元；若谈判成功，按增加产量方案生产，可获期望收益 95 万元。

【例 9-5】　某厂为生产某种产品，设计了两个基建方案：一是建大厂；二是建小厂。建大厂需投资 300 万元，建小厂需要投资 200 万元，两者的使用期都是 15 年。估计在此期间，产品销路好的可能性是 0.8，两个方案的年损益值如表 9-17 所示。

表 9-17　【例 9-5】决策信息表　　　　单位：万元

市场状态	概率	建大厂	建小厂
销路好	0.8	100	40
销路差	0.2	−20	10

解：（1）试选择合理方案

① 画决策树。本问题只需要决策者作一次选择——建大厂或建小厂。因此，属单级决策问题，其初始决策节点引出两个方案分枝——建大厂和建小厂，无论建大厂还是建小厂，生产的产品都面临销路好和差两种自然状态，因此，建大厂方案分枝和建小厂方案分枝末端都应是方案节点，并由此引出两个状态分枝——销路好和坏，两个状态分枝下各方案的收益值已知，因此，两状态分枝的末端应是结果节点。综上所述，可画出本问题的决策树，如图9-4所示。

② 计算方案节点的期望收益值，并优选方案。

建大厂方案15年的期望收益值＝$[0.8×100+0.2×(−20)]×15=1140$（万元）

建小厂方案15年的期望收益值＝$[0.8×40+0.2×10]×15=510$（万元）

如图9-4所示，因为建大厂和建小厂均需要一定投资，所以，建大厂的净期望收益值为$1140−300=840$（万元）大于建小厂的净期望收益值为$510−200=310$（万元）。因此，建大厂方案优。

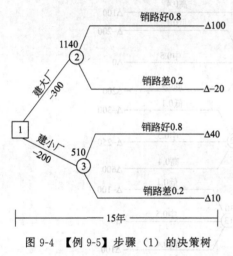

图9-4 【例9-5】步骤（1）的决策树

（2）若分前5年和后10年两期考虑 根据市场预测，前5年销路好的概率为0.7。而如果前5年销路好，则后10年销路好的概率是0.9，如果前5年销路差，则后10年的销路一定差。在这种情况下，建大厂和建小厂哪个方案好？

① 画决策树。本问题仍然是属于单级决策问题，只是在决策的时间段15年内，自然状态：产品的市场销路好与差要发生改变，前5年和后10年不一样，因此，应分开考虑。由初始决策节点引出两个方案分枝：建大厂和建小厂，无论建大厂或是建小厂，生产的产品前5年都面临销路好和差两种自然状态，因此，建大厂方案分枝和建小厂方案分枝末端都应是方案节点，并由此引出两个状态分枝：销路好和差。因为前5年销路好，后10年销路好的概率0.9，因此，前5年销路好的状态分枝末端应是方案节点，并由此引出两个状态分枝：销路好和差，而两个状态分枝下各方案的收益值已知，因此，两状态分枝的末端应是结果节点。而前5年销路差，后10年一定销路差，因此，前5年销路差的状态分枝末端应是方案节点，并由此引出一个状态分枝：销路差，而该状态分枝下各方案的收益值已知，因此，该状态分枝的末端应是结果节点。综上所述，可画出本问题的决策树，如图9-5所示。

② 计算方案节点的期望收益值，并优选方案。

建大厂在前5年销路好的情况下，后10年的期望收益值为

$$[0.9×100+0.1×(−20)]×10=880（万元）$$

建大厂在前5年销路差的情况下，后10年的期望收益值为

$$1×(−20)×10=−200（万元）$$

建大厂15年的期望收益值为

$$[0.7×100+0.3×(−20)]×5+0.7×880+0.3×(−200)=876（万元）$$

同理可计算建小厂方案各方案节点的期望收益值。如图9-5所示。

因为建大厂和建小厂均需要一定投资，所以，建大厂的净期望收益$876−300=576$万元大于建小厂的净期望收益$444−200=244$（万元）。因此，仍是建大厂方案优。

（3）在（2）的基础上，再考虑一种情况 先建小厂，如销路好，则5年后考虑扩建。

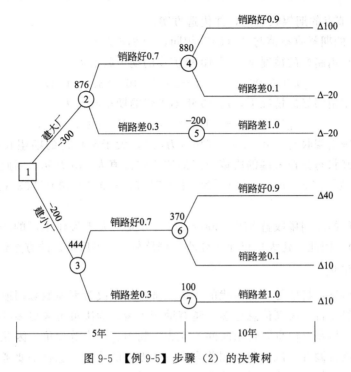

图 9-5 【例 9-5】步骤（2）的决策树

扩建投资需 140 万元，扩建后可使用 10 年，每年的损益值与建大厂相同。这个方案与建大厂方案比较，谁优谁劣？

① 画决策树。因为本问题只是在"（2）"的基础上，增加建小厂前 5 年销路好的情况下，后 10 年考虑扩建方案，因此，其决策树只是建小厂前 5 年销路好的后 10 年分枝有所改变，而其余的与"（2）"相同。此时，建小厂前 5 年销路好的状态分枝末端应是决策节点，并由此引出两个方案分枝——扩建和不扩建，无论扩建还是不扩建，其生产出的产品均面临两种市场状态——销路好和差，因此，其方案分枝的末端应是方案节点，并由此引出两个状态分枝——销路好和差。两个状态下各方案的收益值已知，因此该两个状态分枝的末端应是结果节点。综上所述，可画出本问题的决策树，如图 9-6 所示。

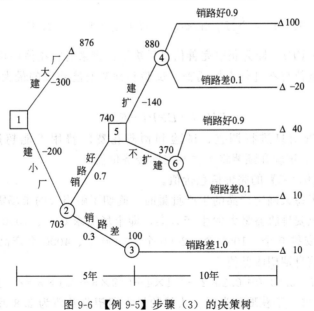

图 9-6 【例 9-5】步骤（3）的决策树

② 计算方案节点的期望收益值，并优选方案。

建大厂 15 年的期望收益值与"（2）"相同，为 876 万元。

建小厂前 5 年销路好的情况下，后 10 年扩建的期望收益为

$$[0.9 \times 100 + 0.1 \times (-20)] \times 10 = 880 （万元）$$

建小厂前 5 年销路好的情况下，后 10 年不扩建的期望收益为

$$[0.9 \times 40 + 0.1 \times 10] \times 10 = 370 （万元）$$

因为扩建的净期望收益 $880 - 140 = 740$（万元），大于不扩建的期望收益 370 万元，所以，前 5 年销路好状态分枝末端的决策节点的期望收益值为 740 万元。因此，先建小厂整个 15 年的期望收益为 $[0.7 \times 40 + 0.3 \times 10] \times 5 + 0.7 \times 740 + 0.3 \times 100 = 703$（万元）。如图 9-6 所示。

所以，建大厂的净期望收益 $876 - 300 = 576$（万元）大于先建小厂的净期望收益 $703 - 200 = 503$（万元）。因此，建大厂仍比先建小厂销路好，5 年后扩建的方案优。

三、信息的价值

决策离不开信息，特别是信息时代的市场经济社会，决策者孤陋寡闻或以偏概全都会招致决策失误。一般而言，决策信息越多，越有助于决策，为决策带来更多的收益。也就是说信息能带来价值。但获取信息要付出时间、人力、物力、财力等代价。因此，决策时要综合考虑，是否值得进行调查、试验和预测获取决策所需的信息？也就是要考虑获取的信息为决策带来的收益的增加是否能足以抵偿获取信息所付出的代价？这就需要对信息的价值作出合理的估价。

1. 完善信息的价值

风险型决策期望值准则实质上是一次决策多次重复应用。企业在生产、经营活动中，按最大期望收益值对应方案进行生产、运营，时得时失，长期下来得失相抵后即得最大期望收益值 EMV^*。但企业实际生产运营时，决策者绝不会放弃任何一个可获取更多收益的机会。因此，若企业组织市场调查、试验和预测，确切了解市场需求等决策环境情况，随机应变地组织生产，则会得到比不进行市场调查、试验和预测更高的期望收益值，这个期望收益值称为完善信息期望收益值（$EPPI$）。

$$EPPI = \sum_{j=1}^{n} P_j \max_i u_{ij} \geqslant 最大期望收益值\ EMV^*$$

完善信息价值 $EVPI$：即为获取完善信息后决策而带来的收益值的增加。也就是获取完善信息后的期望收益值与不进行市场调查、试验和预测而能获取的最大期望收益值 EMV^* 之差。即

$$EVPI = EPPI - EMV^*$$

注意：获取完善信息进行调查、试验和预测花费的费用不能超过完善信息的价值 $EVPI$；否则，调查、试验和预测将失去其实际经济价值。

【例 9-6】 求【例 9-3】的完善信息价值。

解： 如果决策者每天确定产品的生产批量时，确切了解当天的市场需求情况，则决策者会根据市场需求情况安排收益最大的生产方案，即市场需求 0 个、1000 个、2000 个、3000 个、4000 个时对应安排 0 个、1000 个、2000 个、3000 个、4000 个产品，这样获得最大期望收益值，即完善信息期望收益值。

$$EPPI = 0.1 \times 0 + 0.2 \times 2 + 0.4 \times 4 + 0.2 \times 6 + 0.1 \times 8 = 4 （万元）$$

由【例 9-3】可知，不获取信息时，决策的最大期望收益值为 2.8 万元，所以完善信息

的价值为

$$EVPI = EPPI - EMV^* = 4 - 2.8 = 1.2（万元）$$

2. 不完善信息的价值

实际决策中，进行调查、试验和预测，不可能获得完善的信息，只能尽量获取更多、更可靠的信息，也就是只能获得不完善信息。这些信息同样有益于决策，为决策带来收益的增加。但收益的增加是否足以抵偿获取这些信息所付出的代价？同样是决策者必须考虑和权衡的问题。这就需要对不完善信息的价值进行估价。

不完善信息的价值就是不完善信息为决策带来的收益的增加值。即通过调查、试验和预测后获取信息而决策获得的最大期望收益值与未经调查、试验和预测决策获得的最大期望收益值之差。

显然，不完善信息的价值应超过调查、试验和预测而花费的费用，否则无实际经济意义。

【例 9-7】　某厂欲开发一种新产品，预计投入市场后其销路有好、中、差三种情况。估计各种情况发生的概率（先验概率）分别为 0.25、0.30、0.45。预计相应的损益值如表 9-18 所示。

表 9-18　各种市场情况损益值　　　　　　　　　　　　单位：万元

市场状况	销路好	销路中	销路差
先验概率	$P(\theta_1) = 0.25$	$P(\theta_2) = 0.30$	$P(\theta_3) = 0.45$
预测损益值	150	10	-60

由于市场销路差时要损失 60 万元，决策者不敢冒风险，为进一步获得可靠的信息，拟花 5 万元到咨询公司代为进行市场调查，该公司根据以往调查经验，可提供如表 9-19 所示的有关数据表。

表 9-19　产品销量调查信息

$P(r_i/\theta_j)$　　　　　　　　j i		实施结果		
		θ_1（好）	θ_2（中）	θ_3（差）
调查结果	r_1（好）	0.65	0.25	0.10
	r_2（中）	0.25	0.45	0.15
	r_3（差）	0.10	0.30	0.75

试进行如下决策。

① 是否要进行市场调查。

② 该新产品是否值得开发。

显然，此问题中，花 5 万元到咨询公司咨询获取的信息属于不完善信息。而问题要求决定是否进行市场调查？就是要求不完善信息的价值。根据不完善信息价值的含义，应求出利用不完善信息决策而获得的最大期望收益值。因此，就得利用获取的不完善信息如表 9-19 所示，对以前的概率（先验概率）进行修正，在此基础上，利用修正后的概率（后验概率）计算获得不完善信息后决策的最大期望收益值，从而计算出不完善信息的价值。

要利用获取的不完善信息，对先验概率进行修正，就要用贝叶斯公式进行修正。因此，类似本例决策问题的决策称为贝叶斯决策。

四、贝叶斯决策

利用调查、试验和预测获取的有关自然状态的不完善信息，对自然状态的先验概率进行修正而得到后验概率，并依据后验概率进行的决策，就是贝叶斯决策。由此可见，贝叶斯决策就是因为决策分析中要利用贝叶斯公式进行先验概率的修正而得名的。

根据概率理论与原理，贝叶斯公式或贝叶斯定理是基于乘法定理和全概率公式而提出的。下面简要介绍这几个公式。

乘法定理：设 B_1，B_2，…，B_n 是一组互斥的完备事件集 $\bigcup\limits_{i=1}^{n} B_i = \Omega$，$B_i \bigcap B_j = \Phi$ 且 $P(B_i) > 0$，则对任一事件 A 与事件 B_i 同时发生的概率为

$$P(B_i A) = P(B_i) P(A \mid B_i)$$

全概率公式：设 B_1，B_2，…，B_n 是一组互斥的完备事件集 $\bigcup\limits_{i=1}^{n} B_i = \Omega$，$B_i \bigcap B_j = \Phi$ 且 $P(B_i) > 0$，则对任一事件 A 发生的概率为

$$P(A) = \sum_{i=1}^{n} P(B_i) P(A \mid B_i)$$

贝叶斯公式：设 B_1，B_2，…，B_n 是一组互斥的完备事件集 $\bigcup\limits_{i=1}^{n} B_i = \Omega$，$B_i \bigcap B_j = \Phi$ 且 $P(B_i) > 0$，则对任一事件 A 且 $P(A) > 0$ 有

$$P(B_i \mid A) = \frac{P(B_i A)}{P(A)} = \frac{P(B_i) P(A \mid B_i)}{\sum\limits_{i=1}^{n} P(B_i) P(A \mid B_i)}$$

贝叶斯决策的基本步骤如下。

（1）验前分析　是利用各自然状态的先验概率，计算各可行方案的期望收益值并优选方案的分析。

（2）预验分析　是指分析是否需要进行调查、试验和预测进一步获取信息。也就是要权衡获取信息可能带来的决策收益的增加与获取信息的成本，以确定是否进一步获取信息。即计算获取信息的价值，并与获取信息的成本比较。当信息的价值大于获取信息的成本，则应进一步获取信息，否则，不必进一步获取信息。

（3）验后分析　经过预验分析，值得进一步获取信息，则进行实际调查、试验和预测获取所需信息，并利用实际获取的信息修正先验概率，获得更符合各自然状态实际发生的后验概率。利用后验概率计算各可行方案的期望收益值并优选方案。

预验分析与验后分析既有区别，又有联系。区别是：预验分析是依据可能的调查结果，侧重于判断是否需要进一步获取信息；验后分析则是依据实际的调查结果，侧重于选出最满意的行动方案。联系是：两者均需要利用获取的信息进行先验概率的修正。

在实际决策分析中，预验分析与验后分析两个步骤有时难以严格区分，而是同时进行，仅仅在于侧重点有所不同而已。

下面以【例 9-7】说明贝叶斯决策分析的过程。

解：本问题供决策者选择的新产品开发方案有两个：开发新产品（A_1）和不开发新产品（A_2）。

（1）验前分析　根据先验概率计算各新产品开发方案的期望收益值。

$$E(A_1) = 0.25 \times 150 + 0.3 \times 10 + 0.45 \times (-60) = 13.5 \text{（万元）}$$
$$E(A_2) = 0.25 \times 0 + 0.3 \times 0 + 0.45 \times 0 = 0 \text{（万元）}$$

由期望值准则，该厂应选择开发新产品方案 A_1。

（2）预验分析　计算各自然状态的后验概率，和不完善信息的价值，以判定是否进行市场调查。

① 计算调查结果好（r_1）、中（r_2）、差（r_3）的概率。由全概率公式，有

$$P(r_i) = \sum_{j=1}^{3} P(r_i \mid \theta_j) P(\theta_j) \quad (i = 1, 2, 3)$$

所以

$$P(r_1) = \sum_{j=1}^{3} P(r_1 \mid \theta_j) P(\theta_j) = P(r_1 \mid \theta_1) P(\theta_1) + P(r_1 \mid \theta_2) P(\theta_2) + P(r_1 \mid \theta_3) P(\theta_3)$$
$$= 0.65 \times 0.25 + 0.25 \times 0.3 + 0.10 \times 0.45 = 0.2825$$

$$P(r_2) = \sum_{j=1}^{3} P(r_2 \mid \theta_j) P(\theta_j) = P(r_2 \mid \theta_1) P(\theta_1) + P(r_2 \mid \theta_2) P(\theta_2) + P(r_2 \mid \theta_3) P(\theta_3)$$
$$= 0.25 \times 0.25 + 0.45 \times 0.3 + 0.15 \times 0.45 = 0.265$$

$$P(r_3) = \sum_{j=1}^{3} P(r_3 \mid \theta_j) P(\theta_j) = P(r_3 \mid \theta_1) P(\theta_1) + P(r_3 \mid \theta_2) P(\theta_2) + P(r_3 \mid \theta_3) P(\theta_3)$$
$$= 0.10 \times 0.25 + 0.30 \times 0.3 + 0.75 \times 0.45 = 0.4525$$

② 由贝叶斯公式计算调查结果分别为好、中、差的情况下开发新产品销路好、中、差的概率。调查结果好的条件下

开发新产品销路好的概率 $P(\theta_1 \mid r_1) = \dfrac{P(r_1 \mid \theta_1) P(\theta_1)}{P(r_1)} = \dfrac{0.65 \times 0.25}{0.2825} = 0.575$

开发新产品销路中的概率 $P(\theta_2 \mid r_1) = \dfrac{P(r_1 \mid \theta_2) P(\theta_2)}{P(r_1)} = \dfrac{0.25 \times 0.3}{0.2825} = 0.266$

开发新产品销路差的概率 $P(\theta_3 \mid r_1) = \dfrac{P(r_1 \mid \theta_3) P(\theta_3)}{P(r_1)} = \dfrac{0.1 \times 0.45}{0.2825} = 0.159$

调查结果中的条件下

开发新产品销路好的概率 $P(\theta_1 \mid r_2) = \dfrac{P(r_2 \mid \theta_1) P(\theta_1)}{P(r_2)} = \dfrac{0.25 \times 0.25}{0.265} = 0.236$

开发新产品销路中的概率 $P(\theta_2 \mid r_2) = \dfrac{P(r_2 \mid \theta_2) P(\theta_2)}{P(r_2)} = \dfrac{0.45 \times 0.3}{0.265} = 0.509$

开发新产品销路差的概率 $P(\theta_3 \mid r_2) = \dfrac{P(r_2 \mid \theta_3) P(\theta_3)}{P(r_2)} = \dfrac{0.15 \times 0.45}{0.265} = 0.255$

调查结果差的条件下

开发新产品销路好的概率 $P(\theta_1 \mid r_3) = \dfrac{P(r_3 \mid \theta_1) P(\theta_1)}{P(r_3)} = \dfrac{0.1 \times 0.25}{0.4525} = 0.055$

开发新产品销路中的概率 $P(\theta_2 \mid r_3) = \dfrac{P(r_3 \mid \theta_2) P(\theta_2)}{P(r_3)} = \dfrac{0.3 \times 0.3}{0.45255} = 0.199$

开发新产品销路差的概率 $P(\theta_3 \mid r_3) = \dfrac{P(r_3 \mid \theta_3) P(\theta_3)}{P(r_3)} = \dfrac{0.75 \times 0.45}{0.4525} = 0.746$

③ 根据题设信息和修正概率画决策树，如图 9-7 所示，并求各节点期望收益值。

节点 7　$150 \times 0.25 + 10 \times 0.3 + (-60) \times 0.45 = 13.5 > 0$

所以划掉不开发方案分枝，节点 2 的期望收益值为 13.5。

节点 8　$150 \times 0.575 + 10 \times 0.266 + (-60) \times 0.159 = 79.37 > 0$

所以划掉不开发方案分枝，节点 4 的期望收益值为 79.37。

节点 9　$150 \times 0.236 + 10 \times 0.509 + (-60) \times 0.255 = 25.19 > 0$

所以划掉不开发方案分枝，节点 5 的期望收益值为 25.19。

节点 10　$150 \times 0.055 + 10 \times 0.199 + (-60) \times 0.746 = -34.52 < 0$

所以划掉开发方案分枝，节点 6 的期望收益值为 0。

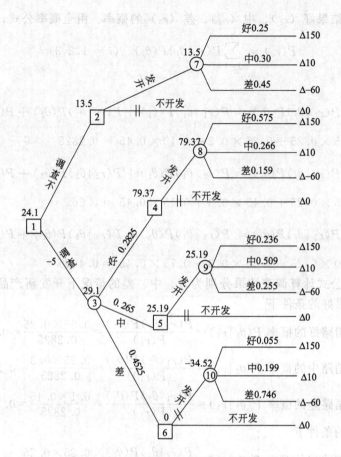

图 9-7 【例 9-7】的决策树

节点 3　$79.37 \times 0.2825 + 25.19 \times 0.265 + 0 \times 0.4525 = 29.1$

节点 1　$\max\{13.5, 29.1 - 5\} = 24.1$

所以划掉不调查方案分枝，节点 1 的期望收益值为 24.1 万元。

④ 求不完善信息的价值，确定是否要进行市场调查。如图 9-7 所示，不完善信息价值 $= 29.1 - 13.5 = 15.6$（万元）$>$ 调查费 5 万元，所以要进行市场调查。

（3）验后分析，确定是否开发新产品　由"（2）"的分析可知，要进行市场调查。所以在现有信息基础上，若调查结果销路好，开发新产品，可获期望收益值 79.37 万元；若调查结果销路中，开发新产品，可获期望收益值 25.19 万元；如调查结果销路差，则不开发新产品（因开发要损失 34.52 万元）。

【例 9-8】　某公司考虑是否花 1 万元从某科研机构购买某项技术，然后产销新产品。如果买技术，可以进行大批（a_1）、中批（a_2）或小批（a_3）量生产，可能出现的市场情况也分别为畅销（θ_1）、一般（θ_2）和滞销（θ_3）三种，其收益矩阵如表 9-20 所示。

表 9-20 【例 9-8】的收益矩阵表　　　　　　单位：万元

i ＼ j	θ_1 0.6	θ_2 0.3	θ_3 0.1
a_1	4	2	-3
a_2	3	3	-2
a_3	1	1	1

为了更准确地了解市场情况，正式投产前可进行产品试销，但需试销费 500 元。并根据以往经验预计试销状态可分为产品受欢迎（H_1）、一般（H_2）和不受欢迎（H_3）三种，其条件概率分布如表 9-21 所示。

表 9-21　【例 9-8】的试销结果信息

$P(H_i/\theta_j)$ ＼ j ／ H_i	θ_1	θ_2	θ_3
H_1	0.6	0.2	0.2
H_2	0.3	0.6	0.3
H_3	0.1	0.2	0.5

如不买此项技术，把这笔费用在其他地方，在同样的时期内，可获得 15000 元，那么公司应该如何决策？

解：本问题首先需要决策者决定是否买技术，如果买技术，决策者还应决定是否进行产品试销，然后再决定产品的生产批量。因此，本问题是一个三阶段决策问题，其中，如果决策者决定买技术，其以后的决策是贝叶斯决策。

对其中的贝叶斯决策可计算出各试销结果状态的概率为

$$P(H_1) = \sum_{i=1}^{3} P(H_1/\theta_i)P(\theta_i) = 0.6 \times 0.6 + 0.2 \times 0.3 + 0.2 \times 0.1 = 0.44$$

$$P(H_2) = \sum_{i=1}^{3} P(H_2/\theta_i)P(\theta_i) = 0.3 \times 0.6 + 0.6 \times 0.3 + 0.3 \times 0.1 = 0.39$$

$$P(H_3) = \sum_{i=1}^{3} P(H_3/\theta_i)P(\theta_i) = 0.1 \times 0.6 + 0.2 \times 0.3 + 0.5 \times 0.1 = 0.17$$

各试销结果条件下产销新产品各种销路状态的概率为

$$P(\theta_1/H_1) = \frac{P(H_1/\theta_1)P(\theta_1)}{P(H_1)} = \frac{0.6 \times 0.6}{0.44} = 0.8182$$

$$P(\theta_2/H_1) = \frac{P(H_1/\theta_2)P(\theta_2)}{P(H_1)} = \frac{0.2 \times 0.3}{0.44} = 0.1364$$

$$P(\theta_3/H_1) = \frac{P(H_1/\theta_3)P(\theta_3)}{P(H_1)} = \frac{0.2 \times 0.1}{0.44} = 0.0455$$

$$P(\theta_1/H_2) = \frac{P(H_2/\theta_1)P(\theta_1)}{P(H_2)} = \frac{0.3 \times 0.6}{0.39} = 0.4615$$

$$P(\theta_2/H_2) = \frac{P(H_2/\theta_2)P(\theta_2)}{P(H_2)} = \frac{0.6 \times 0.3}{0.39} = 0.4615$$

$$P(\theta_3/H_2) = \frac{P(H_2/\theta_3)P(\theta_3)}{P(H_2)} = \frac{0.3 \times 0.1}{0.39} = 0.0769$$

$$P(\theta_1/H_3) = \frac{P(H_3/\theta_1)P(\theta_1)}{P(H_3)} = \frac{0.1 \times 0.6}{0.17} = 0.3529$$

$$P(\theta_2/H_3) = \frac{P(H_3/\theta_2)P(\theta_2)}{P(H_3)} = \frac{0.2 \times 0.3}{0.17} = 0.3529$$

$$P(\theta_3/H_3) = \frac{P(H_3/\theta_3)P(\theta_3)}{P(H_3)} = \frac{0.5 \times 0.1}{0.17} = 0.2941$$

根据题设信息及试销结果的修正概率画出决策树，如图 9-8 所示。

根据决策树，从树叶往树根的方向，求各方案节点和决策节点的期望收益值并优选方案。

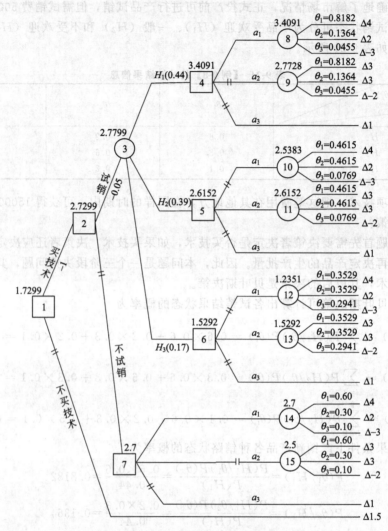

图 9-8 【例 9-8】的决策树

节点 8 $0.8182×4+0.1364×2-0.0455×3=3.4091$（万元）

节点 9 $0.8182×3+0.1364×3-0.0455×2=2.7728$（万元）

因为调查结果受欢迎情况下，采取方案 a_1 的期望收益值 3.4091 万元最大，所以保留 a_1 方案，划掉 a_2、a_3 方案，决策节点 4 的期望收益值为 3.4091 万元。

节点 10 $0.4615×4+0.4625×2-0.0769×3=2.5383$（万元）

节点 11 $0.4615×3+0.4625×3-0.0769×2=2.6152$（万元）

因为调查结果一般情况下，采取方案 a_2 的期望收益值 2.6152 万元最大，所以保留 a_2 方案，划掉 a_1、a_3 方案，决策节点 5 的期望收益值为 2.6152 万元。

节点 12 $0.3529×4+0.3529×2-0.2941×3=1.2351$（万元）

节点 13 $0.3529×3+0.3529×3-0.2941×2=1.5292$（万元）

因为调查结果不受欢迎情况下，采取方案 a_2 的期望收益值 1.5292 万元最大，所以保留 a_2 方案，划掉 a_1、a_3 方案，决策节点 6 的期望收益值为 1.5292 万元。

节点 14 $0.6×4+0.3×2-0.1×3=2.7$（万元）

节点 15 $0.6×3+0.3×3-0.1×2=2.5$（万元）

因为不试销情况下，采取方案 a_1 的期望收益值 2.7 万元最大，所以保留 a_1 方案，划掉 a_2、a_3 方案，决策节点 7 的期望收益值为 2.7 万元。

节点 3 $0.44 \times 3.4091 + 0.39 \times 2.6152 + 0.17 \times 1.5292 = 2.7799$（万元）

因为买技术，试销的净期望收益值 $2.7799 - 0.05 = 2.7299$（万元）大于不试销的期望收益值 2.7 万元，所以保留试销方案，划掉不试销方案，节点 2 的期望收益值为 2.7299 万元。

因为买技术可获净期望收益为 $2.7299 - 1 = 1.7299$（万元），大于不买技术所获收益 1.5 万元。所以保留买技术方案，划掉不买技术方案，节点 1 的期望收益为 1.7299 万元。

综上所述，该公司应该买技术并进行产品试销，若试销结果受欢迎，采取大批量生产方案 a_1，可获期望收益 3.4091 万元；若试销结果一般，采取中批量生产方案 a_2，可获期望收益 2.6152 万元；若试销结果不受欢迎，采取中批量生产方案 a_2，可获期望收益 1.5292 万元。

第三节 马尔科夫决策

马尔科夫决策是应用马尔科夫原理根据系统当前状态预测系统未来状态，并依据系统未来状态而作出最佳生产经营方案的选择。马尔科夫决策不需要连续不断的大量历史资料，只需用最近的或现在时期的动态资料。因此，马尔科夫决策目前广泛地应用于经营管理决策中。下面以实例介绍马尔科夫决策技术。

【例 9-9】 设某产品在国际市场上主要有三个国家 A、B、C 进行竞争。由于产品质量、服务质量、广告宣传、用户偏好等原因，用户数每月都有变化，近期统计的用户变化情况如表 9-22 所示。

表 9-22 用户流动情况表　　　　　　　　　　　　　　单位：个

国家	10 月 1 日用户	得到			失去			11 月 1 日用户	市场占有率/%
		自 A	自 B	自 C	于 A	于 B	于 C		
A	100	0	20	15	0	8	7	120	0.171
B	200	8	0	35	20	0	20	203	0.290
C	400	7	20	0	15	35	0	377	0.539

试求：（1）建立状态转移概率矩阵；

（2）预测 12 月份各国产品市场占有率；

（3）稳定状态时，各国产品市场占有率；

（4）A 国要想在市场占有率上取得第一的位置，因此，A 国采取与 C 国竞争用户的政策，从 C 国用户转向订购 A 国产品的用户由 3.75% 增加到 7.5%，试问 A 国是否能取得第一的位置？

解：（1）由表 9-22 所示的信息可得状态转移矩阵。

$$P = \begin{pmatrix} 85/100 & 8/100 & 7/100 \\ 20/200 & 160/200 & 20/200 \\ 15/400 & 35/400 & 350/400 \end{pmatrix} = \begin{pmatrix} 0.85 & 0.08 & 0.07 \\ 0.1 & 0.8 & 0.1 \\ 0.0375 & 0.0875 & 0.875 \end{pmatrix}$$

（2）由表 9-22 所示的信息可知，11 月份各国产品的市场占有率为

$$S^0 = (0.171 \quad 0.290 \quad 0.539)$$

所以，12 月份各国产品的市场占有率为

$$S^1 = S^0 P = (0.171 \quad 0.290 \quad 0.539) \begin{pmatrix} 0.85 & 0.08 & 0.07 \\ 0.1 & 0.8 & 0.1 \\ 0.0375 & 0.0875 & 0.875 \end{pmatrix}$$

$$= (0.1946 \quad 0.2928 \quad 0.5126)$$

(3) 因为稳定状态时，各国产品的市场占有率行向量 $\alpha = (\alpha_1 \quad \alpha_2 \quad \alpha_3)$ 满足

$$\begin{cases} (\alpha_1 \quad \alpha_2 \quad \alpha_3) \begin{pmatrix} 0.85 & 0.08 & 0.07 \\ 0.1 & 0.8 & 0.1 \\ 0.0375 & 0.0875 & 0.875 \end{pmatrix} = (\alpha_1 \quad \alpha_2 \quad \alpha_3) \\ \alpha_1 + \alpha_2 + \alpha_3 = 1 \end{cases}$$

解此方程组得

$$\begin{cases} \alpha_1 = 0.2989 \\ \alpha_2 = 0.2966 \\ \alpha_3 = 0.4046 \end{cases}$$

所以，稳定状态时，A 国的市场占有率为 29.89%，B 国的市场占有率为 29.66%，C 国的市场占有率为 40.46%。

(4) A 国采取措施后，状态转移矩阵为

$$P = \begin{pmatrix} 0.85 & 0.08 & 0.07 \\ 0.1 & 0.8 & 0.1 \\ 0.075 & 0.0875 & 0.8375 \end{pmatrix}$$

此时，稳定状态下各国产品的市场占有率行向量 $\alpha = (\alpha_1 \quad \alpha_2 \quad \alpha_3)$ 满足

$$\begin{cases} (\alpha_1 \quad \alpha_2 \quad \alpha_3) \begin{pmatrix} 0.85 & 0.08 & 0.07 \\ 0.1 & 0.8 & 0.1 \\ 0.075 & 0.0875 & 0.8375 \end{pmatrix} = (\alpha_1 \quad \alpha_2 \quad \alpha_3) \\ \alpha_1 + \alpha_2 + \alpha_3 = 1 \end{cases}$$

解此方程组得

$$\begin{cases} \alpha_1 = 0.3661 \\ \alpha_2 = 0.2948 \\ \alpha_3 = 0.3391 \end{cases}$$

可见，A 国能取得第一的位置，其市场占有率提高到 36.61%。

【例 9-10】 三个公司都生产某种产品，它们在市场竞争中的状态转移矩阵如下。

$$\begin{array}{c} \\ A \\ B \\ C \end{array} \begin{array}{ccc} A & B & C \\ \begin{pmatrix} 0.2 & 0.6 & 0.2 \\ 0.1 & 0.5 & 0.4 \\ 0.2 & 0.3 & 0.5 \end{pmatrix} \end{array}$$

A 公司为了改善市场占有率情况，投入一定费用加强经营管理，提高市场占有率，有两个决策方案可供选择。

决策方案 Ⅰ：A 的保留顾客从 20% 提高到 40%，使从 A 转移到 B 的顾客失去 20%。

决策方案 Ⅱ：A 直接从 C 公司争取过来 20% 的顾客。

试问：

(1) 如果两个方案花费在改善经营管理上的投资相同，那么应采用哪个方案？

(2) 如果总用户为 1000 个，平均可以从每个用户得到纯利 3000 元，总投资 5000 元，

那么按照"（1）"选取的方案是否合理？

解：（1）采取方案 I，状态转移概率矩阵为

$$P = \begin{pmatrix} 0.4 & 0.4 & 0.2 \\ 0.1 & 0.5 & 0.4 \\ 0.2 & 0.3 & 0.5 \end{pmatrix}$$

稳定状态时，各公司产品的市场占有率行向量 $\alpha = (\alpha_1 \quad \alpha_2 \quad \alpha_3)$ 满足

$$\begin{cases} (\alpha_1 \quad \alpha_2 \quad \alpha_3) \begin{pmatrix} 0.4 & 0.4 & 0.2 \\ 0.1 & 0.5 & 0.4 \\ 0.2 & 0.3 & 0.5 \end{pmatrix} = (\alpha_1 \quad \alpha_2 \quad \alpha_3) \\ \alpha_1 + \alpha_2 + \alpha_3 = 1 \end{cases}$$

解此方程组得

$$\begin{cases} \alpha_1 = 0.2 \\ \alpha_2 = 0.4 \\ \alpha_3 = 0.4 \end{cases}$$

采取方案 II，状态转移概率矩阵为

$$P = \begin{pmatrix} 0.4 & 0.4 & 0.2 \\ 0.1 & 0.5 & 0.4 \\ 0.4 & 0.1 & 0.5 \end{pmatrix}$$

稳定状态时，各公司产品的市场占有率行向量 $\alpha = (\alpha_1 \quad \alpha_2 \quad \alpha_3)$ 满足

$$\begin{cases} (\alpha_1 \quad \alpha_2 \quad \alpha_3) \begin{pmatrix} 0.2 & 0.6 & 0.2 \\ 0.1 & 0.5 & 0.4 \\ 0.4 & 0.1 & 0.5 \end{pmatrix} = (\alpha_1 \quad \alpha_2 \quad \alpha_3) \\ \alpha_1 + \alpha_2 + \alpha_3 = 1 \end{cases}$$

解此方程组得

$$\begin{cases} \alpha_1 = 0.2414 \\ \alpha_2 = 0.3678 \\ \alpha_3 = 0.3908 \end{cases}$$

因为，采取决策方案 II 提高的市场占有率多于采取决策方案 I 提高的市场占有率，又方案 I、方案 II 花费在改善经营管理上的投资相同，所以，应采取方案 II。

（2）未采取措施提高市场占有率之前，稳定状态时，各公司产品的市场占有率行向量 $\alpha = (\alpha_1 \quad \alpha_2 \quad \alpha_3)$ 满足

$$\begin{cases} (\alpha_1 \quad \alpha_2 \quad \alpha_3) \begin{pmatrix} 0.2 & 0.6 & 0.2 \\ 0.1 & 0.5 & 0.4 \\ 0.2 & 0.3 & 0.5 \end{pmatrix} = (\alpha_1 \quad \alpha_2 \quad \alpha_3) \\ \alpha_1 + \alpha_2 + \alpha_3 = 1 \end{cases}$$

解此方程组得

$$\begin{cases} \alpha_1 = 0.1566 \\ \alpha_2 = 0.4337 \\ \alpha_3 = 0.4096 \end{cases}$$

由此可得采取决策方案 II 提高市场占有率获得的净收益为

$$(0.2414 - 0.1566) \times 1000 \times 3 - 5 = 249.4（千元）$$

所以，按照"（1）"选取的方案 II 是合理的。

【例 9-11】 某生产商标为 α 的产品的厂商为了与另外两个生产同类产品 β 和 γ 的厂商竞争，有两种可能选择的措施：措施 1 为发放有奖债券；措施 2 为开展广告宣传。两种方案分别实施以后，经统计调查可知，该类商品的市场占有率的转移矩阵分别为

$$P_1 = \begin{bmatrix} 0.80 & 0.15 & 0.05 \\ 0.20 & 0.45 & 0.35 \\ 0.30 & 0.40 & 0.30 \end{bmatrix}, \quad P_2 = \begin{bmatrix} 0.90 & 0.05 & 0.05 \\ 0.10 & 0.80 & 0.10 \\ 0.10 & 0.15 & 0.75 \end{bmatrix}$$

已知三种商标的商品的月总销售量为 1000 万件，每件可获利 1 元。另外，两种措施的成本费分别为 150 万元，40 万元。从长远利益考虑，生产商标为 α 的产品厂商应该采取何种措施？

解： 生产商标为 α 的产品的厂商采取措施 1 时，稳定状态下各厂商产品的市场占有率行向量 $\alpha = (\alpha_1 \quad \alpha_2 \quad \alpha_3)$ 满足

$$\begin{cases} (\alpha_1 \quad \alpha_2 \quad \alpha_3) \begin{pmatrix} 0.8 & 0.15 & 0.05 \\ 0.2 & 0.45 & 0.35 \\ 0.3 & 0.4 & 0.3 \end{pmatrix} = (\alpha_1 \quad \alpha_2 \quad \alpha_3) \\ \alpha_1 + \alpha_2 + \alpha_3 = 1 \end{cases}$$

解此方程组得

$$\begin{cases} \alpha_1 = 0.5444 \\ \alpha_2 = 0.2778 \\ \alpha_3 = 0.1778 \end{cases}$$

所以，生产商标为 α 的产品的厂商采取措施 1 时能获得的净利润为

$$0.5444 \times 1000 \times 1 - 150 = 394.4 \text{（万元）}$$

生产商标为 α 的产品的厂商采取措施 2 时，稳定状态下各厂商产品的市场占有率行向量 $\alpha = (\alpha_1 \quad \alpha_2 \quad \alpha_3)$ 满足

$$\begin{cases} (\alpha_1 \quad \alpha_2 \quad \alpha_3) \begin{pmatrix} 0.9 & 0.05 & 0.05 \\ 0.1 & 0.8 & 0.1 \\ 0.1 & 0.15 & 0.75 \end{pmatrix} = (\alpha_1 \quad \alpha_2 \quad \alpha_3) \\ \alpha_1 + \alpha_2 + \alpha_3 = 1 \end{cases}$$

解此方程组得

$$\begin{cases} \alpha_1 = 0.5 \\ \alpha_2 = 0.2857 \\ \alpha_3 = 0.2143 \end{cases}$$

所以，生产商标为 α 的产品的厂商采取措施 2 时能获得的净利润

$$0.5 \times 1000 \times 1 - 40 = 460 \text{（万元）}$$

综上可知，从长远利益考虑，生产商标为 α 的产品厂商应该采取措施 2，可获最大净利润 460 万元。

【例 9-12】 我国出口某种设备，在国际市场上的销售状况有两种：畅销和滞销。畅销时每年可以获利 100 万元，滞销时每年仅获利 30 万元。以一年为一个时期，如果不采用广告措施或采用广告措施，状态的转移矩阵分别如表 9-23 和表 9-24 所示。

假定上一年处于畅销状态，每年的广告费为 15 万元。为了保证今后 3 年的利润最大化，是否应该采用广告措施？假设措施一经采取，三年不变。

表 9-23 不采用广告措施

项目	畅销	滞销
畅销	0.8	0.2
滞销	0.4	0.6

表 9-24 采用广告措施

项目	畅销	滞销
畅销	0.9	0.1
滞销	0.7	0.3

解：因为上一年处于畅销状态，所以，今后 3 年每一年该种设备的销售状况均可转换为畅销或滞销。因此，应求出该种设备的销售状况由上一年的畅销转换为今后 3 年每一年的畅销或滞销的概率，再求各年的期望获利，看哪种措施下 3 年来期望获利最多，就应该采用哪种措施。

（1）不采取广告措施，第一年、第二年、第三年的转移概率矩阵为

$$P=\begin{pmatrix} 0.8 & 0.2 \\ 0.4 & 0.6 \end{pmatrix}, \quad P^2=\begin{pmatrix} 0.72 & 0.28 \\ 0.56 & 0.44 \end{pmatrix}, \quad P^3=\begin{pmatrix} 0.688 & 0.312 \\ 0.624 & 0.376 \end{pmatrix}$$

所以，不采取广告措施时，今后 3 年所获期望利润为

$$(0.8 \times 100+0.2 \times 30)+(0.72 \times 100+0.28 \times 30)+(0.688 \times 100+0.312 \times 30)$$
$$=244.56（万元）$$

（2）采取广告措施，第一年、第二年、第三年的转移概率矩阵

$$P=\begin{pmatrix} 0.9 & 0.1 \\ 0.7 & 0.3 \end{pmatrix}, \quad P^2=\begin{pmatrix} 0.88 & 0.12 \\ 0.84 & 0.16 \end{pmatrix}, \quad P^3=\begin{pmatrix} 0.876 & 0.124 \\ 0.868 & 0.132 \end{pmatrix}$$

所以，采取广告措施时，今后 3 年所获净期望利润为

$$(0.9 \times 100+0.1 \times 30)+(0.88 \times 100+0.12 \times 30)+(0.876 \times 100+0.124 \times 30)-3 \times 15$$
$$=230.92（万元）$$

综上可得，不采取广告措施，今后 3 年所获期望利润 244.56 万元为最大，因此，最优方案应为不采取广告措施。

习　题

1. 不确定型决策问题应具备什么样的条件？其决策准则常用的有哪些？
2. 风险型决策问题应具备什么样的条件？其决策准则常用的有哪些？
3. 什么是决策树法？决策树由哪些基本要素构成？
4. 什么是完善信息的价值？如何求完善信息的价值？
5. 什么是不完善信息的价值？如何求不完善信息的价值？
6. 什么是贝叶斯决策？
7. 什么是马尔科夫决策？
8. 某厂有一种新产品，其推销策略有 S_1、S_2、S_3 三种可供选择，但各种推销策略所需资金、时间都不同，加上市场情况的差别，因此获利和亏损情况也不同。而市场情况也有三种：需求量大（θ_1）、需求量一般（θ_2）、需求量小（θ_3），其发生的概率不知道，但知其损益矩阵如表 9-25 所示。试用悲观、乐观、乐观系数（$\alpha=0.6$）、等可能和后悔值准则进行决策。

表 9-25　某种新产品损益矩阵

市场情况 推销策略	θ_1	θ_2	θ_3
S_1	50	10	-5
S_2	30	25	0
S_3	10	10	10

9. 某书店希望订购最新出版的图书。根据以往经验，新书的销售量可能是 50 本、100 本、150 本、200 本。假定每本新书的订购价为 4 元，销售价为 6 元，剩书的处理价为每本 2 元。

试求：（1）建立损益值矩阵；

（2）分别用悲观、乐观、等可能及后悔值准则决策。

10. 上题中，若书店根据以往的统计资料预计新书销售量各种情况的可能性如表 9-26 所示。

试求：（1）分别用期望值准则和后悔值准则决定新书的订购量；

（2）若某市场调查部门能帮助该书店调查新书销售量的确切数字，则该书店愿意付出的最大调查费用是多少？

表 9-26　某书店新书销量情况

销售量/本	50	100	150	200
可能性	0.2	0.4	0.3	0.1

11. 某钟表公司计划通过它的销售网推销一种低价钟表，计划零售价为每块 10 元，对这种钟表有三个设计方案：方案 1 需一次投资 10 万元，投产后每块成本 5 元；方案 2 需一次投资 16 万元，投产后每块成本 4 元；方案 3 需一次投资 25 万元，投产后每块成本 3 元。该种钟表需求量不确切，但估计有三种可能：E_1——30000 块、E_2——120000 块、E_3——200000 块。

试求：（1）建立损益值矩阵；

（2）分别用悲观、乐观、等可能及后悔值准则决策。

12. 上题中，若该钟表公司根据以往经验估计该种钟表各种需求量的可能性如表 9-27 所示。

试求：（1）分别用期望值准则和后悔值准则帮助该钟表公司决策；

（2）若某市场调查部门能帮助该钟表公司调查该钟表需求量的确切数字，则该钟表公司愿意付出的最大调查费用是多少？

表 9-27　钟表各种需求量的可能性

需求量	E_1	E_2	E_3
可能性	0.15	0.75	0.10

13. 某工程队承担一座桥梁的施工任务。由于施工地区夏季多雨，需停工 3 个月。在停工期间该工程队可将施工机械搬走或留在原处。如搬走需搬运费 1800 元，如留在原处，一种方案是花 500 元筑扩提，防止河水上涨发生高水位的侵袭；另一种方案是不筑扩提，但发生高水位侵袭将损失 10000 元。如果下暴雨发生洪水时，则不管是否筑扩提，施工机械留在原处都将损失 60000 元。根据历史资料，该地区夏季高水位的发生率为 25%，洪水的发生率为 2%。试用决策树法帮助该施工队决策。

14. 某公司考虑进入某地区开发新市场。在进入前，可以先进行试销，再作进入与否决策，也可以不经试销而作进入与否决策。假定试销费用为 0.3 万元，进入市场费用为 1 万元。进入市场如成功，则年收入 4 万元；不成功，则无收入。另外，根据经验可以知道试销结果有好、坏两种，其出现的概率分别为 60% 和 40%。试销结果好的情况下，进入市场成功的概率为 80%；试销结果坏的情况下，进入市场成功的概率为 10%。而不经试销直接进入市场，成功的概率为

55％。试用决策树法帮助该公司决策。

15. 某公司有 10000 元多余资金，若用于某开发项目，估计成功率为 96％，成功了一年可获利 12％，但一旦失败，有丧失全部资金的危险。若将资金存入银行中，则可稳得年利 6％。为获取更多情报，该公司求助于咨询服务，咨询费用为 500 元，但咨询意见只是提供参考，帮助作决断。咨询公司根据过去类似 200 例咨询意见实施结果，可提供如表 9-28 所示资料。试用决策树法分析：

(1) 该公司是否值得求助于咨询服务？

(2) 该公司多余资金应如何合理使用？

表 9-28 咨询意见实施结果 单位：元

咨询意见＼实施结果	投资成功	投资失败	合计
可以投资	154	2	156
不宜投资	38	6	44
合计	192	8	200

16. 某石油公司拥有一些土地，据说这些土地下藏有石油。该石油公司根据油井可能打出油的多少，把这些土地分为四级，即 500 万桶油井，200 万桶油井，50 万桶油井和干井。各级油井土地出现的可能性依次为 0.10，0.15，0.25，0.50。该公司现在面临的决策问题是开采油，还是把土地无条件地租给一个独立的石油勘探商，或是有条件地出租，租金根据打出的油井的产量来定。打一口生产油井的费用是 100 万元，钻一口干井的费用是 75 万元。对于生产油井，每桶油的利润是 1.50 元（纯利润）。在无条件租借的协议下，该公司可获租金 45 万元。而在有条件租借的协议下，如果该土地生产 200 万或者 500 万桶油的话，该公司可从生产的每桶油抽利 0.5 元，否则的话什么也得不到。

问题是这些土地出油的可能性较小，并且多出油的可能性更小，因此，决策者不敢贸然行事，拟投资 12 万元进一步获取地震探测资料，这些资料可归结为四种可能地质分类：

r_1——肯定有封闭式地质结构（有油结构）；

r_2——可能有封闭式地质结构；

r_3——非封闭式地质结构（相对来说不可能有油）；

r_4——无结构（无油结构）。

根据过去相同地质结构地震探测结果如表 9-29 所示。

表 9-29 过去相同地质结构石油探测结果

$P(r_i/\theta_j)$ ＼ j ／ i	θ_1	θ_2	θ_3	θ_4
r_1	$\frac{7}{12}$	$\frac{9}{16}$	$\frac{11}{24}$	$\frac{9}{48}$
r_2	$\frac{4}{12}$	$\frac{3}{16}$	$\frac{6}{24}$	$\frac{13}{48}$
r_3	$\frac{1}{12}$	$\frac{2}{16}$	$\frac{3}{24}$	$\frac{15}{48}$
r_4	$\frac{0}{12}$	$\frac{2}{16}$	$\frac{4}{24}$	$\frac{11}{48}$

试用决策树法进行如下决策：

(1) 是否需要进一步获取石油探测资料；

(2) 决策者应如何根据石油探测结果进行决策。

17. 某城市出租汽车公司有甲、乙、丙三个汽车站，顾客可从这三个汽车站任意租车，用完后，就近开回汽车站。根据一段时间营业发现，汽车从这三个站开出和开回的概率如表 9-30 所示。

表 9-30　汽车开出开回的概率

概率　　　　　　开回 开出	甲	乙	丙
甲	0.8	0.1	0.1
乙	0.4	0.5	0.1
丙	0.2	0.1	0.7

为了扩大营业能力，出租汽车公司打算在这三个汽车站附设汽车维修站，试问选择何处为好？

第十章　多目标决策

第一节　多目标决策概述

一、多目标决策及其特点

1. 什么是多目标决策

前面讨论的决策，均只考虑单一目标，然而在现实生产生活中，往往许多问题的决策需要考虑两个或两个以上的目标，并尽可能地满足。比如，生产中，一个工艺方案，希望既达到优质，又能高产、低耗；企业确定新产品开发策略时，要考虑企业的投资能力、市场潜力、潜在获利、营销能力、风险程度等；设计一座水力发电站时，既要考虑能提供足够的电能，又要考虑是否淹没农田，影响下游的灌溉、生态环境等。生活中，人们购买一件衣服，要考虑质量、颜色、式样、尺寸大小、价格等；择偶时，要考虑潜在对象的智力、外貌、性格、家庭背景、收入状况等。类似于这种决策时要同时考虑两个或两个以上的多个目标的决策，称之为多目标决策。

2. 多目标决策问题的特点

现实中多目标决策问题非常普遍，并且各目标的性质常常不同，不能同时达到最优，而且决策者决策时对各目标的看重程度也常常不一样。因此，多目标决策相比单目标决策有其固有的特点。

（1）目标的矛盾性　多目标决策问题的各目标之间常常是矛盾的，要提高一个目标的值，常常是以降低另一些目标的值为代价。比如，一个生产方案，要实现产品的优质，就不能达到生产的低耗；购买衣服，要质量好、式样好，就得花费高等。

（2）目标的不可公度性　即各目标没有统一的度量标准、度量单位，难以进行直接比较。比如，购买衣服，花费以货币度量，质量以产品等级衡量，而式样无法度量。

（3）决策人的偏好不同，决策结果也不同　决策者对风险的态度不同，对各目标的看重程度不同，决策的结果也不同。比如，购买衣服，年轻人追求时髦，喜欢新颖的样式，价格高也会购买；而中老年人以经济实惠为主要目标，只要质量好，价格便宜，即使式样陈旧也会购买。

3. 多目标决策的基本要素

多目标决策相比单目标决策较复杂，因此，多目标决策包含如下几个基本要素。

（1）决策单元　多目标决策过程中，决策者、决策分析人员和计算机结合起来构成决策单元。其主要任务是：收集并处理各种信息，制定决策规则，进行决策分析，作出决策等。

（2）目标和属性集　目标是决策者希望达到的状态，为便于具体化、计算和度量，常把总目标分解为中目标、小目标。以一定的评价标准衡量目标达到的程度，称为目标的属性，它是反映目标特征的量。属性要易于测量和理解，如"经济发展速度"，可用"年经济增长率"这一属性来衡量。

（3）决策条件　决策条件也就是决策问题的目前状况，包括：决策的备选方案集、决策变量的取值范围以及决策变量间的关系；决策面临的客观环境情况，即自然状态等。

（4）决策规则　决策规则一般有两大类：一类是最优规则，它能集中所有备选方案排成完全的优劣顺序，在完全序中总存在一个最优方案；另一类是满意规则，由于多目标决策各目标间具有矛盾性，所以多目标决策往往不存在最优方案，而只存在决策者能够接受的满意方案。按决策者能接受的各个目标属性值进行决策的准则，即为满意准则。多目标决策常常按满意准则进行决策。

二、多目标决策的思路

由于多目标决策同时考虑多个目标，各目标间又常常具有矛盾性，致使多目标决策问题中一般不存在各目标都达到最优的备选方案。又由于各目标间具有不可共度性和各目标属性值的数量级的差异，使得多目标决策的方案直接比较和选择难以进行。因此，多目标决策中，首先应将明显不好的决策方案淘汰掉，其次在满足决策需求的前提下，应尽量减少决策目标的个数。因为决策目标越多，方案比较选择越困难。再将各目标值转换为实际价值或效用值。然后，再根据各目标值进行综合，将多目标决策问题转换为单目标决策问题。最后，按单目标决策原理进行方案优选和排序，并将优选的方案付诸实施。

由此可见，多目标决策少不了对各可行备选方案的结果——各目标属性值进行综合评价。因此，多目标综合评价是多目标决策过程的一个重要环节。多目标决策从其问题构造，决策模型建立，到决策方案的选择，都需要决策人根据各备选方案进行综合分析与评价，其综合评价结果作为最终决策的依据。可以说，多目标决策中，没有正确的综合评价就不可能有正确的决策。所以，多目标评价即综合评价的方法与多目标决策方法和技术常常是相通的。

三、多目标决策问题的分类

多目标决策问题常常根据其所含决策方案个数的多少分为两类：多指标决策问题和多目标规划问题。

1. 多指标决策问题

也称多属性决策问题，它是含有有限个可行备选方案的决策问题。求解这类问题的核心是对各可行备选方案进行综合评价，并依此进行方案优劣排序，从中选优。

2. 多目标规划问题

含无限个可行备选方案的决策问题。这类问题各可行备选方案数无限，各可行备选方案的各目标属性值也是连续的。因此，这类问题的求解，常常通过建立数学规划模型，并求解模型来找出最优或满意方案。

多目标决策问题与单目标决策问题一样，根据其面临的决策环境情况，也分为确定型多目标决策问题和非确定型多目标决策问题。但由于目前为止，对非确定型多目标决策问题研究探讨涉足较少，所以，在这里，若无特别声明，我们主要介绍确定型多目标决策问题的决策分析方法与技术。

数学规划属于运筹学和最优化理论探讨的范畴，加之多目标规划模型的求解，目前为止，还没有很好地解决。因此，以下我们在本章第三节中主要探讨多指标决策问题，并且是确定型的多指标决策问题的决策分析与方法。对多目标规划问题的决策将在本章最后一节介绍其决策分析的主要思路与途径。

第二节　目标权重确定方法

多目标决策的基本思想是将多目标决策结果值纯量化。也就是应用一定的方法、技术、规则（常用的有加法规则、距离规则等）将各目标的实际价值或效用值转换为一个综合值；或按一定的方法、技术将多目标决策问题转化为单目标决策问题。然后，按单目标决策原理进行决策。多目标决策，常常决策者对各目标的重视程度不一样，多目标决策问题提供的各目标值的信息不一样，因此，多目标决策结果在纯量化时，应考虑各目标的重要程度，而各目标的重要程度常常以权重或优先顺序的形式考虑进去。

权重是目标重要性的度量，也就是衡量目标重要性的手段。它包含并综合反映如下三重因素的作用：决策人对目标的重视程度；各目标属性值的差异程度；各目标属性值的可靠程度。

目前为止，目标权重确定的方法较多，如最小平方和法、特征向量法层次分析法、最大熵技术法等。

假设多目标决策问题有 n 个目标 G_1，G_2，$\cdots$，G_n，评价指标 G_j 的权重为 W_j。

一、最小平方权法

1. 什么是最小平方权法

最小平方权法，又叫最小二乘法。它是以各目标权重之比 W_i/W_j 逼近各目标相对于总目标的两两比较重要性判断矩阵相应元素 b_{ij}（$i,j=1,2,\cdots,n$），从而求得各目标权重的方法。

各目标相对于总目标的两两比较重要性判断矩阵，由美国运筹学家 T. L. Saaty 教授提出的 1—9 标度法构成。1—9 标度法如表 10-1 所示。

表 10-1 1—9 标度法

标度	定义	说 明
1	同样重要	两个目标同等重要性
3	稍微重要	一个目标比另一个稍微重要
5	明显重要	一个目标比另一个明显重要
7	重要得多	一个目标比另一个重要得多
9	极端重要	一个目标比另一个极端重要,甚至另一目标可忽略
2,4,6,8	上述两相邻判断的折中	表示在上述两相邻标度间折中时的定量标度
上述各数的倒数	反比较	若目标 i 与目标 j 相比较得判断值 b_{ij},则元素 j 与 i 比较的判断值 $b_{ji}=1/b_{ij}$

因此，G_1，G_2，$\cdots$，G_n 目标相对于总目标两两比较重要性判断矩阵为

$$B=\begin{pmatrix} b_{11} & b_{12} & \cdots & b_{1n} \\ b_{21} & b_{22} & \cdots & b_{2n} \\ \vdots & \vdots & \vdots & \vdots \\ b_{n1} & b_{n2} & \cdots & b_{nn} \end{pmatrix}$$

2. 最小平方和法的步骤

① 将评价指标两两比较构造判断矩阵 $(b_{ij})_{n\times n}$。

② 求各目标权重。

若决策者估计准确，则

$$b_{ij}=\frac{W_i}{W_j} \quad 即$$

163

$$B = \begin{pmatrix} b_{11} & b_{12} & \cdots & b_{1n} \\ b_{21} & b_{22} & \cdots & b_{2n} \\ \vdots & \vdots & \vdots & \vdots \\ b_{n1} & b_{n2} & \cdots & b_{nn} \end{pmatrix} = \begin{pmatrix} \dfrac{W_1}{W_1} & \dfrac{W_1}{W_2} & \cdots & \dfrac{W_1}{W_n} \\ \dfrac{W_2}{W_1} & \dfrac{W_2}{W_2} & \cdots & \dfrac{W_2}{W_n} \\ \vdots & \vdots & \vdots & \vdots \\ \dfrac{W_n}{W_1} & \dfrac{W_n}{W_2} & \cdots & \dfrac{W_n}{W_n} \end{pmatrix}$$

显然

$$b_{ii} = 1,$$

$$b_{ij} = 1/b_{ji}, \quad b_{ij} = b_{ik}b_{kj} \quad (i,j,k=1,2,\cdots n)$$

$$\sum_{i=1}^{n} b_{ij} = \sum_{i=1}^{n} W_i/W_j \;\Rightarrow\; W_j = 1/\sum_{i=1}^{n} b_{ij}$$

若决策者对 b_{ij} 估计不准确，则上述各式不全成立，一般为 $b_{ij} = W_i/W_j$ （i，$j=1$，2，$\cdots$，n）不全成立，也就是 $b_{ij}W_j - W_i$ 不全为 0。在实际中，这种情况常常发生。当然，为求得尽量接近实际的各目标权重，就应使 $b_{ij}W_j - W_i$ 尽可能近于 0。那么由最小二乘法，求如下规划问题，即约束极值问题，即可得尽量接近实际的各目标权重 W_j（$j=1$，2，$\cdots$，n）。

$$\begin{cases} \min Z = \displaystyle\sum_{i=1}^{n} \sum_{j=1}^{n} (b_{ij}W_j - W_i)^2 \\ S.t. \quad \displaystyle\sum_{i=1}^{n} W_i = 1 \quad W_i > 0 \quad (i=1,2,\cdots,n) \end{cases} \tag{10-1}$$

由拉格朗日乘数法，通过引入拉格朗日乘数 2λ，上述条件极值问题就化为无条件极值问题。

$$\min L(W,\lambda) = \sum_{i=1}^{n} \sum_{j=1}^{n} (b_{ij}W_j - W_i)^2 + 2\lambda \left(\sum_{i=1}^{n} W_i - 1 \right) \tag{10-2}$$

由多元函数极值原理令

$$\frac{\partial L(W,\lambda)}{\partial W_k} = 0 \quad (k=1,2,\cdots,n) \tag{10-3}$$

可求得使 $L(W,\lambda)$ 达到最小的 W_1、W_2、$\cdots$、W_n、λ，即式(10-1)的解 W_1，W_2，$\cdots$，W_n，也就是各目标权重 $W_j(j=1,2,\cdots,n)$ 的近似值。

由式(10-3)整理可得

$$\sum_{i=1}^{n} (b_{ik}W_k - W_i)b_{ik} - \sum_{j=1}^{n} (b_{kj}W_j - W_k) + \lambda = 0 \tag{10-4}$$

进一步整理可得

$$nW_k + \sum_{i=1}^{n} b_{ik}^2 W_k - \sum_{i=1}^{n} b_{ik} W_i - \sum_{j=1}^{n} b_{kj} W_j + \lambda = 0$$

合并同类项得

$$\left(n - 2b_{kk} + \sum_{i=1}^{n} b_{ik}^2 \right) W_k - \sum_{\substack{i=1 \\ i \neq k}}^{n} (b_{ik} + b_{ki}) W_i + \lambda = 0 \quad (k=1,2,\cdots,n) \tag{10-5}$$

又由于

$$\sum_{i=1}^{n} W_i = 1 \qquad (10\text{-}6)$$

式(10-5)和式(10-6)是有关 W_1，W_2，$\cdots$，W_n，λ 的 $n+1$ 元线性方程组，可以矩阵表示为

$$AW^* = M \qquad (10\text{-}7)$$

其中，A 的各元素为

$$\begin{cases} a_{ij} = -(b_{ij} + b_{ji}) & (i,j = 1,2,\cdots,n;\ i \neq j) \\ a_{ii} = n - 2b_{ii} + \sum_{j=1}^{n} b_{ji}^2 = n - 2 + \sum_{j=1}^{n} b_{ji}^2 \\ a_{k,n+1} = a_{n+1,k} = 1 & (k = 1,2,\cdots,n) \\ a_{n+1,n+1} = 0 \end{cases}$$

$$W^* = (W_1, W_2, \cdots, W_n, \lambda)^T \qquad M = (0, 0, \cdots 0, 1)^T$$

由此可解得 $W^* = A^{-1}M$，从而获得各目标的权重 $W = (W_1, W_2, \cdots, W_n)$。

值得注意的是，使用该方法求各目标权重，要求各目标相对于总目标两两比较重要性判断矩阵 B 具有满意一致性。

【例 10-1】 假定某个三目标决策问题，各目标关于总目标两两比较重要性的判断矩阵为

$$B = \begin{pmatrix} 1 & \dfrac{1}{3} & \dfrac{1}{2} \\ 3 & 1 & 3 \\ 2 & \dfrac{1}{3} & 1 \end{pmatrix}$$

试用最小平方权法确定各目标的权重 W_1，W_2，W_3。

解：

因为，$n = 3$

$$a_{11} = n - 2b_{11} + \sum_{j=1}^{n} b_{j1}^2 = 3 - 2b_{11} + \sum_{j=1}^{3} b_{j1}^2 = 3 - 2 \times 1 + 1^2 + 3^2 + 2^2 = 15$$

$$a_{12} = -(b_{12} + b_{21}) = -\left(3 + \frac{1}{3}\right) = -\frac{10}{3}$$

$$a_{13} = -(b_{13} + b_{31}) = -\left(\frac{1}{2} + 2\right) = -\frac{5}{2}$$

$$a_{21} = -(b_{21} + b_{12}) = -\left(3 + \frac{1}{3}\right) = -\frac{10}{3}$$

$$a_{22} = n - 2b_{22} + \sum_{j=1}^{n} b_{j2}^2 = 3 - 2b_{22} + \sum_{j=1}^{3} b_{j2}^2 = 3 - 2 \times 1 + \left(\frac{1}{3}\right)^2 + 1^2 + \left(\frac{1}{3}\right)^2 = \frac{20}{9}$$

$$a_{23} = -(b_{23} + b_{32}) = -\left(3 + \frac{1}{3}\right) = -\frac{10}{3}$$

$$a_{31} = -(b_{31} + b_{13}) = -\left(2 + \frac{1}{2}\right) = -\frac{5}{2}$$

$$a_{32} = -(b_{32} + b_{23}) = -\left(\frac{1}{3} + 3\right) = -\frac{10}{3}$$

$$a_{33} = n - 2b_{33} + \sum_{j=1}^{n} b_{j3}^2 = 3 - 2b_{33} + \sum_{j=1}^{3} b_{j3}^2 = 3 - 2 \times 1 + \left(\frac{1}{2}\right)^2 + 3^2 + 1^2 = \frac{45}{4}$$

所以，

$$A = \begin{pmatrix} 15 & -\dfrac{10}{3} & -\dfrac{5}{2} & 1 \\ -\dfrac{10}{3} & \dfrac{20}{9} & -\dfrac{10}{3} & 1 \\ -\dfrac{5}{2} & -\dfrac{10}{3} & \dfrac{45}{4} & 1 \\ 1 & 1 & 1 & 0 \end{pmatrix}$$

$$A^{-1} = \begin{pmatrix} \dfrac{462}{3170} & -\dfrac{99}{3170} & -\dfrac{23}{1585} & \dfrac{55}{317} \\ -\dfrac{99}{3170} & \dfrac{225}{3170} & -\dfrac{63}{1585} & \dfrac{192}{317} \\ -\dfrac{23}{1585} & -\dfrac{63}{1585} & \dfrac{86}{1585} & \dfrac{70}{317} \\ \dfrac{55}{317} & \dfrac{192}{317} & \dfrac{70}{317} & -\dfrac{10}{317} \end{pmatrix}$$

$$W^* = A^{-1}M = (0.1735 \quad 0.6057 \quad 0.2208 \quad -0.0315)^T$$

因此，各目标的权重为 $W_1 = 0.1735$，$W_2 = 0.6057$，$W_3 = 0.2208$。

二、特征向量法

1. 基本原理

特征向量法，又叫本征向量法。它是以满足要求的各目标相对于总目标的两两比较重要性的满意一致性判断矩阵的最大特征根对应的归一化特征向量的分量作相应目标的权重。判断矩阵 $B = (b_{ij})_{n \times n}$ 可由 T. L. Saaty 教授提出的 1—9 标度法（如表 10-1 所示）构成。

若决策者估计准确，则 $b_{ij} = W_i / W_j$，即各目标相对于总目标两两比较重要性的判断矩阵为

$$B = \begin{pmatrix} b_{11} & b_{12} & \cdots & b_{1n} \\ b_{21} & b_{22} & \cdots & b_{2n} \\ \vdots & \vdots & \vdots & \vdots \\ b_{n1} & b_{n2} & \cdots & b_{nn} \end{pmatrix} = \begin{pmatrix} \dfrac{W_1}{W_1} & \dfrac{W_1}{W_2} & \cdots & \dfrac{W_1}{W_n} \\ \dfrac{W_2}{W_1} & \dfrac{W_2}{W_2} & \cdots & \dfrac{W_2}{W_n} \\ \vdots & \vdots & \vdots & \vdots \\ \dfrac{W_n}{W_1} & \dfrac{W_n}{W_2} & \cdots & \dfrac{W_n}{W_n} \end{pmatrix} \tag{10-8}$$

显然，B 具有下列性质：

① $b_{ii} = 1$；

② $b_{ij} = 1/b_{ji}$；

③ $b_{ij} = b_{ik} \cdot b_{kj}$ $\quad (i, j, k = 1, 2, \cdots n)$。

若判断矩阵 B 具有上述①、②、③三个性质，则称判断矩阵 B 具有完全一致性。

完全一致性判断矩阵 B 具有唯一的最大特征根 $\lambda_{\max} = n$，其余特征根全为 0。因为，

$$BW = \begin{pmatrix} b_{11} & b_{12} & \cdots & b_{1n} \\ b_{21} & b_{22} & \cdots & b_{2n} \\ \vdots & \vdots & \vdots & \vdots \\ b_{n1} & b_{n2} & \cdots & b_{nn} \end{pmatrix} \begin{pmatrix} W_1 \\ W_2 \\ \vdots \\ W_n \end{pmatrix} = \begin{pmatrix} \dfrac{W_1}{W_1} & \dfrac{W_1}{W_2} & \cdots & \dfrac{W_1}{W_n} \\ \dfrac{W_2}{W_1} & \dfrac{W_2}{W_2} & \cdots & \dfrac{W_2}{W_n} \\ \vdots & \vdots & \vdots & \vdots \\ \dfrac{W_n}{W_1} & \dfrac{W_n}{W_2} & \cdots & \dfrac{W_n}{W_n} \end{pmatrix} \begin{pmatrix} W_1 \\ W_2 \\ \vdots \\ W_n \end{pmatrix} = nW$$

即

$$(B-nI)W=0$$

式中，I 为 n 阶单位矩阵。

所以，n 为 B 的一个特征根，W 为对应特征根 n 的特征向量。

又由于 B 的每一行是其第一行与某个常数的乘积，所以，矩阵 B 的秩为 1。因此，B 的 n 个特征根中只有一个非 0，其余 $n-1$ 个全为 0。而又由于 B 的 n 个特征根之和为其主对角线上的元素之和。所以，具有完全一致性的判断矩阵 B 具有唯一的最大特征根 $\lambda_{max}=n$，其余特征根全为 0。

所以，各目标权重即可通过求解具有完全一致性的判断矩阵 B 的最大特征根对应的归一化特征向量而得。

实际中，若判断矩阵的阶数 n 小于等于 2，则判断矩阵始终具有完全一致性。但当判断矩阵的阶数 n 大于 2 时，由于人们的思维判断不具有一致性，因此，所获的判断矩阵 B 往往不具有完全一致性，这时 B 的最大特征根 λ_{max} 往往大于 n，但我们总希望求得各目标的较真实的权重，因此，总希望判断矩阵 B 的最大特征根 λ_{max} 接近于 n，也即要求判断矩阵 B 具满意一致性。

判断矩阵 B 的满意一致性可用一致性比率 CR 检验。

$$CR=\frac{CI}{RI} \tag{10-9}$$

其中，

$$CI=\frac{\lambda_{max}-n}{n-1} \tag{10-10}$$

称 CI 为判断矩阵 B 的一致性指标。CI 越小，B 的最大特征根 λ_{max} 越接近完全一致性判断矩阵的最大特征根 n，即判断矩阵 B 越接近于完全一致性。那么，B 的最大特征根 λ_{max} 对应的归一化特征向量的各分量才越接近于各目标的真实权重。

RI 为判断矩阵的平均随机一致性指标，其取值如表 10-2 所示。各阶判断矩阵的 RI 值是通过随机试验的方法构造若干个相同阶数的判断矩阵，并计算判断矩阵的一致性指标 CI，然后将所求得的所有的一致性指标求平均而得。由于 B 的不完全一致性可能是由于随机性原因造成的，所以，对 B 的满意一致性检验还应考虑平均随机一致性指标 RI。

表 10-2　平均随机一致性指标值

阶数 n	1	2	3	4	5	6	7	8	9
RI	0	0	0.58	0.90	1.12	1.24	1.32	1.41	1.45

当 $CR<0.1$ 时，则判断矩阵 B 具有满意一致性。否则，判断矩阵 B 不具有满意一致性，需对判断矩阵 B 进行调整，以使 $CR<0.1$，即判断矩阵 B 具满意一致性为止。

2. 步骤

① 将各目标相对于总目标两两比较重要性，按 1—9 标度法如表 10-1 所示，构造判断矩阵 $B=(b_{ij})_{n\times n}$。

② 求判断矩阵 B 的最大特征根和相应的归一化特征向量。

因为，$BW=\lambda W$，即 $(B-\lambda I)W=0$，所以，由线性代数理论有 B 的特征方程

$$|B-\lambda I|=0 \tag{10-11}$$

求解式 (10-11)，即得 B 的特征根 $\lambda_i(i=1,2,\cdots,n)$，找出其最大特征根 λ_{max}；将 λ_{max} 代入 $BW=\lambda_{max}W$，求出归一化的 W，则 W 的分量可作为对应各目标的权重。

③ 对判断矩阵 B 进行一致性检验。只有当 B 具有满意一致性时，求出的 B 最大特征根 $\lambda_{\max}$ 对应的归一化特征向量 W 的分量才能作为对应各目标的权重。

根据"②"求出的 $\lambda_{\max}$，由式（10-10）可求出 CI，再由式（10-9）和表 10-2 即可求得 CR，根据 CR 的值即可检验判断矩阵 B 的一致性。

"（2）"中由线性代数理论求判断矩阵 B 的最大特征根 $\lambda_{\max}$ 和对应的归一化特征向量 W 非常麻烦。而一般情况下，判断矩阵 B 又不具有完全一致性。所以，在求判断矩阵 B 的最大特征根 $\lambda_{\max}$ 及其归一化特征向量 W 时，一般采用近似方法进行计算。

3. 求 B 的最大特征根及其特征向量的近似算法

（1）和积法　和积法求判断矩阵 B 的最大特征根 $\lambda_{\max}$ 及其归一化特征向量 W 的步骤如下。

① 将判断矩阵 B 的每一列元素作正规化处理。

$$\bar{b}_{ij} = \frac{b_{ij}}{\sum\limits_{k=1}^{n} b_{kj}} \quad (i,j = 1,2,\cdots,n)$$

② 将每一列经正规化后的判断矩阵按行相加。

$$\bar{W}_i = \sum_{j=1}^{n} \bar{b}_{ij} \quad (i = 1,2,\cdots,n)$$

③ 将向量 $\overline{W} = (\bar{W}_1, \bar{W}_2, \cdots, \bar{W}_n)^T$ 归一化。

$$W_i = \frac{\bar{W}_i}{\sum\limits_{i=1}^{n} \bar{W}_i} \quad (i = 1,2,\cdots,n)$$

则 $W = (W_1, W_2, \cdots, W_n)^T$ 即为 B 的最大特征根 $\lambda_{\max}$ 对应的归一化特征向量。

④ 计算判断矩阵 B 的最大特征根。

$$\lambda_{\max} = \sum_{i=1}^{n} \frac{(BW)_i}{nW_i}$$

（2）方根法　方根法求判断矩阵 B 的最大特征根 $\lambda_{\max}$ 及其归一化特征向量 W 的步骤如下。

① 计算判断矩阵 B 的每一行元素的乘积 M_i。

$$M_i = \prod_{j=1}^{n} b_{ij} \quad (i = 1,2,\cdots,n)$$

② 计算 M_i 的 n 次方根 $\bar{W}_i$。

$$\bar{W}_i = \sqrt[n]{M_i} \quad (i = 1, 2, \cdots, n)$$

③ 将向量 $\overline{W} = (\bar{W}_1, \bar{W}_2, \cdots, \bar{W}_n)^T$ 归一化。

$$W_i = \frac{\bar{W}_i}{\sum\limits_{i=1}^{n} \bar{W}_i} \quad (i = 1,2,\cdots,n)$$

则 $W = (W_1, W_2, \cdots, W_n)^T$ 即为 B 的最大特征根 $\lambda_{\max}$ 对应的归一化特征向量。

④ 计算判断矩阵 B 的最大特征根 $\lambda_{\max}$。

$$\lambda_{\max} = \sum_{i=1}^{n} \frac{(BW)_i}{nW_i}$$

【例 10-2】　假定某三目标决策问题，各目标相对于总目标两两比较的重要性判断矩阵为

$$B = \begin{pmatrix} 1 & \dfrac{1}{4} & 2 \\ 4 & 1 & 8 \\ \dfrac{1}{2} & \dfrac{1}{8} & 1 \end{pmatrix}$$

试用特征向量法确定各目标的权重 W_1，W_2，W_3，并判断 B 是否具有满意一致性。

解：本例用和积法求 B 的最大特征根 $\lambda_{\max}$ 及其对应的归一化特征向量。用方根法求 B 的最大特征根 $\lambda_{\max}$ 及其对应的归一化特征向量留给读者做练习。

① 对 B 的每一列元素作正规化处理。

$$\bar{b}_{11} = \frac{b_{11}}{\sum\limits_{i=1}^{3} b_{i1}} = \frac{1}{1+4+1/2} = \frac{2}{11} \qquad \bar{b}_{21} = \frac{b_{21}}{\sum\limits_{i=1}^{3} b_{i1}} = \frac{4}{1+4+1/2} = \frac{8}{11}$$

$$\bar{b}_{31} = \frac{b_{31}}{\sum\limits_{i=1}^{3} b_{i1}} = \frac{1/2}{1+4+1/2} = \frac{1}{11} \qquad \bar{b}_{12} = \frac{b_{12}}{\sum\limits_{i=1}^{3} b_{i2}} = \frac{1/4}{1/4+1+1/8} = \frac{2}{11}$$

$$\bar{b}_{22} = \frac{b_{22}}{\sum\limits_{i=1}^{3} b_{i2}} = \frac{1}{1/4+1+1/8} = \frac{8}{11} \qquad \bar{b}_{32} = \frac{b_{32}}{\sum\limits_{i=1}^{3} b_{i2}} = \frac{1/8}{1/4+1+1/8} = \frac{1}{11}$$

$$\bar{b}_{13} = \frac{b_{13}}{\sum\limits_{i=1}^{3} b_{i3}} = \frac{2}{2+8+1} = \frac{2}{11} \qquad \bar{b}_{23} = \frac{b_{23}}{\sum\limits_{i=1}^{3} b_{i3}} = \frac{8}{2+8+1} = \frac{8}{11}$$

$$\bar{b}_{33} = \frac{b_{33}}{\sum\limits_{i=1}^{3} b_{i3}} = \frac{1}{2+8+1} = \frac{1}{11}$$

所以，正规化后的判断矩阵 $\bar{B}$ 为

$$\bar{B} = \begin{pmatrix} \dfrac{2}{11} & \dfrac{2}{11} & \dfrac{2}{11} \\ \dfrac{8}{11} & \dfrac{8}{11} & \dfrac{8}{11} \\ \dfrac{1}{11} & \dfrac{1}{11} & \dfrac{1}{11} \end{pmatrix}$$

② 将 $\bar{B}$ 按行相加得 $\bar{W}$，

$$\bar{W}_1 = \frac{2}{11} + \frac{2}{11} + \frac{2}{11} = \frac{6}{11}$$

$$\bar{W}_2 = \frac{8}{11} + \frac{8}{11} + \frac{8}{11} = \frac{24}{11}$$

$$\bar{W}_3 = \frac{1}{11} + \frac{1}{11} + \frac{1}{11} = \frac{3}{11}$$

所以，$\bar{W} = \left(\dfrac{6}{11} \quad \dfrac{24}{11} \quad \dfrac{3}{11} \right)^T$。

③ 将 $\bar{W}$ 归一化得 W，

$$W_1 = \frac{\bar{W}_1}{\sum\limits_{i=1}^{3} \bar{W}_i} = \frac{6/11}{6/11 + 24/11 + 3/11} = \frac{2}{11}$$

$$W_2 = \frac{\overline{W}_2}{\sum\limits_{i=1}^{3} \overline{W}_i} = \frac{24/11}{6/11 + 24/11 + 3/11} = \frac{8}{11}$$

$$W_3 = \frac{\overline{W}_{31}}{\sum\limits_{i=1}^{3} \overline{W}_i} = \frac{3/11}{6/11 + 24/11 + 3/11} = \frac{1}{11}$$

所以，$W = \left(\dfrac{2}{11} \quad \dfrac{8}{11} \quad \dfrac{1}{11}\right)^T$。

④ 求 B 的最大特征根 $\lambda_{\max}$。

因为，

$$BW = \begin{pmatrix} 1 & 1/4 & 2 \\ 4 & 1 & 8 \\ 1/2 & 1/8 & 1 \end{pmatrix} \begin{pmatrix} 2/11 \\ 8/11 \\ 1/11 \end{pmatrix} = \begin{pmatrix} 6/11 \\ 24/11 \\ 3/11 \end{pmatrix}$$

所以，

$$\lambda_{\max} = \sum_{i=1}^{3} \frac{(BW)_i}{3W_i} = \frac{1}{3} \times \left(\frac{6/11}{2/11} + \frac{24/11}{8/11} + \frac{3/11}{1/11} \right) = 3$$

⑤ 检验 B 的一致性。

因为，由式(10-10) 得

$$CI = \frac{\lambda_{\max} - n}{n - 1} = \frac{3 - 3}{3 - 1} = 0$$

所以，由式(10-9) 得

$$CR = \frac{CI}{RI} = \frac{0}{0.58} = 0 < 0.1$$

故判断矩阵 B 具有一致性，其最大特征根 $\lambda_{\max} = 3$ 对应的归一化特征向量 $W = \left(\dfrac{2}{11} \quad \dfrac{8}{11} \quad \dfrac{1}{11}\right)^T$ 的各分量即为各对应目标的权重。

三、层次分析法

若我们要解决的问题是一个复杂的系统，它包含若干组成因素，并且各组成因素间又具有一定的关联关系和隶属关系，这时用前面介绍的两种方法难以获得各目标或各目标属性指标的较准确的权重。用层次分析法即可获得较准确的权重。

层次分析法（Analytical Hierachy Process，AHP）是由美国运筹学家，匹兹堡大学的萨迪（T. L. Saaty）教授于 20 世纪 70 年代初提出的，它是一种整理和综合人们主观判断的客观分析方法，也是一种定性与定量分析相结合的系统分析方法，它特别适合于具有多层次结构的多目标决策问题或综合评价问题的各指标权重确定和多指标决策的可行方案优劣排序。AHP 于 1982 年由 Saaty 教授的学生高兰尼柴（H. Gholamnezhad）在天津召开的中美能源、资源、环境学术会上首次向中国介绍。该方法引进我国以来，国内不少单位展开了其理论研究和实践应用工作，到目前，已广泛应用在能源分析、城市规划、经济管理、科技成果评比，新技术发展前景分析、人员素质测评等方面，并取得了一定的效果。

层次分析法是将解决的问题分解为若干个互不相同的组成因素，并根据各组成因素的隶属关系和关联关系的不同，把各组成因素归并为不同的层次，从而形成多层次的分析结构模型。在每一层次中，将该层次中的各元素相对于上一层中的某一元素进行两两重要性比较，并将比较的结果写成矩阵形式，即建立判断矩阵。然后计算各判断矩阵的最大特征根及其对应的归一化的特征向量，该归一化的特征向量各元素即为该层次各元素相对于上一层次某一元素的权重。在此基础上进一步综合，求出各层次组成因素相对于总目标的组合权重，进而得出各目标的权重值或多指标决策的各可行方案的权重值。

层次分析法具有分析思路清晰，分析时所用数据较少的特点。但要求对问题所含组成因素及其相互关系有较全面的了解。

层次分析法的具体程序如下。

1. 明确问题，建立层次分析结构模型

认识要解决的问题，弄清问题的范围，了解问题所包含的组成因素，确定各组成因素的关联关系和隶属关系，将问题所含的各组成因素按其关联关系和隶属关系分成若干组，每一组作一个层，在相邻的两层次元素中，若上一层次中的某一元素与下一层次中的某一元素有关联关系，用实线相连，这样就构成一个由上到下的递阶层次结构模型，如图 10-1 所示。它由最高层、若干中间层和最低层构成。

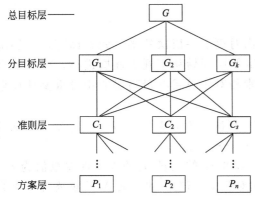

图 10-1 层次分析结构模型

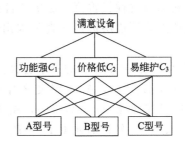

图 10-2 设备选择的层次分析结构模型

最高层为总目标层，是所解决问题要达到的总目标，一般只有一个。若需将总目标分解成多个分目标，则可在此层下面再建立分目标层。

中间层为准则层，是要实现预定目标所要遵循的若干准则。

最底层为目标的具体属性层或解决问题的措施、方案层。

若用层次分析法确定各目标的权重，则最低层即为各目标的属性指标；若用层次分析法进行各可行方案的优劣排序，则最低层即为各可行方案。

【例 10-3】 某公司打算购买一台新设备，希望该设备功能强、价格低、容易维修，现有三种型号设备 A、B、C 供选择。为评价选择设备，可建立层次分析结构模型如图 10-2 所示。

2. 建立判断矩阵

判断矩阵是层次分析法的出发点，因此，建立判断矩阵是层次分析法应用的关键。用表 10-1 所示的 1—9 标度法对同一层次中的任意两个元素相对于上一层中某一元素的相对重要性进行比较并给予数量标度，写成矩阵形式即得判断矩阵。

一般从层次分析结构模型的最底层开始，逐层建立判断矩阵。如某一层中 n 个元素 P_1，P_2，$\cdots$，P_n 关于上一层某一元素 C_i 进行两两重要性比较，得到判断矩阵 B。

$$B = \begin{pmatrix} b_{11} & b_{12} & \cdots & b_{1n} \\ b_{21} & b_{22} & \cdots & b_{2n} \\ \cdots & \cdots & \cdots & \cdots \\ b_{n1} & b_{n2} & \cdots & b_{nn} \end{pmatrix}$$

3. 检验判断矩阵 B 的满意一致性

用"二、特征向量法"中判断矩阵的满意一致性检验方法对 B 进行满意一致性检验。首先用和积法或方根法求出 B 的最大特征根 λ_{max}，再由式（10-10）求出一致性指标 CI，然后由式（10-9）求出一致性比率 CR。若 $CR<0.1$，则 B 具有满意一致性，否则，调整 B，直到判断矩阵具有满意一致性为止。

4. 层次单排序

层次单排序就是根据满意一致性判断矩阵，计算本层次元素相对于上一层次某一元素的相对重要性的权重值。层次单排序可归结求满意一致性判断矩阵的最大特征根 λ_{max} 对应的归一化特征向量 W。此归一化特征向量 W 的分量即为本层次对应元素关于上一层次某一元素的单排序的权重值。W 在步骤"3."已经求出，只是这里的 W 要求其判断矩阵 B 具有满意一致性，其分量才能作本层次对应元素关于上一层次某一元素的相对重要性单排序的权重值。

5. 层次总排序

利用层次单排序的计算结果，进一步计算出对更上一层次的某一元素而言，本层次所有元素的重要性权重值。层次总排序就是从最低层开始从下到上逐层进行，或从最高层开始从上到下逐层进行，直到求出最低层元素相对于总目标最高层的相对重要性权重为止。

假设有从高到低相邻的三个层次：G，A，P。层次 G 有元素 G_1，G_2，$\cdots$，G_s，层次 A 有元素 A_1，A_2，$\cdots$，A_m，层次 P 有元素 P_1，P_2，$\cdots$，P_n。

层次 A 有元素 A_1，A_2，$\cdots$，A_m 相对于上一层次 G 的元素 G_1 的重要性权重值为 a_1，a_2，$\cdots$，a_m，层次 P 的元素 P_1，P_2，$\cdots$，P_n 相对于上一层 A 的元素 A_i 的重要性权重为 W_1^i，W_2^i，$\cdots$，W_n^i（$i=1,2,\cdots,m$），则层次 P 的元素相对于层次 G 的元素 G_1 的重要性权重值如表 10-3 最右列。

表 10-3　层次总排序

层次 A 层次 P	A_1 a_1	A_2 a_2	$\cdots$	A_m a_m	总排序结果
P_1	W_1^1	W_1^2	$\cdots$	W_1^m	$\sum\limits_{j=1}^{m} a_j W_1^j$
P_2	W_2^1	W_2^2	$\cdots$	W_2^m	$\sum\limits_{j=1}^{m} a_j W_2^j$
$\vdots$	$\vdots$	$\vdots$		$\vdots$	$\vdots$
P_n	W_n^1	W_n^2	$\cdots$	W_n^m	$\sum\limits_{j=1}^{m} a_j W_n^j$

逐层往上或逐层往下，即得各目标（或各方案）相对于总目标的重要性权重值。

【例 10-4】　在例 10-3 中，假定各层元素相对于上一层某一元素建立判断矩阵表如表 10-4～表 10-7 所示，试确定功能、价格、易维护指标的权重，并优选设备 A，B，C。

<table>
<tr><td colspan="4">表 10-4　关于 C_1 重要性的判断矩阵表</td><td colspan="4">表 10-5　关于 C_2 重要性的判断矩阵表</td></tr>
<tr><td>C_1</td><td>A</td><td>B</td><td>C</td><td>C_2</td><td>A</td><td>B</td><td>C</td></tr>
<tr><td>A</td><td>1</td><td>1/4</td><td>2</td><td>A</td><td>1</td><td>4</td><td>1/3</td></tr>
<tr><td>B</td><td>4</td><td>1</td><td>8</td><td>B</td><td>1/4</td><td>1</td><td>1/8</td></tr>
<tr><td>C</td><td>1/2</td><td>1/8</td><td>1</td><td>C</td><td>3</td><td>8</td><td>1</td></tr>
</table>

表 10-6	关于 C_3 重要性的判断矩阵表		
C_3	A	B	C
A	1	1	1/3
B	1	1	1/5
C	3	5	1

表 10-7	关于 G 重要性的判断矩阵表		
G	C_1	C_2	C_3
C_1	1	5	3
C_2	1/5	1	1/3
C_3	1/3	3	1

注：G 代表满意设备，即总目标。

解：用和积法求出各指标相对于上一层某元素的权重与一致性检验指标，用方根法求各指标相对于上一层某元素的权重与一致性检验指标留作读者练习。

A，B，C 关于 C_1 的重要性权重与一致性指标由【例 10-2】得

$$W = \left(\frac{2}{11} \quad \frac{8}{11} \quad \frac{1}{11} \right)^T, \quad \lambda_{max} = 3, \ CI = 0, \ CR = 0 < 0.1$$

同理可计算 A，B，C 关于 C_2 的重要性权重与一致性指标为

$$W = (0.2572 \quad 0.0738 \quad 0.6690)^T$$
$$\lambda_{max} = 3.018, \ CI = 0.009, \ CR = 0.0158 < 0.1$$

A，B，C 关于 C_3 的重要性权重与一致性指标为

$$W = (0.1867 \quad 0.1577 \quad 0.6555)^T$$
$$\lambda_{max} = 3.029, \ CI = 0.014, \ CR = 0.02 < 0.1$$

C_1、C_2、C_3 关于 G 的重要性权重与一致性指标为

$$W = (0.6333 \quad 0.1061 \quad 0.2604)^T$$
$$\lambda_{max} = 3.038, \ CI = 0.019, \ CR = 0.03 < 0.1$$

所以，功能、价格、易维护指标关于满意设备的权重分别为 0.6333，0.1061，0.2604。

进行层次总排序，得各方案关于总目标 G 的优劣顺序权重。

由此可知，相对于总目标满意设备 G，B 设备的相对重要性权重值（0.5094）大于 C 设备（0.2993）大于 A 设备（0.1910）。因此，综合评价结果，B 设备优于 C 设备优于 A 设备。如表 10-8 所示。

表 10-8 层次总排序

指标层 / 方案层	C_1 0.6333	C_2 0.1061	C_3 0.2604	总排序结果
A	2/11	0.2572	0.1867	0.1910
B	8/11	0.0738	0.1577	0.5094
C	1/11	0.6690	0.6555	0.2993

层次分析法的关键在于构造判断矩阵，而按 1—9 标度法建立的判断矩阵不一定具完全一致性或满意一致性。因此，人们在应用过程中对此加以改进，得到改进的层次分析法。改进层次分析法与传统层次分析法的不同之处在于判断矩阵构造的改进，使构造的判断矩阵具有判断一致性。

改进层次分析法判断矩阵的构造：在进行两个元素相对重要程度比较时，以 3 标度判断代替原来的 9 标度判断。即当甲、乙两个元素比较时，若甲比乙重要，则以"2"表示。若甲与乙同等重要，则用"1"表示。若甲没有乙重要则用"0"表示。设在同一层次中有 n 个元素，相对于上一层次中某一元素的三标度法比较矩阵 C 为

$$C = \begin{pmatrix} C_{11} & C_{12} & \cdots & C_{1n} \\ C_{21} & C_{22} & \cdots & C_{2n} \\ \vdots & \vdots & \vdots & \vdots \\ C_{n1} & C_{n2} & \cdots & C_{nn} \end{pmatrix}$$

其中

$$C_{ij} = \begin{cases} 2, & \text{第 } i \text{ 元素比第 } j \text{ 元素重要} \\ 1, & \text{第 } i \text{ 元素与第 } j \text{ 元素同等重要} \\ 0, & \text{第 } i \text{ 元素没有第 } j \text{ 元素重要} \end{cases} \tag{10-12}$$

记

$$r_i = \sum_{j=1}^{n} C_{ij} \quad (i = 1, 2, \cdots, n) \tag{10-13}$$

则构造初始判断矩阵 B 的元素为

$$b_{ij} = \begin{cases} \dfrac{r_i - r_j}{r_{\max} - r_{\min}} (b_m - 1) + 1 & (r_i > r_j) \\ 1 & (r_i = r_j) \\ \left[\dfrac{r_j - r_i}{r_{\max} - r_{\min}} (b_m - 1) + 1 \right]^{-1} & (r_i < r_j) \end{cases} \tag{10-14}$$

式中，$b_m = r_{\max}/r_{\min}$，$r_{\max} = \max\limits_{1 \leqslant i \leqslant n} r_i$，$r_{\min} = \min\limits_{1 \leqslant i \leqslant n} r_i$

此判断矩阵 B 往往不具有判断一致性。为此对 B 进行改进，使之具有判断一致性。令

$$a_{ij} = \lg b_{ij} \quad (i, j = 1, 2, \cdots, n) \tag{10-15}$$

$$G_{ij} = \frac{1}{n} \sum_{k=1}^{n} (a_{ik} - a_{jk}) \tag{10-16}$$

$$b_{ij}^* = 10^{G_{ij}} \tag{10-17}$$

则 $B^* = (b_{ij}^*)_{m \times n}$ 具有判断一致性，以 B^* 为层次分析的判断矩阵。

四、最大熵技术法

最大熵技术法适用于多指标决策问题各评价指标权重的确定。它是利用信息论中信息熵来确定多指标决策问题各评价指标权重。其基本原理是：对多指标决策问题，从 m 个可行方案中选最优方案，取决于这 m 个可行方案的各个指标向决策者提供的决策信息，谁提供决策的确定信息量大，谁对决策做的贡献就大，从而该指标的权重值也就越大。

假设多指标决策问题有 n 个指标 G_1，G_2，$\cdots$，G_n，m 个可行方案 A_1，A_2，$\cdots$，A_m，其决策矩阵 D 为

$$D = \begin{pmatrix} d_{11} & d_{12} & \cdots & d_{1n} \\ d_{21} & d_{22} & \cdots & d_{2n} \\ \vdots & \vdots & \vdots & \vdots \\ d_{m1} & d_{m2} & \cdots & d_{mn} \end{pmatrix}$$

令

$$P_{ij} = \frac{d_{ij}}{\sum\limits_{i=1}^{m} d_{ij}} \quad (i = 1, 2, \cdots, m; \quad j = 1, 2, \cdots, n) \tag{10-18}$$

则指标 G_j 的输出熵 E_j 为

$$E_j = -K \sum_{i=1}^{m} P_{ij} \ln P_{ij} \quad (j = 1, 2, \cdots, n) \tag{10-19}$$

其中 $K = (\ln m)^{-1}$。

输出熵 E_j 具有性质：$0 \leqslant E_j \leqslant 1$。

若 G_j 指标下，各方案的指标值相等，则 $P_{ij} = \dfrac{1}{m}(i=1,2,\cdots,m)$。此时 G_j 指标的输出熵 $E_j = 1$，这种情况下，决策者从 m 个方案选取最优方案，可以完全不考虑第 j 个指标，而只考虑其余 $n-1$ 个指标，相当于 G_j 指标向决策者提供决策信息的确定程度为 0，而 G_j 指标向决策者提供决策信息的不确定程度最大为 1。所以 E_j 越大，G_j 向决策者提供决策信息的不确定程度就越大，而 G_j 向决策者提供决策信息的确定程度就越小。因此，E_j 又叫 G_j 向决策者提供信息的不确定度。

G_j 向决策者提供决策信息的最大不确定度为 1，则 G_j 向决策者提供决策信息的确定度就为 0；相反，G_j 向决策者提供决策信息的最小不确定度为 0，则 G_j 向决策者提供决策信息的确定度就为 1。这意味着一个指标为决策者提供决策信息的不确定度越大，则其为决策者提供决策信息的确定度就越小；反之亦然。

指标的确定度、不确定度的最大值均为 1，最小值均为 0。并且 G_j 指标的确定度和不确定度之和为 1。

记 d_j——G_j 指标为决策者提供决策信息的确定度，则
$$d_j + E_j = 1$$
从而
$$d_j = 1 - E_j \tag{10-20}$$

若决策者对 n 个指标 G_1，G_2，$\cdots$，G_n 无明显偏好，则指标 G_j 的权重 W_j 为
$$W_j = \frac{d_j}{\displaystyle\sum_{j=1}^{n} d_j} \quad (j=1,2,\cdots,n) \tag{10-21}$$

若决策者对 n 个指标 G_1，G_2，$\cdots$，G_n 有明显偏好，认为它们的优先权为 $\lambda = (\lambda_1, \lambda_2, \cdots, \lambda_n)^T$，则利用 W_j 对优先权 λ_j 修正，而得较准确的优先权估计，即 G_j 的权重 $\bar{\lambda}_j$ 为
$$\bar{\lambda}_j = \frac{\lambda_j W_j}{\displaystyle\sum_{j=1}^{n} \lambda_j W_j} \quad (j=1,2,\cdots,n) \tag{10-22}$$

【例 10-5】 已知某一多指标决策问题的决策矩阵 D 如下。
$$D = \begin{pmatrix} 2.0 & 15 & 200 & 5.5 & 5 & 9 \\ 2.5 & 27 & 180 & 6.5 & 3 & 5 \\ 1.8 & 20 & 210 & 4.5 & 7 & 7 \\ 2.2 & 18 & 200 & 5.0 & 5 & 5 \end{pmatrix}$$

(1) 试用最大熵技术法确定指标的权重 $W = (W_1 \quad W_2 \quad \cdots \quad W_6)^T$；

(2) 若决策者事先已估计各指标的权重为
$$\lambda = (0.2 \quad 0.1 \quad 0.1 \quad 0.1 \quad 0.2 \quad 0.3)^T$$
试用 (1) 的结果修正决策者的估计结果。

解： 首先，将决策矩阵标准化。由式(10-18)可得决策矩阵 D 的标准化矩阵。
$$P = \begin{pmatrix} 0.2353 & 0.1875 & 0.2532 & 0.2558 & 0.25 & 0.3462 \\ 0.2941 & 0.3375 & 0.2278 & 0.3023 & 0.15 & 0.1923 \\ 0.2118 & 0.25 & 0.2658 & 0.2093 & 0.35 & 0.2692 \\ 0.2588 & 0.225 & 0.2532 & 0.2326 & 0.25 & 0.1923 \end{pmatrix}$$

其次，求各评价指标的输出熵。

由式(10-19)、式(10-20)计算各评价指标的输出熵、确定度，如表 10-9 所示。

表 10-9　各评价指标的输出熵、确定度

项目	G_1	G_2	G_3	G_4	G_5	G_6
E_j	0.9946	0.9829	0.9989	0.9933	0.9703	0.9771
d_j	0.0054	0.0171	0.0011	0.0067	0.0297	0.0229
W_j	0.0651	0.2063	0.0133	0.0808	0.3583	0.2762

(1) 若决策者对各评价指标无明显偏好，则由式(10-21)可得各指标的权重，如表 10-9 所示。

(2) 若决策者事先已估计各指标的权重为

$$\lambda = (0.2 \quad 0.1 \quad 0.1 \quad 0.1 \quad 0.2 \quad 0.3)^T$$

那么，根据该决策问题各指标提供的决策信息，由式(10-22)对决策者事先给定权重进行修正，可得各评价指标的权重为

$$\bar{\lambda} = (0.0659 \quad 0.1044 \quad 0.0067 \quad 0.0409 \quad 0.3627 \quad 0.4194)^T$$

第三节　多指标决策

一、解的定义

由确定型决策问题和多指标决策问题的含义可知，多指标决策问题由以下三个要素构成。

① 有 n 个评价指标（或目标）$G_j (j=1,2,\cdots,n)$。

② 有 m 个可行方案 $A_i (i=1,2,\cdots,m)$。

③ 有一个决策矩阵 $D=(d_{ij})_{m \times n}$，其中 d_{ij} 为 A_i 方案在 G_j 指标下的指标值。

例如购买一件衣服的决策问题，在 4 种衣服 A_1、A_2、A_3、A_4 中选择一件质量、式样、尺寸大小、价格满意的衣服。各种衣服的有关信息如表 10-10 所示。

表 10-10　购买衣服信息表

方案＼目标	质　量	式　样	大　小	价格/元
A_1	一般	中等	最合适	90
A_2	一般	好	合适	100
A_3	好	最好	不太合适	120
A_4	最好	不好	合适	95

多指标决策问题的决策结果是由各个指标的指标值构成，亦即其决策结果为指标值向量，而一般情况下向量无法直接比较大小，因此，进行多指标决策，必须重新定义多指标决策问题的解。下面介绍多指标决策有关解的定义。

为叙述方便，不妨假设，多指标决策中各评价指标都是越大越好的指标。

若方案 A_k 满足

$$d_{kj} = \max_{1 \leqslant i \leqslant m} d_{ij} \quad (j=1,2,\cdots,n)$$

则称 A_k 是绝对最优解。

一般情况下，多指标决策问题的绝对最优解是不存在的。

若方案 A_k 和 A_t 满足

$$d_{kj} \geqslant d_{tj} \quad (j=1,2,\cdots,n)$$

至少有一个 j_0 使 $d_{kj_0} > d_{tj_0}$。

则称方案 A_k 优于方案 A_t，记为 $A_k > A_t$，或称方案 A_t 比方案 A_k 劣，或称方案 A_t 为劣解。

多指标决策问题的决策过程中，若已知某一方案 A_t 为劣解，则 A_t 就不可能成为最优解或满意解，可以把它淘汰掉，所以多指标决策首先就是淘汰劣解。

对于某一方案 A_k，若不存在其他方案 $A_i(i=1,2,\cdots,m,i \neq k)$ 优于它，则称方案 A_k 为多指标决策问题的非劣解，也称有效解。

由此可见，多目标决策问题的最优解或满意解只可能在有效解中达到。

二、指标值的标准化处理

由于多指标决策问题的各指标具有不可公度性，各指标又有定性指标和定量指标之分，各指标往往又不是同向指标，有的是越大越好的指标，即效益型指标，如利润、产值等指标；有的是越小越好的指标，即成本型指标，如成本、投资等指标；有的是取值越接近于某一固定值越好的指标，即取值居中的指标，如学校教学质量评价中的生师比。所以，各指标值具有不同量纲和数量级的差异。进行多指标决策，要对各可行方案指标值进行综合评价，这就要求对各指标值进行标准化处理，以便能对各可行方案指标值的综合处理与评价。

指标值的标准化处理，又称指标值的规范化处理。即把决策矩阵中的所有指标值转化为无量纲、无数量级差异的标准化值（又称效用值或实际价值），且取值范围为 $[0,1]$。

指标值的标准化处理方法较多，下面介绍几种常用的标准化处理方法。

记：决策矩阵 $D=(d_{ij})_{m \times n}$，经标准化处理后的矩阵 $R=(r_{ij})_{m \times n}$；$d_j^* = \max\limits_{1 \leqslant i \leqslant m} d_{ij}$，$d_j^\triangle = \min\limits_{1 \leqslant i \leqslant m} d_{ij}$ $(j=1,2,\cdots,n)$。

1. 定量指标的标准化处理方法

（1）向量归一化

$$r_{ij} = \frac{d_{ij}}{\sqrt{\sum\limits_{i=1}^{m} d_{ij}^2}} \quad (i=1,2,\cdots,m; \quad j=1,2,\cdots,n) \tag{10-23}$$

标准化后的指标值 r_{ij} 具有如下性质。

① $0 \leqslant r_{ij} \leqslant 1(i=1,2,\cdots,m;j=1,2,\cdots,n)$。

② 标准化决策矩阵 R 每一列的平方和为 1，即 $\sum\limits_{i=1}^{m} r_{ij}^2 = 1$。

③ 标准化后的指标值仍不是同向指标值。

（2）线性变换

① 效益型指标 G_j。

$$r_{ij} = \frac{d_{ij}}{d_j^*} \quad (i=1,2,\cdots,m; \quad j=1,2,\cdots,n) \tag{10-24}$$

② 成本型指标 G_j。

$$r_{ij} = 1 - \frac{d_{ij}}{d_j^*} \quad (i=1,2,\cdots,m; \quad j=1,2,\cdots,n) \tag{10-25}$$

可见，线性变换后的指标值与原来的指标值是成比例的，且变换后的指标值为正向指标值，即均为取值越大越好的指标。但是，变换后，成本型指标值最好值不为 1，效益型指标值最差值不为 0。另外，效益型指标和成本型指标的变换规则不同。因此，对于既含有效益型指标，又含有成本型指标的多指标决策问题，就不能同时分别用效益型指标和成本型指标的变换规则，进行指标值的标准化处理，而应将成本型指标取倒数转换为效益型指标，然后再按效益型指标进行标准化处理；或者将效益型指标取倒数转换为成本型指标，然后再按成本型指标进行标准化处理。

（3）极差变换

① 效益型指标 G_j 为

$$r_{ij}=\frac{d_{ij}-d_j^\Delta}{d_j^*-d_j^\Delta} \quad (i=1,2,\cdots,m;\ j=1,2,\cdots,n) \tag{10-26}$$

② 成本型指标 G_j 为

$$r_{ij}=\frac{d_j^*-d_{ij}}{d_j^*-d_j^\Delta} \quad (i=1,2,\cdots,m;\ j=1,2,\cdots,n) \tag{10-27}$$

标准化后的指标值 r_{ij} 具有如下性质。

① $0\leqslant r_{ij}\leqslant 1(i=1,2,\cdots,m;j=1,2,\cdots,n)$。

② 每一评价指标 G_j 的标准化指标值总有最优值 $r_{ij}^*=1$ 和最劣值 $r_{ij}^\Delta=0$。

③ 变换后的指标值为正向指标值，即均为取值越大越好的指标。

与线性变换类似，效益型指标和成本型指标的变换规则不同。因此，对于既含有效益型指标，又含有成本型指标的多指标决策问题，就不能同时分别用效益型指标和成本型指标的变换规则，进行指标值的标准化处理，而应将成本型指标取倒数转换为效益型指标，然后再按效益型指标进行标准化处理；或者将效益型指标取倒数转换为成本型指标，然后再按成本型指标进行标准化处理。

（4）取值居中指标（越接近某一固定值 r 越好）标准化处理

$$r_{ij}=\begin{cases}\dfrac{d_{ij}}{r} & d_{ij}\in\left[\min_i d_{ij},r\right)\\[3mm] 1+\left(\dfrac{r-d_{ij}}{\max_i d_{ij}}\right) & d_{ij}\in\left[r,\max_i d_{ij}\right]\end{cases} \tag{10-28}$$

$$(i=1,2,\cdots,m;\quad j=1,2,\cdots,n)$$

2. 定性指标定量化处理

多指标决策问题中，有的评价指标属定性指标，其指标值是以类似好、中、差，或高、中、低三等级或更高等级描述的。如上述购买衣服的例子中，评价指标质量就是一定性评价指标，以最好、好、一般、差、最差五等级描述。对于这些定性的非量化的指标值，进行多指标决策时，必须予以量化处理；否则，无法进行决策。通常，对于定性的非量化的指标值进行量化处理，是采用评比量表方法，将定性指标的等级以数量表示，将指标最优值以较大的量表值，最劣值以较小的量表值，通常以 5 分制、10 分制或 100 分制打分。如五等级量表，又称五阶段量表，以 5 分制打分的量化处理为

效益型指标为

很低	低	一般	高	很高
1	2	3	4	5

成本型指标为

很高	高	一般	低	很低
1	2	3	4	5

在实际的多指标决策中，定性指标的等级描述常常以三等级、五等级、七等级描述，所以定性指标的量化处理常用三阶段、五阶段、七阶段量表进行量化处理，其中，五阶段的量化处理是最常用的。

定性指标量化处理以后，就可按定量指标的标准化处理方法进行标准化处理。

三、决策程序

多指标决策问题的决策，就是按一定的规则对有限个可行方案进行优劣排序或者优选方案。多指标决策问题的决策一般要进行如下步骤。

（为叙述方便，不妨假设，多指标决策中各评价指标都是越大越好）

1. 方案筛选

为减少决策分析的工作量，一般在决策分析之前就应筛去一些不可能成为最优方案或满意方案的较差方案，以简化决策分析。常用的方案筛选的方法有如下三种。

（1）优选法　就是根据劣解概念淘汰劣解。即对可行方案进行成对比较，例如，若甲方案比乙方案劣，则删除甲方案，而不予考虑。然后对所有剩下的方案继续成对比较，直到所保留的方案为均为非劣解为止。

（2）满意值法　满意值法，又称逻辑乘法，它是对每一指标 G_j 规定一个能接受的最低值 $d_j^0(j=1,2,\cdots,n)$，称为截除值，又称满意水平。若某一个方案 A_i 的每一个指标 $G_j(j=1,2,\cdots,n)$ 的指标值都在截除值之上，即 $d_{ij}\geqslant d_j^0(j=1,2,\cdots,n)$，则保留方案 A_i，否则，淘汰方案 A_i。

使用该方法的关键在于截除值的确定，如果截除值定得太高，则被淘汰的方案太多；如果截除值定得太低，则被淘汰的方案太少，保留的方案太多。实际使用时，是逐步提高截除值，以达到所希望的保留方案数。

但是，该方法有一个明显的缺点：就是各指标之间完全不能补偿，即一个方案的某个指标值只要稍微低于截除值，即使其他指标值再好，它也会被淘汰。如研究生录取时，国家教委规定的总分和单科分数线，一个考生只要有一项达不到分数，即使其他分数再高，都将被淘汰。

（3）逻辑和法　逻辑和法是为了保留某个指标特别优异的方案。它与逻辑乘法一样，也是对每一指标 G_j 规定一个截除值 $d_j^*(j=1,2,\cdots,n)$。若某一方案 A_i 至少存在一个指标 G_j，其指标值 d_{ij} 满足 $d_{ij}>d_j^*$，则保留方案 A_i，否则，淘汰方案 A_i。

显然，这种方法不利于各指标均较好但没有特长的方案，但是可用来保留某个方面特别突出的方案。因此，这种方法常常和逻辑乘法结合使用。即先用逻辑乘法淘汰一批方案，再在被淘汰的方案中用逻辑和法挑选出若干方案。

2. 指标值的标准化处理

根据多指标决策问题各指标的性质，利用上述对应的指标值的标准化处理方法，对保留下来的各方案指标值进行标准化处理。

3. 方案排序

方案排序就是按照一定的排序方法，即多指标决策方法，对多指标决策问题的有限个可行方案进行优劣排序。多指标决策方法将在"四、常用的决策方法"中介绍。

4. 序的集结

求解多指标决策问题的方法很多，目前为止，已有上百种，但没有一种公认的较好的方法，各种方法各有优、缺点。因此，在实际求解多指标决策问题时，一般采用几种方法求解，然后再将各种方法的可行方案优劣排序结果进行结合和集中，以求得最终的可行方案优劣排序。序的集结就是对各种决策方法（或各决策者）的排序结果进行结合和集中，然后给出一个综合排序的过程。常用的序的集结方法（也称群体决策方法）有平均序法、总体偏差法、波达法、科普兰法、优序数法。下面分别予以介绍。

假设用 k 种决策方法（或 k 个决策者）对 n 个评价指标 m 个可行方案的多指标决策问题的方案进行优劣排序，第 j 种方法（或第 j 个决策者）对方案优劣的排序结果为

$$r_j=(r_{1j},r_{2j},\cdots,r_{mj})\quad(j=1,2,\cdots,k)$$

规定：序号为 1 的方案为最优，序号为 m 的方案为最劣。

以 r_j 为列构造矩阵 $(r_{ij})_{m \times k}$，矩阵的第 i 行即为方案 A_i 在 k 种方法（k 个决策者）下的方案排序。由此，k 种方法（k 个决策者）对 m 个方案的排序结果如表 10-11 所示。

表 10-11　方案排序结果矩阵表

方法 方案	1	2	…	k
A_1	r_{11}	r_{12}	…	r_{1k}
A_2	r_{21}	r_{22}	…	r_{2k}
⋮	⋮	⋮	…	⋮
A_m	r_{m1}	r_{m2}	…	r_{mk}

上表中，若存在一个方案用 k 种方法（k 个决策者）排序的序号全为 1，那么这个方案当然就是最优方案。然而，一般情况，这样的方案是不存在的。因此，常常将用 k 种方法（k 个决策者）排序序号全为 1 的方案称为理想方案 A^*。

（1）平均序法　以每一方案在各种方法排序下的序号平均值作为最终方案优劣排序的依据，平均序号越小的方案越优，$\min\limits_i \dfrac{1}{k} \sum\limits_{j=1}^{k} r_{ij}$ 对应方案为最优方案，$\max\limits_i \dfrac{1}{k} \sum\limits_{j=1}^{k} r_{ij}$ 对应方案为最劣方案。

序号平均值相同的方案，以其方差较小的方案为较优方案。

【例 10-6】 某多指标决策问题，有 4 个可行方案 A_1，A_2，A_3，A_4。用四种方法对其进行优劣排序的结果如表 10-12 所示。试确定方案的优劣。

表 10-12　方案排序信息

方法 方案	M_1	M_2	M_3	M_4
A_1	1	2	1	4
A_2	2	1	2	1
A_3	3	3	3	2
A_4	4	4	4	3

解： 各方案的平均序分别为

$$EA_1 = \frac{1}{4}(1+2+1+4) = 2$$

$$EA_2 = \frac{1}{4}(2+1+2+1) = 1.5$$

$$EA_3 = \frac{1}{4}(3+3+3+2) = 2.75$$

$$EA_4 = \frac{1}{4}(4+4+4+3) = 3.75$$

由此可得，$EA_2 < EA_1 < EA_3 < EA_4$，所以，方案 A_2 优于方案 A_1 优于方案 A_3 优于方案 A_4，即 $A_2 > A_1 > A_3 > A_4$。

（2）总体偏差法　以每一方案在各种方法排序下的序号与理想方案的序号偏差作为最终方案优劣排序的依据，序号总体偏差越小的方案越优。方案 A_i 到理想方案 A^* 的序号总体偏差为

$$d_i = \sum_{j=1}^{k}(r_{ij}-1) = \sum_{j=1}^{k}r_{ij}-k \quad (i=1,2,\cdots,m) \tag{10-29}$$

d_i越小，对应方案A_i越优，$\min\limits_i d_i = d_l$对应方案A_l为最优方案。

下面以总体偏差法确定【例10-1】中方案的优劣。

各方案序号的总体偏差分别为

$$\sigma A_1 = (1+2+1+4)-4=4$$
$$\sigma A_2 = (2+1+2+1)-4=2$$
$$\sigma A_3 = (3+3+3+2)-4=7$$
$$\sigma A_4 = (4+4+4+3)-4=11$$

由此可得，$\sigma A_2 < \sigma A_1 < \sigma A_3 < \sigma A_4$，所以，方案$A_2$优于方案$A_1$优于方案$A_3$优于方案$A_4$，即$A_2 > A_1 > A_3 > A_4$。

（3）波达法　波达法是一种基于多数票法则的一种序的集结方法。它是以成对比较方案在各种方法排序下的优的次数即方案的得票数为依据，进行方案的最终排序。

方案A_i的得票数：即为在各种方法排序下A_i比$A_j (j=1,2,\cdots,m; i \neq j)$优的次数。

方案A_i的失票数：即为在各种方法排序下A_i比$A_j (j=1,2,\cdots,m; i \neq j)$劣的次数。

由此定义，可构造各方案$A_i (i=1,2,\cdots,m)$的得票数表，表中元素由"＋"、"0"和"－"构成。其中

"＋"——所在行的方案A_i和所在列的方案A_j相比，A_i的得票数大于A_i的失票数；

"0"——所在行的方案A_i和所在列的方案A_j相比，A_i的得失票数相等；

"－"——所在行的方案A_i和所在列的方案A_j相比，A_i的失票数大于A_i的得票数；

方案A_i的总得票数等于其所在行的"＋"个数。

波达法排序准则是以各方案的总得票数为依据进行排序，总得票数最多的方案为最优方案，总得票数最少的方案为最劣方案。

下面以波达法确定【例10-1】中方案的优劣。由表10-3可构造各方案的得票数表如表10-13所示。

表10-13　各方案的得票数信息

方案＼方案	A_1	A_2	A_3	A_4	总得票数
A_1	0	0	＋	＋	2
A_2	0	0	＋	＋	2
A_3	－	－	0	＋	1
A_4	－	－	－	0	0

由表10-13可知，方案A_1、A_2同等优，并且它们优于方案A_3优于方案A_4，即A_1、$A_2 > A_3 > A_4$。

（4）科普兰法　是以成对比较方案在各种方法排序下的优、劣的次数即方案的得、失票数为依据，进行方案的最终排序。

各方案的得、失票数及得票数表的构造与波达法一样，只是其方案的排序准则不同，它是以得票数表中方案A_i所在行的"＋"的个数与"－"的个数之差为依据进行排序的，差值越大对应行的方案越优，差值越小对应行的方案越劣。

下面以科普兰法确定【例10-1】中方案的优劣。如表10-13所示，方案A_1、A_2、A_3、A_4所在行的"＋"的个数与"－"的个数之差分别为2、2、－1、－3。所以，方案A_1、A_2

同等优，并且它们优于方案 A_3，方案 A_3 优于方案 A_4，即 A_1、$A_2 > A_3 > A_4$。

（5）优序数法　优序数法规定在用各种方法对 m 个方案排序的优劣顺序号为：$m-1$（最优），$m-2$，$\cdots$，2，1，0（最劣）。这样，k 种方法或 k 个决策者分别对 m 个方案进行优劣排序的结果可列成如表 10-14 所示。

表 10-14　各种方法的方案排序信息

方法或决策者 ＼ 优序号	$m-1$	$m-2$	$\cdots$	2	1	0
1	＊	＊	$\cdots$	＊	＊	＊
2	＊	＊	$\cdots$	＊	＊	＊
$\vdots$	$\vdots$	$\vdots$	$\cdots$	$\vdots$	$\vdots$	$\vdots$
K	＊	＊	$\cdots$	＊	＊	＊

表中，第 j 行为第 j 种方法排序的结果，其中，最优方案排在第 j 行的第 1 列，次优方案排在第 j 行的第 2 列，其余的依次类推。名次相同的方案排在第 j 行的同一列，如有 p 个名次相同的方案排在第 j 行的同一列，则第 j 行要随后空出 $p-1$ 列，然后再继续往后排列，直到所有 m 个方案排完为止。由此，可根据方案 A_i 在各种方法排序下的优序号，定义 A_i 的优序数 S_i 为

$$S_i = \sum_{j=1}^{m}(m-j)n_j - \sum_{j=1}^{m}0.5q_j \tag{10-30}$$

式中　n_j——第 j 列方案 A_i 出现的次数；

q_j——第 j 列中与方案 A_i 出现在同一位置的其他方案数。

优序数法的排序规则，就是优序数越大对应的方案越优。最大优序数 $S_t = \max_i S_i$ 对应的方案最优。

【例 10-7】　已知某企业已开发 8 种新产品，由于原材料供应、资金、能源和生产设备能力的限制，只能逐批投入生产，第一批计划选择 3 种新产品投产，该企业组成了五人专家小组进行论证，综合考虑了市场需求、盈利和风险等多项指标之后，五个专家各自独立地给出 8 种新产品优先开发的排序结果如表 10-15 所示。试用优序数法选出三个产品用于开发。

表 10-15　各位专家的排序结果

专家 ＼ 优序号	7	6	5	4	3	2	1	0
M_1	⑤	③	①	②⑦	—	④⑧	—	⑥
M_2	⑦	①	⑤	④②	—	⑧	⑥	③
M_3	②	④	①	⑦	③	⑧	⑥	⑤
M_4	⑦	②	①	⑧	⑤	④	⑥	③
M_5	①	⑦	⑤⑧	—	②	③	④	⑥

解：计算各方案即各种产品的优序数。

$$S_1 = \sum_{j=1}^{8}(m-j)n_j - \sum_{j=1}^{8}0.5q_j = 7\times1+6\times1+5\times3 = 28 \text{（个）}$$

$$\begin{aligned} S_2 &= \sum_{j=1}^{8}(m-j)n_j - \sum_{j=1}^{8}0.5q_j = 7\times1+6\times1+4\times2+3\times1-0.5\times1-0.5\times1 \\ &= 23 \text{（个）} \end{aligned}$$

$$S_3 = \sum_{j=1}^{8}(m-j)n_j - \sum_{j=1}^{8}0.5q_j = 6\times1+3\times1+2\times1+0\times2 = 11\text{（个）}$$

$$S_4 = \sum_{j=1}^{8}(m-j)n_j - \sum_{j=1}^{8}0.5q_j = 6\times1+4\times1+2\times2+1\times1-0.5\times1-0.5\times1$$
$$= 14\text{（个）}$$

$$S_5 = \sum_{j=1}^{8}(m-j)n_j - \sum_{j=1}^{8}0.5q_j = 7\times1+5\times2+3\times1+0\times1-0.5\times1 = 19.5\text{（个）}$$

$$S_6 = \sum_{j=1}^{8}(m-j)n_j - \sum_{j=1}^{8}0.5q_j = 1\times3+0\times2 = 3\text{（个）}$$

$$S_7 = \sum_{j=1}^{8}(m-j)n_j - \sum_{j=1}^{8}0.5q_j = 7\times2+6\times1+4\times2-0.5\times1 = 27.5\text{（个）}$$

$$S_8 = \sum_{j=1}^{8}(m-j)n_j - \sum_{j=1}^{8}0.5q_j = 5\times1+4\times1+2\times3-0.5\times1-0.5\times1 = 14\text{（个）}$$

因为 $S_1>S_7>S_2>S_5>S_4=S_8>S_3>S_6$，所以方案 $S_1>S_7>S_2>S_5>S_4$、$S_8>S_3>S_6$。因此，第一批应选择第1、第7和第2种新产品开发。

四、常用的决策方法

多指标决策问题的方法，已有上百种，但各种方法的出发点、原理、适用范围不尽相同。所以，目前为止，还没有一种公认的较好的方法。下面介绍几种常用的方法，以说明多指标决策的基本思想。

假设多指标决策问题有 n 个指标 G_1，G_2，$\cdots$，G_n，m 个可行方案 A_1，A_2，$\cdots$，A_m，其决策矩阵 D 为

$$D=\begin{pmatrix} d_{11} & d_{12} & \cdots & d_{1n} \\ d_{21} & d_{22} & \cdots & d_{2n} \\ \vdots & \vdots & \vdots & \vdots \\ d_{m1} & d_{m2} & \cdots & d_{mn} \end{pmatrix}$$

评价指标 G_j 的权重为 $W_j(j=1,2,\cdots,n)$。

1. 线性加权和法

线性加权和法是通过计算每一可行方案的评价指标值的线性加权和，即综合评价值，然后依据各可行方案的综合评价值确定各可行方案的优劣次序的一种决策方法。线性加权和法简单、易懂、使用方便，是目前应用最广泛的一种决策方法。

线性加权和法的具体步骤如下。

① 对决策矩阵 D 进行标准化处理，且将评价指标值均转换为正向指标值，即取值越大越好的指标值，得到标准化决策矩阵。

$$R=(r_{ij})_{m\times n}=\begin{pmatrix} r_{11} & r_{12} & \cdots & r_{1n} \\ r_{21} & r_{22} & \cdots & r_{2n} \\ \vdots & \vdots & \vdots & \vdots \\ r_{m1} & r_{m2} & \cdots & r_{mn} \end{pmatrix}$$

② 计算各可行方案的综合评价值。可行方案 A_i 的综合评价值 U_i 为

$$U_i = \sum_{j=1}^{n}W_j r_{ij} \quad (i=1,2,\cdots,m) \tag{10-31}$$

③ 确定各可行方案的优先次序。可行方案的综合评价值 U_i 越大，对应方案 A_i 越优。

$U_k = \max\limits_{i} U_i$对应方案 A_k 为最优方案。

【例 10-8】 已知某一多指标决策问题的决策矩阵 D 为

$$D = \begin{pmatrix} 2.0 & 1500 & 20000 & 5.5 & 5.0 & 9.0 \\ 2.5 & 2700 & 18000 & 6.5 & 3.0 & 5.0 \\ 1.8 & 2000 & 21000 & 4.5 & 7.0 & 7.0 \\ 2.2 & 1800 & 20000 & 5.0 & 5.0 & 5.0 \end{pmatrix}$$

且所有的评价指标都为效益型指标，决策者事先确定各评价指标的优先权重为 $W = (0.2 \quad 0.1 \quad 0.1 \quad 0.1 \quad 0.2 \quad 0.3)^T$。试用线性加权和法进行决策。

解： 本例使用线性变换法进行决策矩阵标准化处理，其他标准化处理方法留作读者练习。值得指出的是，使用不同的方法对决策矩阵进行标准化处理，线性加权和法的决策结果可能不同。

① 用线性变换法对决策矩阵进行标准化处理，得到标准化决策矩阵。

$$R = \begin{pmatrix} 0.8 & 0.5556 & 0.9524 & 0.8462 & 0.7143 & 1 \\ 1 & 1 & 0.8571 & 1 & 0.4286 & 0.5556 \\ 0.72 & 0.7407 & 1 & 0.6923 & 1 & 0.7778 \\ 0.88 & 0.6667 & 0.9524 & 0.7692 & 0.7143 & 0.5559 \end{pmatrix}$$

② 计算各可行方案的综合评价值。

$$U_1 = 0.2 \times 0.8 + 0.1 \times 0.5556 + 0.1 \times 0.9524 + 0.1 \times 0.8462 +$$
$$0.2 \times 0.7143 + 0.3 \times 1 = 0.8383$$

$$U_2 = 0.2 \times 1 + 0.1 \times 1 + 0.1 \times 0.8571 + 0.1 \times 1 + 0.2 \times 0.4286 +$$
$$0.3 \times 0.5556 = 0.7381$$

$$U_3 = 0.2 \times 0.72 + 0.1 \times 0.7407 + 0.1 \times 1 + 0.1 \times 0.6923 + 0.2 \times 1 +$$
$$0.3 \times 0.7778 = 0.8206$$

$$U_4 = 0.2 \times 0.88 + 0.1 \times 0.6667 + 0.1 \times 0.9524 + 0.1 \times 0.7692 +$$
$$0.2 \times 0.7143 + 0.3 \times 0.5556 = 0.7244$$

③ 确定各可行方案的优先次序。因为，$U_1 > U_3 > U_2 > U_4$，所以，$A_1 > A_3 > A_2 > A_4$，A_1 为最优方案。

2. 字典序法

为叙述方便，假定多指标决策问题各评价指标均为效益型指标。

字典序法是指由给定指标优先级，从高到低，若某一级存在唯一方案的指标值最大，则该方案为最优方案。

设 n 个指标 G_1，G_2，$\cdots$，G_n 的优先顺序为 $G_1 > G_2 > \cdots > G_n$，则用字典序法选取最优方案的过程如下。

令

$$S_1^0 = \left\{ t \mid d_{t1} = \max\limits_{1 \leqslant i \leqslant m} d_{i1} \right\}$$

若 S_1^0 只一个元素，则以该元素为脚标的方案为最优方案，否则，

令

$$S_2^0 = \left\{ t \mid d_{t2} = \max\limits_{1 \leqslant i \leqslant m} d_{i2}, \ t \in S_1^0 \right\}$$

若 S_2^0 只一个元素，则以该元素为脚标的方案为最优方案，否则，

令

$$S_3^0 = \left\{ t \mid d_{t3} = \max\limits_{1 \leqslant i \leqslant m} d_{i3}, \ t \in S_2^0 \right\}$$

……

直到令

$$S_n^0 = \left\{ t \mid d_{tn} = \max\limits_{1 \leqslant i \leqslant m} d_{in}, \ t \in S_{n-1}^0 \right\}$$

则以 S_n^0 元素为脚标的方案为最优方案。

【**例 10-9**】 已知某一多指标决策问题的决策矩阵 D 为

$$D = \begin{pmatrix} 2.0 & 1500 & 20000 & 5.5 & 5.0 & 9.0 \\ 2.5 & 2700 & 18000 & 6.5 & 3.0 & 5.0 \\ 1.8 & 2000 & 21000 & 4.5 & 7.0 & 7.0 \\ 2.2 & 1800 & 20000 & 5.0 & 5.0 & 5.0 \end{pmatrix}$$

且所有评价指标均为效益型指标。若决策者事先确定各评价指标的优先次序为 $G_1 > G_3 > G_2 > G_5 > G_4 > G_6$，则按字典序法进行决策的最优方案为 A_2。

3. 逼近理想点法

（1）逼近理想点法原理　逼近理想点法简称 TOPSIS（Technique for Order Preference by Similarity to Ideal Solution）法，是 Hwang 和 Yoon 于 1981 年提出，是多指标决策分析中常用的一种决策方法。其中心思想是先选定可行方案中的一个正理想方案和一个负理想方案，然后找出与正理想方案距离最近且与负理想方案距离最远的方案，即为多指标决策问题的最优方案。但在实际中，不是总能找出这样的方案，因此，按相对接近度对方案进行排序分析找出最优方案。

逼近理想点法是借助于"正理想方案"和"负理想方案"确定多指标决策问题的各可行方案的优劣顺序的一种方法。正理想方案是假想的一种方案，其每一指标值都取各可行方案的相应指标值的最优值；负理想方案也是假想的一种方案，其每一指标值都取各可行方案的相应指标值的最劣值。在实际中，可能正理想方案和负理想方案均不存在。但我们可以想象：假若有一可行方案最靠近正理想方案同时又远离负理想方案，那么，这一可行方案就应该为最优可行方案。因此，利用这一思想可以将各可行方案的优劣顺序排列出来。

要度量各可行方案靠近正理想方案和负理想方案的程度，可以把每一可行方案、正理想方案、负理想方案的指标值分别看成一 n 维向量，或 n 维空间的一点，然后利用 n 维欧氏空间的距离度量各可行方案靠近正理想方案和负理想方案程度。

在实际中，可能存在两个或两个以上的可行方案靠近正理想方案的距离相同，此时，仅以各可行方案靠近正理想方案的程度就难以决定方案的优劣，因此，还需要考虑这些可行方案靠近负理想方案的程度来确定方案的优劣。所以，同时考虑各可行方案靠近正理想方案和负理想方案的程度，即可合理判定各可行方案的优劣。

考虑一可行方案 A_i 靠近正理想方案和负理想方案的程度，常以相对接近度 C_i 来衡量。

$$C_i = \frac{d_i^-}{d_i^+ + d_i^-} \tag{10-32}$$

式中　d_i^+——可行方案 A_i 离正理想方案的距离；

　　　d_i^-——可行方案 A_i 离负理想方案的距离。

如前所述，d_i^+ 越小，同时 d_i^- 越大的可行方案越优，但实际中，往往不能同时达到。由式（10-32）可见，d_i^+ 越小，或 d_i^- 越大，其对应的 C_i 越大，所以综合考虑 A_i 靠近正、负理想方案的程度 d_i^+、d_i^-，由此求得 C_i，C_i 越大，对应方案 A_i 越优。

（2）逼近理想点法的步骤

① 标准化决策矩阵 $D = (d_{ij})_{m \times n}$。

$$r_{ij} = \frac{d_{ij}}{\sqrt{\sum_{i=1}^{m} d_{ij}^2}} \quad (i = 1, 2, \cdots, m; \ j = 1, 2, \cdots, n)$$

② 计算加权标准化决策矩阵 $V=(V_{ij})_{m \times n}$。

$$V=\begin{pmatrix} W_1 r_{11} & W_2 r_{12} & \cdots & W_n r_{1n} \\ W_1 r_{21} & W_2 r_{22} & \cdots & W_n r_{2n} \\ \vdots & \vdots & \vdots & \vdots \\ W_1 r_{m1} & W_2 r_{m2} & \cdots & W_n r_{mn} \end{pmatrix}$$

③ 求正理想方案和负理想方案。令

$$V_j^+ = \begin{cases} \max\limits_{1 \leqslant i \leqslant m} V_{ij} & \text{效益型指标} \\ \min\limits_{1 \leqslant i \leqslant m} V_{ij} & \text{成本型指标} \end{cases} \qquad (j=1,2,\cdots,n)$$

$$V_j^- = \begin{cases} \min\limits_{1 \leqslant i \leqslant m} V_{ij} & \text{效益型指标} \\ \max\limits_{1 \leqslant i \leqslant m} V_{ij} & \text{成本型指标} \end{cases} \qquad (j=1,2,\cdots,n)$$

则称 $A^+=(V_1^+,V_2^+,\cdots,V_n^+)$ 为正理想方案，称 $A^-=(V_1^-,V_2^-,\cdots,V_n^-)$ 为负理想方案。

④ 计算各可行方案到理想方案的距离。

A_i 到正理想方案 A^+ 的距离为

$$d_i^+ = \sqrt{\sum_{j=1}^{n}(V_{ij}-V_j^+)^2} \qquad (i=1,2,\cdots,m)$$

A_i 到负理想方案 A^- 的距离为

$$d_i^- = \sqrt{\sum_{j=1}^{n}(V_{ij}-V_j^-)^2} \qquad (i=1,2,\cdots,m)$$

⑤ 计算各可行方案到理想方案的相对接近度。

A_i 到理想方案的相对接近度为

$$C_i = \frac{d_i^-}{d_i^+ + d_i^-} \qquad (i=1,2,\cdots,m)$$

⑥ 确定方案的优劣次序。C_i 越大，对应方案 A_i 越优。$C_t = \max\limits_{1 \leqslant i \leqslant m} C_i$ 对应的方案 A_t 为最优方案。

【例 10-10】 已知某一多指标决策问题的决策矩阵 D 为

$$D=\begin{pmatrix} 2.0 & 1500 & 20000 & 5.5 & 5.0 & 9.0 \\ 2.5 & 2700 & 18000 & 6.5 & 3.0 & 5.0 \\ 1.8 & 2000 & 21000 & 4.5 & 7.0 & 7.0 \\ 2.2 & 1800 & 20000 & 5.0 & 5.0 & 5.0 \end{pmatrix}$$

其中，第 4 个指标是成本型指标，其余指标都为效益型指标。若假定各评价指标的优先权重为 $W=(0.2 \quad 0.1 \quad 0.1 \quad 0.1 \quad 0.2 \quad 0.3)^T$。试用逼近理想点法选取最优方案。

解： (1) 对决策矩阵 D 标准化，得标准化决策矩阵 R。

$$R=\begin{pmatrix} 0.4671 & 0.3662 & 0.5056 & 0.5069 & 0.4811 & 0.6708 \\ 0.5839 & 0.6591 & 0.4550 & 0.5990 & 0.2887 & 0.3727 \\ 0.4204 & 0.4882 & 0.5308 & 0.4147 & 0.6736 & 0.5217 \\ 0.5139 & 0.4394 & 0.5056 & 0.4608 & 0.4811 & 0.3727 \end{pmatrix}$$

（2）计算加权标准化决策矩阵。

$$V = \begin{pmatrix} 0.0934 & 0.0366 & 0.0506 & 0.0507 & 0.0962 & 0.2012 \\ 0.1168 & 0.0659 & 0.0455 & 0.0599 & 0.0577 & 0.1118 \\ 0.0841 & 0.0488 & 0.0531 & 0.0415 & 0.1347 & 0.1565 \\ 0.1028 & 0.0439 & 0.0506 & 0.0461 & 0.0962 & 0.1118 \end{pmatrix}$$

（3）求正理想方案 A^+ 和负理想方案 A^-。

$$A^+ = (0.1168 \quad 0.0659 \quad 0.0531 \quad 0.0415 \quad 0.1347 \quad 0.2012)$$
$$A^- = (0.0841 \quad 0.0366 \quad 0.0455 \quad 0.0599 \quad 0.0577 \quad 0.1118)$$

（4）计算各可行方案到理想方案的距离。

各可行方案到正理想方案的距离为

$$d_1^+ = \sqrt{\sum_{j=1}^{n}(V_{1j}-V_j^+)^2} = 0.0546 \qquad d_2^+ = \sqrt{\sum_{j=1}^{n}(V_{2j}-V_j^+)^2} = 0.1197$$

$$d_3^+ = \sqrt{\sum_{j=1}^{n}(V_{3j}-V_j^+)^2} = 0.0580 \qquad d_4^+ = \sqrt{\sum_{j=1}^{n}(V_{4j}-V_j^+)^2} = 0.1009$$

各可行方案到负理想方案的距离为

$$d_1^- = \sqrt{\sum_{j=1}^{n}(V_{1j}-V_j^-)^2} = 0.0983 \qquad d_2^- = \sqrt{\sum_{j=1}^{n}(V_{2j}-V_j^-)^2} = 0.0439$$

$$d_3^- = \sqrt{\sum_{j=1}^{n}(V_{3j}-V_j^-)^2} = 0.0920 \qquad d_4^- = \sqrt{\sum_{j=1}^{n}(V_{4j}-V_j^-)^2} = 0.0458$$

（5）计算各可行方案到理想方案的相对接近度，并优选方案。

$$C_1 = \frac{d_1^-}{d_1^+ + d_1^-} = \frac{0.0983}{0.0546+0.0983} = 0.6429$$

$$C_2 = \frac{d_2^-}{d_2^+ + d_2^-} = \frac{0.0439}{0.1197+0.0439} = 0.2683$$

$$C_3 = \frac{d_3^-}{d_3^+ + d_3^-} = \frac{0.0920}{0.0580+0.0920} = 0.6133$$

$$C_4 = \frac{d_4^-}{d_4^+ + d_4^-} = \frac{0.0458}{0.1009+0.0458} = 0.3122$$

因为，$C_1 > C_3 > C_4 > C_2$，所以，$A_1 > A_3 > A_4 > A_2$，A_1 为最优方案。

4. ELECTRE 法

ELECTRE（Elimination et Choice Translating Reality）法是由法国学者 Roy 等人于 1971 年提出的。ELECTRE 法是利用"超序关系"，也称级别高于关系，对方案进行评价，淘汰超序关系意义上的劣方案，保留超序关系意义上的满意方案的一种决策方法。

超序关系（Outranking Relation）是指决策人由于认识上的偏差或信息不足，在对方案做对应比较时无法确认甲方案优于乙方案，只是觉得有理由相信或大致认为甲方案优于乙方案。

应用 ELECTRE 法进行多指标决策的程序如下。

假设多指标决策问题各评价指标均效益型指标。

（1）标准化决策矩阵 $D=(d_{ij})_{m\times n}$

$$r_{ij}=\frac{d_{ij}}{\sqrt{\sum\limits_{i=1}^{m}d_{ij}^{2}}} \quad (i=1,2,\cdots,m; \quad j=1,2,\cdots,n)$$

（2）计算加权标准化决策矩阵

$$V=\begin{pmatrix} v_{11} & v_{12} & \cdots & v_{1n} \\ v_{21} & v_{22} & \cdots & v_{2n} \\ \vdots & \vdots & \vdots & \vdots \\ v_{m1} & v_{m2} & \cdots & v_{mn} \end{pmatrix} = \begin{pmatrix} W_{1}r_{11} & W_{2}r_{22} & \cdots & W_{n}r_{1n} \\ W_{1}r_{21} & W_{2}r_{22} & \cdots & W_{n}r_{2n} \\ \vdots & \vdots & \vdots & \vdots \\ W_{1}r_{m1} & W_{2}r_{m2} & \cdots & W_{n}r_{mn} \end{pmatrix}$$

（3）确定指标优势集和劣势集　方案 A_k 优于方案 A_l 的指标优势集 C_{kl}，是指方案 A_k 的指标值不劣于方案 A_l 相应指标值的指标标号组成的集合。即

$$C_{kl}=\{j\,|\,d_{kj}\geqslant d_{lj},j=1,2,\cdots,n\} \quad (k,l=1,2,\cdots,m) \tag{10-33}$$

方案 A_k 劣于方案 A_l 的指标劣势集 B_{kl}，是指方案 A_k 的指标值劣于方案 A_l 相应指标值的指标标号组成的集合。即

$$B_{kl}=\{j\,|\,d_{kj}<d_{lj},j=1,2,\cdots,n\} \quad (k,l=1,2,\cdots,m)$$

所以，

$$B_{kl}=\{1,2,\cdots,n\}-C_{kl} \quad (k,l=1,2,\cdots,m) \tag{10-34}$$

（4）计算优势矩阵 C　优势矩阵 C 由优系数构成。优系数 c_{kl} 为优势集 C_{kl} 中标号对应的评价指标的权重之和。即

$$c_{kl}=\sum_{j\in C_{kl}}W_j \tag{10-35}$$

因此，优势矩阵为

$$C=\begin{pmatrix} - & c_{12} & \cdots & c_{1m} \\ c_{21} & - & \cdots & c_{2m} \\ \vdots & \vdots & \vdots & \vdots \\ c_{m1} & c_{m2} & \cdots & - \end{pmatrix}$$

优系数 c_{kl} 反映的是方案 A_k 优于方案 A_l 的重要程度，或者方案 A_k 不劣于方案 A_l 的重要程度。

（5）计算劣势矩阵 B　劣势矩阵 B 由劣系数构成。劣系数 b_{kl} 为劣势集 B_{kl} 中 A_k 比 A_l 劣的指标最大绝对偏差值占 A_k 与 A_l 各指标值的绝对偏差最大值之比。即

$$b_{kl}=\frac{\max\limits_{j\in B_{kl}}|v_{kj}-v_{lj}|}{\max\limits_{j=1,2,\cdots n}|v_{kj}-v_{lj}|} \tag{10-36}$$

因此，劣势矩阵为

$$B=\begin{pmatrix} - & b_{12} & \cdots & b_{1m} \\ b_{21} & - & \cdots & b_{2m} \\ \vdots & \vdots & \vdots & \vdots \\ b_{m1} & b_{m2} & \cdots & - \end{pmatrix}$$

劣系数 b_{kl} 反映的是方案 A_k 比 A_l 劣的程度。

注意：优势矩阵只包含权重信息，而劣势矩阵既包含权重信息，又包含方案的评价指标信息。

（6）确定优势判断矩阵 F　给定阀值 $\bar{c}$（可取为平均优系数）。若 $c_{kl} \geqslant \bar{c}$，则认为方案 A_k 真正有优于方案 A_l 的可能。

根据给定阀值 $\bar{c}$，可构造优势判断矩阵

$$F = (f_{kl})_{m \times m} \tag{10-37}$$

其中　$f_{kl} = \begin{cases} 1 & \text{当 } c_{kl} \geqslant \bar{c} \text{ 时} \\ 0 & \text{当 } c_{kl} < \bar{c} \text{ 时} \end{cases}$

$f_{kl} = 1$，意味着方案 A_k 与方案 A_l 相比具有优势机会。

（7）确定劣势判断矩阵 G　给定阀值 $\bar{b}$（可取为平均劣系数）。若 $b_{kl} > \bar{b}$，则认为方案 A_k 真正有劣于方案 A_l 的可能。

根据给定阀值 $\bar{b}$，可构造劣势判断矩阵

$$G = (g_{kl})_{m \times m} \tag{10-38}$$

其中　$g_{kl} = \begin{cases} 1 & \text{当 } b_{kl} \leqslant \bar{b} \text{ 时} \\ 0 & \text{当 } b_{kl} > \bar{b} \text{ 时} \end{cases}$

$g_{kl} = 1$，意味着方案 A_k 不具有劣于 A_l 的可能。

（8）确定综合优势判断矩阵 $E = (e_{kl})_{m \times m}$　综合优势判断矩阵的元素 e_{kl} 为优势判断矩阵 F 和劣势判断矩阵 G 的对应元素 f_{kl} 和 g_{kl} 相乘，即

$$e_{kl} = f_{kl} g_{kl} \quad (k, l = 1, 2, \cdots, m) \tag{10-39}$$

（9）剔除较劣方案　若 E 的某一列上有一个元素为 1，则剔除该列对应的方案。保留下来的方案即为满意方案。

【例 10-11】　试用 ELECTRE 法对【例 10-10】的多指标决策问题进行决策。

解：

① 标准化决策矩阵。由【例 10-10】可知，标准化后的决策矩阵为

$$R = \begin{pmatrix} 0.4671 & 0.3662 & 0.5056 & 0.5069 & 0.4811 & 0.6708 \\ 0.5839 & 0.6591 & 0.4550 & 0.5990 & 0.2887 & 0.3727 \\ 0.4204 & 0.4882 & 0.5308 & 0.4147 & 0.6736 & 0.5217 \\ 0.5139 & 0.4394 & 0.5056 & 0.4608 & 0.4811 & 0.3727 \end{pmatrix}$$

② 计算加权标准化决策矩阵。由例 10-10 可知，加权标准化决策矩阵为

$$V = \begin{pmatrix} 0.0934 & 0.0366 & 0.0506 & 0.0507 & 0.0962 & 0.2012 \\ 0.1168 & 0.0659 & 0.0455 & 0.0599 & 0.0577 & 0.1118 \\ 0.0841 & 0.0488 & 0.0531 & 0.0415 & 0.1347 & 0.1565 \\ 0.1028 & 0.0439 & 0.0506 & 0.0461 & 0.0962 & 0.1118 \end{pmatrix}$$

③ 确定指标优势集和劣势集，并计算优势矩阵 C 和劣势矩阵 B。

$$C = \begin{pmatrix} - & 0.7 & 0.5 & 0.6 \\ 0.3 & - & 0.3 & 0.6 \\ 0.5 & 0.7 & - & 0.8 \\ 0.7 & 0.7 & 0.2 & - \end{pmatrix}$$

$$B = \begin{pmatrix} - & \dfrac{0.0293}{0.0894} & \dfrac{0.0385}{0.0447} & \dfrac{0.0094}{0.0894} \\ \dfrac{0.0894}{0.894} & - & \dfrac{0.077}{0.077} & \dfrac{0.0385}{0.0385} \\ \dfrac{0.0447}{0.0447} & \dfrac{0.0327}{0.077} & - & \dfrac{0.0187}{0.0447} \\ \dfrac{0.0894}{0.0894} & \dfrac{0.022}{0.0385} & \dfrac{0.0447}{0.0447} & - \end{pmatrix} = \begin{pmatrix} - & 0.3277 & 0.8613 & 0.1051 \\ 1 & - & 1 & 1 \\ 1 & 0.4247 & - & 0.4183 \\ 1 & 0.0571 & 1 & - \end{pmatrix}$$

④ 确定优势判断矩阵 F。取阈值 $\bar{c}=0.55$，可构造优势判断矩阵。

$$F=\begin{pmatrix} - & 1 & 0 & 1 \\ 0 & - & 0 & 1 \\ 0 & 1 & - & 1 \\ 1 & 1 & 0 & - \end{pmatrix}$$

⑤ 确定劣势判断矩阵 G。阈值 $\bar{b}=0.6$，可构造劣势判断矩阵。

$$G=\begin{pmatrix} - & 1 & 0 & 1 \\ 0 & - & 0 & 0 \\ 0 & 1 & - & 1 \\ 0 & 1 & 0 & - \end{pmatrix}$$

⑥ 确定综合优势判断矩阵 E。

$$E=\begin{pmatrix} - & 1 & 0 & 1 \\ 0 & - & 0 & 0 \\ 0 & 1 & - & 1 \\ 0 & 1 & 0 & - \end{pmatrix}$$

由于 E 中，第二列、第四列有 1，所以剔方案 2、方案 4。因此，方案 1、3 为满意方案。

5. 基于估计相对位置的方案排队法

前面介绍的几种求解多指标决策问题的方法，都需要有较多的初始信息，需要给出决策矩阵，即需要给出各可行方案的指标值。但在实际中，有很多指标难以或根本无法量化，决策者只能给出每个指标下各可行方案的优劣次序。如选拔干部，难以给出每个候选人的德、才、体的属性值，但分别根据德、才、体排出每个候选人的优劣次序并不困难。对于这类只有指标下各可行方案优劣顺序的多指标决策问题，用前面介绍的方法难以进行决策。但用 Navarrete 于 1979 年提出的基于估计相对位置的方案排队法能较好解决。

基于估计相对位置的方案排队法是根据各可行方案在各目标下的优先次序和各目标的权重将方案进行优劣排序的一种决策方法。它适用于定性指标的多指标决策问题的决策。基于估计相对位置的方案排队法的决策过程如下。

① 对每一目标 $G_j(j=1,2,\cdots,n)$，进行方案的成对比较，构造优先关系矩阵 $P=(p_{ik})_{m\times m}$。其中，元素 p_{ik} 的定义如下。

若 A_i 的 G_j 目标值优于 A_k 的 G_j 目标值，则 $p_{ik}=1$，$p_{ki}=0$。

若 A_i 的 G_j 目标值与 A_k 的 G_j 目标值无差异，则 $p_{ik}=p_{ki}=1$。

若 A_i 的 G_j 目标值与 A_k 的 G_j 目标值不可比较，则 $p_{ik}=p_{ki}=0$。

② 计算方案对 (A_i,A_k) 的总体优、劣权重。

A_i 优于 A_k（记：$A_i\succ A_k$）的各目标权重为 $W(A_i\succ A_k)=\sum\limits_{j\in(A_i\succ A_k)_j} W_j$。

A_i 与 A_k 无差异（记：$A_i\sim A_k$）的各目标权重为 $W(A_i\sim A_k)=\sum\limits_{j\in(A_i\sim A_k)_j} W_j$。

A_i 劣于 A_k（记：$A_i\prec A_k$）的各目标权重为 $W(A_i\prec A_k)=\sum\limits_{j\in(A_i\prec A_k)_j} W_j$。

③ 计算方案对 (A_i,A_k) 的总体优劣指示值 $A_\sigma(A_i,A_k)$。

$$A_\sigma(A_i,A_k)=\frac{W(A_i\succ A_k)+\sigma W(A_i\sim A_k)}{W(A_i\prec A_k)+\sigma W(A_i\sim A_k)} \tag{10-40}$$

其中，$0 \leqslant \sigma \leqslant 1$，其大小反映 A_i 与 A_k 无差异的目标在决策过程中的重要性。

④ 给定阈值 $A \geqslant 1$，判定方案总体优劣，并构造总体优先关系矩阵。

若 $A_\sigma(A_i, A_k) \geqslant A$，则 A_i 优于 A_k；$p_{ik} = 1$，$p_{ki} = 0$。

若 $\dfrac{1}{A} < A_\sigma(A_i, A_k) < A$，则 A_i 与 A_k 无差异；$p_{ik} = p_{ki} = 1$。

若 $A_\sigma(A_i, A_k) \leqslant \dfrac{1}{A}$，则 A_i 劣于 A_k；$p_{ik} = 0$，$p_{ki} = 1$。

⑤ 计算方案 $A_i (i = 1, 2, \cdots, m)$ 的总体优劣排队指示值 v_i。由总体优先关系矩阵可计算方案 A_i 的总体优劣排队指示值 v_i。

$$v_i = r_i - q_i \quad (i = 1, 2, \cdots, m) \tag{10-41}$$

式中　r_i——可行方案集中比 A_i 劣的方案数目，即第 i 行 1 的个数（除对角线上的元素 1）；

　　　q_i——可行方案集中比 A_i 优的方案数目，即第 i 行 0 的个数。

⑥ 排列可行方案集中各方案的优劣次序。根据 v_i 的定义可知，排队指示值 v_i 越大，对应的方案 A_i 越优。

【例 10-12】　为了客观地评价我国研究生教育的实际状况和各研究生院的教学质量，国务院学位委员会办公室组织过一次研究生院的评估。为了取得经验，先选 5 所研究生院，收集有关资料进行试评估。经整理有关数据如表 10-16 所示，其中师生比的最佳区间为 $[5,6]$。各评价指标的权重分别为 0.2，0.3，0.4，0.1。试用基于估计相对位置的方案排队法决定该 5 所研究生院的优劣。

表 10-16　各研究生院信息

项　　目	人均专著 G_1/(本/人)	师生比 G_2	科研经费 G_3/(万元/年)	逾期毕业率 G_4/%
1	0.1	5	5000	4.7
2	0.2	7	4000	2.2
3	0.6	10	1260	3.0
4	0.3	4	3000	3.9
5	2.8	2	284	1.2

解：① 进行方案成对比较，构造各指标下的优先关系矩阵。见表 10-17～表 10-20。

表 10-17　指标 1：人均专著

项　　目	1	2	3	4	5
1	1	0	0	0	0
2	1	1	0	0	0
3	1	1	1	1	0
4	1	1	0	1	0
5	1	1	1	1	1

表 10-18　指标 2：师生比

项　　目	1	2	3	4	5
1	1	1	1	1	1
2	0	1	1	1	1
3	0	0	1	0	0
4	1	1	1	1	1
5	0	0	1	0	1

表 10-19　指标 3：科研经费

项　目	1	2	3	4	5
1	1	1	1	1	1
2	0	1	1	1	1
3	0	0	1	0	1
4	0	0	1	1	1
5	0	0	0	0	1

表 10-20　指标 4：逾期毕业率

项　目	1	2	3	4	5
1	1	1	0	0	0
2	1	1	1	1	0
3	1	0	1	1	0
4	1	0	0	1	0
5	1	1	1	1	1

② 计算各方案对的总体优、劣权重。

$$w(A_1 \succ A_2) = 0.3 + 0.4 = 0.7 \qquad w(A_1 \prec A_2) = 0.2 + 0.1 = 0.3$$
$$w(A_1 \succ A_3) = 0.3 + 0.4 = 0.7 \qquad w(A_1 \prec A_3) = 0.2 + 0.1 = 0.3$$
$$w(A_1 \succ A_4) = 0.7 \qquad\qquad w(A_1 \prec A_4) = 0.3$$
$$w(A_1 \succ A_5) = 0.7 \qquad\qquad w(A_1 \prec A_5) = 0.3$$
$$w(A_2 \succ A_3) = 0.3 + 0.4 + 0.1 = 0.8 \qquad w(A_2 \prec A_3) = 0.2$$
$$w(A_2 \succ A_4) = 0.5 \qquad\qquad w(A_2 \prec A_4) = 0.2 \quad w(A_2 \sim A_4) = 0.3$$
$$w(A_2 \succ A_5) = 0.7 \qquad\qquad w(A_2 \prec A_5) = 0.3$$
$$w(A_3 \succ A_4) = 0.3 \qquad\qquad w(A_3 \prec A_4) = 0.7$$
$$w(A_3 \succ A_5) = 0.4 \qquad\qquad w(A_3 \prec A_5) = 0.6$$
$$w(A_4 \succ A_5) = 0.7 \qquad\qquad w(A_4 \prec A_5) = 0.3$$

③ 计算方案对 (A_i, A_k) 的总体优劣指示值 $A_\sigma(A_i, A_k)$。取 $\sigma = 0$，则各不同方案对的总体优劣指示值 $A_\sigma(A_i, A_k)$，如表 10-21 所示。

表 10-21　各方案对的总体优劣指示值

项　目	1	2	3	4	5
1	—	2.333	2.333	2.333	2.333
2	0.429	—	4	2.5	2.333
3	0.429	0.25	—	0.429	0.667
4	0.429	0.4	2.333	—	2.333
5	0.429	0.429	1.5	0.429	—

④ 构造各方案对的总体优先关系矩阵。取阀值 $A = 1.2$，则各方案对的总体优先关系矩阵表，如表 10-22 所示。

表 10-22　总体优先关系矩阵表

项　　目	1	2	3	4	5
1	1	1	1	1	1
2	0	1	1	1	1
3	0	0	1	0	0
4	0	0	1	1	1
5	0	0	1	0	1

⑤ 计算方案 A_i 的总体优劣排队指标。

$$v_1 = r_1 - q_1 = 4 - 0 = 4 \qquad v_2 = r_2 - q_2 = 3 - 1 = 2$$
$$v_3 = r_3 - q_3 = 0 - 4 = -4 \qquad v_4 = r_4 - q_4 = 2 - 2 = 0$$
$$v_5 = r_5 - q_5 = 1 - 3 = -2$$

⑥ 确定各方案的总体优劣排序。因为，$v_1 > v_2 > v_4 > v_5 > v_3$，所以，方案 $A_1 > A_2 > A_4 > A_5 > A_3$。

6. 线性分配法

线性分配法所需信息量相对较少，不要求给出决策矩阵，只需要知道各方案对每个目标的优先次序。其决策的基本思想是若某方案按几个重要的目标都排在前面，那么总体上看，它当然很可能排在前面。按照这种思想，可构造一个权矩阵去估计每个方案排列的位置。

线性分配法就是根据决策问题给定的权重和各评价指标下各方案的排序信息，构造排序优势矩阵 C，再以 C 为系数矩阵建立指派问题的整数线性规划模型，求得最优排序矩阵，进而求得最优排序向量，即各方案优劣排序所组成的向量。

线性分配法决策过程如下。

① 构造排序优势矩阵 $C = (c_{ij})_{m \times m}$。

C 中元素 c_{ij}（$i, j = 1, 2, \cdots, m$）为方案 A_i 排在第 j 位的各评价指标的权重之和。若没有评价指标使 A_i 排在第 j 位，则 $c_{ij} = 0$。

显然，第 k 行中最大元素对应的列 l 是方案 A_k 最可能排的位置。

排序优势矩阵具有如下性质。

$$\sum_{i=1}^{m} c_{ij} = 1, \quad \sum_{j=1}^{m} c_{ij} = 1$$

② 求排序矩阵 $P = (p_{ij})_{m \times m}$。

线性分配法是在假设各可行方案优劣排序时，每个方案必须且只能排在一个位置，而排序中的每个位置必须且只能排一个方案的基础上进行的。因此，我们可用整数规划的指派问题理论来进行方案优劣排序，以达到重要目标排在前面的方案，最终亦排在前面的目的。

令

$$p_{ij} = \begin{cases} 1 & A_i \text{排在第} j \text{位} \\ 0 & A_i \text{不排在第} j \text{位} \end{cases}$$

则 $p_{ij} = 1$ 表示方案 A_i 排在第 j 位，其余 $p_{ik} = 0(k = 1, 2, \cdots, m; k \neq j)$；$p_{ij} = 1$ 表示方案 A_i 排在第 j 位，其余 $p_{kj} = 0(k = 1, 2, \cdots, m \quad k \neq j)$。因此，排序矩阵 $P = (p_{ij})_{m \times m}$ 即为下列整数规划模型的解。

$$\max \sum_{i=1}^{m} \sum_{j=1}^{m} c_{ij} p_{ij}$$

$$s.t. \begin{cases} \sum_{j=1}^{m} p_{ij} = 1 & (i=1,2,\cdots,m) \\ \sum_{i=1}^{m} p_{ij} = 1 & (j=1,2,\cdots,m) \\ p_{ij} = 1 \text{ 或 } 0 & (i,j=1,2,\cdots,m) \end{cases} \quad (10\text{-}42)$$

此即为极大化的指派问题，令

$$b_{ij} = \max_{i,j} c_{ij} - c_{ij}$$

得矩阵 $B = (b_{ij})_{m \times m}$，将上述整数规划问题式(10-42)转化为以 B 为系数矩阵极小化指派问题，即标准形式指派问题，亦即

$$\min \sum_{i=1}^{m} \sum_{j=1}^{m} b_{ij} p_{ij}$$

$$s.t. \begin{cases} \sum_{j=1}^{m} p_{ij} = 1 & (i=1,2,\cdots,m) \\ \sum_{i=1}^{m} p_{ij} = 1 & (j=1,2,\cdots,m) \\ p_{ij} = 1 \text{ 或 } 0 & (i,j=1,2,\cdots,m) \end{cases} \quad (10\text{-}43)$$

显然，式(10-43)的解与式(10-42)相同。用匈牙利法可求解式(10-43)，即得式(10-42)的排序矩阵 $P = (p_{ij})_{m \times m}$。

③ 求方案排序向量 A^*，

$$A^* = (A_1 \quad A_2 \quad \cdots \quad A_m) P$$

即得方案的优劣排序结果。

【例 10-13】 已知某多指标决策问题有三个可行方案 A_1，A_2，A_3，三个评价指标 G_1、G_2、G_3，各评价指标的权重分别为 0.2、0.3、0.5，各可行方案在各评价指标下的排序结果如表 10-23 所示，试用线性分配法进行决策。

表 10-23　各指标下方案的排序

方案排序 ＼ 评价指标	G_1	G_2	G_3
第 1	A_1	A_1	A_2
第 2	A_2	A_3	A_1
第 3	A_3	A_2	A_3
权重	0.2	0.3	0.5

解： ① 构造排序优势矩阵。

$$C = \begin{pmatrix} 0.2+0.3 & 0.5 & 0 \\ 0.5 & 0.2 & 0.3 \\ 0 & 0.3 & 0.2+0.5 \end{pmatrix} = \begin{pmatrix} 0.5 & 0.5 & 0 \\ 0.5 & 0.2 & 0.3 \\ 0 & 0.3 & 0.7 \end{pmatrix}$$

② 求排序矩阵 $P = (p_{ij})_{m \times m}$。

p_{ij} 为如下极大化指派问题的最优解。

$$\max\sum_{i=1}^{3}\sum_{j=1}^{3}c_{ij}p_{ij}$$

$$s.t.\begin{cases}\sum_{j=1}^{3}p_{ij}=1 & (i=1,2,3)\\ \sum_{i=1}^{3}p_{ij}=1 & (j=1,2,3)\\ p_{ij}=1\text{或}0 & (i,j=1,2,3)\end{cases}$$

令

$$b_{ij}=\max_{i,j}c_{ij}-c_{ij}$$

得矩阵

$$B=(b_{ij})_{3\times3}=\begin{pmatrix}0.2 & 0.2 & 0.7\\ 0.2 & 0.5 & 0.4\\ 0.7 & 0.4 & 0\end{pmatrix}$$

以 B 为系数矩阵的极小化指派问题为

$$\min\sum_{i=1}^{3}\sum_{j=1}^{3}b_{ij}p_{ij}$$

$$s.t.\begin{cases}\sum_{j=1}^{3}p_{ij}=1 & (i=1,2,3)\\ \sum_{i=1}^{3}p_{ij}=1 & (j=1,2,3)\\ p_{ij}=1\text{或}0 & (i,j=1,2,3)\end{cases}$$

由匈牙利法直接求解此极小化指派问题，可得其最优解。

$$P=\begin{pmatrix}0 & 1 & 0\\ 1 & 0 & 0\\ 0 & 0 & 1\end{pmatrix}$$

此即为上述极大化指派问题的最优解。

③ 求方案排序向量 A^*。

$$A^*=(A_1\quad A_2\quad A_3)\begin{pmatrix}0 & 1 & 0\\ 1 & 0 & 0\\ 0 & 0 & 1\end{pmatrix}=(A_2\quad A_1\quad A_3)$$

即方案 A_2 优于 A_1 优于 A_3。

值得指出的是，在实际决策中，常常遇到在某个评价指标下，排在同一排序位置上有两个或两个以上的方案，而不满足每个方案必须且只能排在一个位置，而排序中的每个位置必须且只能排一个方案的假设。这种情况下就不能直接用上述方法求出方案的最终优劣排序。但可将某一指标下排在同一位置上的方案进行撤分"遍历"，且权重也按撤分"遍历"次数平分，而转化为上述方案在各指标下的单排序的决策问题。

【例 10-14】 已知某多指标决策问题有三个可行方案 A_1、A_2、A_3，三个评价指标 G_1、G_2、G_3，各评价指标的权重分别为 0.2、0.3、0.5，各可行方案在各评价指标下的排序结果如表 10-24 所示，试用线性分配法进行决策。

评价指标 方案排序	G_1	G_2	G_3
第1	A_1, A_2	A_1	A_2
第2		A_3	
第3	A_3	A_2	A_1, A_3
权重	0.2	0.3	0.5

解：将各评价指标下多个可行方案排在同一位置上的排序结果进行撤分"遍历"，转化为各方案在各指标下的单排序的决策问题，如表 10-25 所示。再按上述方法求解。

表 10-25　各指标下方案的单排序

评价指标 方案排序	G_1		G_2		G_3
第1	A_1	A_2	A_1	A_2	A_2
第2	A_2	A_1	A_3	A_1	A_3
第3	A_3	A_3	A_2	A_3	A_1
权重	0.1	0.1	0.3	0.25	0.25

① 构造排序优势矩阵。

$$C = \begin{pmatrix} 0.4 & 0.35 & 0.25 \\ 0.6 & 0.1 & 0.3 \\ 0 & 0.55 & 0.45 \end{pmatrix}$$

② 求排序矩阵 $P = (p_{ij})_{m \times m}$。

p_{ij} 为如下极大化指派问题的最优解。

$$\max \sum_{i=1}^{3} \sum_{j=1}^{3} c_{ij} p_{ij}$$

$$s.t. \begin{cases} \sum_{j=1}^{3} p_{ij} = 1 & (i = 1, 2, 3) \\ \sum_{i=1}^{3} p_{ij} = 1 & (j = 1, 2, 3) \\ p_{ij} = 1 \text{ 或 } 0 & (i, j = 1, 2, 3) \end{cases}$$

令

$$b_{ij} = \max_{i,j} c_{ij} - c_{ij}$$

得矩阵

$$B = (b_{ij})_{3 \times 3} = \begin{pmatrix} 0.2 & 0.25 & 0.35 \\ 0 & 0.5 & 0.3 \\ 0.6 & 0.05 & 0.15 \end{pmatrix}$$

以 B 为系数矩阵的极小化指派问题为

$$\max \sum_{i=1}^{3} \sum_{j=1}^{3} b_{ij} p_{ij}$$

$$s.t. \begin{cases} \sum_{j=1}^{3} p_{ij} = 1 & (i = 1, 2, 3) \\ \sum_{i=1}^{3} p_{ij} = 1 & (j = 1, 2, 3) \\ p_{ij} = 1 \text{ 或 } 0 & (i, j = 1, 2, 3) \end{cases}$$

由匈牙利法直接求解此极小化指派问题，可得其最优解。

$$P = \begin{pmatrix} 0 & 1 & 0 \\ 1 & 0 & 0 \\ 0 & 0 & 1 \end{pmatrix}$$

此即为上述极大化指派问题的最优解。

③ 求方案排序向量 A^*。

$$A^* = (A_1 \quad A_2 \quad A_3) \begin{pmatrix} 0 & 1 & 0 \\ 1 & 0 & 0 \\ 0 & 0 & 1 \end{pmatrix} = (A_2 \quad A_1 \quad A_3)$$

即方案 A_2 优于 A_1 优于 A_3。

7. Monte Carlo 模拟法

Monte Carlo 模拟法是利用 Monte Carlo 随机模拟技术将评价指标间优先次序关系转化为一系列评价指标权重向量，然后对每一权重向量利用线性加权和法（或其他方法）对各可行方案进行排序，得到一系列的可行方案排序向量后，统计每个可行方案排在各排序位上的次数（或比例），再根据该统计结果确定出各可行方案最终排序结果的一种决策方法。

Monte Carlo 模拟法的决策步骤如下。

设多指标决策问题的标准化决策矩阵为 $R = (r_{ij})_{m \times n}$，$n$ 个评价指标 G_1，G_2，$\cdots$，G_n 间的重要性次序为 $G_1 \geqslant G_2 \geqslant \cdots \geqslant G_n$。

① 产生随机评价指标权重向量。首先在（0，1）中产生 W_1 的随机数，再依次在区间 $(0, W_{j-1})$ 产生 $W_j (j = 2, 3, \cdots, n)$ 的随机数。并对这 n 个随机权重归一化，得随机评价指标权重向量

$$W^1 = (W_1^1 \quad W_2^1 \quad \cdots \quad W_n^1)$$

其中，$W_j^1 = \dfrac{W_j}{\sum\limits_{k=1}^{n} W_k} \quad (j = 1, 2, \cdots, n)$

② 根据评价指标权重向量 $W^1 = (W_1^1 \quad W_2^1 \quad \cdots \quad W_n^1)$，用线性加权和法（或其他方法）对方案进行排序，得各方案的排序向量 $B^1 = (b_1 \quad b_2 \quad \cdots \quad b_n)$。其中，$b_i$ 为第 i 个方案排在第 b_i 位上。b_i 取值为 $1 \sim m$ 的整数。

③ 重复"①"、"②" L 次，得一系列排序向量 B^1，B^2，$\cdots$，B^L。

④ 统计第 i 个方案排在第 k 位上出现的次数 d_{ik}，构造排序优势度矩阵 $D = (d_{ik})_{m \times m}$。

⑤ 确定各方案的最终排序。排序优势度矩阵第 i 行的最大元素对应的列数即为 A_i 方案的最终排序位数。

第四节 多目标规划

一、多目标规划问题及其数学模型

1. 数学模型

引例，假设市场上有甲、乙、丙三种糖果，每千克的价格分别为 3 元、2 元、1 元。现要采购一部分糖果，计划买糖果的总钱数不超过 50 元，总的糖果量不得少于 12 千克，甲种糖果的数量不能少于 7 千克，问如何确定最佳的采购方案？

衡量"最佳采购方案"的目标为：花钱总数最小；购买糖果的总千克数最大；购买甲种

糖果的总千克数最大。

解：本问题为 3 个目标的多目标决策问题。设购买甲、乙、丙三种糖果分别为 x_1、x_2、x_3 千克，则该问题的数学模型为

$$\min\{3x_1+2x_2+x_1,\quad -x_1-x_2-x_3,\quad -x_1\}$$

$$s.t.\begin{cases}3x_1+2x_2+x_3 & \leqslant 50 \\ x_1+x_2+x_3 & \geqslant 12 \\ x_1 & \geqslant 7 \\ x_1,\ x_2,\ x_3 & \geqslant 0\end{cases}$$

此即为 3 个目标的多目标决策问题数学模型。其中，决策变量 x_1，x_2，x_3 的取值有无穷多个，即采购方案有无穷多个。因此，上述问题为一个多目标规划问题，其对应数学模型为多目标规划数学模型。

一般地，多目标规划问题数学模型为

$$\min\{f_1(x),f_2(x),\cdots,f_p(x)\}\quad (p\geqslant 2)$$

$$s.t.\begin{cases}g_i(x)\geqslant 0 & (i=1,2,\cdots m) \\ h_j(x)=0 & (j=1,2,\cdots,l)\end{cases} \tag{10-44}$$

满足 $s.t.$ 的 x 称为多目标规划决策问题的可行解。所有可行解 x 的集合称为可行域，记为 R。

2. 解的定义

类似于多指标决策问题，任何一个可行方案的结果是由 p 个目标值构成的，即可行方案的结果是一个 p 维向量，向量无法比较大小，因此，要求解式(10-44)，就要重新定义其解。

设 $\overline{x}$ 是多目标规划决策问题的一个可行解，若存在另一个可行解 $\overline{y}$，满足：

$$f_i(\overline{y})\leqslant f_i(\overline{x})\quad (i=1,2,\cdots,p)$$

至少存在一个 i_0 $\quad(1\leqslant i_0\leqslant p)$，使 $f_{i_0}(\overline{y})<f_{i_0}(\overline{x})$，

则称 $\overline{x}$ 为劣解。并记

$$\begin{pmatrix}f_1(\overline{y}) \\ f_2(\overline{y}) \\ \vdots \\ f_p(\overline{y})\end{pmatrix}\leqslant\begin{pmatrix}f_1(\overline{x}) \\ f_2(\overline{x}) \\ \vdots \\ f_p(\overline{x})\end{pmatrix}$$

设 $\overline{x}\in R$，若不存在 $x\in R$ 满足

$$\begin{pmatrix}f_1(x) \\ f_2(x) \\ \vdots \\ f_p(x)\end{pmatrix}\leqslant\begin{pmatrix}f_1(\overline{x}) \\ f_2(\overline{x}) \\ \vdots \\ f_p(\overline{x})\end{pmatrix}$$

则称 $\overline{x}$ 是多目标决策问题的非劣解或有效解。所有有效解的集合记为 R^*_{pa}。

【**例 10-15**】 已知多目标规划问题为

$$\min\{(x-1)^2+1,(x-3)^2+1\}\quad (x\geqslant 0)$$

求其有效解集、劣解集。

解：目标函数为 $f_1(x)=(x-1)^2+1$，$f_2(x)=(x-3)^2+1$。其函数图形如图 10-3 所示。

① 当 $0 \leqslant x < 1$ 时，如图 10-3 所示，$f_1(1) < f_1(x)$，$f_2(1) < f_2(x)$，所以，当 $0 \leqslant x < 1$ 时，x 是劣解。

② 当 $1 \leqslant x \leqslant 3$ 时，如图 10-3 所示，找不到一个 $x' \geqslant 0$，使得 $f_1(x') < f_1(x)$，$f_2(x') < f_2(x)$ 成立，所以，当 $1 \leqslant x < 3$ 时，x 是非劣解，即为有效解。

③ 当 $x > 3$ 时，如图 10-3 所示，$f_1(3) < f_1(x)$，$f_2(3) < f_2(x)$，所以，当 $x > 3$ 时，x 是劣解。

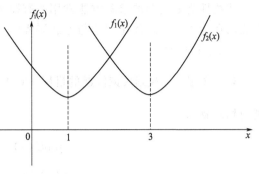

图 10-3 目标函数图

综上所述，该多目标规划问题的有效解集为 $\{x \mid 1 \leqslant x \leqslant 3\}$；劣解集为 $\{x \mid 0 \leqslant x < 1\} \cup \{x \mid x > 3\}$。

由此可见，劣解不可能成为最优解或满意解，所以，多目标规划决策问题的最终满意解一定是有效解。

决策者依据一定的决策准则从有效解集中选出的满意解，称为选好解。

每一目标达到决策者期望水平值的可行解，称为满意解或最佳调和解。选好解一定是有效解，满意解不一定是有效解，但一定是可行解。

二、多目标规划模型的求解方法

多目标规划求解思想与多指标决策的求解思想一样，思路也类似，同样，首先要消除各目标间的量纲、数量级等的差异，对各目标函数分量 $f_i(x)$ 进行标准化为 $f'_i(x)$。一般用如下方法进行标准化处理。

$$f'_i(x) = \frac{f_i(x)}{K_i} \quad (i = 1, 2, \cdots, p)$$

其中，$K_i = \max\limits_{x \in R} f_i(x)$。

然后，采取一定的准则、技术和方法，转化为纯量规划问题，即单目标规划问题进行求解。

由此可见，多目标规划求解难于单目标规划问题求解。但通过专家、学者们的潜心研究，目前为止，多目标规划求解的方法仍较多，但没有一种公认的较好的方法。各种方法都或多或少地存在一定的不足或缺陷。下面介绍几种简单的、可操作性强的常用方法的思路。

假设各目标函数分量均为无量纲、无数量级等差异的标准化的目标函数分量。

1. 理想点法

① 分别求相应的 p 个单目标规划问题的最优解。

$$f_i^* = \min\limits_{x \in R} f_i(x) \quad (i = 1, 2, \cdots, p)$$

② 求非线性规划问题。

$$\min U(x) = \sqrt{\sum_{i=1}^{p} (f_i(x) - f_i^*)^2}$$

$$s.t. \begin{cases} g_i(x) \geqslant 0 & (i = 1, 2, \cdots, m) \\ h_j(x) = 0 & (j = 1, 2, \cdots, l) \end{cases}$$

其最优解 $\bar{x}$ 即为原多目标规划问题的有效解。

非线性规划问题的求解方法常用的有罚函数法、共轭梯度法、序列线性规划法等。这些方法已在运筹学、最优化理论与方法课程中介绍，在此不再赘述。

2. 线性加权和法

若已知多目标规划决策问题的目标 $f_i(x)$ 的权重为 $\lambda_i(i=1,2,\cdots p)$，$\lambda_i \geqslant 0$ 且 $\sum\limits_{i=1}^{p}\lambda_i = 1$，则规划问题为

$$\min U(x) = \sum_{i=1}^{p}\lambda_i f_i(x)$$

$$s.t. \begin{cases} g_i(x) \geqslant 0 & (i=1,2,\cdots,m) \\ h_j(x) = 0 & (j=1,2,\cdots,l) \end{cases}$$

的最优解 $\bar{x}$ 即为原多目标规划问题的有效解。

此规划问题中，若 $f_i(x)(i=1,2,\cdots,p)$，$g_i(x)$、$h_j(x)(i=1,2,\cdots,m;\ j=1,2,\cdots,l)$ 均为线性函数，则此规划问题为线性规划问题，用单纯形法求解即可；若 $f_i(x)$，$g_i(x)$，$h_j(x)(i=1,2,\cdots,m;\ j=1,2,\cdots,l)$ 至少有一个为非线性函数，则此规划问题为非线性规划问题，用非线性规划的求解方法求解即可。

3. 最小加权偏差平方和法

已知多目标规划决策问题的目标 $f_i(x)$ 的权重为 $\lambda_i(i=1,2,\cdots p)$，$\lambda_i \geqslant 0$ 且 $\sum\limits_{i=1}^{p}\lambda_i = 1$。

首先对目标 $f_i(x)$ 估计一个尽量好的希望值 f_i^0，且 $\min\limits_{x \in R} f_i(x) \geqslant f_i^0(i=1,2,\cdots,p)$。再求解规划问题

$$\min U(x) = \sum_{i=1}^{p}\lambda_i(f_i(x) - f_i^0)^2$$

$$s.t. \begin{cases} g_i(x) \geqslant 0 & (i=1,2,\cdots,m) \\ h_j(x) = 0 & (j=1,2,\cdots,l) \end{cases}$$

其最优解 $\bar{x}$ 即为原多目标规划问题的有效解。

4. 字典序法

字典序法是根据决策者事先对各目标重要性程度的排序，按重要性程度从高到低，依次求各单目标函数的极值，一般求到只有一个有效解为止。若到最后一级目标，有效解仍然有两个或两个以上，则这些有效解即为原问题的有效解，说明原问题有多个最佳调和解。

设多目标规划决策问题为

$$\min\{f_1(x),f_2(x),\cdots,f_p(x)\}$$

$$s.t. \begin{cases} g_i(x) \geqslant 0 & (i=1,2,\cdots,m) \\ h_j(x) = 0 & (j=1,2,\cdots,l) \end{cases}$$

各目标的重要性程度排序为

$$f_1(x) > f_2(x) > \cdots > f_p(x)$$

字典序法的步骤如下。

① 求第一重要目标 $f_1(x)$ 的最小值。

$$\min f_1(x)$$

$$s.t. \begin{cases} g_i(x) \geqslant 0 & (i=1,2,\cdots,m) \\ h_j(x) = 0 & (j=1,2,\cdots,l) \end{cases}$$

若只有唯一解 x_1^*，则 x_1^* 即为原多目标规划决策问题的一个最佳调和解，求解结束；

否则，转下一步。

② 求第二重要目标 $f_2(x)$ 的最小值。

$$\min f_2(x)$$
$$s.t. \begin{cases} g_i(x) \geq 0 & (i=1,2,\cdots,m) \\ h_j(x) = 0 & (j=1,2,\cdots,l) \\ f_1(x) = f_1(x_1^*) \end{cases}$$

若只有唯一解 x_2^*，则 x_2^* 即为原多目标规划决策问题的一个最佳调和解，求解结束；否则，转下一步。

③ 求第三重要目标的最小值。直到所有 p 个目标都被考虑为止（如果可能的话）。

值得注意的是，求第 k 个目标最小值的通式为

$$\min f_k(x)$$
$$s.t. \begin{cases} g_i(x) \geq 0 & (i=1,2,\cdots,m) \\ h_j(x) = 0 & (j=1,2,\cdots,l) \\ f_i(x) = f_i(x_i^*) & (i=1,2,\cdots,k-1) \end{cases}$$

5. 目标规划

多目标规划中，即使 $f_i(x)(i=1,2,\cdots,p)$，$g_i(x)$、$h_j(x)(i=1,2,\cdots,m; j=1,2,\cdots, l)$ 均为线性函数，应用一定规则、方法、技术转化为单目标规划求解，也是非常麻烦的，并且，有时转化而得的单目标规划问题还为非线性规划问题。因此，我们可以另外一种思想来处理这种问题：使最佳调和解的各目标值与决策人期望达到值的偏差组合达到最小，而各目标值的这种偏差以偏差变量的形式考虑进去。这就是目标规划的基本思想。

【例 10-16】 某厂生产Ⅰ、Ⅱ两种产品，已知有关的数据如表 10-26 所示。

表 10-26 产品生产信息

项　　目	Ⅰ	Ⅱ	拥　有　量
原材料/kg	2	1	11
设备(h_r)/小时	1	2	10
利润/(元/件)	8	10	

试求最佳的生产方案。

这是一个线性规划问题，设生产Ⅰ种产品 x_1 件，Ⅱ种产品 x_2 件，则其线性规划模型为

$$\max z = 8x_1 + 10x_2$$
$$\begin{cases} 2x_1 + x_2 \leq 11 \\ x_1 + 2x_2 \leq 10 \\ x_1, \ x_2 \geq 0 \end{cases}$$

其最优解为 $\begin{cases} x_1 = 4 \\ x_2 = 3 \end{cases}$，$\max z = 62$。

实际中，工厂领导决策时，还要考虑其他条件，如考虑下列四个条件。

① 根据市场信息，产品Ⅰ的销售量有下降的趋势，故考虑产品Ⅰ的产量尽量不大于Ⅱ的产量。

② 原材料使用不得超过供应量。因为超过计划供应的原材料时，需高价采购，将使成本增加。

③ 应尽可能地充分利用设备的台时，但不希望加班。

④ 应尽可能达到并超过计划利润指标 56 元。

这样进行产品决策，考虑了多个目标，因此，此类决策问题即为多目标决策问题，并且，其目标函数和约束条件均为线性的。其解决方法常常采用目标规划方法。下面予以介绍目标规划方法。

（1）目标规划数学模型的有关概念

① 正、负偏差变量。对每一目标引入正、负偏差变量。

正偏差变量 d^+，表示决策值超过目标值的部分，$d^+ \geqslant 0$。

负偏差变量 d^-，表示决策值未达到目标值的部分，$d^- \geqslant 0$。

因为决策值不可能同时超过和未达到目标值，所以 $d^+ d^- = 0$。

② 绝对约束和目标约束。绝对约束是指必须严格满足的约束条件，是硬约束。如线性规划问题中的所有约束条件。再如上例中的原材料使用不得超过供应量的约束。

目标约束是软约束。目标约束中，目标值和决策值之间的差异用偏差变量表示。如上例中设备台时的约束为 $x_1 + 2x_2 + d^- - d^+ = 10$。

③ 优先因子和权系数。不同目标，决策者在决策时考虑有主次和轻重之分。不同目标的主次、轻重的差别有绝对的和相对的。

a. 绝对的。以优先因子 P_l 表示，只有在高级优先因子对应的目标已满足时，才能考虑低级优先因子对应的目标，且考虑较低级的优先因子对应的目标时，不能违背已经满足的高级优先因子对应的目标。但不能说高级目标不满足时，低级目标一定不能满足。优先因子之间的关系 $P_l \gg P_{l+1}$，即 P_l 对应的目标比 P_{l+1} 对应的目标有绝对的优先性，也就是说上一优先因子对应的目标远远重要于下一优先因子对应的目标。

b. 相对的。即具有同一级优先因子等级的目标差异。其差异程度用权系数表示。

④ 目标规划的目标函数。目标规划的目标函数由各目标约束的偏差变量及相应的优先因子和权系数构成。一般目标函数是极小化。因为决策者决策时要求尽可能缩小各目标决策值与其目标值偏差，也就是使各有关偏差变量尽可能的小。

实际应用时，目标函数有以下三种基本形式。

a. 要求恰好达到目标值。这时决策值超过或不足目标值都是不希望的，而希望正、负偏差变量尽可能小，即 $\min f(d^+ + d^-)$。

b. 要求不超过目标值，允许不足目标值。这时不希望决策值超过目标值，而希望决策值不足目标值，即正偏差变量尽可能小，亦即 $\min f(d^+)$。

c. 要求不低于目标值，允许超过目标值。这时不希望决策值低于目标值，而希望决策值超过目标值，即负偏差变量尽可能小，亦即 $\min f(d^-)$。

【例 10-17】 **【例 10-16】** 中的决策者在原材料供应受到严格限制的基础上考虑：首先，产品 Ⅱ 的产量尽量不低于产品 Ⅰ 的产量；其次，尽量充分利用设备有效台时，不希望加班；再次，利润额尽量不小于 56 元。求决策方案。

解：赋予上述三个目标的优先因子分别为 P_1，P_2，P_3。则该问题的数学模型为

$$\min \{ P_1 d_1^+ + P_2 (d_2^+ + d_2^-) + P_3 d_3^- \}$$

$$\begin{cases} 2x_1 + x_2 & \leqslant 11 \\ x_1 - x_2 + d_1^- - d_1^+ = 0 \\ x_1 + 2x_2 + d_2^- - d_2^+ = 10 \\ 8x_1 + 10x_2 + d_3^- - d_3^+ = 56 \\ x_1, x_2, d_i^+, d_i^- & \geqslant 0 \end{cases}$$

【例 10-18】 某电视机厂装配黑白和彩色两种电视机，每装配一台电视机需要占用 1 小时，装配线每周计划开动 40 小时，预计市场每周彩色电视机的销售量为 24 台，每台可获利 80 元，黑白的销售量 30 台，每台可获利 40 元。该工厂的目标为

P_1——充分利用装配线每周计划开动 40 小时；

P_2——允许装配线加班，但加班时间每周希望不超过 10 小时；

P_3——装配线电视机的数量尽量满足市场需要，因彩电利润高，取其权系数为 2。
试建立目标规划模型。

解： 设每周生产黑白产量 x_1 台，彩电产量 x_2 台，则该问题的数学模型为

$$\min\{P_1 d_1^- + P_2 d_2^+ + P_3(d_3^- + 2d_4^-)\}$$

$$\begin{cases} x_1 + x_2 + d_1^- - d_1^+ = 40 \\ x_1 + x_2 + d_2^- - d_2^+ = 50 \\ x_1 + d_3^- - d_3^+ = 30 \\ x_2 + d_4^- - d_4^+ = 24 \\ x_1, x_2 \geqslant 0; d_i^-, d_i^+ \geqslant 0 \qquad (i = 1, 2, 3, 4) \end{cases}$$

（2）目标规划的一般数学模型 从【例 10-17】、【例 10-18】可以看出，目标规划数学模型的一般形式为

$$\min z = \sum_{l=1}^{L} P_l \sum_{k=1}^{K} (W_{lk}^- d_k^- + W_{lk}^+ d_k^+)$$

$$\begin{cases} \sum_{j=1}^{n} c_{kj} x_j + d_k^- - d_k^+ = g_k & (k = 1, 2, \cdots, K) \\ \sum_{j=1}^{n} a_{ij} x_j \leqslant (=, \geqslant) b_i & (i = 1, 2, \cdots, m) \\ x_j \geqslant 0 & (j = 1, 2, \cdots, n) \\ d_k^-, d_k^+ \geqslant 0 & (k = 1, 2, \cdots, K) \end{cases} \qquad (10\text{-}45)$$

在建立目标规划数学模型时，需要确定目标值、优先级、权系数等，这些均带有一定的主观性和片面性。因此，在实际应用中，应综合应用各种决策技术，尽可能地减少主观片面性。

（3）目标规划的求解 从目标规划的数学模型式(10-45)可知，其目标函数和约束条件均为有关偏差变量和决策变量的线性函数，所以，可以将该目标规划模型看成有关偏差变量和决策变量的线性规划模型，因此，可用线性规划的一般解法——单纯形法进行求解。只是在求解过程中，视 P_l 为正的待定参数，且注意 $P_l \gg P_{l+1}$，因为在用检验数进行解的最优性判断时要用到这些关系。

习 题

1. 什么是多目标决策？多目标决策问题有哪些特点？

2. 简述多目标决策分析的思路。

3. 目标权重的含义是什么？常用的确定目标权重的方法有哪些？

4. 请用你日常生活或工作中的一个实际决策问题进行层次分析，并写出层次分析法的应用报告。

5. 举例说明什么是劣解？什么是非劣解？

6. 一般情况下，多目标决策问题的解是什么解？为什么？

7. 简述多指标决策分析的过程。

8. 多指标决策中，对决策矩阵规范化处理有何作用？

9. 某人拟购买一套房屋，现从4处房屋中选择他最满意的一套。房屋的满意程度用5个目标去衡量，即价格、实用面积、距工作地点的距离、设备、环境，假设各目标均可量化。又假设该人对房屋的5个目标看重程度两两比较所得的判断矩阵为

$$B=\begin{pmatrix} 1 & 1/3 & 1/2 & 1/4 & 1/5 \\ 3 & 1 & 2 & 1 & 1/2 \\ 2 & 1/2 & 1 & 1/2 & 1/2 \\ 4 & 1 & 2 & 1 & 1 \\ 5 & 2 & 2 & 1 & 1 \end{pmatrix}$$

试用最小平方和法、特征向量法求各目标的权重。

10. 上题中若假设4处的房屋各目标值如表10-27所示。

表10-27　4处房产的目标值

房屋＼目标	G_1（价格）	G_2（面积）	G_3（距离）	G_4（设备）	G_5（环境）
A_1	3.0	100	10	7	7
A_2	2.5	80	8	3	9
A_3	1.8	50	20	5	11
A_4	2.2	70	12	5	9

试用最大熵技术法确定各目标的权重。

11. 假设某单位拟从A、B、C三名干部中选拔一人担任领导，干部的优劣用6个指标去衡量，即健康状况、业务知识、写作能力、口才、政策水平、作风。将这6个指标对选拔干部重要性进行两两比较，结果如表10-28所示。

表10-28　干部选拔指标重要性比较

项目	健康状况	业务知识	写作能力	口才	政策水平	作风
健康状况	1	1	1	4	1	1/2
业务知识	1	1	2	4	1	1/2
写作能力	1	1/2	1	5	3	1/2
口才	1/4	1/4	1/5	1	1/3	1/3
政策水平	1	1	1/3	3	1	1
作风	2	2	2	3	1	1

又将三个干部在每个指标下关于选拔领导的优劣进行两两比较，其比较的结果分别如表10-29～表10-34所示。

表10-29　健康状况

项目	A	B	C
A	1	1/4	1/3
B	4	1	3
C	3	1/3	1

表10-30　业务知识

项目	A	B	C
A	1	1/4	1/5
B	4	1	1/2
C	5	2	1

表 10-31　写作能力

项　目	A	B	C
A	1	3	1/3
B	1/3	1	1
C	3	1	1

表 10-32　口才

项　目	A	B	C
A	1	1/3	5
B	3	1	7
C	1/5	1/7	1

表 10-33　政策水平

项　目	A	B	C
A	1	1	7
B	1	1	7
C	1/7	1/7	1

表 10-34　作风

项　目	A	B	C
A	1	7	9
B	1/7	1	5
C	1/9	1/5	1

请你用层次分析法帮助该单位从 3 名干部中选拔一名领导。

12. 在 10 题基础上，用线性加权和法帮助该人选择一套满意的房屋。（用线性变换法标准化决策矩阵）

13. 在 10 题基础上，用逼近理想点法帮助该人选择一套满意的房屋。

14. 在 10 题基础上，用 ELECTRE 法帮助该人选择一套满意的房屋。

15. 在 10 题基础上，用基于估计相对位置的方案排队法帮助该人选择一套满意的房屋。（取 $\sigma=0$，阀值 $A=1.5$）

16. 在 10 题基础上，用线性分配法帮助该人选择一套满意的房屋。

17. 简述多目标规划的求解思路。

18. 三个目标：

$$f_1=2x_1-x_2 \qquad f_2=-x_1-2x_2 \qquad f_3=-3x_1-x_2$$

的决策问题受约束于

$$\begin{cases} x_1+4x_2\leqslant16 \\ x_1+x_2\leqslant5.5 \\ 2x_1+x_2\leqslant10 \\ x_1,\ x_2\geqslant0 \end{cases}$$

假设决策人的首要目标是 f_1 不低于 4，其次是 f_2 不超过 -7，最后是希望 $f_3=-12$。

试建立此问题的目标规划模型并求解。

第十一章 模 糊 决 策

1965 年，美国著名的自动控制论专家扎德（L. A. Zadeh）教授提出了模糊集合论，并发表了第一篇用数学方法研究模糊现象的论文"模糊集合"，开启了模糊数学的新领域。模糊性是指客观事物差异的中间过渡中的"不分明性"或"亦此亦彼"性。普通集合论中，一个事物对于一个集合，是属于或不属于的关系，即"非此即彼"的关系。然而在自然现象和社会现象中大量存在事物之间的中间过渡状态或形式。如年轻人、年老人；高个子、矮个子；热水、凉水；环境污染严重与不严重等。再如决策分析中，为增加利润，提出"大幅度降低成本"等。这些概念、现象均具有模糊性，不能以普通集合的属于与不属于来描述，只能以属于的程度来描述。因此，涉及这种模糊性概念问题的解决，就需要借助于模糊集合理论。

模糊决策是由 Zadeh 和 Bellman 于 1970 年提出的。模糊决策是研究在模糊环境下或在模糊系统中进行决策的数学理论和方法。其目的是把决策论域的对象在模糊环境下进行排序，或按某些模糊限制条件从决策论域中选出最优对象。模糊决策自产生以来，已广泛应用于理、工、农、医及社会科学的各个领域，充分显示出其强大的生命力和渗透力。

第一节 有关基本概念

一、模糊集与隶属度

在自然现象和社会现象中存在的概念分两大类：一类是在特定场合有明确外延的概念，如国家、男人、经济法人等；另一类是没有明确外延的，存在中间过度的概念，如年轻人、年老人；热水、凉水等。不能以普通集合的属于与不属于来描述，只能以属于的程度来描述，即属于的程度不能以 0 或 1 来描述，而只能以 0 到 1 之间的一个实数来描述。

1. 定义

设 U 是论域，映射

$$\mu_A : U \to [0,1], \ u \mapsto \mu_A(u)$$

确定一个 U 上的模糊子集 A，μ_A 称为 A 的隶属函数，$\mu_A(u)$ 称为 u 对 A 的隶属度。

【例 11-1】 以年龄为论域，取 $U = [0,200]$，L. A. Zadeh（扎德）给出"年青"Y 与"年老"O 两个模糊集合的隶属函数。

$$Y(u) = \begin{cases} 1 & (0 \leqslant u \leqslant 25) \\ \left[1 + \left(\dfrac{u-25}{5}\right)^2\right]^{-1} & (25 < u \leqslant 200) \end{cases}$$

$$O(u) = \begin{cases} 0 & (0 \leqslant u \leqslant 50) \\ \left[1 + \left(\dfrac{u-50}{5}\right)^{-2}\right]^{-1} & (50 < u \leqslant 200) \end{cases}$$

"年青"Y 与"年老"O 两个模糊集合的隶属函数曲线如图 11-1 所示。

模糊集理论的应用，首先需要建立模糊集的隶属函数，建立的隶属函数是否符合客观实际将直接影响到应用效果。隶属度的建立要受人们认识事物局限性的影响，因此，隶属度的建立是一个值得探讨的课题,专家、学者们在实际应用中不断探索,已提出了较多的隶属度、隶属函数的建立方法。其中,常用的有专家咨询法、模糊分布法。

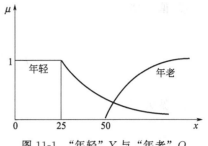

图 11-1　"年轻" Y 与"年老" O 的隶属函数曲线

专家咨询法,就是聘请有经验的人员直接给出各元素的隶属度。一般采用专家会议法或德尔菲法(Delphi 法)。

模糊统计法,由张南纶于 1981 年在《武汉建材学院学报》第一期发表的论文"模糊集合理论基础的初步探讨"中首次提出。模糊统计法就是由 n 个专家根据模糊集含义各自给出模糊集的一个确定的集合,对论域中,给定元素统计被这些集合覆盖的频率,此即为此次调查该元素隶属于模糊集的隶属度的近似值。如此,进行充分多次调查,该隶属度趋于稳定,这个隶属度的稳定值即为该元素隶属度的估计值。

例如,张南纶等人就"年轻人"模糊集进行模糊统计试验。他们分别在武汉大学、武汉建材学院、西安工业学院进行抽样调查,抽选了数百名大学生,请他们各自独立认真考虑"年轻人"的含义后,给出"年轻人"的年龄区间,如 $[15,28]$,$[18,28]$,$[15,30]$,$[17,30]$,$[16.28]$,……在武汉建材学院选取了 129 名大学生进行调查,得到 129 个"年轻人"的年龄区间。对年龄 $x_0=27$ 作统计处理如表 11-1 所示。

表 11-1　27 岁被"年轻人"年龄区间覆盖的频率

n	10	20	30	40	50	60	70	80	90	100	110	120	129
m	6	14	23	31	39	47	53	62	68	76	85	95	101
f	0.6	0.7	0.77	0.78	0.78	0.78	0.76	0.78	0.76	0.76	0.75	0.79	0.78

其中,n 为调查的大学生人数,m 为调查的大学生认为的"年轻人"年龄区间覆盖 27 岁的次数,f 为调查的大学生认为的"年轻人"年龄区间覆盖 27 岁的频率。

由表 11-1 可知,模糊集"年轻人"的年龄区间覆盖 27 岁的频率稳定在 0.78 附近,因此,27 岁隶属于模糊集"年轻人"的隶属度估计值为 0.78。

模糊分布法,是根据元素隶属于模糊集程度的实际情况,选定某些带参数的函数表示某种类型的模糊概念的隶属函数,然后通过实验等方法确定参数而建立隶属函数。常用的模糊分布函数有以下几种。

(1) 矩形分布或半矩形分布

① 偏小型。

$$\mu(x)=\begin{cases} 1 & (x\leqslant a) \\ 0 & (x>a) \end{cases}$$

② 偏大型。

$$\mu(x)=\begin{cases} 0 & (x<a) \\ 1 & (x\geqslant a) \end{cases}$$

③ 中间型。

$$\mu(x)=\begin{cases} 0 & (x<a) \\ 1 & (a\leqslant x\leqslant b) \\ 0 & (x>b) \end{cases}$$

(2) 半梯形分布或梯形分布

① 偏小型。

$$\mu(x)=\begin{cases}1 & (x<a)\\ \dfrac{b-x}{b-a} & (a\leqslant x\leqslant b)\\ 0 & (x>b)\end{cases}$$

② 偏大型。

$$\mu(x)=\begin{cases}0 & (x<a)\\ \dfrac{x-a}{b-a} & (a\leqslant x\leqslant b)\\ 1 & (x>b)\end{cases}$$

③ 中间型。

$$\mu(x)=\begin{cases}0 & (x<a)\\ \dfrac{x-a}{b-a} & (a\leqslant x<b)\\ 1 & (b\leqslant x<c)\\ \dfrac{d-x}{d-c} & (c\leqslant x<d)\\ 0 & (x\geqslant d)\end{cases}$$

(3) K 次抛物线型分布

① 偏小型。

$$\mu(x)=\begin{cases}1 & (x<a)\\ \left(\dfrac{b-x}{b-a}\right)^k & (a\leqslant x\leqslant b)\\ 0 & (x>b)\end{cases}$$

② 偏大型。

$$\mu(x)=\begin{cases}0 & (x<a)\\ \left(\dfrac{x-a}{b-a}\right)^k & (a\leqslant x\leqslant b)\\ 1 & (x>b)\end{cases}$$

③ 中间型。

$$\mu(x)=\begin{cases}0 & (x<a)\\ \left(\dfrac{x-a}{b-a}\right)^k & (a\leqslant x<b)\\ 1 & (b\leqslant x<c)\\ \left(\dfrac{d-x}{d-c}\right)^k & (c\leqslant x<d)\\ 0 & (x\geqslant d)\end{cases}$$

(4) Γ 型分布

① 偏小型。

$$\mu(x)=\begin{cases}1 & (x<a)\\ e^{-k(x-a)} & (x\geqslant a,k>0)\end{cases}$$

② 偏大型。

$$\mu(x)=\begin{cases}0 & (x<a)\\ 1-e^{-k(x-a)} & (x\geqslant a,k>0)\end{cases}$$

③ 中间型。

$$\mu(x)=\begin{cases}e^{k(x-a)} & (x<a)\\ 1 & (a\leqslant x<b,k>0)\\ e^{-k(x-a)} & (x\geqslant b)\end{cases}$$

（5）正态分布

① 偏小型。

$$\mu(x)=\begin{cases}1 & (x<a)\\ e^{-\left(\frac{x-a}{\sigma}\right)^2} & (x\geqslant a)\end{cases}$$

② 偏大型。

$$\mu(x)=\begin{cases}0 & (x<a)\\ 1-e^{-\left(\frac{x-a}{\sigma}\right)^2} & (x\geqslant a)\end{cases}$$

③ 中间型。

$$\mu(x)=\begin{cases}e^{-\left(\frac{x-a}{\sigma}\right)^2} & (x<a)\\ 1 & \text{或}\quad \mu(x)=e^{-\left(\frac{x-a}{\sigma}\right)^2}\quad(a\leqslant x\leqslant b)\\ e^{-\left(\frac{x-b}{\sigma}\right)^2} & (x>b)\end{cases}$$

2. 模糊集的运算

模糊集是普通集合的扩展，所以，模糊集运算也可由普通集合运算推广而得到。设 A、B 是论域 U 上的任意两个模糊集合，定义如下运算。

（1）A 与 B 相等　若对任意的 $x\in U$，都有 $\mu_A(x)=\mu_B(x)$，则称 A 与 B 相等。记作 $A=B$。

（2）模糊空集合　若对任意的 $x\in U$，都有 $\mu_A(x)=0$，则称 A 是模糊空集。记作：$A=\Phi$。

（3）B 包含 A　若对任意的 $x\in U$，都有 $\mu_A(x)\leqslant\mu_B(x)$，则称 B 包含 A。记作 $B\supseteq A$，或 $A\subseteq B$。

（4）A 与 B 的并集 $A\cup B$　模糊集 A 与 B 的并集 $A\cup B$ 的隶属度为

$$\mu_{A\cup B}(x)=\max(\mu_A(x),\mu_B(x))=\mu_A(x)\vee\mu_B(x)$$

（5）A 与 B 的交集 $A\cap B$　模糊集 A 与 B 的交集 $A\cap B$ 的隶属度为

$$\mu_{A\cap B}(x)=\min(\mu_A(x),\mu_B(x))=\mu_A(x)\wedge\mu_B(x)$$

（6）模糊集合 A 的补集 $\overline{A}$　若对任意的 $x\in U$，都有 $\mu_{\overline{A}}(x)=1-\mu_A(x)$，则称 $\overline{A}$ 是模糊集合 A 的补集。

3. λ 截集

设 A 是模糊集合，对任意 $\lambda\in[0,1]$，对应普通集合

$$A_\lambda=\{x|\mu_A(x)\geqslant\lambda,x\in U\}$$

称为模糊集合 A 的 λ 截集。

由模糊集合运算，可以证明 λ 截集具有如下性质。

① $(A\cup B)_\lambda=A_\lambda\cup B_\lambda$

② $(A\cap B)_\lambda=A_\lambda\cap B_\lambda$

③ 若 $\lambda\leqslant\gamma$，则 $A_\gamma\subseteq A_\lambda$，且 $A_0=U$。

性质③表明，λ 水平越低，截集 A_λ 越大，当 $\lambda=0$ 时，A_λ 最大；反之，λ 水平越高，截集 A_λ 越小，当 $\lambda=1$ 时，A_λ 最小。

二、模糊关系

1. 模糊关系及模糊矩阵

设 U 和 V 是两个非空集合，称 $U\times V$ 中的一个模糊子集 R 是从 U 到 V 的一个模糊关

系，如果它被如下的隶属函数所完全刻画

$$\mu_R : U \times V \rightarrow [0,1]$$

则隶属函数 $\mu_R(u,v)$ 称为 u 和 v 有关系 R 的程度，或称为 u 和 v 关于 R 的相关程度。简记为 $R(u,v)$。

若 R 是 $U \times U$ 中的模糊子集，则称 R 是 U 上的模糊关系。

若 U 和 V 都是有限论域，则从 U 到 V 的模糊关系 R 可用一个矩阵表示。

$$R = (r_{ij})_{m \times n}$$

其中，$r_{ij} = \mu_R(u_i, v_j) \in [0,1] (i=1,2,\cdots,m; j=1,2,\cdots,n)$，此矩阵称为模糊关系矩阵，简称模糊矩阵。

模糊矩阵是论域 $U \times V$ 的模糊关系 R，而模糊关系 R 是 $U \times V$ 中的一个模糊子集，因此，类似于模糊集的运算，可定义模糊矩阵的运算如下。

设模糊矩阵 $A=(a_{ij})_{m \times n}$，$B=(b_{ij})_{m \times n}$，则

$$A \cup B = (a_{ij} \vee b_{ij})$$
$$A \cap B = (a_{ij} \wedge b_{ij})$$
$$\overline{A} = (1 - a_{ij})$$

模糊矩阵 A 的 λ 截矩阵为

$$A_\lambda = (r_{ij}(\lambda))$$

其中，
$$r_{ij}(\lambda) = \begin{cases} 1 & (r_{ij} \geq \lambda) \\ 0 & (r_{ij} < \lambda) \end{cases}$$

2. 模糊对称关系

若对任意的 $x, y \in U$，有 $R(y,x)=R(x,y)$，则称 $U \times U$ 的模糊关系 R 为 U 上的模糊对称关系。

3. 模糊自反关系

若对任意的 $x \in U$，有 $R(x,x)=1$，则称 $U \times U$ 的模糊关系 R 为 U 上的模糊自反关系。

4. 模糊传递关系

若对任意的 $x, y, z \in U$，有 $R(x,y) \geq \lambda$，$R(y,z) \geq \lambda \Rightarrow R(x,z) \geq \lambda$，则称 $U \times U$ 的模糊关系 R 为 U 上的模糊传递关系。

包含 R 的最小的模糊传递关系称为 R 的传递闭包，记为 $t(R)$。

5. 模糊相似关系

若 U 到 U 的模糊关系 R 是自反的、对称的，则称 R 为 U 上的模糊相似关系。相应的模糊矩阵称为模糊相似矩阵。

6. 模糊等价关系

若 U 到 U 的模糊关系 R 是自反的、对称的、传递的，则称 R 为 U 上的模糊等价关系。相应的模糊矩阵称为模糊等价矩阵。

三、模糊关系的合成

设 R 是 U 到 V 的模糊关系，Q 是 V 到 W 的模糊关系，则 R 和 Q 的合成是 U 到 W 的模糊关系，记为 $R \circ Q$。其隶属函数为

$$R \circ Q(u,w) = \bigvee_{v \in V}(R(u,v) \wedge Q(v,w)) \qquad (u,w) \in U \times W$$

若论域为有限论域，模糊关系的合成即为模糊矩阵的合成。

若 R 是 U 到 U 的模糊关系，则记 $R^2 = R \circ R$，$R^n = R^{n-1} \circ R$。

设 R 是 n 阶模糊相似矩阵，则存在一个最小自然数 $k(k \leq n)$，使得传递闭包 $t(R)=R^k$，

且对一切大于 k 的自然数 l，恒有 $R^l = R^k$。

此时，$t(R) = R^k$ 为模糊等价矩阵。

此定理给出了：已知 R 是模糊相似矩阵，求其传递闭包 $t(R)$（模糊等价矩阵）的步骤。

即：从模糊相似矩阵 R 出发，依次计算：R^2，R^4，R^8，$\cdots$，R^{2^i}，$\cdots$，当第一次出现 R^k。$R^k = R^k$ 时，则 R^k 就是传递闭包 $t(R)$，并且 $t(R)$ 也是模糊等价矩阵。

第二节　模糊聚类分析

物以类聚，将相似相像的事物归为一类，这就是聚类分析。现实中有许多需要聚类分析的问题，如历史数据的分类，统计样本的分类，市场细分等。事物的分类是根据其多方面属性、特征进行的，将其相似相近的事物归为一类。事物的相似相近又具有一定的模糊性，因此，利用模糊集理论进行聚类更符合实际。下面介绍模糊聚类分析方法的原理和步骤。

设 $X = \{x_1, x_2, \cdots, x_n\}$ 为被分类的对象全体；又设每一对象 x_i 的特征数据为 $x_i = (x_{i1}, x_{i2}, \cdots, x_{im})$。

一、标定（建立模糊相似关系）

标定就是按某一准则建立论域 $X = \{x_1, x_2, \cdots, x_n\}$ 上的模糊相似关系矩阵 R。模糊相似矩阵 R 中的元素 r_{ij} 表示 x_i 与 x_j 的相似程度。r_{ij} 的常用确定方法有

1. 数量积法

$$r_{ij} = \begin{cases} 1 & (i = j) \\ \dfrac{1}{M} \sum\limits_{k=1}^{m} x_{ik} x_{jk} & (i \neq j) \end{cases}$$

其中，$M = \max\limits_{i \neq j} \left(\sum\limits_{k=1}^{m} x_{ik} x_{jk} \right)$

若 r_{ij} 中出现负值，则可用下列方法之一将全体 r_{ij} 进行重新调整。

方法 1：令

$$r_{ij}' = \frac{r_{ij} + 1}{2}$$

方法 2：令

$$r_{ij}' = \frac{r_{ij} - m}{M - m} \qquad (i \neq j)$$

其中，$m = \min\limits_{i \neq j} r_{ij}$，$M = \max\limits_{i \neq j} r_{ij}$

2. 夹角余弦法

$$r_{ij} = \frac{\sum\limits_{k=1}^{m} x_{ik} x_{jk}}{\sqrt{\sum\limits_{k=1}^{m} x_{ik}^2} \sqrt{\sum\limits_{k=1}^{m} x_{jk}^2}}$$

若 r_{ij} 中出现负值，按上述方法处理。

3. 相关系数法

$$r_{ij} = \frac{\sum\limits_{k=1}^{m} (x_{ik} - \overline{x}_i)(x_{jk} - \overline{x}_j)}{\sqrt{\sum\limits_{k=1}^{m} (x_{ik} - \overline{x}_i)^2} \sqrt{\sum\limits_{k=1}^{m} (x_{jk} - \overline{x}_j)^2}}$$

其中，$\bar{x}_i = \dfrac{1}{m}\sum\limits_{k=1}^{m} x_{ik}$，$\bar{x}_j = \dfrac{1}{m}\sum\limits_{k=1}^{m} x_{jk}$

4. 最大最小法

$$r_{ij} = \frac{\sum\limits_{k=1}^{m}(x_{ik}\wedge x_{jk})}{\sum\limits_{k=1}^{m}(x_{ik}\vee x_{jk})}$$

5. 算术平均最小法

$$r_{ij} = \frac{2\sum\limits_{k=1}^{m}(x_{ik}\wedge x_{jk})}{\sum\limits_{k=1}^{m}(x_{ik}+x_{jk})}$$

6. 几何平均最小法

$$r_{ij} = \frac{\sum\limits_{k=1}^{m}(x_{ik}\wedge x_{jk})}{\sum\limits_{k=1}^{m}\sqrt{x_{ik}x_{jk}}}$$

要求 $x_{ik}x_{jk}\geqslant 0$。

7. 绝对值指数法

$$r_{ij} = e^{-\sum\limits_{k=1}^{m}|x_{ik}-x_{jk}|}$$

8. 指数相似系数法

$$r_{ij} = \frac{1}{m}\sum\limits_{k=1}^{m}e^{-\left(\frac{x_{ik}-x_{jk}}{s_k}\right)^2}$$

其中，s_k 适当选取。

9. 绝对值倒数法

$$r_{ij} = \begin{cases} 1 & (i=j) \\[2mm] \dfrac{M}{\sum\limits_{k=1}^{m}|x_{ik}-x_{jk}|} & (i\neq j) \end{cases}$$

其中，M 取适当的值，使 r_{ij} 在 $[0,1]$ 中分散开。

10. 绝对值减数法

$$r_{ij} = 1 - c\sum\limits_{k=1}^{m}|x_{ik}-x_{jk}|$$

其中，c 取适当的值，使 r_{ij} 在 $[0,1]$ 中分散开。

11. 主观评定法

请有关专家或有实际经验者直接对 x_i 与 x_j 的相似程度在 $[0,1]$ 间评分而得 r_{ij}。

实际应用，应根据实际情况选择合适的方法确定模糊相似矩阵。

二、聚类

1. 传递闭包法

首先，由标定的模糊相似矩阵 R，求传递闭包 $t(R)=R^k$，即模糊等价矩阵。然后，将 λ

从 1 减到 0，分别求对应的 λ 截矩阵 $t(R)_\lambda$，再将 $t(R)_\lambda$ 中为 1 的元素对应行和列的对象归并为一类，这样，由 $t(R)_\lambda$ 的分类由细变粗，形成一个动态的分类图。

【例 11-2】（环境单元分类）。每个环境单元可以包括空气、水分、土壤、作物四个要素，环境单元的污染状况由污染物在四要素中含量的超限量来描写，它们的污染数据如表 11-2 所示。试对这五个环境单元进行模糊聚类分析。

表 11-2　环境污染数据

项　　目	空气(x_{i1})	水分(x_{i2})	土壤(x_{i3})	作物(x_{i4})
Ⅰ(x_1)	5	5	3	2
Ⅱ(x_2)	2	3	4	5
Ⅲ(x_3)	5	5	2	3
Ⅳ(x_4)	1	5	3	1
Ⅴ(x_5)	2	4	5	1

解：取论域 $X=\{x_1 \quad x_2 \quad x_3 \quad x_4 \quad x_5\}$，按绝对值减法进行标定，取 $c=0.1$。

$$r_{ij} = 1 - 0.1 \sum_{k=1}^{m} |x_{ik} - x_{jk}|$$

得模糊相似矩阵

$$R = \begin{pmatrix} 1 & 0.1 & 0.8 & 0.5 & 0.3 \\ 0.1 & 1 & 0.1 & 0.2 & 0.4 \\ 0.8 & 0.1 & 1 & 0.3 & 0.1 \\ 0.5 & 0.2 & 0.3 & 1 & 0.6 \\ 0.3 & 0.4 & 0.1 & 0.6 & 1 \end{pmatrix}$$

用平方法计算 R 的传递闭包 $t(R)=\overline{R}$。

$$R^2 = \begin{pmatrix} 1 & 0.3 & 0.8 & 0.5 & 0.5 \\ 0.3 & 1 & 0.2 & 0.4 & 0.4 \\ 0.8 & 0.2 & 1 & 0.5 & 0.3 \\ 0.5 & 0.4 & 0.5 & 1 & 0.6 \\ 0.5 & 0.4 & 0.3 & 0.6 & 1 \end{pmatrix}$$

$$R^4 = \begin{pmatrix} 1 & 0.4 & 0.8 & 0.5 & 0.5 \\ 0.4 & 1 & 0.4 & 0.4 & 0.4 \\ 0.8 & 0.4 & 1 & 0.5 & 0.5 \\ 0.5 & 0.4 & 0.5 & 1 & 0.6 \\ 0.5 & 0.4 & 0.5 & 0.6 & 1 \end{pmatrix}$$

$$R^8 = \begin{pmatrix} 1 & 0.4 & 0.8 & 0.5 & 0.5 \\ 0.4 & 1 & 0.4 & 0.4 & 0.4 \\ 0.8 & 0.4 & 1 & 0.5 & 0.5 \\ 0.5 & 0.4 & 0.5 & 1 & 0.6 \\ 0.5 & 0.4 & 0.5 & 0.6 & 1 \end{pmatrix} = R^4$$

所以，传递闭包 $t(R)=\overline{R}=R^4$。

将 λ 从 1 减到 0，分别求对应的 λ 截矩阵 R_λ，并据此进行聚类。

取 $\lambda=1$

$$\overline{R}_1 = \begin{pmatrix} 1 & 0 & 0 & 0 & 0 \\ 0 & 1 & 0 & 0 & 0 \\ 0 & 0 & 1 & 0 & 0 \\ 0 & 0 & 0 & 1 & 0 \\ 0 & 0 & 0 & 0 & 1 \end{pmatrix}$$

将 X 分成五类 $\{x_1\}$，$\{x_2\}$，$\{x_3\}$，$\{x_4\}$，$\{x_5\}$，
取 $\lambda = 0.8$

$$\overline{R}_{0.8} = \begin{pmatrix} 1 & 0 & 1 & 0 & 0 \\ 0 & 1 & 0 & 0 & 0 \\ 1 & 0 & 1 & 0 & 0 \\ 0 & 0 & 0 & 1 & 0 \\ 0 & 0 & 0 & 0 & 1 \end{pmatrix}$$

将 X 分成四类：$\{x_1, x_3\}$，$\{x_2\}$，$\{x_4\}$，$\{x_5\}$，
取 $\lambda = 0.6$

$$\overline{R}_{0.6} = \begin{pmatrix} 1 & 0 & 1 & 0 & 0 \\ 0 & 1 & 0 & 0 & 0 \\ 1 & 0 & 1 & 0 & 0 \\ 0 & 0 & 0 & 1 & 1 \\ 0 & 0 & 0 & 1 & 1 \end{pmatrix}$$

将 X 分成三类：$\{x_1, x_3\}$，$\{x_2\}$，$\{x_4, x_5\}$，
取 $\lambda = 0.5$

$$\overline{R}_{0.5} = \begin{pmatrix} 1 & 0 & 1 & 1 & 1 \\ 0 & 1 & 0 & 0 & 0 \\ 1 & 0 & 1 & 1 & 1 \\ 1 & 0 & 1 & 1 & 1 \\ 1 & 0 & 1 & 1 & 1 \end{pmatrix}$$

将 X 分成两类：$\{x_1, x_3, x_4, x_5\}$，$\{x_2\}$，
取 $\lambda = 0.4$

$$\overline{R}_{0.4} = \begin{pmatrix} 1 & 1 & 1 & 1 & 1 \\ 1 & 1 & 1 & 1 & 1 \\ 1 & 1 & 1 & 1 & 1 \\ 1 & 1 & 1 & 1 & 1 \\ 1 & 1 & 1 & 1 & 1 \end{pmatrix}$$

将 X 分成一类：$\{x_1, x_2, x_3, x_4, x_5\}$，即 X 本身。

可见，随着 λ 值的减少，分类越来越粗，其聚类图如图 11-2 所示。

2. 直接聚类法

上述的传递闭包法，需要根据建立的模糊相似矩阵，求其传递闭包，而进行聚类，非常麻烦。直接聚类法就是直接从建立的模糊相似矩阵出发，进行聚类，免去了求模糊相似矩阵的传递闭包之烦。所以，直接聚类法简单、直观。其聚类过程如下。

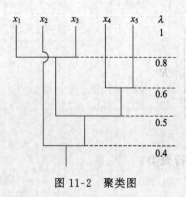

图 11-2　聚类图

① 将所有互不相同的 r_{ij} 从大到小排列。

$$1 = \lambda_1 > \lambda_2 > \lambda_3 \cdots > \lambda_m$$

② 依次取 $\lambda_i (i = 1, 2, \cdots, m)$ 进行聚类。

对于 $\lambda = \lambda_k$，若 $r_{ij} \geqslant \lambda_k$，则 x_i 与 x_j 归为一类。若某两类有公共元，则将该两类合并。这样得到的分类即为 λ_k 水平上的等价分类。

【例 11-3】 用直接聚类法对【例 11-2】的五个环境单元进行聚类。

解：【例 11-2】中建立的模糊相似矩阵为

$$R = \begin{pmatrix} 1 & 0.1 & 0.8 & 0.5 & 0.3 \\ 0.1 & 1 & 0.1 & 0.2 & 0.4 \\ 0.8 & 0.1 & 1 & 0.3 & 0.1 \\ 0.5 & 0.2 & 0.3 & 1 & 0.6 \\ 0.3 & 0.4 & 0.1 & 0.6 & 1 \end{pmatrix}$$

将 r_{ij} 从大到小排列：$1 > 0.8 > 0.6 > 0.5 > 0.4 > 0.3 > 0.2 > 0.1$。

取 $\lambda_1 = 1$，将 X 分成五类：$\{x_1\}$，$\{x_2\}$，$\{x_3\}$，$\{x_4\}$，$\{x_5\}$。

取 $\lambda_2 = 0.8$，$r_{13} = r_{31} = 0.8$，所以，将 X 分成四类：$\{x_1, x_3\}$，$\{x_2\}$，$\{x_4\}$，$\{x_5\}$。

取 $\lambda_3 = 0.6$，$r_{45} = r_{54} = 0.6$，所以，将 X 分成三类：$\{x_1, x_3\}$，$\{x_2\}$，$\{x_4, x_5\}$。

取 $\lambda_4 = 0.5$，$r_{14} = r_{41} = 0.5$，所以，将 X 分成两类：$\{x_1, x_3, x_4, x_5\}$，$\{x_2\}$。

取 $\lambda_5 = 0.4$，$r_{25} = r_{52} = 0.4$，所以，将 X 分成一类：$\{x_1, x_2, x_3, x_4, x_5\}$，即 X 本身。

由此可见，λ_i 取值从大到小的直接聚类过程与结果同【例 11-2】的传递闭包法。

三、最佳阈值的确定

上述聚类是根据不同的阈值 λ，获得了一个动态聚类。然而，在实际应用中，需要给出一个确定的分类，这就需要选择一个合理的阈值 λ。合理的阈值 λ 的确定，可凭经验予以主观确定，也可用数理统计方法而客观地确定。下面介绍一种客观确定合理的阈值 λ 的数理统计方法。

设 $X = \{x_1, x_2, \cdots, x_n\}$ 为被分类的对象全体；每一对象 x_j 的特征值为 $x_j = (x_{j1}, x_{j2}, \cdots, x_{jm})$。

对应阈值 λ 的第 i 类有 n_i 个对象，即 $x^i = \{x_1^i, x_2^i, \cdots, x_{n_i}^i\} (i = 1, 2, \cdots, r)$；第 i 类的聚类中心向量 $\overline{x}^i = (\overline{x}_1^i \quad \overline{x}_2^i \quad \cdots \quad \overline{x}_m^i)$，其中

$$\overline{x}_k^i = \frac{1}{n_i} \sum_{j=1}^{n_i} x_{jk}^i \quad (k = 1, 2, \cdots, m)。$$

全体对象的中心向量 $\overline{x} = (\overline{x}_1 \quad \overline{x}_2 \quad \cdots \quad \overline{x}_m)$，其中，$\overline{x}_k = \frac{1}{n} \sum_{j=1}^{n} x_{jk}$（$k = 1, 2, \cdots, m$）。

构造 F 统计量。

$$F = \frac{\sum_{i=1}^{r} n_i \|\overline{x}^i - \overline{x}\|^2 / (r - 1)}{\sum_{i=1}^{r} \sum_{j=1}^{n_i} \|x_j^i - \overline{x}^i\|^2 / (n - r)}$$

其中，$\|\overline{x}^i - \overline{x}\| = \sqrt{\sum_{k=1}^{m} (\overline{x}_k^i - \overline{x}_k)^2}$，$\|x_j^i - \overline{x}^i\| = \sqrt{\sum_{k=1}^{m} (x_{jk}^i - \overline{x}_k^i)^2}$。

F 统计量的分子表示类与类之间的偏差；分母表示各分类类内的偏差，当然合理分类是类与类之间的偏差越大越好，类内的偏差越小越好。所以，F 统计量值越大，分类越合理。对应 F 统计量值最大的阀值 λ 为最佳值。

第三节 模糊综合评价

在生产实践、科学研究、日常生活中，经常要对事物进行比较评价。然而，同一事物往往具有多种属性，事物的不同属性反映事物的不同侧面，因此，要对事物进行全面评价，必须考虑多种因素。这就是所谓的综合评价问题。

综合评价问题常常带有一定的模糊性，因为评价结果，如优、良、中、差等本身就具有一定的模糊性，另外，评价过程中难以准确判定各评价因素对事物最终评价结果的影响大小等。因此，综合评价问题最适宜进行模糊综合评价。

模糊综合评价就是应用模糊关系合成的原理，对多个因素隶属于被评价事物的等级状况进行综合性评价的一种方法。

根据被评价问题或系统的复杂性，所含因素的多少，模糊综合评价分为单级模糊综合评价和多级模糊综合评价。

一、单级模糊综合评价

单级模糊综合评价适用于影响评价事物的评价因素较少的综合评价问题的综合评价，其评价过程如下。

(1) 确定评价事物的评价因素论域 U

$$U = (u_1 \quad u_2 \quad \cdots \quad u_n)$$

(2) 确定评语等级论域 V

$V = (v_1 \quad v_2 \quad \cdots \quad v_m)$，通常评语集为 $V = ($很好 好 较好 $\cdots$ 较差 差 很差$)$。

(3) 进行单因素评判，建立模糊关系矩阵 R

$$R = \begin{pmatrix} r_{11} & r_{12} & \cdots & r_{1m} \\ r_{21} & r_{22} & \cdots & r_{2m} \\ \vdots & \vdots & \vdots & \vdots \\ r_{n1} & r_{n2} & \cdots & r_{nm} \end{pmatrix}$$

其中，r_{ij} 为被评事物就评价因素 u_i 而言，被评为 v_j 的程度，即 u_i 隶属于 v_j 的程度。

R 的第 i 行为 $R_i = (r_{i1} \quad r_{i2} \quad \cdots \quad r_{im})$，即第 i 个评价因素的单因素评价。

(4) 确定评价因素权重向量

$$A = (a_1 \quad a_2 \quad \cdots \quad a_n)$$

评价因素权重向量的各元素即为对应评价因素对最终评价结果所起的作用的大小。评价因素权重可由第十章第二节的方法确定。

(5) 进行模糊关系合成，得到综合评价结果 B

$$B = A \circ R = (a_1 \quad a_2 \quad \cdots \quad a_n) \circ \begin{pmatrix} r_{11} & r_{12} & \cdots & r_{1m} \\ r_{21} & r_{22} & \cdots & r_{2m} \\ \vdots & \vdots & \vdots & \vdots \\ r_{n1} & r_{n2} & \cdots & r_{nm} \end{pmatrix}$$

常用的模糊算子 "$\circ$" 有

① 主因素决定型 $M(\wedge, \vee)$。

$$b_j = (a_1 \wedge r_{1j}) \vee (a_2 \wedge r_{2j}) \vee \cdots \vee (a_n \wedge r_{nj})$$

其结果由主因素确定综合最优的情况，其他因素在一定范围内变化时对结果影响不大。这种模糊算子运算容易出现结果不易分辨的情况。

② 主因素突出型 $M(\cdot, \vee)$。

$$b_j = (a_1 r_{1j}) \vee (a_2 r_{2j}) \vee \cdots \vee (a_n r_{nj})$$

③ 主因素突出型 $M(\wedge, \oplus)$。

$$b_j = (a_1 \wedge r_{1j}) + (a_2 \wedge r_{2j}) + \cdots + (a_n \wedge r_{nj})$$

④ 加权平均型 $M(\cdot, \oplus)$。

$$b_j = a_1 r_{1j} + a_2 r_{2j} + \cdots + a_n r_{nj}$$

对所有因素依权重大小均衡考虑。

实际应用中，根据综合评价问题情况选择合适的算子。若主因素（权重最大的因素）在最后评价中起主导作用，则采用①、②或③模型，特别当模型①失效时，可采用模型②或③；若在评价中对所有因素均要依权重均衡考虑，则采用模型④。

(6) 综合评价结果的表述　评价结果表述有两种常用方式。

① 由综合评价结果 $B = (b_1 \quad b_2 \quad \cdots \quad b_m)$，按最大隶属原则，得出评价事物隶属于评价等级的优先顺序；或最大隶属度对应评语作为模糊综合评价结果。这种表述只适用于单个事物的综合评价，不适用于多个事物的综合比较评价。

② 将综合评价结果纯量化，转换成综合评价值。首先将综合评价结果向量 B 归一化得 $\bar{B}$；再将评语集各评语等级量化打分（100 分制或其他分制）得评语集量化向量 S，则被评价事物的综合评价值 N 为

$$N = \bar{B} S^T = (\bar{b}_1 \quad \bar{b}_2 \quad \cdots \quad \bar{b}_m) \begin{pmatrix} s_1 \\ s_2 \\ \vdots \\ s_m \end{pmatrix}$$

显然，被评事物的综合评价值越大的，被评事物越优。这种表述适用于多个被评价事物比较评价。

【例 11-4】 科研成果通常可用技术水平、技术难度、工作量、经济效益、社会效益 5 个指标进行评价，等级分为一等、二等、三等、四等。某项科研成果经过评定委员会评定，得到单因素评判矩阵。

$$R = \begin{pmatrix} 0.35 & 0.39 & 0.22 & 0.04 \\ 0.17 & 0.35 & 0.39 & 0.09 \\ 0 & 0.30 & 0.44 & 0.26 \\ 0.09 & 0.22 & 0.30 & 0.39 \\ 0.43 & 0.35 & 0.22 & 0 \end{pmatrix}$$

若为了评定作者的学术成就，取权数分配 $A = (0.35 \quad 0.35 \quad 0.1 \quad 0.1 \quad 0.1)$，则综合评价结果为

$$B = A \cdot R = (0.35 \quad 0.35 \quad 0.1 \quad 0.1 \quad 0.1) \circ \begin{pmatrix} 0.35 & 0.39 & 0.22 & 0.04 \\ 0.17 & 0.35 & 0.39 & 0.09 \\ 0 & 0.30 & 0.44 & 0.26 \\ 0.09 & 0.22 & 0.30 & 0.39 \\ 0.43 & 0.35 & 0.22 & 0 \end{pmatrix}$$

因为科研成果评定的五个因素为技术水平、技术难度、工作量、经济效益、社会效益都

不能忽视，因而选用第四种算子对应模型较为合理。所以，该项科研成果的综合评价结果为
$B=(0.234\quad 0.346\quad 0.3095\quad 0.1105)$。

按第一种方法表述结果，则该项科研成果被评为各等级的优先顺序：二等优于三等优于一等优于四等，或该科研成果的综合评价结果为二等。

按第二种方法表述结果，若将评判结果按 1 分制打分并归一化为 $S=(0.4\quad 0.3\quad 0.2\quad 0.1)$。又该项科研成果的综合评价结果 B 归一化为 $B=(0.234\quad 0.346\quad 0.3095\quad 0.1105)$。所以，该科研成果综合评价值为

$$N=BS^T=0.4b_1+0.3b_2+0.2b_3+0.1b_4$$
$$=0.4\times0.234+0.3\times0.346+0.2\times0.3095+0.1\times0.1105$$
$$=0.27035$$

由此综合评价结果可见，该项科研成果值为 0.27035，最接近二等。

二、多级模糊综合评价

在复杂问题和系统中的综合评判，考虑的因素或评价指标较多，每一因素所分得的权重常常很小，因而在与模糊关系矩阵 R 作模糊运算时，R 的信息丢失很多，导致评价结果难以分辨。因此，常常采用多级模糊综合评判：将因素集按某种属性和关联关系，把各组成因素归并为不同的层次，从而形成多层次的分析结构模型，这样每一层次代表一类因素，每一类的因素就较少了，进行综合评价时就可以全面吸收所有因素提供的信息。在此基础上对最底层的各类因素进行综合评价，并以此评价结果进行类之间的高层次综合，即可得综合评价结果。下面以二级模糊综合评价为例说明多级模糊综合评价的过程，至于三级、四级等更高级的模糊综合评价可类推而得。

二级模糊综合评价步骤如下。

(1) 确定评价因素集　将评价因素论域 U 按不同属性分为 s 个互不相交的子集，即
$$U=\{U_1\quad U_2\quad \cdots\quad U_s\}$$
其中，$U_k=\{u_{k1}\quad u_{k2}\quad \cdots\quad u_{ki_k}\}(k=1,2,\cdots,s)$。

(2) 确定 U_k 中各评价因素的权重
$$A_k=(a_{k1}\quad a_{k2}\quad \cdots\quad a_{ki_k})$$

(3) 确定评语集（或评价集）
$$V=(v_1\quad v_2\quad \cdots\quad v_m)$$

(4) 对 U_k 中的各因素进行单因素评判，建立模糊关系矩阵 R_k
$$R_k=\begin{pmatrix} r_{11} & r_{12} & \cdots & r_{1m} \\ r_{21} & r_{22} & \cdots & r_{2m} \\ \vdots & \vdots & \vdots & \vdots \\ r_{i_k1} & r_{i_k2} & \cdots & r_{i_km} \end{pmatrix}\quad (k=1,2,\cdots,s)$$

其中，r_{ij} 为被评事物就评价因素 u_{ki} 而言，被评为 v_j 的程度。即 u_{ki} 隶属于 v_j 的程度。

(5) 一级模糊综合评价

U_k 的综合评价结果 B_k 为
$$B_k=A_k\circ R_k\quad (k=1,2,\cdots,s)$$

(6) 二级模糊综合评价

① 把 U 中 s 个因素子集 $U_k(k=1,2,\cdots,s)$ 看作 s 个单因素，确定 U 中各因素的权重 $A=(a_1\quad a_2\quad \cdots\quad a_s)$。

② 由一级模糊综合评价结果 $B_k(k=1,2,\cdots,s)$ 为行，得二级模糊关系矩阵 R。

$$R = \begin{pmatrix} b_{11} & b_{12} & \cdots & b_{1m} \\ b_{21} & b_{22} & \cdots & b_{2m} \\ \vdots & \vdots & \vdots & \vdots \\ b_{s1} & b_{s2} & \cdots & b_{sm} \end{pmatrix}$$

其中，b_{ij} 为被评事物就评价因素 U_i 而言，被评为 v_j 的程度，即 U_i 隶属于 v_j 的程度。

③ 进行模糊综合运算。

$$B = A \circ R = (b_1 \quad b_2 \quad \cdots \quad b_m)$$

并归一化，即为被评价事物模糊综合评价的结果。

类似地可进行三级、四级等模糊综合评价。另外，各级模糊综合评价中的模糊算子，同样可根据各因素在综合评价中所起作用的大小进行适当的选择。

多级模糊综合评价结果的表述同单级模糊综合评价结果的表述，在此不再赘述。

习　题

1. 什么是模糊集？模糊集用什么来描述？

2. 确定模糊集隶属度或隶属函数的常用方法有哪些？

3. 什么是模糊关系？它与普通关系有什么区别？

4. 在什么情况下，模糊关系就是模糊矩阵？

5. 什么是模糊相似关系？什么是模糊等价关系？

6. 简述模糊聚类分析的基本思路。

7. 简述单级、多级模糊综合评价的过程。

8. 甲、乙、丙、丁四人面貌"彼此相像"的模糊关系为

$$R = \begin{pmatrix} 1 & 0.5 & 0.4 & 0.8 \\ 0.5 & 1 & 0.7 & 0.5 \\ 0.4 & 0.7 & 1 & 0.6 \\ 0.8 & 0.5 & 0.6 & 1 \end{pmatrix}$$

求传递闭包 $t(R)$，并作聚类图。

9. 用直接聚类法求 8 题的聚类图。

10. 对某产品的质量考虑从四种因素 $U = \{u_1 \quad u_2 \quad u_3 \quad u_4\}$ 来评价，并将产品质量分为四等 $V = \{I \quad II \quad III \quad IV\}$，假设就单因素对产品质量评价的结果见表 11-3。

表 11-3　产品质量评价结果

因素 ＼ 隶属度	I	II	III	IV
u_1	0.3	0.6	0.1	0
u_2	0	0.2	0.5	0.3
u_3	0.5	0.3	0.1	0.1
u_4	0.1	0.3	0.2	0.4

又设对因素权重分配有两种：$A_1 = (0.5 \quad 0.2 \quad 0.2 \quad 0.1)$，$A_2 = (0.2 \quad 0.4 \quad 0.1 \quad 0.3)$。试对此产品质量按两种权重分配情况下，进行综合评价。

11. 教学效果评价中，取评价因素集为

$$U=\{清楚易懂 \quad 教材熟练 \quad 生动有趣 \quad 板书整齐清楚\}$$

评语集为 $V=\{很好 \quad 较好 \quad 一般 \quad 不好\}$。假设某班学生对某教师的教学评价矩阵为

$$R=\begin{pmatrix} 0.4 & 0.5 & 0.1 & 0 \\ 0.6 & 0.3 & 0.1 & 0 \\ 0.1 & 0.2 & 0.6 & 0.1 \\ 0.1 & 0.2 & 0.5 & 0.2 \end{pmatrix}$$

若考虑各因素的权重分配 $A=(0.5 \quad 0.2 \quad 0.2 \quad 0.1)$，试求该班学生对该位教师教学效果的综合评价结果。

第十二章 灰色决策

灰色系统理论是我国学者邓聚龙教授于 1982 年首次提出的。经过二十多年的发展，目前已广泛地应用于生物生态系统、气象系统、工程技术系统、经济管理系统的预测与决策。在此主要介绍灰色决策理论及其应用。

第一节 灰色决策有关的基础

灰色决策是指决策模型中含有灰元，或一般决策模型与灰色 $GM(1,1)$ 模型结合进行的决策。

一、灰色决策理论基础

1. 初值化生成

初值化生成是指用序列 x 的初值 $x(1)$ 去除序列 x 中每一个值，即获得序列 x 的初值化生成序列。

设原始序列为 $x=\{x(1) \quad x(2) \quad \cdots \quad x(n)\}$，则其初值化生成序列为

$$\left\{\frac{x(1)}{x(1)} \quad \frac{x(2)}{x(1)} \quad \cdots \quad \frac{x(n)}{x(1)}\right\}=\left\{1 \quad \frac{x(2)}{x(1)} \quad \cdots \quad \frac{x(n)}{x(1)}\right\}$$

初值化生成是属灰生成中数值变换生成形式的灰生成。

2. 局势效果测度规范化生成

设 p 目标下，第 i 个事件采取第 j 个对策的局势效果值为 $u_{ij}^{(p)}$。局势效果测度规范化生成就是将各目标下各局势效果测度值转换为 0 到 1 之间取值，并且转换后均为正向极性指标。

若 p 为越大越好的目标，则局势效果 $u_{ij}^{(p)}$ 规范化的效果测度值为

$$r_{ij}^{(p)}=\frac{u_{ij}^{(p)}}{\max_{l}\max_{q}u_{lq}^{(p)}} \tag{12-1}$$

若 p 为越小越好的目标，则局势效果 $u_{ij}^{(p)}$ 规范化的效果测度值为

$$r_{ij}^{(p)}=\frac{\min_{l}\min_{q}u_{lq}^{(p)}}{u_{ij}^{(p)}} \tag{12-2}$$

若 p 为越适中越好的目标，设其适中目标值为 u_0（一般取该目标下各局势效果值的平均值），则局势效果 $u_{ij}^{(p)}$ 规范化的效果测度值为

$$r_{ij}^{(p)}=\frac{\min(u_{ij}^{(p)},u_0)}{\max(u_{ij}^{(p)},u_0)} \tag{12-3}$$

局势效果测度规范化生成是属灰生成中极性变换生成形式的灰生成。通过局势效果测度规范化生成变换后，越大越好的目标（也叫极大值极性目标）、越小越好的目标（也叫极小值极性目标）、越适中越好的目标（也叫适中值极性目标）均变为越大越好的目标，即极大值极性目标。

3. 灰类白化函数

灰类白化函数分上类白化函数、中类白化函数和末类白化函数（也称下类白化函数）。

设第 i 个决策单元（决策者的决策方案）在第 j 项目（决策指标）下的值为 d_{ij}（$i=1$，$2,\cdots,w$；$j=1,2,\cdots,m$）。则 d_{ij} 的 k（$k=1,2,\cdots,n$）灰类白化函数如下。

（1）上类白化函数　即 d_{ij} 取值大于 c_1 的白化函数。

$$f_1=f_1(c_1,\infty)\Rightarrow f_1(d_{ij})=\begin{cases}\dfrac{1}{c_1}d_{ij} & d_{ij}\in[0,c_1]\\[2mm]1 & d_{ij}\in[c_1,\infty]\end{cases} \tag{12-4}$$

其函数图形如图 12-1 所示。

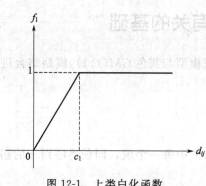

图 12-1　上类白化函数

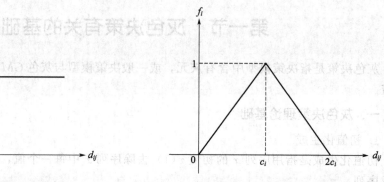

图 12-2　中类白化函数

（2）中类白化函数 f_i　即 d_{ij} 取值在 c_i 左右的白化函数。

$$f_i=f_i(-,c_i,+)\Rightarrow f_i(d_{ij})=\begin{cases}\dfrac{1}{c_i}d_{ij} & d_{ij}\in[0,c_i]\\[2mm]-\dfrac{1}{c_i}d_{ij}+2 & d_{ij}\in[c_i,2c_i]\end{cases} \tag{12-5}$$

其函数图形如图 12-2 所示。

（3）末类白化函数 f_n　即 d_{ij} 取值小于 c_n 的白化函数。

$$f_n=f_n(0,c_n)\Rightarrow f_n(d_{ij})=\begin{cases}1 & d_{ij}\in[0,c_n]\\[2mm]-\dfrac{1}{c_n}d_{ij}+2 & d_{ij}\in[c_n,2c_n]\end{cases} \tag{12-6}$$

其函数图形如图 12-3 所示。

4. 灰统计

设第 i 个决策单元（决策者的决策方案）在第 j 项目（决策指标）下的值为 d_{ij}（$i=1$，$2,\cdots,w$；$j=1,2,\cdots,m$）。则第 j 项目的 k 灰类统计值为

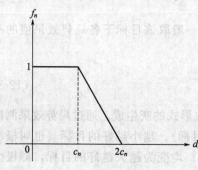

图 12-3　末类白化函数

$$r_{jk}=\dfrac{\displaystyle\sum_{i=1}^{w}f_k(d_{ij})}{\displaystyle\sum_{k=1}^{n}\sum_{i=1}^{w}f_k(d_{ij})}\quad(j=1,2,\cdots,m;\ k=1,2,\cdots,n) \tag{12-7}$$

其中，$f_k(d_{ij})$ 为 d_{ij} 的 k（$k=1,2,\cdots,n$）灰类白化函数。

r_{ik} 也称为各决策单元在第 j 项目下的值，属于第 k 灰类的灰评估值。

【例 12-1】 投资者（决策单元）1、2、3 对商品

$1^{\#}$、$2^{\#}$、$3^{\#}$、$4^{\#}$的投资矩阵为

$$d = \begin{array}{c} \\ \\ \end{array} \begin{array}{cccc} 1^{\#} & 2^{\#} & 3^{\#} & 4^{\#} \end{array} \\ \left(\begin{array}{cccc} 2000 & 1000 & 700 & 100 \\ 1000 & 500 & 300 & 200 \\ 0 & 0 & 600 & 300 \end{array} \right) \begin{array}{l} 投资者1 \\ 投资者2 \\ 投资者3 \end{array}$$

商品的投资灰类 $K = \{1\ 2\ 3\ 4\} = \{$多投资　中投资　少投资　最少投资$\}$。其中，"多投资"为投资1800万元以上，"中投资"为投资1000万元左右，"少投资"为投资500万元左右，"最少投资"为100万元以下。试用灰统计确定商品的投资灰类。

解：① 计算投资者给各商品投资的 k 类白化值。由上类、中类和末类白化函数式(12-4)、式(12-5)和式(12-6)可计算出各种商品各投资者投资的 k 类白化值，如表12-1～表12-4所示。

表 12-1　$1^{\#}$商品各投资者投资的 k 类白化值

白化值 ＼ 灰类 K	1 灰类	2 灰类	3 灰类	4 灰类
$f_k(d_{11})$	1	0	0	0
$f_k(d_{21})$	$\dfrac{1000}{1800}$	1	0	0
$f_k(d_{31})$	0	0	0	1

表 12-2　$2^{\#}$商品各投资者投资的 k 类白化值

白化值 ＼ 灰类 K	1 灰类	2 灰类	3 灰类	4 灰类
$f_k(d_{12})$	$\dfrac{1000}{1800}$	1	0	0
$f_k(d_{22})$	$\dfrac{500}{1800}$	$\dfrac{500}{1000}$	1	0
$f_k(d_{32})$	0	0	0	1

表 12-3　$3^{\#}$商品各投资者投资的 k 类白化值

白化值 ＼ 灰类 K	1 灰类	2 灰类	3 灰类	4 灰类
$f_k(d_{13})$	$\dfrac{700}{1800}$	$\dfrac{700}{1000}$	$2 - \dfrac{700}{500}$	0
$f_k(d_{23})$	$\dfrac{300}{1800}$	$\dfrac{300}{1000}$	$\dfrac{300}{500}$	0
$f_k(d_{33})$	$\dfrac{600}{1800}$	$\dfrac{600}{1000}$	$2 - \dfrac{600}{500}$	0

表 12-4　$4^{\#}$商品各投资者投资的 k 类白化值

白化值 ＼ 灰类 K	1 灰类	2 灰类	3 灰类	4 灰类
$f_k(d_{14})$	$\dfrac{100}{1800}$	$\dfrac{100}{1000}$	$\dfrac{100}{500}$	1
$f_k(d_{24})$	$\dfrac{200}{1800}$	$\dfrac{200}{1000}$	$\dfrac{200}{500}$	0
$f_k(d_{34})$	$\dfrac{300}{1800}$	$\dfrac{300}{1000}$	$\dfrac{300}{500}$	0

② 计算第 $j^{\#}$ 商品的 k 灰类统计值。

1# 商品各灰类统计值为

$$r_{11} = \frac{\sum\limits_{i=1}^{w} f_1(d_{i1})}{\sum\limits_{k=1}^{n} \sum\limits_{i=1}^{w} f_k(d_{i1})}$$

$$= \frac{1 + 1000/1800 + 0}{1 + 1000/1800 + 0 + 0 + 1 + 0 + 0 + 0 + 0 + 0 + 0 + 1} = \frac{14/9}{32/9} = 0.4375$$

$$r_{12} = \frac{\sum\limits_{i=1}^{w} f_2(d_{i1})}{\sum\limits_{k=1}^{n} \sum\limits_{i=1}^{w} f_k(d_{i1})}$$

$$= \frac{0 + 1 + 0}{1 + 1000/1800 + 0 + 0 + 1 + 0 + 0 + 0 + 0 + 0 + 0 + 1} = \frac{1}{32/9} = 0.2813$$

$$r_{13} = \frac{\sum\limits_{i=1}^{w} f_3(d_{i1})}{\sum\limits_{k=1}^{n} \sum\limits_{i=1}^{w} f_k(d_{i1})}$$

$$= \frac{0 + 0 + 0}{1 + 1000/1800 + 0 + 0 + 1 + 0 + 0 + 0 + 0 + 0 + 0 + 1} = \frac{0}{32/9} = 0$$

$$r_{14} = \frac{\sum\limits_{i=1}^{w} f_4(d_{i1})}{\sum\limits_{k=1}^{n} \sum\limits_{i=1}^{w} f_k(d_{i1})}$$

$$= \frac{0 + 1 + 0}{1 + 1000/1800 + 0 + 0 + 1 + 0 + 0 + 0 + 0 + 0 + 0 + 1} = \frac{1}{32/9} = 0.2813$$

同理,可计算 2#、3#、4# 商品各灰类统计值。由此,可得各商品的各投资灰类统计值矩阵为

$$R = \begin{pmatrix} 0.4375 & 0.2813 & 0 & 0.2813 \\ 0.1923 & 0.3462 & 0.2308 & 0.2308 \\ 0.1980 & 0.3564 & 0.4455 & 0 \\ 0.1064 & 0.1915 & 0.3830 & 0.3191 \end{pmatrix}$$

R 的第 i 行表示第 i# 商品属于第 $k(k=1,2,3,4)$ 灰类的统计值。

因为 R 的第 1 行 $R_1 = (0.4375 \quad 0.2813 \quad 0 \quad 0.2813)$,可见,1# 商品 1 灰类统计值 0.4375 最大,所以 1# 商品属 1 灰类投资,即 "多投资" 灰类。

R 的第 2 行 $R_2 = (0.1923 \quad 0.3462 \quad 0.2038 \quad 0.2038)$,可见,2# 商品 2 灰类统计值 0.3465 最大,所以 2# 商品属 2 灰类投资,即 "中投资" 灰类。

R 的第 3 行 $R_3 = (0.1980 \quad 0.3564 \quad 0.4455 \quad 0)$,可见,3# 商品 3 灰类统计值 0.4455 最大,所以 3# 商品属 3 灰类投资,即 "少投资" 灰类。

R 的第 4 行 $R_4 = (0.1064 \quad 0.1915 \quad 0.3830 \quad 0.3191)$,可见,4# 商品 3 灰类统计值 0.3830 最大,所以 4# 商品属 3 灰类投资,即 "少投资" 灰类。

二、灰关联分析

灰关联分析是以灰关联度分析系统中各因素间关联程度的一种方法。灰关联分析是在各

因素特征指标为同向指标，即极性一致的指标基础上进行的。若各因素的特征指标极性不一致，应先进行极性变换转换为极性一致的特征指标，再进行灰关联分析。

设参考数列为 x_0，比较数列为 $x_i(i=1,2,\cdots,m)$，并且

$$x_0 = \{x_0\ (1)\quad x_0\ (2)\quad \cdots\quad x_0\ (n)\}$$
$$x_i = \{x_i\ (1)\quad x_i\ (2)\quad \cdots\quad x_i\ (n)\}$$

则称

$$\xi_i(k) = \frac{\min\limits_{i}\min\limits_{k}|x_0(k)-x_i(k)| + \rho\max\limits_{i}\max\limits_{k}|x_0(k)-x_i(k)|}{|x_0(k)-x_i(k)| + \rho\max\limits_{i}\max\limits_{k}|x_0(k)-x_i(k)|} \tag{12-8}$$

为参考数列 x_0 与比较数列 x_i 在第 k 点的灰关联系数。其中，ρ 称为分辨系数，是 0 到 1 间的数。一般取 $\rho=0.5$。

以参考数列 x_0 与比较数列 x_i 在各点灰关联系数的平均数作比较数列 x_i 与参考数列 x_0 的灰关联度 r_i，即

$$r_i = \frac{1}{n}\sum_{k=1}^{n}\xi_i(k) \qquad (i=1,2,\cdots,m) \tag{12-9}$$

r_i 越大，比较数列 x_i 与参考数列 x_0 的关联程度就越大。

注意：实际中，比较数列 x_i 与参考数列 x_0 的特征指标可能量纲不同，并存在数量级差异，因此，进行灰关联分析，求关联度之前，一般先对数列作无量纲和初值化处理，使之无量纲、无数量级差异，以使比较数列 x_i 与参考数列 x_0 的特征指标具有可比性。

【例 12-2】 设有原始参考数列 x_0 及比较数列 x_1、x_2，分别为

$x_0 = \{x_0\ (1)\quad x_0\ (2)\quad x_0\ (3)\quad x_0\ (4)\quad x_0\ (5)\quad x_0\ (6)\} = \{20\quad 22\quad 40\quad 45\quad 60\quad 80\}$
$x_1 = \{x_1\ (1)\quad x_1\ (2)\quad x_1\ (3)\quad x_1\ (4)\quad x_1\ (5)\quad x_1\ (6)\} = \{30\quad 35\quad 55\quad 60\quad 70\quad 90\}$
$x_2 = \{x_2\ (1)\quad x_2\ (2)\quad x_2\ (3)\quad x_2\ (4)\quad x_2\ (5)\quad x_2\ (6)\} = \{40\quad 45\quad 43\quad 55\quad 65\quad 70\}$

试求 x_1、x_2 与 x_0 的关联度。

解： ① 初值化。

$$x_0 = \left\{\frac{x_0\ (1)}{x_0\ (1)}\quad \frac{x_0\ (2)}{x_0\ (1)}\quad \frac{x_0\ (3)}{x_0\ (1)}\quad \frac{x_0\ (4)}{x_0\ (1)}\quad \frac{x_0\ (5)}{x_0\ (1)}\quad \frac{x_0\ (6)}{x_0\ (1)}\right\}$$
$$= \{1\quad 1.1\quad 2\quad 2.25\quad 3\quad 4\}$$
$$x_1 = \left\{\frac{x_1\ (1)}{x_1\ (1)}\quad \frac{x_1\ (2)}{x_1\ (1)}\quad \frac{x_1\ (3)}{x_1\ (1)}\quad \frac{x_1\ (4)}{x_1\ (1)}\quad \frac{x_1\ (5)}{x_1\ (1)}\quad \frac{x_1\ (6)}{x_1\ (1)}\right\}$$
$$= \{1\quad 1.166\quad 1.334\quad 2\quad 2.314\quad 3\}$$
$$x_2 = \left\{\frac{x_2\ (1)}{x_2\ (1)}\quad \frac{x_2\ (2)}{x_2\ (1)}\quad \frac{x_2\ (3)}{x_2\ (1)}\quad \frac{x_2\ (4)}{x_2\ (1)}\quad \frac{x_2\ (5)}{x_2\ (1)}\quad \frac{x_2\ (6)}{x_2\ (1)}\right\}$$
$$= \{1\quad 1.125\quad 1.075\quad 1.375\quad 1.625\quad 1.75\}$$

② 求比较数列 x_i 与参考数列 x_0 的差异信息。

记 $\Delta_i(k) = |x_0(k)-x_i(k)|(i=1,2;k=1,2,3,4,5,6)$ 则

$$\Delta_1 = \{\Delta_1\ (1)\quad \Delta_1\ (2)\quad \Delta_1\ (3)\quad \Delta_1\ (4)\quad \Delta_1\ (5)\quad \Delta_1\ (6)\}$$
$$= \{0\quad 0.066\quad 0.666\quad 0.25\quad 0.686\quad 1\}$$
$$\Delta_2 = \{\Delta_2\ (1)\quad \Delta_2\ (2)\quad \Delta_2\ (3)\quad \Delta_2\ (4)\quad \Delta_2\ (5)\quad \Delta_2\ (6)\}$$
$$= \{0\quad 0.025\quad 0.925\quad 0.875\quad 1.375\quad 2.25\}$$

所以，

$$\max\limits_{i}\max\limits_{k}|x_0(k)-x_i(k)| = \max\{1\quad 2.25\} = 2.25$$

$$\min_{i}\min_{k}|x_0(k)-x_i(k)|=0$$

③ 求关联系数。

由式（12-8），取 $\rho=0.5$，可计算出比较数列 x_i 与参考数列 x_0 的各点关联系数。

$$\xi_1(1)=\frac{\min\limits_{i}\min\limits_{k}|x_0(k)-x_i(k)|+\rho\max\limits_{i}\max\limits_{k}|x_0(k)-x_i(k)|}{|x_0(1)-x_1(1)|+\rho\max\limits_{i}\max\limits_{k}|x_0(k)-x_i(k)|}=\frac{0+0.5\times2.25}{0+0.5\times2.25}=1$$

$$\xi_1(2)=\frac{\min\limits_{i}\min\limits_{k}|x_0(k)-x_i(k)|+\rho\max\limits_{i}\max\limits_{k}|x_0(k)-x_i(k)|}{|x_0(2)-x_1(2)|+\rho\max\limits_{i}\max\limits_{k}|x_0(k)-x_i(k)|}$$

$$=\frac{0+0.5\times2.25}{0.066+0.5\times2.25}=0.9446$$

$$\xi_1(3)=\frac{\min\limits_{i}\min\limits_{k}|x_0(k)-x_i(k)|+\rho\max\limits_{i}\max\limits_{k}|x_0(k)-x_i(k)|}{|x_0(3)-x_1(3)|+\rho\max\limits_{i}\max\limits_{k}|x_0(k)-x_i(k)|}$$

$$=\frac{0+0.5\times2.25}{0.666+0.5\times2.25}=0.6281$$

同理可计算其他各点的关联系数。

$$\xi_1(4)=0.8182 \qquad \xi_1(5)=0.6212 \qquad \xi_1(6)=0.5294$$
$$\xi_2(1)=1 \qquad \xi_2(2)=0.9783 \qquad \xi_2(3)=0.5488$$
$$\xi_2(4)=0.5625 \qquad \xi_2(5)=0.45 \qquad \xi_2(6)=0.3333$$

④ 求关联度。

$$r_1=\frac{1}{6}(1+0.9446+0.6281+0.8182+0.6212+0.5294)=0.7569$$

$$r_2=\frac{1}{6}(1+0.9783+0.5488+0.5625+0.45+0.3333)=0.6456$$

因为，x_1 与 x_0 关联度大于 x_2 与 x_0 的关联度，所以，x_1 对 x_0 的影响大于 x_2 对 x_0 的影响。

灰决策中，还将用到累加生成、累减生成、紧邻均值生成和 $GM(1,1)$ 模型等有关灰理论基础。这些内容已在灰色预测一章，即第七章作过介绍和讨论，在此不再赘述。

第二节　灰色局势决策

一、什么是灰色局势决策

1. 什么是局势决策问题

设有 n 个事件 a_1, a_2, …, a_n，对每一事件的发生都有 m 个对策 b_1, b_2, …, b_m，则称事件 a_i 和对策 b_j 的组合 (a_i,b_j) 为一个局势（$i=1$, 2, …, n; $j=1$, 2, …, m）。对每一事件 a_i 都求出最优或满意对策的决策问题称为局势决策问题。

局势决策问题在现实生产生活中大量存在，如农业灌溉决策中的不同月份（事件）安排不同的灌溉方式（对策）；学校教学任务安排中的不同教师（事件）安排合适的课程或教学工作（对策）；工厂的生产安排中，不同的机床（事件）安排不同的加工工序等。

对付某一事件，采取的某一对策如何，与评价对策的尺度有关。因此，称评价对策好坏的尺度为目标，评价的结果为效果。

2. 什么是灰色局势决策

事件或评价目标中含有灰元的局势决策问题称为灰色局势决策问题。如农业种植决策中，根据不同的气候情况，如平年、旱年、涝年种植小麦、玉米、高粱、大豆等，使得农作物产值最大，就是一个灰色局势决策问题。因为气候情况——"平年"、"旱年"、"涝年"事件是灰元。再如，下雨这一事件的对策可是带伞、穿雨衣、戴斗篷，若决策时可考虑两个目标：经济和轻便。这也是一个灰色局势决策问题。因为决策的目标——"经济"、"轻便"是灰元。

二、灰色局势决策的步骤

设事件 $a_1, a_2, \cdots, a_n$ 的每一事件的发生都有 m 个对策 $b_1, b_2, \cdots, b_m$ 去对付，记局势 (a_i, b_j) 为 S_{ij}；局势决策时，考虑 k 个目标。第 p 目标下局势 S_{ij} 的局势效果值为 $u_{ij}^{(p)}$ $(i=1,2,\cdots,n; j=1,2,\cdots,m; p=1,2,\cdots,k)$。

1. 构造 p 目标下局势效果测度值矩阵 $U^{(p)}$

$$U^{(p)} = \begin{pmatrix} u_{11}^{(p)} & u_{12}^{(p)} & \cdots & u_{1m}^{(p)} \\ u_{21}^{(p)} & u_{22}^{(p)} & \cdots & u_{2m}^{(p)} \\ \vdots & \vdots & \vdots & \vdots \\ u_{n1}^{(p)} & u_{n2}^{(p)} & \cdots & u_{nm}^{(p)} \end{pmatrix} \quad (p=1,2,\cdots,k)$$

2. 求各目标下局势效果的规范化测度，并构造规范化效果测度矩阵 $R^{(p)}$

灰色局势决策中，考虑的各目标往往不是同向目标，也就是各目标的极性不一样，有的目标是要求越大越好，有的目标是要求越小越好，有的目标是要求越适中越好。因此，为科学地准确地决策，必须对各局势的效果测度值进行规范化测度处理，并且使各目标下各局势的效果测度值规范化为 $[0,1]$ 间取值。

局势效果测度值规范化测度的方法，根据各目标的不同极性，分别按式（12-1）～式（12-3）规范化处理即可。即记局势的效果测度值 $u_{ij}^{(p)}$ 规范化后的测度值为 $r_{ij}^{(p)}$。

① p 为越大越好的目标。

$$r_{ij}^{(p)} = \frac{u_{ij}^{(p)}}{\max\limits_{l}\max\limits_{q} u_{lq}^{(p)}}$$

② p 为越小越好的目标。

$$r_{ij}^{(p)} = \frac{\min\limits_{l}\min\limits_{q} u_{lq}^{(p)}}{u_{ij}^{(p)}}$$

③ p 为越适中越好的目标。若适中的目标值为 u_0（一般取该目标下各局势效果测度值的平均值），则

$$r_{ij}^{(p)} = \frac{\min(u_{ij}^{(p)}, u_0)}{\max(u_{ij}^{(p)}, u_0)}$$

由此，可构造规范化效果测度矩阵

$$R^{(p)} = \begin{pmatrix} r_{11}^{(p)} & r_{12}^{(p)} & \cdots & r_{1m}^{(p)} \\ r_{21}^{(p)} & r_{22}^{(p)} & \cdots & r_{2m}^{(p)} \\ \vdots & \vdots & \vdots & \vdots \\ r_{n1}^{(p)} & r_{n2}^{(p)} & \cdots & r_{nm}^{(p)} \end{pmatrix} \quad (p=1,2,\cdots,k)$$

3. 求综合效果测度矩阵 R

事件 a_i 采取对策 b_j 的综合效果测度值 r_{ij} 是各目标下局势 S_{ij} 的效果侧度值的综合。一般以各目标下局势 S_{ij} 的效果侧度值的平均值为其综合效果测度值。因此，综合效果测度矩阵为

$$R = \begin{pmatrix} r_{11} & r_{12} & \cdots & r_{1m} \\ r_{21} & r_{22} & \cdots & r_{2m} \\ \vdots & \vdots & \vdots & \vdots \\ r_{n1} & r_{n2} & \cdots & r_{nm} \end{pmatrix}$$

其中 $r_{ij} = \dfrac{1}{k} \sum\limits_{p=1}^{k} r_{ij}^{(p)} \ (i = 1, 2, \cdots, n; \ j = 1, 2, \cdots, m)$。

4. 确定每一事件的最优对策

事件 a_i 的最大测度元为 $r_{ij*} = \max\limits_{1 \leqslant j \leqslant m} r_{ij} (i = 1, 2, \cdots, n)$，对应对策 b_{j*} 为事件 a_i 的最优对策。

【例 12-3】 某市有三个农业生产经济区，各区有"林"、"牧"、"工副"三种作业，现考虑人均收入（单位：10 元），每百元人力（单位：个），每百元产值资金（单位：10 元）三个目标，已知各区的各种作业目标值如表 12-5 所示。目标"人均收入"为越大越好的目标；"每百元收入所需人力"为适中目标，适中值 u_0 取该目标下各局势效果值的平均值，即 $u_0 = 1.03$；"每百元产值所需资金"为越小越好的目标。

表 12-5 农业生产经济区各种作业目标值

区名	作业效果	林	牧	工副
1 区	目标 1：人均收入/10 元	0.55	22.4	3.9
	目标 2：百元人力/个	0.3	1.8	1
	目标 3：百元资金/10 元	0.8	3	3.5
2 区	目标 1：人均收入/10 元	0.9	4.4	14
	目标 2：百元人力/个	0.7	1	1.4
	目标 3：百元资金/10 元	0.6	2	4
3 区	目标 1：人均收入/10 元	1.14	5.3	4.9
	目标 2：百元人力/个	0.9	1.4	0.8
	目标 3：百元资金/10 元	0.1	0.9	5

试作灰色局势决策，确定各区的满意作业。

解： 该灰色局势决策问题有三个事件，即三个农业生产经济区——1 区、2 区、3 区；对每一事件有三种对策，即——"林"、"牧"、"工副"三种作业，考虑的目标有人均收入、百元人力和百元资金三个。

① 构造各目标下局势效果值矩阵。

人均收入下局势效果值矩阵为

$$U^{(1)} = \begin{pmatrix} 0.55 & 22.4 & 3.9 \\ 0.9 & 4.4 & 14 \\ 1.14 & 5.3 & 4.9 \end{pmatrix}$$

百元人力下局势效果值矩阵为

$$U^{(2)} = \begin{pmatrix} 0.3 & 1.8 & 1 \\ 0.7 & 1 & 1.4 \\ 0.9 & 1.4 & 0.8 \end{pmatrix}$$

百元资金下局势效果值矩阵为

$$U^{(3)} = \begin{pmatrix} 0.8 & 3 & 3.5 \\ 0.6 & 2 & 4 \\ 0.1 & 0.9 & 5 \end{pmatrix}$$

② 求各目标下局势的规范化效果测度矩阵 $R^{(p)}$。人均收入为越大越好的目标，所以，由式(12-1)可求出该目标下局势效果的规范化测度值。又因为 $\max_i \max_j u_{ij}^{(1)} = 22.4$，所以，人均收入效果测度矩阵为

$$R^{(1)} = \begin{pmatrix} 0.0246 & 1 & 0.1741 \\ 0.0402 & 0.1964 & 0.625 \\ 0.0509 & 0.2366 & 0.2188 \end{pmatrix}$$

百元人力适中目标，由式(12-3)可求出该目标下局势效果的规范化测度值。又因为 $u_0 = 1.03$，所以，百元人力效果测度矩阵为

$$R^{(2)} = \begin{pmatrix} 0.2913 & 0.5722 & 0.9709 \\ 0.6796 & 0.9709 & 0.7357 \\ 0.8738 & 0.7357 & 0.7767 \end{pmatrix}$$

百元资金为越小越好的目标，所以，由式(12-2)可求出该目标下局势效果的规范化测度值。又因为 $\min_i \min_j u_{ij}^{(1)} = 0.1$，所以，百元资金效果测度矩阵为

$$R^{(3)} = \begin{pmatrix} 0.125 & 0.0333 & 0.0286 \\ 0.1667 & 0.05 & 0.025 \\ 1 & 0.1111 & 0.02 \end{pmatrix}$$

③ 求综合效果测度矩阵。

$$R = \begin{pmatrix} 0.1450 & 0.5352 & 0.3912 \\ 0.2955 & 0.4058 & 0.4619 \\ 0.6416 & 0.3611 & 0.3385 \end{pmatrix}$$

④ 求每一区的最大测度元，确定每一区的最优对策。因为

$$r_{1j^*} = \max_{1 \leq j \leq 3} r_{1j} = r_{12} = 0.5352$$

$$r_{2j^*} = \max_{1 \leq j \leq 3} r_{2j} = r_{23} = 0.4619$$

$$r_{3j^*} = \max_{1 \leq j \leq 3} r_{3j} = r_{31} = 0.6416$$

所以，1区满意作业为畜牧业；2区满意作业为工副业；3区满意作业为林业。

【例12-4】 油田开发方案的灰色局势决策：某油田开发有4种方案，每一方案有8项指标，各指标数据如表12-6所示。其中，"产气量"、"采出程度"、"利润"、"内部收益率"、"净现值率"为越大越好的目标；"成本"、"投资回收期"为越小越好的目标；"采气速度"为适中目标。

表12-6 油田开发方案数据

方案 目标	方案1 b_1	方案2 b_2	方案3 b_3	方案4 b_4
$P=1$ 产气量/$10^9\,m^3$	4.9	5	5.3	3.2
$P=2$ 采气速度/%	2.87	3.59	2.87	4.31
$P=3$ 采出程度/%	78.21	76.6	79.38	54.6
$P=4$ 利润/亿元	2.9	3.5	2.98	2.37
$P=5$ 内部收益率/%	67.86	70.15	50.51	69.68
$P=6$ 净现值率/%	2.68	3.23	1.9	2.41
$P=7$ 成本/(元/$10^3\,m^3$)	94.57	84.42	97.52	82.39
$P=8$ 投资回收期/年	1.76	1.92	2.65	2.02

试选择满意方案。

此问题的决策留作读者练习。提示：此问题为只有一个事件——油田开发；四个对

策——方案 1、方案 2、方案 3、方案 4；8 个目标——产气量、采气速度、采出程度、利润、内部收益率、净现值率、成本、投资回收期的灰局势决策问题。其中，采气速度为适中目标，成本、投资回收期为越小越好的目标，其余的均为越大越好的目标。

第三节　灰色层次决策

一、灰色层次决策的含义

一个大型决策，是由若干个决策人员组成的决策集团完成的。决策时涉及决策人员各方面的利益与意愿，并且考虑决策人员各方面意愿、协调决策人员各方面利益借助于灰色理论进行。决策人员按其意愿与利益不同分为不同的层次（一般分为三层），每一层次称为一个决策层次。因此，称这样的决策为灰色层次决策。如一个商业（企业）集团，要开发几种产品，要确定各产品的投资方案（灰类），则涉及董事会、经理群、股东。董事会对投资方案把关；经理层着重产品开发；股东们可对产品和投资两个方面关注。最后在协调三个方面的意愿后，作出"满意产品的选择，投资灰类的确定"的决策，这就是灰色层次决策。再如，某工程项目有若干可行方案，各可行方案可以在"多投资"、"中投资"、"少投资"、"最少投资"等灰类中选择投资，决策人员由群众代表、工程项目技术专家和领导组成，现要求综合这三个方面（三个决策层）决策人员的决策意愿、利益等，确定最佳可行方案和投资类型，这也是灰色层次决策。

灰色层次决策是指基于灰方法（如灰关联分析法等），综合三个决策层 L_1、L_2、L_3 的决策意愿、利益的层次决策。

二、灰色层次决策的原理及步骤

设灰色层次决策中，$A_j(j=1,2,\cdots,m)$ 为决策项目或可行方案；$B_k(k=1,2,\cdots,n)$ 为投资灰类。

灰色层次决策的第一层次决策层 L_1 的决策重点是确定 A_i 项目或可行方案采用投资类 B_j 的权重；第二层次决策层 L_2 的决策重点是确定各项目或可行方案的权重；第三层次决策层 L_3 的决策重点是确定各投资灰类的权重。各决策层次对应权重的确定，以及各层次决策意愿的综合，常常采用灰统计方法、GM(1,1) 模型、灰关联分析方法等技术，其具体的确定过程如下。

1. 决策层 L_1 确定决策项目 A_i 采用 B_j 灰类的权重 r_{ij}

若 L_1 决策层有 w 个决策人员，第 i 个决策人员认为 A_j 应投资 d_{ij} 投资额，则 L_1 决策层的样本矩阵为

$$
\begin{array}{cccc}
\text{项目 1} & \text{项目 2} & \cdots & \text{项目 } m
\end{array}
$$
$$
d=\begin{pmatrix}
d_{11} & d_{12} & \cdots & d_{1m} \\
d_{21} & d_{22} & \cdots & d_{2m} \\
\vdots & \vdots & \vdots & \vdots \\
d_{w1} & d_{w2} & \cdots & d_{wm}
\end{pmatrix}
\begin{array}{l}
\text{决策者 1} \\
\text{决策者 2} \\
\vdots \\
\text{决策者 } w
\end{array}
$$

应用灰统计式(12-7)综合各决策者对项目 A_j 的投资意愿即可得到项目 A_j 的投资灰类权重。即对 d 按下述方法进行灰色统计。

$$
n_{jk}=\sum_{i=1}^{w} f_k(d_{ij}) \qquad (j=1,2,\cdots,m; k=1,2,\cdots,n)
$$

$$r_{jk} = \frac{n_{jk}}{\sum\limits_{k=1}^{n} n_{jk}} \qquad (j=1,2,\cdots,m;k=1,2,\cdots,n)$$

其中，f_k 为 B_k 灰类的白化函数。

（1）上类白化函数 f_1（投资在 c_1 以上）

$$f_1 = f_1(c_1,\infty) \Rightarrow f_1(d_{ij}) = \begin{cases} \dfrac{1}{c_1}d_{ij} & d_{ij} \in [0,c_1] \\ 1 & d_{ij} \in [c_1,\infty] \end{cases}$$

（2）中类白化函数 f_i（投资在 c_i 左右）

$$f_i = f_i(-,c_i,+) \Rightarrow f_i(d_{ij}) = \begin{cases} \dfrac{1}{c_i}d_{ij} & d_{ij} \in [0,c_i] \\ -\dfrac{1}{c_i}d_{ij}+2 & d_{ij} \in [c_i,2c_i] \end{cases}$$

（3）末类白化函数 f_n

$$f_n = f_n(0,c_n) \Rightarrow f_n(d_{ij}) = \begin{cases} 1 & d_{ij} \in [0,c_n] \\ -\dfrac{1}{c_n}d_{ij}+2 & d_{ij} \in [c_n,2c_n] \end{cases}$$

由此可得到决策层 L_1 对决策项目 A_i 采用 B_j 灰类的权重矩阵。

$$R = \begin{pmatrix} r_{11} & r_{12} & \cdots & r_{1n} \\ r_{21} & r_{22} & \cdots & r_{2n} \\ \cdots & \cdots & \cdots & \cdots \\ r_{m1} & r_{m2} & \cdots & r_{mn} \end{pmatrix} = (r_1 \quad r_2 \quad \cdots \quad r_n)$$

2. 决策层 L_2 确定某一目标 p （$p=1,2,\cdots,l$）下各决策项目的权重

决策层 L_2 常以 $GM(1,1)$ 模型来分析预测确定 p 目标下项目 A_j 的权系数。

若 p 目标下项目 A_j 的历史序列为 $x_j^{(0)} = \{x_j^{(0)}(1) \quad x_j^{(0)}(2) \quad \cdots \quad x_j^{(0)}(n)\}$，则建立 $GM(1,1)$ 模型 $x_j^{(0)}(k)+a_j z_j^{(0)}(k)=b_j$，其发展系数 a_j 作为项目 A_j 的权系数。由此可得决策层 L_2 在 p 目标下对决策项目的权重向量 $a_p = (a_{p1} \quad a_{p2} \quad \cdots \quad a_{pm})$。

决策层 L_2 也可采用其他预测技术获得 p 目标下对决策项目的权重向量 $a_p = (a_{p1} \quad a_{p2} \quad \cdots \quad a_{pm})$。

3. 决策层 L_3 确定各投资灰类的权重 $q = (q_1 \quad q_2 \quad \cdots \quad q_n)$

决策层 L_3 根据其投资意愿及其对各投资灰类的偏好，采取一定的方法确定各投资灰类的权重 $q = (q_1 \quad q_2 \quad \cdots \quad q_n)$。

4. 综合决策层 L_1 和 L_2 的决策意愿

以 L_2 中的 a_p 为参考序列，L_1 中的 r_k 为比较序列，求灰关联度。$\xi(a_p,r_k)(p=1, 2,\cdots,l;k=1,2,\cdots,n)$。则得 L_1 与 L_2 联合决策 $L_1 \cup L_2$ 估值矩阵。

$$\xi = \begin{pmatrix} \xi(a_1,r_1) & \xi(a_1,r_2) & \cdots & \xi(a_1,r_n) \\ \xi(a_2,r_1) & \xi(a_2,r_2) & \cdots & \xi(a_2,r_n) \\ \vdots & \vdots & \vdots & \vdots \\ \xi(a_l,r_1) & \xi(a_l,r_2) & \cdots & \xi(a_l,r_n) \end{pmatrix} = \begin{pmatrix} \xi_1 \\ \xi_2 \\ \vdots \\ \xi_l \end{pmatrix}$$

其中 $\xi(a_p,r_k)$ 为 p 目标下 L_2 决策层对各项目的看重程度与各项目属于 k 灰类投资的程度的关联度；ξ_p 为 p 目标下 L_2 决策层对各项目的看重程度与各项目属于所有灰类投资的程度的关联度向量。

5. 综合决策层 L_1、L_2 和 L_3 的决策意愿

以 L_3 的 q 为参考序列，$L_1 \bigcup L_2$ 中的 ξ_p 为比较序列，求其灰关联度 $\xi(q, \xi_p)$（$p = 1$，$2, \cdots, l$）

则得 L_1、L_2、L_3 三级联合决策估值：$(\xi(q, \xi_1) \quad \xi(q, \xi_2) \quad \cdots \quad \xi(q, \xi_l))$。

6. 求满意目标

$\xi(q, \xi_{p^*}) = \max(\xi(q, \xi_1) \quad \xi(q, \xi_2) \quad \cdots \quad \xi(q, \xi_l))$ 对应目标 p^* 为综合决策层 L_1、L_2、L_3 决策意愿的满意目标 p^*。

7. 求满意投资灰类

$\xi(a_{p^*}, r_{k^*}) = \max(\xi(a_{p^*}, r_1) \quad \xi(a_{p^*}, r_2) \quad \cdots \quad \xi(a_{p^*}, r_n))$ 对应第 k^* 灰类 B_{k^*}，为综合决策层 L_1、L_2、L_3 决策意愿的满意目标下 p^* 的满意投资灰类 B_{k^*}。

8. 求满意投资项目

$a_{p^* j^*} = \max(a_{p^* 1} \quad a_{p^* 2} \quad \cdots \quad a_{p^* m})$ 对应第 j^* 项目 A_{j^*} 为综合决策层 L_1、L_2、L_3 决策意愿的满意目标下 p^* 的满意投资项目 j^*。

【例 12-5】 某集团拟开发 $1^\#$、$2^\#$、$3^\#$、$4^\#$ 四种商品，要求作出灰色层次决策以确定首选商品 j^*，以及其投资灰类 k^*。该集团由股东大会 L_1、经理层 L_2、董事会（长）L_3 组成。

① 决策层：L_1 为股东大会；L_2 为经理层；L_3 为董事会。

② 决策项目 j：$j = 1$ 为 $1^\#$ 商品；$j = 2$ 为 $2^\#$ 商品；$j = 3$ 为 $3^\#$ 商品；$j = 4$ 为 $4^\#$ 商品。

③ 灰类 k：$k = 1$ 为最多投资；$k = 2$ 为中等投资；$k = 3$ 为少投资；$k = 4$ 为最少投资。

④ L_1 有三个决策单元（投资单元或股东投资组），其样本矩阵为

$$d = \begin{matrix} 1^\# & 2^\# & 3^\# & 4^\# \\ \begin{pmatrix} 2000 & 1000 & 700 & 100 \\ 1000 & 500 & 300 & 200 \\ 0 & 0 & 600 & 300 \end{pmatrix} & & & \end{matrix} \begin{matrix} 投资单元 1 \\ 投资单元 2 \\ 投资单元 3 \end{matrix}$$

各灰类白化函数为

$$f_1 \Rightarrow f_1(c_1, \infty) = f_1(1800, \infty)$$
$$f_2 \Rightarrow f_2(-, c_2, +) = f_2(-, 1000, +)$$
$$f_3 \Rightarrow f_3(-, c_3, +) = f_3(-, 500, +)$$
$$f_4 \Rightarrow f_4(0, c_4) = f_4(0, 100)$$

则由灰统计方法可得 L_1 决策层确定决策项目 A_i 采用 B_j 投资灰类的权重 r_{ij}（$i = 1, 2, 3, 4$；$j = 1, 2, 3, 4$），由【例 12-1】可知

$$R = \begin{pmatrix} 0.4375 & 0.2813 & 0 & 0.2813 \\ 0.1923 & 0.3462 & 0.2308 & 0.2308 \\ 0.1980 & 0.3564 & 0.4455 & 0 \\ 0.1064 & 0.1915 & 0.3830 & 0.3191 \end{pmatrix} = (r_1 \quad r_2 \quad r_3 \quad r_4)$$

⑤ 决策层 L_2，即经理层考虑和预测了两个地区（目标地）商品的市场占有率即各决策项目的权重为

$$a_1 = (a_{11} \quad a_{12} \quad a_{13} \quad a_{14}) = (0.1 \quad 0.17 \quad 0.2 \quad 0.8)$$
$$a_2 = (a_{21} \quad a_{22} \quad a_{23} \quad a_{24}) = (0.1 \quad 0.17 \quad 0.2 \quad 0.1)$$

⑥ 董事会层 L_3。董事会层 L_3 确定各投资灰类的权重：$q = (0.48 \quad 0.94 \quad 0.09 \quad 0)$

⑦ 综合 L_1、L_2 的决策意愿。以 L_2 中的 a_p 为参考序列，L_1 中的 r_k 为比较序列，求灰关联度。

$$\xi(a_p,r_k)\quad(p=1,2;i=1,2,3,4)$$

当 $p=1$ 时，

差异信息为 $\Delta(i)=|a_1(i)-r_k(i)|(i=1,2,3,4)$，所以，

$$\Delta_1=\{0.3375\quad 0.0223\quad 0.002\quad 0.6936\}$$
$$\Delta_2=\{0.1813\quad 0.1762\quad 0.1564\quad 0.6085\}$$
$$\Delta_3=\{0.1\quad 0.0608\quad 0.2455\quad 0.417\}$$
$$\Delta_4=\{0.1813\quad 0.0608\quad 0.2\quad 0.4808\}$$

所以，

$$\max_i\max_k|a_1(k)-r_i(k)|=\max\{0.6936\quad 0.6085\quad 0.417\quad 0.4808\}=0.6936$$
$$\min_i\min_k|a_1(k)-r_i(k)|=\min\{0.002\quad 0.1564\quad 0.0608\quad 0.0608\}=0.002$$

$$\xi(a_1(1),r_1(1))=\frac{\min\limits_i\min\limits_k|a_1(k)-r_i(k)|+\rho\max\limits_i\max\limits_k|a_1(k)-r_i(k)|}{|a_1(1)-r_1(1)|+\rho\max\limits_i\max\limits_k|a_1(k)-r_i(k)|}$$
$$=\frac{0.002+0.5\times0.6936}{0.3375+0.5\times0.6936}=0.5097$$

$$\xi(a_1(2),r_1(2))=\frac{\min\limits_i\min\limits_k|a_1(k)-r_i(k)|+\rho\max\limits_i\max\limits_k|a_1(k)-r_i(k)|}{|a_1(2)-r_1(2)|+\rho\max\limits_i\max\limits_k|a_1(k)-r_i(k)|}$$
$$=\frac{0.002+0.5\times0.6936}{0.0223+0.5\times0.6936}=0.9450$$

$$\xi(a_1(3),r_1(3))=\frac{\min\limits_i\min\limits_k|a_1(k)-r_i(k)|+\rho\max\limits_i\max\limits_k|a_1(k)-r_i(k)|}{|a_1(3)-r_1(3)|+\rho\max\limits_i\max\limits_k|a_1(k)-r_i(k)|}$$
$$=\frac{0.002+0.5\times0.6936}{0.002+0.5\times0.6936}=1$$

$$\xi(a_1(4),r_1(4))=\frac{\min\limits_i\min\limits_k|a_1(k)-r_i(k)|+\rho\max\limits_i\max\limits_k|a_1(k)-r_i(k)|}{|a_1(4)-r_1(4)|+\rho\max\limits_i\max\limits_k|a_1(k)-r_i(k)|}$$
$$=\frac{0.002+0.5\times0.6936}{0.6936+0.5\times0.6936}=0.3353$$

所以，

$$\xi(a_1,r_1)=\frac{1}{4}(\xi(a_1(1),r_1(1))+\xi(a_1(2),r_1(2))+\xi(a_1(3),r_1(3))+\xi(a_1(4),r_1(4)))$$
$$=\frac{1}{4}\times(0.5097+0.9450+1+0.3353)=0.6975$$

又

$$\xi(a_1(1),r_2(1))=\frac{\min\limits_i\min\limits_k|a_1(k)-r_i(k)|+\rho\max\limits_i\max\limits_k|a_1(k)-r_i(k)|}{|a_1(1)-r_2(1)|+\rho\max\limits_i\max\limits_k|a_1(k)-r_i(k)|}$$
$$=\frac{0.002+0.5\times0.6936}{0.1813+0.5\times0.6936}=0.6605$$

$$\xi(a_1(2),r_2(2))=\frac{\min\limits_i\min\limits_k|a_1(k)-r_i(k)|+\rho\max\limits_i\max\limits_k|a_1(k)-r_i(k)|}{|a_1(2)-r_2(2)|+\rho\max\limits_i\max\limits_k|a_1(k)-r_i(k)|}$$
$$=\frac{0.002+0.5\times0.6936}{0.1762+0.5\times0.6936}=0.6669$$

$$\xi(a_1(3),r_2(3))=\frac{\min_i\min_k|a_1(k)-r_i(k)|+\rho\max_i\max_k|a_1(k)-r_i(k)|}{|a_1(3)-r_2(3)|+\rho\max_i\max_k|a_1(k)-r_i(k)|}$$

$$=\frac{0.002+0.5\times0.6936}{0.1564+0.5\times0.6936}=0.6932$$

$$\xi(a_1(4),r_2(4))=\frac{\min_i\min_k|a_1(k)-r_i(k)|+\rho\max_i\max_k|a_1(k)-r_i(k)|}{|a_1(4)-r_2(4)|+\rho\max_i\max_k|a_1(k)-r_i(k)|}$$

$$=\frac{0.002+0.5\times0.6936}{0.6085+0.5\times0.6936}=0.3651$$

所以，

$$\xi(a_1,r_2)=\frac{1}{4}(\xi(a_1(1),r_2(1))+\xi(a_1(2),r_2(2))+\xi(a_1(3),r_2(3))+\xi(a_1(4),r_2(4)))$$

$$=\frac{1}{4}\times(0.6605+0.6669+0.6932+0.3651)=0.5964$$

又

$$\xi(a_1(1),r_3(1))=\frac{\min_i\min_k|a_1(k)-r_i(k)|+\rho\max_i\max_k|a_1(k)-r_i(k)|}{|a_1(1)-r_3(1)|+\rho\max_i\max_k|a_1(k)-r_i(k)|}$$

$$=\frac{0.002+0.5\times0.6936}{0.1+0.5\times0.6936}=0.7807$$

$$\xi(a_1(2),r_3(2))=\frac{\min_i\min_k|a_1(k)-r_i(k)|+\rho\max_i\max_k|a_1(k)-r_i(k)|}{|a_1(2)-r_3(2)|+\rho\max_i\max_k|a_1(k)-r_i(k)|}$$

$$=\frac{0.002+0.5\times0.6936}{0.0608+0.5\times0.6936}=0.8557$$

$$\xi(a_1(3),r_3(3))=\frac{\min_i\min_k|a_1(k)-r_i(k)|+\rho\max_i\max_k|a_1(k)-r_i(k)|}{|a_1(3)-r_3(3)|+\rho\max_i\max_k|a_1(k)-r_i(k)|}$$

$$=\frac{0.002+0.5\times0.6936}{0.2455+0.5\times0.6936}=0.5889$$

$$\xi(a_1(4),r_3(4))=\frac{\min_i\min_k|a_1(k)-r_i(k)|+\rho\max_i\max_k|a_1(k)-r_i(k)|}{|a_1(4)-r_3(4)|+\rho\max_i\max_k|a_1(k)-r_i(k)|}$$

$$=\frac{0.002+0.5\times0.6936}{0.417+0.5\times0.6936}=0.4567$$

所以，

$$\xi(a_1,r_3)=\frac{1}{4}(\xi(a_1(1),r_1(1))+\xi(a_1(2),r_1(2))+\xi(a_1(3),r_1(3))+\xi(a_1(4),r_1(4)))$$

$$=\frac{1}{4}\times(0.7807+0.8557+0.5889+0.4567)=0.6705$$

又

$$\xi(a_1(1),r_4(1))=\frac{\min_i\min_k|a_1(k)-r_i(k)|+\rho\max_i\max_k|a_1(k)-r_i(k)|}{|a_1(1)-r_4(1)|+\rho\max_i\max_k|a_1(k)-r_i(k)|}$$

$$=\frac{0.002+0.5\times0.6936}{0.1813+0.5\times0.6936}=0.6605$$

$$\xi(a_1(2),r_4(2))=\frac{\min\limits_{i}\min\limits_{k}|a_1(k)-r_i(k)|+\rho\max\limits_{i}\max\limits_{k}|a_1(k)-r_i(k)|}{|a_1(2)-r_4(2)|+\rho\max\limits_{i}\max\limits_{k}|a_1(k)-r_i(k)|}$$

$$=\frac{0.002+0.5\times0.6936}{0.0608+0.5\times0.6936}=0.8557$$

$$\xi(a_1(3),r_4(3))=\frac{\min\limits_{i}\min\limits_{k}|a_1(k)-r_i(k)|+\rho\max\limits_{i}\max\limits_{k}|a_1(k)-r_i(k)|}{|a_1(3)-r_4(3)|+\rho\max\limits_{i}\max\limits_{k}|a_1(k)-r_i(k)|}$$

$$=\frac{0.002+0.5\times0.6936}{0.2+0.5\times0.6936}=0.6379$$

$$\xi(a_1(4),r_4(4))=\frac{\min\limits_{i}\min\limits_{k}|a_1(k)-r_i(k)|+\rho\max\limits_{i}\max\limits_{k}|a_1(k)-r_i(k)|}{|a_1(4)-r_4(4)|+\rho\max\limits_{i}\max\limits_{k}|a_1(k)-r_i(k)|}$$

$$=\frac{0.002+0.5\times0.6936}{0.4808+0.5\times0.6936}=0.4215$$

所以，

$$\xi(a_1,r_4)=\frac{1}{4}(\xi(a_1(1),r_1(1))+\xi(a_1(2),r_1(2))+\xi(a_1(3),r_1(3))+\xi(a_1(4),r_1(4)))$$

$$=\frac{1}{4}\times(0.6605+0.8557+0.6379+0.4215)=0.6439$$

当 $p=2$ 时，差异信息为 $\Delta(i)=|a_2(i)-r_k(i)|(i=1,2,3,4)$，所以，

$$\Delta_1=\{0.3375\quad0.0223\quad0.002\quad0.0064\}$$
$$\Delta_2=\{0.1813\quad0.1762\quad0.1564\quad0.0915\}$$
$$\Delta_3=\{0.1\quad0.0608\quad0.2455\quad0.283\}$$
$$\Delta_4=\{0.1813\quad0.0608\quad0.2\quad0.2191\}$$

所以，

$$\max\limits_{i}\max\limits_{k}|a_1(k)-r_i(k)|=\max\{0.3375\quad0.1813\quad0.283\quad0.2191\}=0.3375$$
$$\min\limits_{i}\min\limits_{k}|a_1(k)-r_i(k)|=\min\{0.002\quad0.1564\quad0.0608\quad0.0608\}=0.002$$

$$\xi(a_2(1),r_1(1))=\frac{\min\limits_{i}\min\limits_{k}|a_1(k)-r_i(k)|+\rho\max\limits_{i}\max\limits_{k}|a_1(k)-r_i(k)|}{|a_2(1)-r_1(1)|+\rho\max\limits_{i}\max\limits_{k}|a_1(k)-r_i(k)|}$$

$$=\frac{0.002+0.5\times0.3375}{0.3375+0.5\times0.3375}=0.3373$$

$$\xi(a_2(2),r_1(2))=\frac{\min\limits_{i}\min\limits_{k}|a_1(k)-r_i(k)|+\rho\max\limits_{i}\max\limits_{k}|a_1(k)-r_i(k)|}{|a_2(2)-r_1(2)|+\rho\max\limits_{i}\max\limits_{k}|a_1(k)-r_i(k)|}$$

$$=\frac{0.002+0.5\times0.3375}{0.0223+0.5\times0.3375}=0.8937$$

$$\xi(a_2(3),r_1(3))=\frac{\min\limits_{i}\min\limits_{k}|a_1(k)-r_i(k)|+\rho\max\limits_{i}\max\limits_{k}|a_1(k)-r_i(k)|}{|a_2(3)-r_1(3)|+\rho\max\limits_{i}\max\limits_{k}|a_1(k)-r_i(k)|}$$

$$=\frac{0.002+0.5\times0.3375}{0.002+0.5\times0.3375}=1$$

$$\xi(a_2(4),r_1(4))=\frac{\min\limits_{i}\min\limits_{k}|a_1(k)-r_i(k)|+\rho\max\limits_{i}\max\limits_{k}|a_1(k)-r_i(k)|}{|a_2(4)-r_1(4)|+\rho\max\limits_{i}\max\limits_{k}|a_1(k)-r_i(k)|}$$

$$=\frac{0.002+0.5\times0.3375}{0.0064+0.5\times0.3375}=0.9749$$

所以，

$$\xi(a_2,r_1)=\frac{1}{4}(\xi(a_1(1),r_1(1))+\xi(a_1(2),r_1(2))+\xi(a_1(3),r_1(3))+\xi(a_1(4),r_1(4)))$$

$$=\frac{1}{4}\times(0.3373+0.8937+1+0.9749)=0.8015$$

又

$$\xi(a_2(1),r_2(1))=\frac{\min\limits_{i}\min\limits_{k}|a_1(k)-r_i(k)|+\rho\max\limits_{i}\max\limits_{k}|a_1(k)-r_i(k)|}{|a_1(1)-r_2(1)|+\rho\max\limits_{i}\max\limits_{k}|a_1(k)-r_i(k)|}$$

$$=\frac{0.002+0.5\times0.3375}{0.1813+0.5\times0.3375}=0.4878$$

$$\xi(a_2(2),r_2(2))=\frac{\min\limits_{i}\min\limits_{k}|a_1(k)-r_i(k)|+\rho\max\limits_{i}\max\limits_{k}|a_1(k)-r_i(k)|}{|a_2(2)-r_2(2)|+\rho\max\limits_{i}\max\limits_{k}|a_1(k)-r_i(k)|}$$

$$=\frac{0.002+0.5\times0.3375}{0.1762+0.5\times0.3375}=0.4750$$

$$\xi(a_2(3),r_2(3))=\frac{\min\limits_{i}\min\limits_{k}|a_1(k)-r_i(k)|+\rho\max\limits_{i}\max\limits_{k}|a_1(k)-r_i(k)|}{|a_2(3)-r_2(3)|+\rho\max\limits_{i}\max\limits_{k}|a_1(k)-r_i(k)|}$$

$$=\frac{0.002+0.5\times0.33756}{0.1564+0.5\times0.3375}=0.5251$$

$$\xi(a_2(4),r_2(4))=\frac{\min\limits_{i}\min\limits_{k}|a_1(k)-r_i(k)|+\rho\max\limits_{i}\max\limits_{k}|a_1(k)-r_i(k)|}{|a_1(4)-r_2(4)|+\rho\max\limits_{i}\max\limits_{k}|a_1(k)-r_i(k)|}$$

$$=\frac{0.002+0.5\times0.3375}{0.0915+0.5\times0.3375}=0.6561$$

所以，

$$\xi(a_2,r_2)=\frac{1}{4}(\xi(a_1(1),r_2(1))+\xi(a_1(2),r_2(2))+\xi(a_1(3),r_2(3))+\xi(a_1(4),r_2(4)))$$

$$=\frac{1}{4}\times(0.4878+0.4750+0.5251+0.6561)=0.536$$

又

$$\xi(a_2(1),r_3(1))=\frac{\min\limits_{i}\min\limits_{k}|a_1(k)-r_i(k)|+\rho\max\limits_{i}\max\limits_{k}|a_1(k)-r_i(k)|}{|a_2(1)-r_3(1)|+\rho\max\limits_{i}\max\limits_{k}|a_1(k)-r_i(k)|}$$

$$=\frac{0.002+0.5\times0.3375}{0.1+0.5\times0.3375}=0.6353$$

$$\xi(a_2(2),r_3(2))=\frac{\min\limits_{i}\min\limits_{k}|a_1(k)-r_i(k)|+\rho\max\limits_{i}\max\limits_{k}|a_1(k)-r_i(k)|}{|a_2(2)-r_3(2)|+\rho\max\limits_{i}\max\limits_{k}|a_1(k)-r_i(k)|}$$

$$=\frac{0.002+0.5\times0.3375}{0.0608+0.5\times0.3375}=0.7438$$

$$\xi(a_2(3),r_3(3))=\frac{\min\limits_{i}\min\limits_{k}|a_1(k)-r_i(k)|+\rho\max\limits_{i}\max\limits_{k}|a_1(k)-r_i(k)|}{|a_2(3)-r_3(3)|+\rho\max\limits_{i}\max\limits_{k}|a_1(k)-r_i(k)|}$$

$$=\frac{0.002+0.5\times0.3375}{0.2455+0.5\times0.3375}=0.4122$$

$$\xi(a_2(4),r_3(4))=\frac{\underset{i}{\min}\underset{k}{\min}|a_1(k)-r_i(k)|+\rho\underset{i}{\max}\underset{k}{\max}|a_1(k)-r_i(k)|}{|a_2(4)-r_3(4)|+\rho\underset{i}{\max}\underset{k}{\max}|a_1(k)-r_i(k)|}$$

$$=\frac{0.002+0.5\times0.3375}{0.283+0.5\times0.3375}=0.3780$$

所以,

$$\xi(a_2,r_3)=\frac{1}{4}(\xi(a_1(1),r_1(1))+\xi(a_1(2),r_1(2))+\xi(a_1(3),r_1(3))+\xi(a_1(4),r_1(4)))$$

$$=\frac{1}{4}\times(0.6353+0.7438+0.4122+0.3780)=0.5423$$

又

$$\xi(a_2(1),r_4(1))=\frac{\underset{i}{\min}\underset{k}{\min}|a_1(k)-r_i(k)|+\rho\underset{i}{\max}\underset{k}{\max}|a_1(k)-r_i(k)|}{|a_1(1)-r_4(1)|+\rho\underset{i}{\max}\underset{k}{\max}|a_1(k)-r_i(k)|}$$

$$=\frac{0.002+0.5\times0.3375}{0.1813+0.5\times0.3375}=0.4878$$

$$\xi(a_2(2),r_4(2))=\frac{\underset{i}{\min}\underset{k}{\min}|a_1(k)-r_i(k)|+\rho\underset{i}{\max}\underset{k}{\max}|a_1(k)-r_i(k)|}{|a_2(2)-r_4(2)|+\rho\underset{i}{\max}\underset{k}{\max}|a_1(k)-r_i(k)|}$$

$$=\frac{0.002+0.5\times0.3375}{0.0608+0.5\times0.3375}=0.7438$$

$$\xi(a_2(3),r_4(3))=\frac{\underset{i}{\min}\underset{k}{\min}|a_1(k)-r_i(k)|+\rho\underset{i}{\max}\underset{k}{\max}|a_1(k)-r_i(k)|}{|a_2(3)-r_4(3)|+\rho\underset{i}{\max}\underset{k}{\max}|a_1(k)-r_i(k)|}$$

$$=\frac{0.002+0.5\times0.3375}{0.2+0.5\times0.3375}=0.4631$$

$$\xi(a_2(4),r_4(4))=\frac{\underset{i}{\min}\underset{k}{\min}|a_1(k)-r_i(k)|+\rho\underset{i}{\max}\underset{k}{\max}|a_1(k)-r_i(k)|}{|a_2(4)-r_4(4)|+\rho\underset{i}{\max}\underset{k}{\max}|a_1(k)-r_i(k)|}$$

$$=\frac{0.002+0.5\times0.3375}{0.2191+0.5\times0.3375}=0.4402$$

所以,

$$\xi(a_2,r_4)=\frac{1}{4}(\xi(a_1(1),r_1(1))+\xi(a_1(2),r_1(2))+\xi(a_1(3),r_1(3))+\xi(a_1(4),r_1(4)))$$

$$=\frac{1}{4}\times(0.4878+0.7438+0.4631+0.4402)=0.5337$$

所以,L_1、L_2 联合决策 $L_1\cup L_2$ 评估矩阵为

$$\xi=\begin{pmatrix}\xi(a_1,r_1)&\xi(a_1,r_2)&\xi(a_1,r_3)&\xi(a_1,r_4)\\\xi(a_2,r_1)&\xi(a_2,r_2)&\xi(a_2,r_3)&\xi(a_2,r_4)\end{pmatrix}$$

$$=\begin{pmatrix}0.6975&0.5964&0.6705&0.6439\\0.8015&0.536&0.5423&0.5337\end{pmatrix}=\begin{pmatrix}\xi_1\\\xi_2\end{pmatrix}$$

⑧ 综合 L_1、L_2、L_3 的决策意愿。以 L_3 的 q 为参考序列,$L_1\cup L_2$ 中的 ξ_p 为比较序列,求灰关联度 $\xi(q,\xi_p)(p=1,2)$。

差异信息为 $\Delta(i)=|q(i)-\xi_p(i)|(i=1,2,3,4)$,所以,

$$\Delta_1=\{0.2175\quad0.3436\quad0.5805\quad0.6439\}$$

$$\Delta_2=\{0.3215\quad0.404\quad0.4523\quad0.5337\}$$

所以,

$$\max_i \max_k |q(k)-\xi_i(k)| = \max\{0.6439 \quad 0.5337\} = 0.6439$$

$$\min_i \min_k |q(k)-\xi_i(k)| = \min\{0.2175 \quad 0.3215\} = 0.2175$$

$$\xi(q(1),\xi_1(1)) = \frac{\min_i \min_k |q(k)-\xi_i(k)| + \rho \max_i \max_k |q(k)-\xi_i(k)|}{|q(1)-\xi_1(1)| + \rho \max_i \max_k |q(k)-\xi_i(k)|}$$

$$= \frac{0.2175+0.5\times0.6439}{0.2175+0.5\times0.6439} = 1$$

$$\xi(q(2),\xi_1(2)) = \frac{\min_i \min_k |q(k)-\xi_i(k)| + \rho \max_i \max_k |q(k)-\xi_i(k)|}{|q(2)-\xi_1(2)| + \rho \max_i \max_k |q(k)-\xi_i(k)|}$$

$$= \frac{0.2175+0.5\times0.6439}{0.3436+0.5\times0.6439} = 0.8105$$

$$\xi(q(3),\xi_1(3)) = \frac{\min_i \min_k |q(k)-\xi_i(k)| + \rho \max_i \max_k |q(k)-\xi_i(k)|}{|q(3)-\xi_1(3)| + \rho \max_i \max_k |q(k)-\xi_i(k)|}$$

$$= \frac{0.2175+0.5\times0.6439}{0.5805+0.5\times0.6439} = 0.5978$$

$$\xi(q(4),\xi_1(4)) = \frac{\min_i \min_k |q(k)-\xi_i(k)| + \rho \max_i \max_k |q(k)-\xi_i(k)|}{|q(4)-\xi_1(4)| + \rho \max_i \max_k |q(k)-\xi_i(k)|}$$

$$= \frac{0.2175+0.5\times0.6439}{0.6439+0.5\times0.6439} = 0.5585$$

所以,

$$\xi(q,\xi_1) = \frac{1}{4}(\xi(q(1),\xi_1(1))+\xi(q(2),\xi_1(2))+\xi(q(3),\xi_1(3))+\xi(q(4),\xi_1(4)))$$

$$= \frac{1}{4}\times(1+0.8105+0.5978+0.5585) = 0.7417$$

又

$$\xi(q(1),\xi_2(1)) = \frac{\min_i \min_k |q(k)-\xi_i(k)| + \rho \max_i \max_k |q(k)-\xi_i(k)|}{|q(1)-\xi_2(1)| + \rho \max_i \max_k |q(k)-\xi_i(k)|}$$

$$= \frac{0.2175+0.5\times0.6439}{0.3215+0.5\times0.6439} = 0.8384$$

$$\xi(q(2),\xi_2(2)) = \frac{\min_i \min_k |q(k)-\xi_i(k)| + \rho \max_i \max_k |q(k)-\xi_i(k)|}{|q(2)-\xi_2(2)| + \rho \max_i \max_k |q(k)-\xi_i(k)|}$$

$$= \frac{0.2175+0.5\times0.6439}{0.404+0.5\times0.6439} = 0.7431$$

$$\xi(q(3),\xi_2(3)) = \frac{\min_i \min_k |q(k)-\xi_i(k)| + \rho \max_i \max_k |q(k)-\xi_i(k)|}{|q(3)-\xi_2(3)| + \rho \max_i \max_k |q(k)-\xi_i(k)|}$$

$$= \frac{0.2175+0.5\times0.6439}{0.4523+0.5\times0.6439} = 0.6967$$

$$\xi(q(4),\xi_2(4)) = \frac{\min_i \min_k |q(k)-\xi_i(k)| + \rho \max_i \max_k |q(k)-\xi_i(k)|}{|q(4)-\xi_2(4)| + \rho \max_i \max_k |q(k)-\xi_i(k)|}$$

$$= \frac{0.2175+0.5\times0.6439}{0.5337+0.5\times0.6439} = 0.6305$$

所以，

$$\xi(q,\xi_2) = \frac{1}{4}(\xi(q(1),\xi_2(1)) + \xi(q(2),\xi_2(2)) + \xi(q(3),\xi_2(3)) + \xi(q(4),\xi_2(4)))$$

$$= \frac{1}{4} \times (0.8384 + 0.7431 + 0.6967 + 0.6305) = 0.7272$$

所以，L_1、L_2、L_3 联合决策 $L_1 \bigcup L_2 \bigcup L_3$ 评估矩阵。

$$\xi = (\xi(q,\xi_1) \quad \xi(q,\xi_2)) = (0.7417 \quad 0.7272)$$

⑨ 求满意目标。

$$\xi(q,\xi_{p^*}) = \max(\xi(q,\xi_1) \quad \xi(q,\xi_2)) = \max(0.7417 \quad 0.7272) = 0.7417$$

对应的满意目标为 1 地区。

⑩ 求满意投资灰类。

$$\xi(a_{p^*},r_{k^*}) = \max(\xi(a_{p^*},r_1) \quad \xi(a_{p^*},r_2) \quad \xi(a_{p*},r_3) \quad \xi(a_{p^*},r_4))$$

$$= \max(\xi(a_1,r_1) \quad \xi(a_1,r_2) \quad \xi(a_1,r_3) \quad \xi(a_1,r_4))$$

$$= \max(0.6975 \quad 0.5964 \quad 0.6705 \quad 0.6439) = 0.6975$$

对应的满意投资灰类为 1 灰类——"最多投资"；

⑪ 求满意投资项目。

$$a_{p^*j^*} = \max(a_{p^*1} \quad a_{p^*2} \quad a_{p^*3} \quad a_{p^*4}) = \max(a_{11} \quad a_{12} \quad a_{13} \quad a_{14})$$

$$= \max(0.1 \quad 0.17 \quad 0.2 \quad 0.8) = 0.8$$

对应的满意项目为 $4^{\#}$ 商品。

所以，L_1、L_2、L_3 综合决策结果为在 1 地区给 $4^{\#}$ 商品最多投资。

习　题

1. 什么是初值化生成数列？如何生成？其属于什么形式的灰生成数列？
2. 什么是局势效果测度规范化生成数列？如何生成？其属于什么形式的灰生成数列？
3. 灰类白化函数分为哪几类？各类白化函数的一般式及其函数图形如何？
4. 如何实施灰统计？
5. 如何实施灰关联分析？
6. 试对【例 12-4】作出满意决策。
7. 灰色层次决策适用于什么样的决策问题的决策？
8. 试简述灰色层次决策的程序。

参 考 文 献

[1] 冯文权, 茅奇. 经济预测与决策技术. 第 4 版. 武汉: 武汉大学出版社, 2002.

[2] 吴清烈, 蒋尚华. 预测与决策分析. 南京: 东南大学出版社, 2004.

[3] 宁宣熙, 刘思峰. 管理预测与决策方法. 北京: 科学出版社, 2003.

[4] 张斌, 张吉军, 张明泉, 郭秀英, 李培. 市场预测与决策. 成都: 电子科技大学出版社, 1996.

[5] 张桂喜, 马立平. 预测与决策概论. 北京: 首都经济贸易大学出版社, 2006.

[6] 刘思峰, 党耀国. 预测方法与技术. 北京: 高等教育出版社, 2005.

[7] 简明, 胡玉立. 市场预测与管理决策. 第 3 版. 北京: 中国人民大学出版社, 2005.

[8] 叶树滋. 市场调查与商情预测. 北京: 中央广播电视大学出版社, 1985.

[9] 赖明勇, 林正龙, 孙枫林. 国际市场预测与决策. 成都: 电子科技大学出版社, 1994.

[10] 李一智, 向文光, 胡振华. 经济预测技术. 北京: 清华大学出版社, 1991.

[11] 朱冰静, 朱宪辰. 预测原理与方法. 上海: 上海交通大学出版社, 1991.

[12] 吴凤山, 韩佩璋, 井然. 实用预测技术. 北京: 社会科学出版社, 1987.

[13] 彭代武, 陈涛. 市场调查·商情预测·经营决策. 北京: 经济管理出版社, 1996.

[14] 张吉军. 现代决策分析方法及其应用. 成都: 四川大学出版社, 2001.

[15] 陈珽. 决策分析. 北京: 科学出版社, 1997.

[16] 岳超源. 决策理论与方法. 北京: 科学出版社, 2003.

[17] 胡运权. 运筹学教程. 第 4 版. 北京: 清华大学出版社, 2007.

[18] 席少霖, 赵凤治. 最优化计算方法. 上海: 上海科学技术出版社, 1983.

[19] 罗承忠. 模糊集引论 (上). 北京: 北京师范大学出版社, 1989.

[20] 汪培庄. 应用模糊数学. 北京: 北京经济学院出版社, 1989.

[21] 邓聚龙. 灰理论基础. 武汉: 华中科技大学出版社, 2002.